EUGENIA DE MONTIJO

GENEVIÈVE CHAUVEL

EUGENIA
DE MONTIJO

EMPERATRIZ DE LOS FRANCESES

 edhasa

Consulte nuestra página web: www.edhasa.es
En ella encontrará el catálogo completo de Edhasa comentado.

Título original:
Inoubliable Eugénie

Diseño de la sobrecubierta: Enrique Iborra

Primera edición: noviembre del 2000

© Editions Pygmalion/Gerard Watelet, 1998
© de la traducción: Martine Fernández Castañer, 2000
© de la presente edición: Edhasa, 2000
Avda. Diagonal, 519-521. 08029 Barcelona
Tel. 93 494 97 20
E-mail: info@edhasa.es
http://www.edhasa.es

ISBN: 84-350-0582-8
Depósito legal: B-42.506-2000

Impreso en Hurope
sobre papel offset crudo de Leizarán

Impreso en España

A mi ahijada, Anouchka.

Al rey, la hacienda y la vida
se ha de dar; pero el honor
es patrimonio del alma,
y el alma sólo es de Dios.

Pedro Calderón de la Barca, *El alcalde de Zalamea*

This is above all: to thine ownself be true
And it must follow, as the night, the day,
Thou canst not then be false to any man.

Ante todo, sé honesto contigo mismo
y tan infaliblemente como que la noche sucede al día,
ocurrirá que no podrás mentir a nadie.

William Shakespeare, *Hamlet*, I, 3

Quand la peine nous a choisi
Elle nous accompagne jusqu'au bout du monde
Alors il faut l'apprivoiser
Elle peut devenir une amie.

Cuando la tristeza nos escoge
nos acompaña hasta el fin del mundo;
entonces debemos domarla,
puede convertirse en una amiga.

Poema gitano

ADVERTENCIA

No he inventado nada. Hay tanto de novelesco en esta vida jalonada de coincidencias, señales y prodigios que no había razón alguna para añadir más. Se ha escrito mucho sobre la emperatriz Eugenia, personaje muy controvertido, uno de los más calumniados en vida e incluso después de su muerte. Fiel a lo que Napoleón III le dijo después de la batalla de Sedán, «uno no se defiende contra su pueblo», nunca se justificó. Durante cuarenta y siete años prefirió soportar las peores acusaciones y oponer sólo grandeza y la dignidad del silencio. Se le intentó convencer, en varias ocasiones, de que escribiese sus Memorias. Tiempo perdido. Su obstinado rechazo nos priva actualmente de una obra preciosa que nos habría permitido entender mejor a la insólita mujer que ella era.

Así las cosas, me vino la idea de darle la palabra. Porque podemos oírla en sus Cartas familiares, *publicadas después de su muerte por el duque de Alba, incluida su variada correspondencia con sus mejores amigas como la reina Victoria, la duquesa de Mouchy..., con hombres políticos, colaboradores cercanos, diplomáticos y ministros extranjeros. Las entrevistas que concertó con Maurice Paléologue entre 1901 y 1919 nos clarifican muy particularmente los grandes momentos del imperio tal como ella los vivió. En lo referente a su vida personal, a sus emociones, sus alegrías y sus sufrimientos, el exilio, la muerte del emperador y la de su hijo, me he basado en las cartas de Meri-*

11

*mée a la condesa de Montijo y a su amigo Panizzi, en los testi-
monios de algunas damas de compañía como la señora Carette,
la condesa des Garets, miss Vesey y Ethel Smith, en las obras de
Augustin Filon y Lucien Daudet, ambas aprobadas por la emperatriz, además de numerosas conversaciones o correspondencia
reproducidas en varias publicaciones. También señalo la obra
de Harold Kurtz, quien tuvo acceso a los archivos de Viena y de
Madrid, y mantuvo encuentros en Inglaterra con algunos miembros del exilio.*

*Con la ayuda de todos estos textos, he intentado recons-
truir estas Memorias que la emperatriz no consideró oportuno
escribir. «Para el emperador y para mí, el tiempo nos hará justicia», decía. Quizás haya llegado ese momento...*

GENEVIÈVE CHAUVEL

PRÓLOGO

¡Un viejo murciélago! No soy otra cosa ya. Esperaba morir con el siglo que me vio nacer, pero Dios no cesa de alargar mi vida como una lámpara de aceite que se consume hasta el final.

Pero la mecha llega a su fin. Tengo más de noventa y tres años, y estoy cansada de este largo errar por un mundo que se vacía. Sólo vislumbro sombras, y yo misma me estoy convirtiendo en una sombra más… De cuando en cuando, los recuerdos se despiertan en mí, intensos, violentos. Escenas del pasado asaltan mi alma. Rostros, actitudes, gestos… Oigo también las voces de esos personajes que se mueven a mi alrededor: un concierto de elogios que rápidamente se sumen en el río hirviente de la calumnia. Aún creo que estoy allí, y se me rompe el corazón. Pero a pesar de todo, desde que Francia me ha vuelto a abrir sus puertas, no puedo evitar regresar aquí, ante el palacio mutilado de Las Tullerías que conserva mis horas de gloria y desamparo.

En cada uno de mis viajes, bajo al hotel Continental en la esquina de la rue de Castiglione y la rue de Rivoli y siempre pido el mismo apartamento. Las ventanas dan al parque. Una butaca espera en un vano. Encima del velador he colocado en línea los retratos de mis desaparecidos: el emperador, mi hijo, mi padre, mi hermana, mi madre. Sus sonrisas me reconfortan, y durante todo el día mi mirada discurre siguiendo los arriates, buscando en los senderos el rastro de unos pasos, de una silueta, de una rosa, de una violeta.

Y de repente todo se difumina. Mi vista se nubla y me froto los ojos con un gesto sin ilusión, esperando retrasar por un tiempo la progresión de una catarata más temible que la muerte. Unas palabras resuenan en mi memoria:

—¡Serás más que una reina, vivirás cien años, pero acabarás en la noche!

Tenía trece años cuando una gitana me hizo esa predicción. Ese día me prohibieron montar a caballo. Enrabiada, me subí a la barandilla con tal ímpetu que con la fuerza que llevaba caí al pie de la escalera, desmayada. Cuando recuperé el sentido, los ojos de una mujer desconocida, inclinada sobre mí, me escudriñaban. Movió la cabeza y masculló:

—Naciste bajo el cielo de un día de batalla...

Luego estudió mi mano y anunció mi porvenir.

No se equivocó. He sido la emperatriz de los franceses y pronto cumpliré cien años. En cuanto a acabar en la noche, ¿me volveré ciega? Aunque me haya convertido en un murciélago, sigo siendo una mariposa que busca la luz.

Un cirujano de Madrid podría curarme y he decidido plantar cara a lo imposible para dejar por mentirosa a la pitonisa en su último punto. Aunque la soledad ya no me pese, ¿cómo voy a tolerar vivir sin ver el sol, sin el último placer que me otorga la lectura de mis libros y los periódicos cotidianos? Me anima una loca esperanza que alimento repitiendo para mis adentros: «España me devolverá la vista».

Pero otro pensamiento me asalta el alma enseguida: en ese país donde vi la luz primera, puede que también la vean mis ojos por última vez. Entonces me encojo de hombros. Algún día acabaré por morir, no soy eterna, y deseo con demasiada fuerza volver a ver mi querida Andalucía, mi bello cielo de Castilla donde han permanecido mis héroes imaginarios, mis pasiones, mis sueños, mis locuras y mis primeras penas. Todo lo que no he desvelado a ninguna confidente, y menos aún a los periodistas y escritores que me han suplicado que les dicte mis memorias. Tras los torrentes de maledicencias y mentiras que habían vertido sobre nuestro reinado, los insultos y los horrores que se produjeron tras Sedán y nuestro exilio, tenía razones suficientes para abstenerme. Me he negado a librar mi alma a su pillaje y ver mi honor, una vez más, mancillado.

Al llamarme «la española», echaban sobre mí el peso de la derrota, de la humillación, y pensaban insultarme. Olvidaban que provengo del país de Don Quijote y de Carlos V. Un país donde el orgullo aguza el corazón y a menudo se paga con sangre. He pagado con el exilio y con el dolor el haber aceptado el ilustre destino que se me ofrecía. Al casarme con Luis Napoleón, emperador de los franceses, me convertí en una francesa, con la más prestigiosa misión a mis ojos de perpetuar la dinastía de los Bonaparte, que iba a sustituir la de los Borbones. Así lo imaginaba, impregnada como estaba del gran héroe que había hecho temblar Europa y dividido mi propia familia.

¡«Bonaparte»! Este nombre aún hace que me estremezca y vibre mi cuerpo como antaño, cuando mi padre lo pronunciaba, alabando sin cansarse los grandes acontecimientos de gloria que lo habían apasionado y lo llenaban de una nostalgia que también a mí me enardecía.

«¡El emperador... Francia... Napoleón!»

Las palabras vuelven, hirientes, gritos de un pasado que demasiadas veces se despierta, como si quisiera decirme: «¡Acuérdate!».

Pero, ¡cómo olvidar esos veinte años al lado del emperador, esa Francia a la que representé, incluso a veces goberné, y ese Napoleón que traje al mundo!

Las imágenes se agolpan en mi pobre cabeza y me llevan a gran velocidad hacia las llanuras resquebrajadas de Andalucía. A Granada, donde todo tuvo su comienzo.

CAPÍTULO I

Fue en Granada donde nací. El 5 de mayo de 1826, en el número 12 de la *calle** de Gracia. No me esperaban tan pronto, pero un fuerte terremoto precipitó el acontecimiento. Un día de batalla, bajo un cielo de tormenta, como lo adivinaría más tarde la gitana. La violencia de las sacudidas sembraba el pánico por toda la ciudad, y las casas se vaciaban de sus moradores. Entorpecida por su embarazo, mi madre sólo tuvo tiempo de salir al patio antes de desplomarse cerca de un laurel, segada por un dolor que reconoció inmediatamente, el mismo que había experimentado el año anterior al dar a luz a mi hermana Paca. A toda prisa, hizo levantar una tienda en el fondo del jardín, y me parió encima del suelo convulsionado, entre los estruendos de los truenos y los fucilazos de los relámpagos. ¿Qué habrían presagiado los antiguos de un suceso así? Habrían dicho que venía a trastocar el mundo.

En realidad sólo era un bebé de una palidez estremecedora, aureolado de mechas incandescentes, como si el volcán de la tierra se hubiese entreabierto encima de mi cráneo. Más adelante, cuando tomé conciencia de mi apariencia, odié esta cabellera de fuego que volvía mi piel transparente y empañaba el azul de mis ojos. Mi her-

* En cursiva las palabras en lengua extranjera en el original. *(N. de la T.)*

17

mana, al igual que mi madre, era morena, de ojos negros y piel oscura. ¿Por qué yo era tan distinta? Eran hermosas y yo era fea. La gente me señalaba con el dedo, se burlaban, incluso decían que una maldición pesaba sobre mí. Estuve convencida de ello hasta el día en que mi padre salió del fuerte de Jaén, donde lo habían encerrado por razones políticas, y regresó a casa.

Al primer vistazo sentí miedo. Cojeaba, le faltaba un brazo, y una cinta negra le partía el rostro, tapando el ojo perdido en combate. Pero el ojo que le quedaba era azul, y cabellos de color rojizo se escapaban de su sombrero, unos cabellos tan brillantes como los míos. Le sonreí, reconfortada. Yo me parecía a él; pero no del todo, y mi corazón se encogió. No nací el niño que él esperaba y me dolía ser una niña, temiendo no ser querida por ese apuesto guerrero de mirada triste que me impresionaba.

Proscrito, renegado y sin un duro, no por ello dejaba de ser don Cipriano, conde de Teba, el hermano menor del rico y poderoso conde de Montijo, descendiente de los Guzmán y Palafox, tres veces Grande de España. En esta ilustre familia que era la mía, y que había ocupado los más altos cargos en la corte de Carlos V, ya no cabían los héroes, los santos,* los sabios y las alianzas prestigiosas: Juan IV de Portugal, Alfonso X, rey de Castilla y León, los Olivares y los Medina Sidonia. Alrededor de las hogueras, bajo las estrellas, los andaluces aún contaban, después de siete siglos, las proezas de mi antepasado Guzmán el Bueno, gobernador de Tarifa, quien conminado a rendirse por los moros que se habían apoderado de su joven heredero, contestó tirándo-

---

* Santo Domingo e incluso San Luis Rey. (*N. de la A.*)

les su puñal: «El honor sin mi hijo, antes que el deshonor con él».

De ese día la familia obtuvo el lema de su divisa: «Mi rey antes que mi sangre».

Divisa que se transmitió a lo largo de las generaciones, y a la que nadie defraudó. Mi padre solamente cometió el error de preferir otro rey al rey de España. Admiraba a Napoleón, cuya audacia y genio le habían hecho perder la cabeza. También amaba a Francia, patria de la filosofía y de la libertad. Y en su búsqueda de lo sublime, encontró a su ídolo: el nuevo César que violaba las fronteras y llevaba a los cuatro rincones de Europa la gloria de su nombre y de sus ejércitos, así como los grandes principios de la Revolución.

«*Me transmitía ilusión*», decía moviendo la cabeza para puntuar sus relatos.

¡La ilusión! La lengua francesa carece de una palabra que exprese esa misma emoción. Más que una ilusión, es un arrebato del corazón que proyecta la mente hacia el sueño, lejos de los obstáculos de la razón, y empuja a uno mismo a superarse para revestirse de luz y embriagarse con lo extraordinario.

La ilusión ha acunado mi infancia y la he acechado con el oído atento en los discursos que me echaba mi padre cuando me llevaba con él en sus largas cabalgadas por las llanuras resecas. Acurrucada contra él, detrás de la perilla de la silla, partía para conquistar el mundo, siguiendo las huellas del «gran hombre» que mi padre tan bien sabía resucitar.

La ilusión, entonces, se infiltraba en mis adentros y su llama calentaba mi mente en ebullición. En mi lógica de niña, entendía sin ninguna dificultad que mi padre se hubiese aliado con las tropas francesas que habían invadido nuestro país. El hermano del emperador las encabezaba. Mi padre se puso a su servicio sin dudar. Durante esa época, su propio hermano, Eugenio de Montijo, defendía la corona de España y disparaba sobre los *«afrancesados»* –esos luchadores españoles que habían ingresado en las filas de los que llamaban *«gabachos»* y «perros franceses»–, sabiendo a ciencia cierta que su hermano menor era uno de ellos.

Cuando José Bonaparte mordió el polvo y se retiró, mi padre podría haberse arrepentido y el tío Eugenio le habría conseguido el indulto del nuevo rey Fernando VII. Pero prefirió seguir a los vencidos que regresaban a Francia y se puso al servicio de Napoleón bajo el nombre de coronel Portocarrero. Por él afrontó otros peligros y arriesgó lo imposible. Cuando en 1814 los ejércitos aliados asediaron París, mi padre se puso al mando de los alumnos de la escuela Politécnica que bloquearon el avance de los cosacos en la barrera del Trono, y fue el último en disparar los cañones desde la colina de Montmartre, retrasando así por algunas horas la capitulación del emperador. En el patio de Fontainebleau, oyó la despedida de su «ídolo», y lo vio desaparecer en una berlina, despojado de todo, en ruta hacia la isla de Elba. Después se produjo la locura de los Cien Días, el imperio liberal, aunque también Waterloo, la segunda abdicación y las despedidas de la Malmaison antes de partir a Santa Elena.

Estos momentos dolorosos lo marcaron a fuego con el hierro candente de la historia, y se le rompía la voz cuando los evocaba, como se había roto, entonces, esa parte de su corazón que murió al perder él *«su ilusión»*.

En mi entusiasmo y ardor, aprobaba lo que hizo y lo admiraba por haber ido hasta el final de sus convicciones, por haberlas defendido arriesgándose hasta ser desterrado para siempre de su país, si es que no perdía la vida en su loca aventura.

Gracias a Dios, no murió y el rey Fernando le permitió regresar a España. Le hizo esa gracia, es verdad, pero con condiciones. El descendiente de Felipe V seguía desconfiando de los «bonapartistas». El *afrancesado* arrepentido que era mi padre había sido puesto bajo vigilancia policial con la obligación de residir en Málaga.

Se había dirigido allí con el corazón rebosante, dando gracias a la Providencia que le colmaba. Tenía propiedades en la región, y en esa ciudad vivía una joven que había conocido en París cuatro años antes. Una belleza morena de complicado nombre: Manuela Kirkpatrick y Grévigné. Tenía diecinueve años, provenía de un convento en boga por entonces y revolucionaba el salón de la condesa Mathieu de Lesseps, de quien era sobrina y en cuya casa se hospedaba. Inteligente, enérgica y cultivada, hablaba de filosofía, música y literatura, pero también de política y respaldaba, al igual que mi padre, la grandeza de Napoleón. Tenían las mismas ideas y disfrutaron compartiéndolas. Ella había regresado a España antes de la caída del imperio.

A principios de 1817, mi padre tomó el camino de Andalucía y se detuvo en Málaga para volver a verla. Tenía treinta y tres años. Había llegado el momento para él, pensaba, de asentarse y formar una familia. ¿Seguiría siendo libre Manuela?

«Dios lo quiso, lo era», decía mi madre cuando evocaba ese momento de su vida.

¡Cuántas veces, durante mi infancia, he oído el relato del reencuentro! Le encantaba contárnoslo y mi hermana y yo la escuchábamos, abrazadas, soñando con ese amor misterioso que a su vez se apoderaría de nosotras cuando nos llegase la edad.

–No faltaban pretendientes –aseguraba–, pero con la primera mirada entendí que era él. Como suele decirse, «está escrito». ¡Pero cuántos obstáculos tuvo que superar para alcanzar la felicidad!

Con el corazón en vilo, oíamos cómo nos narraba el camino sembrado de zarzas que precedió a la euforia de la fiesta. Al ser un Grande de España, mi padre no podía casarse sin el consentimiento de su hermano, que era el cabeza de familia. Y éste, temiendo una unión desafortunada en la familia de los Guzmán y Palafox, rechazó para su heredero a la «hija de un pequeño comerciante enriquecido» contra la cual las malas lenguas le habían alertado.

Es verdad que mi abuelo William Kirkpatrick había hecho fortuna comerciando con las frutas y el vino de Jerez. Entonces era joven, un emigrado venido de Escocia, donde su familia había perdido todo lo que poseía respaldando la causa de los Estuardos a los que estaba unida. Se lanzó a ese negocio con otro emigrado, un Grévigné de la gran familia valona de Lieja, y se casó con su hija. Muchos años habían pasado desde entonces. En 1817, mi abuelo era ya una persona respetada, cónsul de los Estados Unidos en Málaga, rodeado de cinco hijas a las que había otorgado una rica dote. Mi madre era la más joven.

Amaba a mi padre, que también la amaba a ella; pero para casarse con el conde de Teba, debía ser digna de él, tener títulos de nobleza, genealogías gloriosas. De Madrid a Granada, de Alicante a Badajoz, se burlaban de esta farsa digna de los comediantes de pueblo. *¡Qué va!* ¡El vendedor de vinos no compraría la Grandeza!

–A las palabras humillantes –proseguía mi madre en un tono altivo–, yo respondía con el silencio y mantenía erguida la cabeza. Por mis venas corría sangre noble, que valía tanto como la de los grandes de España.

Mi abuelo no tardó en probarlo presentando los certificados oportunos que el despacho de Edimburgo le había enviado. Descendía de una familia escocesa de rancio linaje que había recibido la *«baronetcy»* de Closeburn, y varios de sus antepasados se habían unido a los de Robert Bruce, rey de Escocia.

–En realidad, nuestros orígenes son irlandeses –precisaba mi madre ensanchando su pecho con orgullo–. Nos remontamos hasta el rey de los fenianos, Finn Mac Cual, que James Macpherson ha inmortalizado en un célebre poema.*

Aunque sigo dudando de este ascendiente, mi madre creía en él con tanta fuerza que convencía a cualquiera que la escuchara. Y el conde de Montijo acabó por rendirse y declarar:

–*Bueno.* ¡Que mi hermano pequeño se case con esa tataranieta del gran Fingal!

La boda se celebró el 15 de diciembre de ese mismo año 1817. Ese día, mi madre se convirtió en doña Manuela, condesa de Teba. Con fiestas deslumbrantes se

* Este poeta escocés fue celebrado por sus *Cantos de Ossián*, traducidos de la antigua lengua gaélica. En 1760, salió publicado su *Fragmentos de poesía antigua* que obtuvo un éxito rotundo. En 1761, publica *Fingal*, un poema épico de seis cantos que le otorgó la gloria, consagrada por la publicación de *Temora* en 1763. *(N. de la A.)*

celebró el acontecimiento, primero en Málaga, y luego en Madrid, donde mi padre presentó a su joven esposa a la alta sociedad. Un permiso de corta duración que no pudo prolongar.

—Debíamos obedecer —explicaba mi madre—, pero yo estaba dispuesta a intentarlo todo para acortar nuestro exilio.

Una vez más, la política traía a mal traer a nuestro país. Las ideas de libertad que los franceses difundieron contaban con numerosos partidarios que adoptaron el nombre de «liberales». Se rebelaron cuando Fernando VII decidió olvidar precipitadamente la Constitución de Cádiz votada por las Cortes en la época del rey José Bonaparte, y sobre la cual había prestado juramento. En 1820, hicieron su revolución y se instalaron en Granada proclamando un gobierno fiel a las Instituciones. Mi padre, que había obtenido el permiso para residir en esa ciudad, se puso de su lado y les consiguió muchos apoyos. Preocupado ante el temor de perder el trono, Fernando VII alertó a la Santa Alianza, pidió ayuda, y Luis XVIII le envió un ejército. En 1823 se restableció la autoridad real, los rebeldes fueron castigados, y a mi padre se le exilió a Santiago de Compostela.

A pesar de tantas calamidades, mi madre siempre conservó la calma. Su optimismo era invencible. Lo conservará a lo largo de su vida y su voluntad de vencer los obstáculos a menudo me ha servido de ejemplo. Se negaba a admitir las dificultades y nunca dudaba de conseguir lo imposible. En esas circunstancias, había obrado tanto y tan bien que al cabo de unos meses trajo a su esposo de vuelta a casa, consiguiendo que terminara su destierro. Aunque era un cautiverio más benigno, no tenía libertad. La policía había reforzado la vigilancia en las puertas, las ventanas e incluso en el jardín. Al mínimo propósito inquietante de un «liberal», mi padre volvía de inmediato a la prisión.

En la prisión estaba cuando mi hermana Paca nació el 19 de enero de 1825. Y volvía a estar allí cuando nací yo el 15 de mayo de 1826, el día en que la furia del cielo hizo temblar la tierra.

Regresó muchas veces y otras tantas partió sin dejar huella en mi demasiado joven memoria. Mi primer recuerdo se sitúa en la primavera de 1830. Había crecido junto a mi hermana bajo la mirada omnipresente de mi madre, que velaba por nosotras y nos enseñaba a convertirnos en niñas educadas, dignas del nombre que llevábamos. Tenía unos cuatro años y esperaba con impaciencia ese padre del cual nos hablaba cada día y por el que, cada noche, nos hacía rezar.

Nunca olvidaré su imagen cuando apareció en el salón, marcado por sus lisiaduras que no podía disimular. Su mirada tan afectuosa posada sobre mí pudo con mi temor, y cuando me estrechó entre sus brazos, ya no tuve miedo. El calor de su ternura me envolvía, y me quedé acurrucada sobre su pecho, muy decidida a no dejarle marchar nunca más. Un violento sentimiento me hacía latir el corazón y sentir una atracción irresistible. Yo lo amaba, más que a mi madre, más que a mi hermana, y no quería perderlo.

Mis preocupaciones se disiparon cuando nos anunció:

—Ya no voy a separarme de vosotras. —Dándose la vuelta hacia mi madre, añadió—: El exilio ha llegado a su fin, Manuela. Puedes hacer las maletas.

—¿Madrid? —exclamó, anhelante.

Respondió con un movimiento de cabeza afirmativo y provocó un grito de alegría.

—¿Y nosotras? —preguntó Paca estirando la manga vacía.

—¿Y nosotras? —murmuré haciéndole eco.

Nos abrazó un poco más fuerte y dijo:

—¿Creéis que voy a dejar a mis hijas detrás de mí? Todo el mundo se marcha, y sólo volveremos para divertirnos.

Fue el primero de una larga serie de viajes. El destino no cesaría de transportarme a los cuatro rincones de Europa, al otro lado de los mares, a otras orillas, al encuentro de pueblos diversos con extrañas costumbres. Argelia, Egipto, Grecia, Turquía... De los fiordos de Noruega al corazón de la India donde intenté olvidar esa parte de mi alma asesinada en Zululandia.

En esa época, abría los ojos como platos ante la infinita variedad de paisajes y me divertía en esta larga expedición sembrada de pequeños acontecimientos que mi imaginación coloreaba con mil matices fascinantes. Primero la Andalucía de los dulces perfumes de jazmín y azahar, luego las montañas abruptas de la Sierra y las mesetas áridas de nuestra Castilla. Y por fin, Madrid, inmensa, impresionante con las largas avenidas sombreadas, los estanques cubiertos de surtidores y los palacios imponentes. Pero no éramos lo suficientemente ricos para vivir en ellos. El coche de posta nos llevó al centro de la ciudad, en un dédalo de calles llenas de gentío gesticulante y ruidoso que me intimidaba.

—*Calle del Sordo* —anunció el cochero.

En ese preciso momento, se metió en una calle más tranquila y los caballos se detuvieron ante el porche de una casa muy alta. Un hombre de confianza de mi padre nos esperaba y nos enseñó el apartamento que había alquilado para nosotros en el segundo piso: una hilada de salas un poco oscuras en las que había hecho disponer muebles y figurillas que mi padre poseía. En el salón decorado con alfombras y cortinas ajadas, me fijé en las butacas de madera negra y dorada de cuyo cabezal colgaban los escudos de armas de la familia, y en una consola de madera tallada con un mármol rosáceo encima; los muebles tenían gran prestancia. También había un reloj y candeleros encima de la repisa de la chimenea, hermosos tapices y algunos retratos de nuestros antepasados colgados de las paredes. Más tarde me enteraría de que eran de Velázquez, pero el más bonito era uno de Goya. Representaba a nuestra abuela la condesa de Montijo rodeada de sus cuatro hijas. Mi madre lo admiró, satisfecha:

—Los gobelinos y estas telas de autor resaltan la modestia de nuestro hogar. Pronto podremos hacer recepciones. La sala es lo bastante amplia para acoger a la mejor sociedad.

—Nuestros medios son limitados, Manuela —dijo mi padre—. Mis campos de piedras no producen nada y mi hermano se entretiene en rebajar lo que me corresponde. Me hace pagar por mis ideas de libertad que siempre ha rechazado.

—Iremos a verle a su palacio de Ariza —respondió mi madre—, y le presentaremos a las niñas, ya que aún no las conoce. Eugenia es su ahijada y se parece a ti. Una auténtica Montijo que debería emocionarle.

Sentía curiosidad por conocer a ese padrino que no había venido a mi bautizo. En su honor, yo llevaba su nombre, y me conmocionó verle tan enfermo. ¿Se emocionó con nuestra visita? Creo que sí. Pero, ¿cómo adivinar los sentimientos de un hombre viejo postrado en una butaca? Una apoplejía lo había paralizado, y apenas podía hablar, sólo pronunciaba algunas palabras mal articuladas. Sus ojos, que parecían el último punto de vida de su cuerpo inerte, se animaron al vernos. Sin embargo, su mirada disimulaba mal su desamparo, y de repente comprendí qué solo estaba y qué desgraciado se tenía que sentir. Con el corazón dolido, tendí mi mano y acaricié lentamente la suya esperando que ese gesto de afecto aligerara su pesar.

Salí de aquel lugar muy impresionada. La imagen del tío Eugenio atado a su asiento quedó grabada en mi memoria y no dejaría de obsesionarme. Más adelante, cuando tuviese los medios, haría construir centros especializados para los lisiados y los paralíticos. En el coche de posta que nos llevaba de vuelta a casa, en la *calle del Sordo*, mi madre suspiró:

—Su estado no mejora. No durará mucho. Dentro de poco viviremos en esa magnífica mansión.

Miraba al cielo y sonreía. Soñaba con fiestas y recepciones mundanas. Un torbellino la llevó muy pronto a todos los lugares donde la gente se divertía. Le gustaba reír, bailar, cantar. Era hermosa y elegante. Hablaba de todo en varios idiomas. Su conversación fascinaba y sus réplicas encantaban a todos los que conocía. Tuvo un éxito rotundo y nuestro salón, que era el más modesto, se convirtió en uno de los más famosos de Madrid.

Mi padre a veces la seguía, pero acabó hartándose, y prefería reunirse con mi hermana y conmigo en nuestra habitación y meternos en la cama después de contarnos algún gran momento de su vida: en qué circunstancias recibió sus heridas, cuyos costurones tocábamos con veneración, los combates, los sufrimientos, las esperanzas y los desengaños. Un nombre se repetía sin cesar, Napoleón. No entendíamos todo lo que decía, pero el timbre de su voz nos hacía vibrar y nos emocionaba. Era el cuento más bonito, la historia viva de la que no nos saciábamos.

Mi admiración por él crecía de día en día y se transformó en verdadera adoración. Con él era dócil, le obedecía sin rechistar. Quería gustarle y que me quisiese tanto como yo le quería a él. Con mi madre, era distinto. También la quería, y la admiraba, pero ella quería nuestra felicidad a su manera, y demasiadas veces me negué a hacerle caso. Ella prefería a Paca, que se le parecía mucho, y yo prefería a mi padre, que dedicaba parte de su tiempo a escucharme.

Por desgracia se ausentaba demasiado a menudo para mi gusto. A sus tierras de Andalucía, de donde sacaba algún ingreso; y también a Francia donde, bajo la influencia de un rey ciudadano, había más libertad. El mundo se desmoronaba para mí cuando mi padre se iba de viaje, y entonces odiaba esas meriendas de niños a las que mi madre nos obligaba a asistir. Se burlaban de mis trenzas pelirrojas y de los vestidos de tela que llevábamos en cualquier época del año. En verano como en invierno, no llevábamos medias, y si íbamos a visitar a una tía o a un primo, llegábamos a sus palacios suntuosos a lomos de una mula. Aunque aceptara mi pobreza, era odioso mostrarla y ser ridiculizada por ella. Mi padre nos enseñó a soportarla elevándola al rango de disciplina, como hacían los habitantes de Esparta, que veían en el esfuerzo y la privación una clase de virtud. Una manera elegante de imponer su diferencia sin herir su orgullo.

Su gusto por una sencillez cercana a la austeridad lo alejaba del frenesí de mi madre, cuya preocupación principal era conseguir que sus *tertulias*,* donde se enfrentaban las grandes mentes de las cuales le gustaba rodearse, fuesen un éxito. Mi padre predicaba la economía, pero mi madre no se preocupaba mucho por ella y contrajo deudas. Estallaban peleas que a mi hermana y a mí nos entristecían. Evocábamos nuestro jardín de Granada, donde nuestra madre hablaba de su amor por nuestro padre, y soñábamos con abandonar la ciudad que había cambiado a nuestros padres.

¿Acaso Dios había escuchado nuestras plegarias? Estuve convencida de que sí cuando una mañana mi madre nos anunció:

—Alegraos, hijas mías, tenemos un campo cerca de Madrid. Mi tío Cabarrus** me ha legado su propiedad de Carabanchel.

No era un palacio como los que poseían algunos miembros de nuestra familia; pero para nosotros fue una sorpresa desde el primer instante. Una avenida bordeada de acacias y olmos centenarios, una casa de dos pisos con una torre en medio, un patio con la fuente de mármol rodeada de flores. El interior era magnífico, decorado con muebles preciosos, cuadros y obras de arte, pero lo que más me fascinaba era el parque inmenso con sus

* Reuniones mundanas, recepciones donde coincidían personas eruditas y de la alta sociedad. *(N. de la A.)*
** François Cabarrus, antiguo ministro de Finanzas de Carlos IV. Su hija Teresa se había casado con Tallien. *(N. de la A.)*

senderos rodeados de rosas y lilas que se perdían entre olivos y altos pinos. Un mundo sin fin se extendía hasta el horizonte, un mundo árido y salvaje que estaba impaciente por explorar.

Tenía seis años y la cabeza llena de sueños que los relatos de mi padre habían suscitado. Irse a la aventura, como lo había hecho, y conocer a héroes me parecía mucho más excitante que las tertulias y recepciones de mi madre y los discursos recargados de los amigos que se agolpaban a su alrededor. De ese lado nada cambió. De Madrid a Carabanchel no nos dejaban ni a sol ni a sombra. Cansado de tanto verlos, mi padre huía para hacer largas cabalgatas. Un día, no sé cómo, decidió llevarme y me subió detrás de la perilla de la silla. Me alegré tanto de ello que volvió a hacerlo. Las escapadas se multiplicaron, y así es como oí, cruzando alcores y valles, la gran epopeya de su vida.

«¡El emperador!… ¡El Gran Ejército!… ¡Francia!»

Las palabras las amplificaba el viento y se colaban en mi corazón enseñándome lo que era el valor, el sacrificio en nombre de un ideal, el honor. A orillas del Manzanares, mientras abrevaba al caballo, mi padre me animaba a expresar lo que pensaba y me enseñaba a ser yo misma, y ser fiel a mis convicciones.

—La única libertad es la del pensamiento —decía—. Forja tus ideas y síguelas. Así darás sentido a tu vida.

A veces nos sorprendía la noche, y encontrábamos un campamento de gitanos donde nos acogían. El calor tórrido del verano andaluz los empujaba hacia la frescura de la Sierra. Alrededor de las hogueras los cantos roncos subían hacia las estrellas y yo miraba, fascinada, los bailes de las mujeres de mirada ardiente cuyos cuer-

31

pos se mecían al ritmo de la melopea. Las niñas de mi edad entraban en la ronda y yo las imité, guiada por esa música de ritmo frenético y de repente lasciva, que hacía latir con fuerza mi corazón. Entonces descubrí que, al igual que esa gente, tenía el honor y el orgullo a flor de piel.

Pasaron los meses. En compañía de mi padre asentaba mis gustos. Me llevó a Granada, donde conocí a otros gitanos. Aprendí sus bailes, sus costumbres, sus supersticiones. Pero, sobre todo, aprendí lo que era la libertad de los hijos del viento. Un fuego ardía en mi interior que a veces me asustaba.

En 1833 murió el rey Fernando VII y toda España estaba sobre ascuas, puesto que sólo había tenido dos hijas, había abolido la ley sálica y vuelto a poner en vigor la Pragmática Sanción. La infanta Isabel le sucedía, pero era demasiado niña para reinar, así que la reina María Cristina fue nombrada regente durante el período de la minoría de edad de Isabel. Fue entonces cuando don Carlos, hermano del difunto rey, reivindicó sus derechos, decidido a destituir a su sobrina. En nombre del absolutismo se aliaron a su causa un gran número de partidarios y se apoderaron de todo el norte de España. La regente contaba con el respaldo de los constitucionales y liberales. Entre «carlistas» y *«cristinos»*, se declaró la guerra. La violencia estalló por todas partes. Desde nuestro apartamento de la calle del Sordo oíamos el traquido de los tiros, las explosiones y los gritos. En el salón de mi madre se hablaba en voz baja.

«Liberales... Ultras... Pronunciamientos...»

Algunas personas venían a esconderse, y luego se marchaban pegadas a las paredes, de portal en portal.

Todos pensaban que Paca y yo dormíamos, pero ¿cómo íbamos a cerrar los ojos aterradas por el miedo? Era mejor saber y observar. Escondidas en la penumbra de un rincón, no dejábamos escapar nada. Nadie lo ha sabido.

Aún se trataba solamente de conspiraciones, motines y escaramuzas. Pero no por eso los españoles dejaban de matarse, y el cielo envió su castigo: el cólera. La epidemia se extendió por la capital. Los muertos se contaban por millares. Cada noche, pasaba por nuestra calle una carreta y veíamos como tiraban los cadáveres por las ventanas de las casas. El hedor subía hasta nosotras y nos sofocaba. Me temblaba todo el cuerpo, y llegue a convencerme de que había llegado el fin del mundo.

Otras atrocidades nos esperaban. A principios del verano de 1834, corrió el rumor de que don Carlos y su ejército se dirigían hacia Madrid quemando y asolando los campos. Un desesperado grito levantaba a las multitudes enloquecidas de furia y de dolor.

–¡Los jesuitas han envenenado las fuentes! ¡Trabajan para don Carlos!

Inmediatamente los conventos fueron asaltados, saqueados e incendiados. Degollaban a los sacerdotes y violaban a las monjas. Desde nuestra pequeña atalaya veíamos cómo el fuego enrojecía el cielo, los ruidos de las carreras, las llamadas, los gritos. Con los ojos bien abiertos mirábamos en todas direcciones. Un fraile sale de entre las sombras. Corre hacia nuestra puerta, tropieza. Lo persigue un soldado de la Guardia. Lo alcanza sin dificultades y lo agarra por su capucha, de la que estira de un golpe seco mientras con la otra mano le acerca una daga a la garganta. La sangre brotó en un gran chorro y el cuerpo se desplomó en los adoquines. Estas imágenes siguen siendo un vivo recuerdo en mi mente. Tenía ocho años. Habían matado delante de mí. Ante mis ojos había expirado un hombre.

Mi padre se preocupó del giro que estaban tomando los acontecimientos y el efecto que estaban produciendo en nuestra sensibilidad. Ya no podíamos salir. El aire viciado por la epidemia era tan mortal como los puñales y las pistolas que se esgrimían en todas las esquinas. Una mañana de julio anunció:

—Madrid es un infierno. Prepara las maletas, Manuela. Hay que poner a buen recaudo a las niñas. En Francia estaréis a salvo.

—Es una locura, Cipriano. También degüellan a la gente en los caminos. Los campesinos asaltan a todo aquel que va hacia la frontera.

Nuestras lágrimas no sirvieron de nada. Mi padre había tomado una decisión.

—Debo quedarme para resolver algunos asuntos —explicó—. Viajaréis con una buena escolta, y todo irá bien. Me reuniré con vosotras lo antes posible.

El 18 de julio salíamos de Madrid en compañía del célebre *picador* Sevilla, que se dirigía a Barcelona con toda la *cuadrilla*. Abracé a mi padre llorando, convencida de que iba al encuentro de la muerte y que nunca volvería a verle. Depositó un pequeño retrato suyo en mi mano y me dijo:

—Valor, *querida mía*. Piensa en mí. Muy pronto estaré a tu lado.

Un chasquido del látigo, y se levantó una polvoreda en el camino y apreté contra mi corazón la miniatura de la que ya no iba a separarme. Sería mi talismán.

CAPÍTULO II

Después de jurar que estaba dispuesto a morir por nosotras si hacía falta, el gran Sevilla nos condujo a buen puerto. No sé, pero de milagro logramos escapar por los pelos de los bandidos, asesinos y salteadores de caminos emboscados; de los partidarios de don Carlos que devastaban los campos; de los campesinos asesinos, locos de venganza; de los brazos criminales que incendiaban los conventos cuando acabábamos de salir de allí. Fue una carrera desenfrenada por caminos llenos de baches, carreteras serpenteantes, arroyadas y torrentes, crestas y quebradas estrechas. Más de mil veces los carros estuvieron a punto de romperse, pero creo que Dios nos protegía.

Acurrucada bajo un montón de sillas, fundas, picas y otros instrumentos de la corrida, no paraba de implorar a Dios.

Ante las murallas de Barcelona cantamos victoria, pero en el puesto de guardia que controlaba las entradas, la junta de sanidad nos detuvo y nos puso en cuarentena en el lazareto. Sevilla y sus hombres quedaban libres.

–Toda la ciudad te espera –declaró el oficial–. No podemos privarla del espectáculo, vendrían en tropel y nos despellejarían vivos.

Nuestro protector montó en cólera y replicó con voz potente:

—¡Si a la *señora* y a las *señoritas* no se les deja libres, yo no picaré!

Discutieron a pleno el sol. La multitud crecía a nuestro alrededor, increpando encolerizada. Llamaron al alcalde para zanjar la cuestión. ¿Cólera o corrida? Estimó que era preferible ceder; él también se moría por ver picar a Sevilla. Nuestro compañero de viaje se inclinó ante mi madre rogándole que asistiese a la corrida.

—¡Será en su honor, señora condesa!

Con una sonrisa encantadora y mil gracias, se escabulló, con la excusa de que nos esperaban en la frontera y debíamos dirigirnos allí sin demora. Disimulando su decepción, los hombres de la cuadrilla nos saludaron ceremoniosamente y cargaron nuestras pertenencias en un coche de posta antes de marcharse a la plaza, transportados en triunfo por la delirante multitud. Al lado de mi hermana que ponía cara larga, yo, de mala gana, seguí a mi madre camino de los Pirineos, soñando con el espectáculo del que nos había privado. Ante nuestros rostros crispados, creyó conveniente darnos una explicación:

—La suerte es un pájaro que hay que coger al vuelo. Sevilla se ha comportado con honor. El alcalde, muy hábil, ha mirado por su ciudad. Después de la corrida, podría cambiar de idea y llevarnos otra vez al lazareto.

Con la mirada fija en el paisaje, guardábamos silencio.

Mi madre añadió:

—Además, le he prometido a vuestro padre que os llevaría a Francia lo antes posible. Me gustaría tranquilizarlo.

No éramos las únicas personas que huían de España. Cerca de Perpiñán, los guardias fronterizos franceses tenían mucho trabajo para controlar la cantidad impresionante de personas y vehículos de todo tipo que se amontonaban en el mayor desorden. ¿Cuántas horas íbamos a esperar aguantando aquella solanera? Manifestando un semblante decidido al que nadie se resistía, mi madre nos cogió de la mano y se abrió camino hasta el puesto de paso. El general De Castellane, gobernador de la ciudad, se encontraba allí. Ella le explicó nuestras aventuras y le pintó un cuadro tan trágico como alarmante de lo que habíamos dejado detrás: guerra civil, cólera y amenazas de hambruna. Secándose una lágrima, añadió:

–Deberían proteger a mis hijas de estas desgracias. Con vuestra ayuda, general, Francia nos las hará olvidar.

Con su acostumbrada habilidad, con su encanto e ingenio, mi madre emocionó al hidalgo y lo subyugó con su elocuencia. Enseguida quiso mostrarnos su simpatía ofreciéndonos zumo de manzana y nos entregó cartas de recomendación para unos miembros de su familia instalados en Tolosa y para su mujer, que permanecía en París.

–Con estas cartas –susurró con palabras galantes–, no dejarán de recibiros.

Es que allí donde iba, mi madre tenía el talento de conseguir amigos.

–Nunca se tienen bastantes –decía–. Lo más importante es conservarlos.

Para esto también era inigualable. De castillo en castillo, surcamos el sureste de Francia. El otoño llegó a su fin y el invierno nos sorprendió cuando la mula que transportaba nuestro equipaje cayó en un precipicio. Ya no teníamos ropa y apenas nos quedaba dinero. Los Castel-bajac vinieron en nuestra ayuda y permanecimos en su propiedad cerca de Pau hasta que volvió el buen tiempo. A principios de primavera, estábamos en la diligencia camino de París. Tenía prisa por llegar y volver a ver a mi padre, que nos había prometido que nos encontraríamos allí con él. Llevábamos separados de él nueve largos meses y yo acariciaba a cada instante su retrato murmurando: «He pensado en ti, querido papá, y no he tenido miedo. Pero me siento muy desgraciada lejos de ti».

Me decepcionó mucho no verlo, pero una noticia muy importante nos esperaba en casa de la hermana de mi madre. El tío Eugenio había muerto el día en que nosotros dejábamos Madrid. Mi padre heredó sus muchos títulos y todos sus bienes. Se había instalado en el palacio de Ariza y recorría las inmensas propiedades heredadas. Mi madre rebosaba alegría, sopesando ya las ventajas de la situación. Condesa de Montijo y duquesa de Peñaranda. Con estos títulos conseguiría más prestigio y una fortuna que le permitiría brillar como siempre lo había deseado. Sin embargo, ahora la economía se imponía. No se anunciaba ningún subsidio.

–Mientras esperamos a vuestro padre, nos apañaremos lo mejor que podamos –dijo suspirando.

No hizo más que llegar, y unas semanas más tarde, volvió a entablar amistad con parientes y amigos, después de instalarnos en el barrio nuevo de los Campos Elíseos. Un apartamento modesto con tres habitaciones pequeñas y un salón donde los visitantes ya nos apremiaban. Sólo uno se granjeaba mi simpatía, el señor Mérimée, al que llamábamos «Don Próspero». Su rostro nos era familiar, lo habíamos conocido en Madrid, cinco años antes. Mi padre lo conoció en una diligencia y lo invitó a visitarnos en la calle del Sordo. Al igual que mi madre, conversaba sobre todo lo humano y lo divino en varios idiomas. Del *Romancero* a las leyendas gaélicas de la antigua Irlanda, el campo era inmenso. La literatura, la poesía y la arqueología los unieron de por vida. También nos divertía a mi hermana y a mí, y nos regalaba chucherías para evitar que lo molestáramos. Es verdad que éramos tiránicas cuando nos daban de lado.

La llegada de mi padre fue una liberación. Estaba harta de tantos cumplidos como me imponían, harta de permanecer sentada en un taburete o esperar en mi habitación. Quería salir, dar brincos, correr a mis anchas en un parque y comer helados o pasteles. Bramaba en mi jaula soñando con Carabanchel.

Aunque nuestra instalación pareciese un campamento de gitanos, me privaban del espacio al infinito, salteado de olivos, zarzas y robles achaparrados; el fuego chisporroteando bajo las estrellas, el intenso olor del jazmín y el *romero*, los cantos roncos y el baile que se adueñaba de mi cuerpo bajo los rayos de luna. Entonces era libre de vivir según mis impulsos, sin reverencias ni fórmulas de cortesía, siempre las mismas, que era decoroso repetir. Yo era salvaje y quería seguir siéndolo.

Con mi padre, volvía a sentir ese estremecimiento de libertad que me había inculcado. Me otorgaba toda la libertad para expresarme como me parecía. Su presencia me fortalecía, y aceptaba sin pestañear la menor obligación que me infligía. En calesa o a pie, lo seguí en «su» París escalonado de recuerdos: los jardines de Las Tullerías, el Carrousel, la barrera del Trono y las colinas de Montmartre. Aunque también los bulevares, el Palais

Royal, y el Arco de Triunfo, casi acabado, donde los nombres de sus victorias estaban grabados para siempre. Cada piedra, cada monumento, tenía una historia y aún vibraba cuando lo oía, como antaño en la Sierra: «¡El emperador… El Gran Ejército… Napoleón!».

La sombra de aquel gran hombre nos envolvía en el París que lo había aclamado, que había marcado con su gloria y que había sufrido su derrota. Mil emociones embargaban mi corazón y apretaba la mano de mi padre como si yo también lo recordase, cómplice de esa epopeya fuera de lo común que él había tenido la suerte de vivir y que me hacía compartir.

Una mañana de agosto oí gritos en el salón. Mis padres discutían a propósito de nuestra educación.

–Las niñas están cada día más guapas –decía mi madre–. Pero Paca es descuidada y Eugenia una cabezota. Ya es hora de que aprendan los buenos modales y la única opción posible que veo para convertirlas en jóvenes dignas de la sociedad más noble es el convento. Ahora son ricas herederas y me comprometo a casarlas con príncipes.

–Olvidas, Manuela, que la guerra ha mermado nuestra fortuna. Las tierras devastadas apenas sirven más que para alimentar a nuestros campesinos. La opulencia llegará si vuelve la paz. Por ahora debemos vivir como si fuésemos pobres, y te ruego que moderes los gastos. Nuestras hijas seguirán paseándose a pie, sin medias ni paraguas. Las privaciones forman el carácter y nunca le han impedido a nadie aprender buenos modales.

–No pienso ceder, Cipriano. Escogeré el convento más elegante. Y harás lo que haga falta. ¿Acaso las hijas del conde de Montijo no se merecen lo mejor que haya?

Salió con un andar nervioso mientras mi padre exclamaba:

—¡Me tomas por un avaro y no lo soy!

Desde un rincón sombrío del pasillo, yo lo observaba con el corazón en un puño. Esperé un momento antes de acercarme a él dando saltos, esperando que desapareciesen las arrugas de su frente. Me miró fijamente sin decir palabra, esbozó una sonrisa y declaró con voz grave:

—Disciplina. Tu madre tiene razón, Eugenia. Una estancia en un convento no te hará ningún daño.

—Pero antes —dije cogiéndole la mano—, me acompañarás al Guiñol si quieres que esté contenta.

No pensaba en modo alguno que mis padres nos internarían. Y, sin embargo, el 1 de septiembre de 1835, nos llevaron a la rue de Varenne con nuestros baúles y nos ingresaron en el colegio del Sagrado Corazón, de las preclaras educadoras de la madre Sofía Barat, que profesaban las reglas de san Ignacio de Loyola. Eran las Damas del Sagrado Corazón, las educadoras más de moda que existían en la alta sociedad del Faubourg Saint-Germain, y mi madre se felicitaba de haber logrado que nos admitieran al exhibir nuestros títulos y nuestro árbol genealógico. Sin embargo, para nuestras compañeras que llevaban grandes apellidos franceses, entrecortados por partículas, sólo éramos las señoritas Guzmán y Palafox, unas extranjeras, unas desconocidas.

Los primeros días fueron espantosos. Paca y yo éramos el centro de todas las miradas, el objeto de estudio de todo el alumnado. Nos corregían la menor palabra, el menor gesto. Nos espiaban, nos despedazaban, nos descabalgaban, nos machacaban. Sólo éramos unas salvajes a las que había que modelar con urgencia. Todo lo que habíamos aprendido en España no valía para nada. Y lo poco que sabíamos de Francia no era mejor. El francés que hablábamos desde la infancia gracias a nuestros padres tenían que corregirlo y nos pidieron que olvidáramos el español. También nos explicaron que no era conveniente tutear a los mayores y era de mala educación hablar sin ser invitado a hacerlo; en cuanto a irritarse o montar en cólera al menor reproche, era una ofensa a Dios de la cual había que arrepentirse inmediatamente. Algo difícil de aceptar para una Guzmán, tres veces Grande de España, uno de cuyos antepasados había sido consejero de Carlos V.

Era demasiado joven para rebelarme, y sobre todo estaba demasiado impresionada por la mirada implacable de aquellas damas que me humillaban con una voz melosa acompañada de una sonrisa que calificaría, con la distancia del tiempo, de hipócrita y despojada de bondad. La víspera de mi boda con el emperador, me tomé la revancha al visitarlas y anunciarles que su antigua alumna, la española a la que llamaban «la pequeña pelirroja» en tono de burla, se convertía en la emperatriz de los franceses.

Sin Paca a mi lado, yo me habría muerto de vergüenza y de tristeza. Era un año mayor, y tenía más finura y soltura que yo. Ella me dio la fuerza para doblegarme para crecer mejor en mi interior. Día tras día aprendí la obediencia que duele, que lastima el orgullo, que tortura la soberbia y forja el alma como los aceros toledanos al rojo vivo en la fragua se templan en las aguas heladas. Restregaba a aquellas damas, al igual que a mis compañeras, la satisfacción de la victoria haciéndoles creer que la pequeña salvaje se había civilizado y que le sentaban bien los buenos modales. Pero en el fondo de mi ser, conservaba la misma ansia de libertad que mi padre había hecho nacer en mí y me había estimulado.

Un domingo de otoño vino a vernos, y le expliqué con ilusión lo que habíamos aprendido, concretamente que era más respetuoso tratar de «usted» a los padres. Me escuchó riendo, contento de ver que el colegio empezaba a dar sus frutos. Pero cuando nos comunicó que regresaba a España, me eché a su cuello. A punto de sollozar, olvidé todas las lecciones de urbanidad y exclamé:

—¿Volverás pronto? Prométemelo.

Me estrechó entre sus brazos y permanecí un buen rato con el rostro sobre el cuello de su levita. Una vez más, teníamos que separarnos. ¿Por qué tenía que irse? Le supliqué:

—Llévame contigo. No me abandones entre estas personas que se burlan de mí.

—Tranquilízate, Eugenia. Estás aquí por tu bien. No olvides que te quiero.

Con el corazón destrozado, le vi levantarse y dirigirse hacia la puerta de la sala de visitas. Antes de abrirla, volvió la vista y cogió entre sus dedos una de mis trenzas pelirrojas mientras murmuraba: «¡Estoy orgulloso de ti!».

Desde la ventana, seguí su alta silueta un tanto estirada que se alejaba cojeando hacia la berlina. El golpe seco de la puerta me partió el corazón, pero mantuve la compostura. Paca, a mi lado, se dominaba y sonreía. Un ligero temblor en la comisura de los labios traicionaba su pesar, que igualaba el mío. Le cogí la mano y se la apreté con fuerza. El frío repentino de la soledad descendía sobre nosotras y nos petrificaba, pero éramos dos para hacernos entrar en calor.

La rutina de las ocupaciones diarias nos volvió a meter en su trajín: clase por la mañana, trabajos manuales acompañados de lecturas por la tarde y meditaciones piadosas antes de las oraciones de la noche. Mi mente, constantemente ocupada, se olvidaba de lamentarse. Me esforzaba por hacer bien las cosas y me sumergía en todas esas actividades que nos impedían encerrarnos en nosotras mismas. De mi estancia en el Sagrado Corazón, lo que mejor asumí fueron las visitas a los pobres. Frente a frente con la desgracia de los demás, encontraba menos razones para quejarme. A veces la indigencia era tal que sufría al no poder ofrecer más que los objetos de costura o de punto confeccionados con mis manos. Era un gesto insignificante que más adelante compensaría dedicando gran parte de mi tiempo como emperatriz a las obras sociales, y no dejaría de ir a ver con mis propios ojos los arrabales sumidos en la miseria.

El año 1836 cumplí diez años, otro año de contradicciones. Hice mi primera comunión. Yo era piadosa por naturaleza. En el país de los Reyes Católicos, se aprendía a rezar desde la cuna. Me tomé muy en serio ese acontecimiento, y seguí los diversos retiros que me prepararon a hacerlo con el recogimiento más profundo. Una emoción particular se apoderó de mí en la suave claridad de la capilla magníficamente adornada con flores. Dios estaba allí, cercano y misericordioso. Mi alma se exaltaba esperando su llamada y mi corazón, impaciente por ser amado, se ofrecía a él con devoción. Mi fervor se redobló y consagré más tiempo a los ejercicios espirituales, imitando a las Hermanas, que parecían encontrar en ello la felicidad. Me pasó por la cabeza la idea de tomar los hábitos.

Mi madre, alarmada, olvidó durante un tiempo sus curas, sus viajes a todos los rincones de Europa y se dedicó a distraerme, al mismo tiempo que buscaba un medio para sustraerme a la influencia de las «damas». ¿Es posible que el Cielo estuviera a sus órdenes? El caso es que una epidemia de escarlatina atacó a muchas alumnas, y una de ellas murió. El pretexto venía como anillo al dedo y mi madre no lo dejó escapar. A mediados de junio, en compañía de mi hermana, salía del Sagrado Corazón y regresaba a nuestro apartamento cerca de los Campos Elíseos. ¿Qué hacer a partir de ese momento con nuestra libertad? ¿Qué educación íbamos a recibir?

–La vida es la gran escuela –declaró mi madre al regalarnos *Robinson Crusoe* y *Le Robinson suisse*.

Lo había previsto todo y, bajo su férula, todo cambió. Nos asignó un ama de llaves inglesa y unos profesores que nos enseñaron dibujo y música. «Don Próspero» corregía nuestras composiciones francesas y nos daba clases de ortografía. Me horrorizaban sus dictados y daba gracias a Dios cuando se iba de viaje a inspeccionar monumentos antiguos que estaban a su cargo. Prefería pintar con acuarelas, y mi mayor satisfacción era el Gimnase* donde mi madre nos había inscrito, de acuerdo con las instrucciones de mi padre. Desde Madrid se preocupaba por nosotras y nos confiaba a su amigo, el coronel Amorós, un veterano de la Grande Armée. ¿Por eso me gustó ese lugar y me esforcé en obtener las mejores notas? El caso es que España y Bonaparte me perseguían.

---

* Gimnase Normal, Civil et Orthosomatique. El director del centro, el coronel Amorós, era un veterano de la Grande Armée, procedente del Instituto Pestalozzi de Madrid. (*N. de la A.*)

En este centro, que quería ser «progresista» en materia educativa, se daba mucha importancia a la gimnasia. Chicas y chicos se juntaban para hacer ejercicios cuyo objetivo era fortalecer el cuerpo al mismo tiempo que formaban el carácter.

–Seréis más valientes –decía el profesor–, más intrépidos, más inteligentes, más fuertes, más diestros y más ágiles; resistiréis a las inclemencias, dominaréis los obstáculos y triunfaréis sobre los peligros.

Enardecida por este repetido discurso, daba lo mejor de mí misma. Equitación, dominio del caballo, esgrima, danza, en la que hacía maravillas. Tenía el sentido del ritmo y la gracia del gesto que me habían enseñado los gitanos. En las clases del Gimnase coincidí con Cécile Delessert y su hermano Édouard, que serían mis amigos durante mucho tiempo. Su padre era el prefecto* de la policía de París y su madre, íntima amiga de la mía, nos invitaba a menudo a su apartamento de la prefectura, situado en la rue de Jérusalem. Una tarde de noviembre, mientras merendábamos, Cécile me llevó a un rincón del comedor para decirme en voz baja:

–¿Sabes que esta mañana al alba, mientras dormíamos, un Bonaparte se sentaba en esta misma mesa? Ha intentado sublevar a la guarnición de Estrasburgo. Mi padre lo ha traído de la Conciergerie** y le ha ofrecido un poco de champán con galletas antes de meterlo en un coche de posta para llevarlo a Lorient. El rey lo ha desterrado a América.***

* En España, este cargo corresponde al cargo de gobernador civil. (*N. de la T.*)
** Antigua prisión de París. (*N. de la T.*)
*** El 11 de noviembre de 1836, a las 4 de la madrugada, Luis-Napoleón Bonaparte salió de la prefectura de policía, en coche de posta, en dirección al puerto de Lorient. (*N. de la A.*)

Quedé anonadada, con la mirada fija en el sitio en que el proscrito había estado unas horas antes. Cécile añadió:

–¡Luis-Napoleón, el sobrino del emperador! ¿Te das cuenta?

Esa noche, mi imaginación se desbocó y no pude dormir. El emperador no estaba muerto del todo, puesto que un Napoleón había surgido de las sombras. Su propio sobrino había conspirado para intentar derrocar a la monarquía. Lo habían condenado al destierro, pero ¿qué iba a hacer en América? Quizá la historia de los Bonaparte no había terminado. Esperé a mi padre con impaciencia para hablarle del caso. Pero llegó la Navidad, y ni padre no apareció. Fue entonces cuando una explosión conmocionó París. El 2 de enero de 1837 le escribí:

Mi querido Papá, si supieras. Es imposible vivir aquí. Quieren matar al rey constantemente. El otro día explotó el gas y se rompieron muchos cristales. Los soldados han venido armados, pensando que era una revolución.*

Esperaba que este incidente lo incitaría a venir a buscarnos, y pataleaba desesperada cada vez que el correo llegaba sin carta suya. Mi madre intentó tranquilizarme explicándome que mi padre era senador una vez del tío Eugenio y no podía dejar el país sin el consentimiento de la reina, que le necesitaba. Los carlistas volvían a rebelarse y España pasaba por momentos difíciles. Desesperada, volví a coger mi pluma para decirle:

* Cartas del año 137 publicadas por el duque de Alba. *(N. de la A.)*

No puedo permanecer más tiempo sin verte. ¿Cuál es entonces el brazo que nos separa? Es la guerra. Oh guerra, ¿cuándo acabarás tu carrera? El tiempo avanza, nos quedamos atrás, y tenemos menos tiempo para abrazarnos.*

Por fin llegó y me quedé impresionada ante su rostro envejecido y agotado. Ya no se mantenía tan erguido y cojeaba de forma más pronunciada. Eso sólo hizo aumentar mi ternura y lo seguí durante todos los momentos que quiso concedernos. Entonces París fue una larga fiesta. Nos llevó al teatro, al circo, al lago del bosque de Bolonia donde subimos a un barco; callejeamos por las orillas del Sena, erramos por los bulevares de heladero a pastelero y aplaudimos a los saltimbanquis. La felicidad duró muy poco. A principios de abril, mi padre tuvo que marcharse de nuevo, y esa tarde me planté ante el reloj, para seguir la carrera a trompicones de las agujas. Dieron las siete y mi corazón se detuvo. La diligencia se llevaba a mi padre lejos de mí, y me quedé sola, clavada, triste por no saber cuándo lo volvería a ver.

Días más tarde, dejamos atrás Francia. Mi madre nos llevó a Inglaterra y nos metió, a mi hermana y a mí, en el internado de Clifton, cerca de Bristol. Tras la libertad que habíamos gozado en París, aquello fue una verdadera prisión. Aprendíamos inglés durante días y días, y cuando llegaban los momentos de relajación, era yo el hazmerreír de todas las alumnas, que se burlaban de mí por ser pelirroja y me acosaban llamándome «Pelos de zanahoria». Era el sufrelotodo. Herida en mi amor propio, me

* Cartas del año 1837 publicadas por el duque de Alba. *(N. de la A.)*

48

quedaba sin defensas, incapaz de encontrar con qué replicar. ¿Qué podía hacer con esa maldita cabellera que tanto me ridiculizaba? Una sirvienta caritativa me ofreció un peine de plomo y me dijo:

—Si lo usas cada mañana y cada noche, el rojo se irá apagando.

El resultado se hacía esperar demasiado pero yo perseveraba, buscando al despertarme cada mañana un reflejo de oro apagado que anunciara la metamorfosis deseada. Llegué a envidiar a mi compañera de habitación, de piel oscura y pelo negro. Venía de un estado del sur de la India, donde su padre era el maharajá. Ella también era desdichada, ya que era «la indígena». Ninguna inglesa quería saber nada de su amistad. Le ofrecí la mía, y me hablaba de su país: los palacios, grandes como ciudades, los centenares de sirvientes, los elefantes cubiertos de perlas, las ceremonias de las bodas, los bailes, las cacerías de tigres y los viajes en palanquín al son de las trompetas de plata. La escuchaba embelesada, y mi imaginación vagaba entusiasmada cuando me aseguraba que en su reino mis cabellos de fuego, mis ojos claros y mi tez de leche me convertirían en una princesa venerada como una divinidad. En esos momentos ya no había ni colegio, ni Inglaterra. Una alfombra voladora me transportaba hasta los esplendores de ese Oriente mágico. Bajo las cúpulas de oro y adornada con piedras preciosas, ya no era «Pelos de zanahoria», sino una guapa *maharaní* vestida con velos ornados de flores. Ya no podía estarme quieta y convencí a mi compañera para que huyese conmigo:

—En el puerto de Bristol nos embarcamos para las Indias y *good bye*, prisión.

La voluntad era suficiente para vencer los obstáculos: escabullirse de la vigilancia, saltar las vallas y llegar a la ciudad. En la orilla del muelle zarpaba un buque transatlántico. Las sirenas lanzaban el último aviso y corrimos hacia la pasarela cuando unos policías nos dieron alcance y pusieron fin a nuestra locura. El pájaro de la suerte había volado y me quedé sin ver las Indias donde podría haber sido una *maharaní*. Era mi única pena. Sin embargo, me llenaba de orgullo haber intentado la aventura y volví al internado con la cabeza erguida, porque me había atrevido a seguir mi idea. Ahora bien, los sueños nunca mueren y el mío volvería a nacer en una época en que pude realizarlo.

Cortando de cuajo los reproches y sanciones con que me castigaban, mi madre, muy quisquillosa en materia de honor, y sobre todo tratándose de sus hijas, prefirió cogernos y llevarnos de vuelta a París. Ya no habló de pensión y nos hizo permanecer a su lado en el apartamento de los Campos Elíseos, donde me puse a ronronear como un gato. En esos lugares familiares recuperaba mi libertad; por lo menos me sentía en paz, lejos de burlas y humillaciones.

Empleábamos el tiempo, regulado con minuciosidad bajo la férula de una nueva ama de llaves, miss Flowers, que tenía una reputación de enérgica, suficiente para meternos en el rigor y la disciplina. Nos enseñó el inglés, pero no consiguió hacernos pronunciar las haches aspiradas. Volvieron a llamar a los profesores de música y de pintura; nos volvieron a mandar al Gimnase, donde me perfeccioné en todas las materias, y don Próspero, el fiel amigo de la casa, consagró todos sus esfuerzos a mejorar nuestro francés. Si Paca era estudiosa, yo fijaba mal mi atención. Revoltosa, impetuosa y fantasiosa, a menudo me escapaba para recorrer las calles de escaparate en escaparate, mirar a la gente que paseaba o caminar por las orillas del Sena. Don Próspero me regañaba con un discurso de tres puntos y secaba mis lágrimas en una pastelería.

Día tras día, se convirtió para nosotras en una especie de tutor. El afecto que sentía por nosotras rozaba la devoción, e iba a durar muchos años. Supo despertar nuestras mentes llevándonos a los museos, las exposiciones de pintura y la Comédie-Française.* También le debo dos presentaciones que me marcaron profundamente.

En primer lugar, Rachel. La llevó una tarde al salón de mi madre. Desde el primer momento me cautivó, y más aún cuando nos envió invitaciones para asisitir a una de sus representaciones. En el palco de proscenio de la planta baja, a la izquierda. Nos quería muy cerca de ella; nuestra emoción, nuestro entusiasmo y nuestras lágrimas la inspiraban. Seguía en nuestros ojos el crescendo de su potencia trágica, y yo sólo tenía ojos para ella. Es verdad que estaba deslumbrada y fascinada por esta diosa inimitable que, con un gesto, con una mirada, tenía a toda la sala a sus pies. Aún oigo el eco de su voz cuando declamaba los versos de *Fedra*. «Sí, príncipe, suspiro, ardo por Teseo...»**

Ese día quise ser actriz. El destino me convertiría en emperatriz e iría a escuchar sus consejos para desempeñar bien mi papel a la luz de las arañas de nuestra Corte.

* Sociedad francesa de teatro clásico. (*N. de la T.*)
** Relato de la emperatriz a Augustin Filon. (*N. de la A.*)

El otro personaje fue el señor Beyle, un amigo de don Próspero. Escribía libros que firmaba con el seudónimo de Stendhal, pero lo más importante era que había servido al emperador. Venía a cenar todos los jueves y mi hermana y yo habíamos obtenido permiso para escucharle. Esos días eran días de fiesta para nosotras. No cenábamos de lo impacientes que estábamos. Lo esperábamos en la puerta y lo llevábamos al salón cogiéndole de la mano. Lo instalábamos en la butaca cerca de la chimenea, y nos ponía encima de sus rodillas para explicarnos las campañas de Napoleón: Austerlitz, Jena, Wagram, Moscú en llamas y la nieve de Rusia. Llorábamos, reíamos, gemíamos, el delirio y la locura se apoderaban de nosotras.

—¡Más! —decíamos, ansiosas.

Boquiabiertas, con los ojos arrasados en lágrimas, escuchábamos el desastre de Waterloo, y el exilio a Santa Elena con los carceleros ingleses. Horrorizada, me sobresaltaba exclamando:

—Los españoles nunca habrían tenido la bajeza de enviar a ese gran hombre a morir en esa isla lejana.

—Los españoles son generosos –replicó Paca–. Aprecian a Napoleón a pesar de todo el daño que les ha hecho.

—Estáis agotando al señor Beyle –intervenía mi madre.

—Déjelas, déjelas –replicaba–. Las niñas son las únicas que sienten los grandes acontecimientos. Su aprobación es un bálsamo contra las críticas de los estúpidos y los burgueses.*

* Relato y diálogo según la propia narración de la emperatriz a Augustin Filon. (N. de la A.)

Volvía cada semana y proseguía su relato donde lo había dejado. Lo completaba con más detalles, más anécdotas y escenas que él mismo había vivido. Era la historia del héroe que había acompañado mi infancia y al que yo había aprendido a venerar. Su talento de narrador era inmenso. Despertaba en mi interior el sentido de lo maravilloso y la pasión de lo extraordinario, esa *«ilusión»* que se apoderaba de mí cuando escuchaba las grandezas de mi padre en la Sierra.

La euforia que el señor Beyle mantenía en nosotros nos permitía aminorar la crueldad de la ausencia de aquel padre amado en quien no paraba de pensar. Le escribía para decirle que me hacía mayor, que los manguitos estaban de moda y que quería unos para mi cumpleaños; le describía las momias del museo egipcio, la novedad del día que eran las máquinas infernales, una exposición de pintores franceses, aunque yo prefería las obras de nuestros grandes maestros españoles, y le hablaba de esa carroza fúnebre que había seguido hasta el cementerio rezando por el muerto al que no acompañaba más que un perro. Cada una de mis cartas acababa con las mismas preguntas: «¿Cuándo volveré a verte, querido papá? Mi corazón espera por ti. ¿Ni siquiera puedes venir por unos días?».

Pasamos dos Navidades sin su compañía. A principios de febrero de 1839, mi madre recibió una misiva en la que decía que estaba enfermo. La vi palidecer y se me oprimió el corazón. Sin perder tiempo, buscó una diligencia y nos dejó bajo la vigilancia de miss Flowers prometiéndonos enviar noticias más detalladas. Un mes más tarde, eran tan malas las noticias que preparamos nuestros baúles y nos marchamos de París. El señor Beyle lloró, y don

Próspero nos acompañó a la estación asegurándonos que todo se arreglaría.

En el palacio de Ariza mi madre vestía ropa de luto. Mi padre ya no era de este mundo. Había muerto en el mismo instante en que subíamos a la diligencia, la de las siete. La misma que dos años antes había cogido él, y me acordaba de aquel estremecimiento helado que me paralizó cuando sonó el reloj. Un violento dolor me atravesó el corazón, y corrí a mi habitación para estar a solas con mi pesar.

CAPÍTULO III

En mi alma en rebeldía se produjo una tempestad. Al alba de mis trece años, en el momento en que me convertía en mujer, Dios me arrebataba el padre adorado al que no había tenido tiempo de amar tanto como lo había deseado. Los «por qué» y los «si» revoloteaban en mi cabeza a punto de estallar. Mil reproches surgían para torturarme sin parar y conducirme a la conclusión que volvía una y otra vez como única verdad: es por haberle dejado solo, viejo y enfermo, por lo que se había ido. Estaba resentida con mi madre, con la guerra, la política, los imperativos de nuestra educación y todos los viajes que nos habían alejado hasta este golpe final que nos separaba para siempre.

Deshecha, desesperada, permanecía postrada ante el pequeño retrato que me había dado. Sólo encendí una vela ante él en la habitación sumida en la oscuridad. La suave luz de la llama palpitaba sobre su rostro.

«Valor, *querida mía*», me decía.

Tenía valor, al igual que el intrépido luchador que siempre había sido mi padre. Sus discursos retumbaban en mis oídos; su imagen desfilaba una y otra vez, y fijaba en mi memoria retazo a retazo todos los momentos inolvidables que me dejaba en herencia, con ese gusto por la independencia y la libertad, esa búsqueda de lo sublime y lo excepcional que le habían convertido en un Grande de España.

Necesité tres días y tres noches para emerger del marasmo y encontrar la fuerza suficiente para seguir viviendo en el vacío de la ausencia. ¿Quién me guiaría a partir de ese momento por el camino de mi destino?

«Forja tus ideas y síguelas», me había repetido él en varias ocasiones.

Decidí aplicar sus preceptos y reforzar mi parecido con mi padre para convertirme, al igual que él, en un personaje fuera de lo común. En los meses siguientes, la empresa fue fácil. El luto nos liberaba del mundanal ruido y me escapaba a Carabanchel en busca de mis recuerdos. Durante días enteros corrí por bosques y montes, galopaba por la orilla del río y las lagunas. Corría por llanuras y valles hasta agotar a mi corcel, mientras en el viento que cortaba mi rostro, oía las palabras vibrantes que avivaban el fuego de mi corazón, como en el pasado: «¡El emperador... La Grande Armée... Napoleón!».

Era intrépida y me extasiaba de velocidad. Llevaba un puñal atado a la cintura, no tenía miedo de nada. Ni de los jabalíes ni de los lobos, y aún menos de los bandoleros. Soñaba con actos heroicos y luchas por el honor. En mis venas hervía la sangre de mis antepasados, y esperaba otros obstáculos que no fueran los molinos de viento de Don Quijote.

Se me puso a prueba mucho antes de lo que creía. Una noche, acabábamos de cenar, estábamos conversando en el salón mi hermana, miss Flowers y yo cuando unos ruidos sospechosos nos sobresaltaron. Estábamos solas en la casa, eran unos ladrones que habían entrado. Paca y el ama de llaves querían esconderse al lado de la chimenea.

–¡Ni pensarlo –dije–, una Montijo no se esconde!

Agarrando a mi hermana por la mano, abrí la puerta que daba al recibidor y golpeé el suelo con el pie mientras gritaba:

–¿Quién anda ahí? ¿Qué quiere?

Tenía una voz ronca e imponente. Asustó a los intrusos, que salieron por pies. Este pequeño éxito animó mi impetuosidad. Me negaba a obedecer las órdenes terminantes de miss Flowers, que sólo encontraba un método para hacerme dócil: privarme de mi caballo. Así fue como me subí a horcajadas en la barandilla de la escalera y al final me caí, bajo la atenta mirada de una gitana que se quedó boquiabierta ante esa caída que anunciaba, decía, el destino más alto.

«Serás más que una reina, vivirás cien años, pero acabarás en la noche.»

Ese día nos reímos mucho de la imaginación de aquellas cíngaras que veían presagios extraordinarios en las pequeñeces de cada momento. Me hacían gracia sus supersticiones y sus símbolos extraños para conjurar los maleficios. Desde la muerte de mi padre yo era doña Eugenia, condesa de Teba, y no tenía oportunidad alguna de subir al trono que facciones contrarias no paraban de disputarse. Más que una reina, pero ¿de qué? Al volver a Madrid me olvidé de la predicción y empecé a aburrirme. Echaba de menos París.

Sobre todo echaba de menos al señor Beyle y a don Próspero, los relatos épicos del uno y las tiernas reprimendas del otro. Ambos me escribían, preocupados por saber qué tipo de estudios seguíamos tan lejos de ellos. Los tranquilicé describiendo nuestras ocupaciones. Miss Flowers nos enseñaba inglés, me ejercitaba en pintar al óleo y mi madre encontraba tiempo para darnos algunas lecciones. Al gran narrador que me lo había enseñado todo sobre el emperador, ahora yo le explicaba lo que ocurría en mi país.

> Actualmente, España está inmersa en una gran agitación. Todo el mundo desea la paz, y Maroto, general carlista, se ha pasado al bando cristino, y todos los otros pequeños oficiales han seguido su ejemplo... Se han celebrado grandes fiestas para la proclamación de la paz, pero la han anunciado tantas veces que ya no creo en ella. Espero con impaciencia el año 1840 ya que nos hace esperar que volveremos a verle.*

Echaba de menos a ese viejo amigo y sus conversaciones amenas a las que nos había acostumbrado a mi hermana y a mí. Las chicas de nuestra edad con las que mi madre nos hacía coincidir nos parecían muy insípidas, por no decir estúpidas. Sólo sabían hablar de trapos o hablar mal las unas de las otras. Estas visitas me horrorizaban y sólo abría la boca para saludar antes de marcharme. Prefería cultivar mis diferencias y me aturdía con esos ejercicios físicos que, según las teorías del coronel Amorós, «desarrollaban la inteligencia en una ciencia razonada de los movimientos y de sus relaciones con los sentidos», para descubrir mejor todas mis facultades. Cada día, en el picadero, perfeccionaba la equitación y aprendía a dominar los caballos. Me apasioné por el manejo

---

* Carta de diciembre de 1839, citada por Suzanne Desternes en *L'Impératrice Eugénie intime* [*La emperatriz Eugenia en su intimidad*].

de las armas. Tanto con el puñal como con la pistola era hábil y conseguí disparar como un hombre, lo que me hizo más intrépida que nunca. Buscaba mis límites, curiosa por encontrarlos.

Don Próspero llegó por sorpresa, para alegrar nuestra monotonía. Entonces, una vez más, se sucedieron una serie de revueltas entre los partidos y la multitud encolerizada se echó a la calle. En el palacio de Ariza, en la plazuela del Ángel, estábamos en primera fila, en la vía que tomaban las hordas vociferantes que se dirigían hacia la plaza Mayor y el Palacio Real. Esta vez no hubo ningún capuchino asesinado, pero una noche apareció un hombre en la ventana del salón. Tenía una *navaja* ensangrentada en la mano y me suplicó que le diera asilo. Había matado y lo perseguían. Miss Flowers, sola a mi lado, murmuró en inglés:

–Voy a avisar a la policía.

Indignada, exclamé:

–Ni se le ocurra. En España eso no se hace.

Escondí al asesino sin intentar descubrir su secreto. Confió en mí, y habría perdido mi honor si lo hubiese delatado.

Carabanchel nos permitió alejarnos de los disturbios callejeros a base de pistolas y adoquines. Don Próspero, por fin, tuvo ocasión de leernos algunas páginas de su *Colomba* recién terminada, y de explicarnos los últimos chismes de Francia. Reservó el mejor para el final. Se preparaba un acontecimiento sin precedentes, el regreso de los restos mortales de Napoleón. La ceremonia prometía ser grandiosa, toda Europa la esperaba.

–Dada vuestra calidad de bonapartista –dijo girándose hacia mi madre– estáis obligada a asistir.

Asintió con la cabeza y una sonrisa afloró a sus labios, por lo que todos y pensamos que aceptaba. ¿Cómo iba a rechazar vivir un acontecimiento tan importante de la historia? Mi padre sin duda alguna se habría precipitado para inclinarse ante los restos del emperador, el dios que tanto había venerado. Ya no era de este mundo y nos correspondía a nosotras, sus herederas, correr a representarlo. Así concebía yo las cosas, así las concebía Paca. Ver con nuestros propios ojos la grandeza póstuma del héroe de nuestra infancia nos parecía inevitable, indispensable, una obligación, como había declarado don Próspero.

—Hasta pronto —le dijimos cuando decidió regresar a su casa.

Día tras día el sueño se iba convirtiendo en certeza, tanto que escribí al señor Beyle para comunicarle la buena noticia, sin dudar que él estaría en primera fila, con los veteranos de la Grande Armée.

A mediados de otoño, mi madre nos sorprendió llevándonos a Toledo. Un encantamiento que nos reservaba una gran decepción. Al volver a Madrid, nos comunicó que no habría viaje a París. El luto, las conveniencias, el cansancio…, enumeró mil razones.

Así que nos vimos obligadas a seguir a través de las gacetas la marcha fúnebre por los Campos Elíseos bajo un impresionante silencio roto tan sólo por el redoble opresivo de los tambores. Lo oíamos tras cada palabra impresa y ahogábamos nuestras lágrimas, como la multitud inmensa que saludaba con su profundo recogimiento la sombra del gran hombre que atravesaba por última vez su capital y se iba a reunir con sus iguales en los Inválidos por toda la eternidad. ¡Con qué avidez devoramos las cartas de nuestros dos amigos que habían anotado los detalles más ínfimos! Las del señor Beyle nos llegaban directas al corazón, y pensábamos en nuestro padre, que habría pronunciado las mismas palabras con los mismos sollozos.

Bajo el sol de España, la tristeza no tiene cabida. Prolongarla sería una ofensa a los muertos, que no piden a los vivos que les lloren demasiado tiempo. Se acercaba el final del luto y me alegraba por ello. Estaba harta de la ropa negra que llevábamos desde hacía dos años como lo exigía la tradición. Estaba impaciente por mostrarme con un vestido elegante y ser piropeada con el «*preciosa*» de un admirador. No podía estarme quieta y me volví provocadora un día que oí a dos jóvenes oficiales que se burlaban a mi paso:

—Si fuese guapa —decía uno—, se mostraría un poco más.

—Será bizca —añadió el otro.

Picada en mi orgullo, me di media vuelta y echando atrás el velo del luto que ocultaba mis facciones, me regodeé de su estupefacción ante la masa rojiza de mi cabellera y el azul de mis ojos que los provocaban con insolencia.

Tenía quince años, un cuerpo de mujer y la desfachatez de una belleza de la cual todavía ignoraba el poder. Ya no pensaba que era fea y me sentía más segura de mí misma desde que mi abundante cabellera había perdido ese rojo espantoso para convertirse en un rojizo con reflejos dorados. La gimnasia me había esculpido un cuerpo flexible con piernas largas, una cintura fina, un pecho recto y hombros de líneas puras. En cuanto al rostro, ya no me desagradaba porque reconocía en él la nobleza de

61

las facciones de mi padre. También es cierto que era tan testaruda como él.

Era totalmente diferente de mi hermana, que no por ello era menos atractiva. Más fina, más dulce, más pequeña. Un largo rostro de tez oscura y unos cabellos de un negro brillante que realzaban sus grandes ojos oscuros. Una belleza clásica que encantaba y tranquilizaba. La mía, por más inusual, sorprendía e inquietaba más.

Orgullosa de sus hijas, que anteponía a todos y a todo, mi madre decidió «presentarnos». Había llegado el momento, decía, de alertar a los pretendientes y escoger el marido adecuado. En la primavera de 1842 pusimos fin al luto y nuestro palacio de Ariza abrió sus puertas para la celebración de numerosas fiestas. En los salones inmensos, magníficamente iluminados, la mejor sociedad de Madrid vino a bailar la contradanza o las sevillanas, intercambiar palabras ingeniosas o frases galantes, organizar una intriga o comentar la última moda. Príncipes, ministros y diplomáticos se codeaban con artistas y escritores. Para seducirlos, las mujeres exhibían sus más bellas galas.

Divina y encantadora, mi madre era una anfitriona excelente y en toda la ciudad la gente se peleaba para obtener nuestras invitaciones. Mi hermana y yo éramos cebos de calidad, y los chicos de nuestra edad acudían como moscas a la miel para hacernos la corte. Eran jóvenes ricos que llevaban los nombres más prestigiosos de España: Alba, Sesto, Medinaceli, Osuna, Ayerbe, Ardala... Cuando a la hora del crepúsculo llegábamos al paseo del Prado, donde el buen gusto dictaba mostrarse antes de la cena, venían a caracolear alrededor de nuestras carrozas y nos saludaban caballerosamente con un *piropo* elegante.

Se acabó la época en que íbamos a pie, con vestidos de tela sin medias y debíamos afrontar las inclemencias del mal tiempo sin paraguas. La austeridad espartana de mi padre lo acompañó hasta la tumba, y su ejemplo no cayó en saco roto. Esa austeridad me permitirá aceptar con una sonrisa el despojo brutal que el destino me iba a imponer. Por ahora, Dios nos colmaba de dichas y vivíamos en la despreocupación de la opulencia. Cada una tenía su propio cabriolé. El mío era tirado por mulas enjaezadas al estilo andaluz a las que lanzaba a galope tendido, por el placer de controlar mi dominio, y desafiar a nuestros pretendientes. A sus cumplidos respondía haciendo ver que podía azotarles la cara con la fusta, diosa inaccesible que busca a su esclavo. En nuestros círculos de la alta sociedad, estos jueguecitos de provocación eran habituales y no tenían nada de chocante. Sencillamente demostraban que teníamos la sangre caliente, valor y honor. Cada noche, de palacio en palacio, las distracciones se multiplicaban. *Tertulias*, cenas, comedias y bailes a continuación… La fiesta duraba hasta el amanecer.

Desde París, don Próspero se preocupaba de vernos «transformadas en huríes», pero nos enviaba sin rechistar los trajes y perendengues «a la última moda» que aseguraban nuestro éxito. El señor Beyle prometía repetidamente que vendría. Había acabado su *Cartuja de Parma* cuando un ataque de apoplejía lo fulminó y nos dejo huérfanas, a mi hermana y a mí, por segunda vez.

–No puedo vivir sin vos –le había dicho yo siendo una niña.

–Cuando seáis mayor –respondió riendo– os casaréis con el marqués de Santa Cruz y me olvidaréis.

En un baúl de ébano con incrustaciones de nácar guardé preciosamente las doscientas cartas que había recibido de Roma y de París, «Para usted, Eouké».* De ahora en adelante, ¿qué hombre haría latir mi corazón con tanta fuerza?

Pensaba que nunca lo encontraría. Sin embargo, meses más tarde, el amor me sorprendió en la persona de James, duque de Alba y de Berwick, un joven de veinte años, algo tímido a causa de su baja estatura. Lo conocíamos desde la infancia y lo habíamos visto en innumerables ocasiones en París. Nos burlábamos de él cuando se mostraba taciturno, pero era ingenioso y muy atento con Paca y conmigo. Era el más fiel de nuestros galanes, y la amistad que le profesábamos no estaba desprovista de afecto.

Organizó grandes cacerías en Aranjuez, precedidas por un *apartado*** durante el cual, tocada con *sombrero cordobés* y calzada con botas rojas, me unía a los caballeros que debían llevar de nuevo al toril los *machos**** seleccionados para la corrida. Dominaba mi caballo con destreza y no me asustaba enfrentarme al toro. Bien plantada sobre mi montura, lo provocaba con insolencia con un «paso español» tan ligero como un baile. Al entrar en la arena, uno de los toros cargó con fuerza sobre mí, y lo esquivé por los pelos dejando algunos jirones de la falda colgados de sus cuernos. Subiendo la voz y acorralándolo desde muy cerca, dirigí al animal hacia el toril. De pie detrás del *burladero,* James no me

* Nombre cariñoso de Eugenia, Eukenia, Eouké. *(N. de la A.)*
** Fiesta durante la cual se hacía entrar en el toril a los toros seleccionados para la corrida. *(N. de la A.)*
*** La selección se hace durante la «*tienta de los machos*». *(N. de la A.)*

64

quitaba los ojos de encima. Orgullosa de haberlo conseguido, regresé a su lado, con una sonrisa radiante, y su mirada me penetró hasta lo más profundo del alma. Por vez primera, todos mis sentidos estuvieron en efervescencia.

Los días siguientes, no se alejó de mi lado y en toda la cacería nuestras botas llegaban a rozarse continuamente y sólo tenía atenciones para mí. Pensaba que James me amaba, y me sentía feliz y al mismo tiempo impaciente porque se me declarase abiertamente. Estaba enamorada y consideraba que poseía todas las cualidades. Sobre todo veía los gustos que compartíamos: el baile, el caballo y la tauromaquia. Era tímido e indeciso, pero yo tenía el suficiente ardor para los dos, y le aseguraba que por él iría a mendigar por las calles si me lo pidiese. Pero, ¿por qué diablos no se pronunciaba?

Se preparaba un gran baile de disfraces en Carabanchel, y contaba con la magia de la noche para sacar el tema de la boda. La fiesta fue espléndida, «la guinda de la temporada», declaró *El Heraldo,* que describió a lo largo de páginas y páginas las danzas y contradanzas organizadas por la famosa madame Petit, y los trajes de tonos irisados de los numerosos invitados. Paca, disfrazada de húsar, había adornado su chacó con una joya deslumbrante. Yo, con un traje escocés y con un sombrero pomposo sobre mi pelo ensortijado, recordaba mis orígenes. Ahora bien, sobre todo lo hacía por James, descendiente de los Estuardos por parte de los Berwick, quien, por su parte, se había conformado con un traje de Corte de la época de Felipe II, heredado de su antepasado el duque de Alba. Apegada a mis ilusiones y al ardiente deseo de ser amada, bailaba hasta desfallecer y sólo le miraba a él.

Un sentimiento indefinible me invadía, una pasión loca que me esforzaba por controlar. Mientras tanto, Paca se consumía y yo no me percataba de nada. A la mañana siguiente, la oí sollozar en su habitación. Su dolor estallaba en suspiros.

—Amo a James.—confesó con la voz rota.

Ante esta verdad, me quedé petrificada. ¿Cómo iba a imaginarme un golpe tan fatal? El drama fue más allá de todas las crueldades. A pesar de desear con ardor mi felicidad, ¿cómo vivir provocando la desgracia de una hermana a la que quería por encima de todo? Abrazadas, lloramos y maldijimos esta fatalidad que nos enfrentaba como rivales por el corazón del mismo hombre. Una de nosotras tenía que sacrificar su puesto, pero ninguna de las dos tenía el valor de hacerlo, y la tragedia aumentaba. Mi madre tuvo la última palabra y su juicio salomónico consistió en cortar el nudo gordiano.

—El duque de Alba será para la mayor, y no para la benjamina. Has hecho mal, Eugenia, en dejarte embaucar por tanta exuberancia. Si has hecho promesas, retíralas. A ti te corresponde sacrificarte.

Ante mi silencio anonadado, añadió:

—Paca es para Alba desde siempre. Con tus tonterías, casi lo echas todo a perder. Será mejor esposa que tú, es más tranquila. Eres demasiado fantasiosa. El momento llegará para ti cuando estés preparada.

Tenía diecisiete años. Mi primer amor acababa de nacer y ya lo apuñalaban. Sólo tenía una cosa en mente: desaparecer, morir. El mundo se había quedado sin los que me amaban, y no tenía a nadie en quien confiar. Sólo quedaba Dios y me puse a rezar. En mi desesperación y aislamiento, sólo él podía entenderme e iluminarme. Una mezcla de sentimientos terribles me asaltaba. Amaba y aborrecía al mismo tiempo, incapaz de decidir qué era lo mejor, si el amor o el odio. En esa lucha estéril sin salida, me veía miserablemente perdida entre un amasijo de pasiones, virtudes y locuras.

A altas horas de la noche, cogí mi pluma para escribir a James:

Querido primo:

Puesto que hay un final para todas las cosas de este mundo, quiero explicarte lo que contiene mi corazón. Mi carácter es fuerte, es cierto, no quiero excusas por mi comportamiento. Pero cuando se es bueno conmigo, hago todo lo que se me pide. Ahora bien, si se me trata como un burro, si se me pega ante el mundo, es más de lo que puedo soportar. Mis ideas más queridas ahora son ridículas, y me asusta más el ridículo que la muerte.

Dirás que soy romántica y estúpida, pero eres bueno y perdonarás a una pobre chica a la que todos miran con indiferencia, incluso su madre, su hermana y, osaría decirlo, el hombre al que más ama, por el que habría pedido limosna e incluso consentido su propia deshonra. Conoces a ese hombre. No digas que estoy loca, te lo suplico, ten piedad de mí. No sabes lo que es amar a alguien y ser despreciado por él. Dios me dará el valor para acabar mi vida en el fondo de un claustro, y nunca se sabrá si he existido. Hay gente que ha nacido para ser feliz; tú formas parte de ellos. Mi hermana es buena, te ama. Vuestra unión no será retrasada. Nada faltará a vuestra felicidad. Sed felices, así os lo desea, tu hermana Eugenia.*

En mi alma atormentada, el incendio se iba apagando y la razón, poco a poco, apaciguaba mi mente indignada. El incidente confirmaba, si era necesario hacerlo, la inclinación de mi madre por su hija mayor. Siempre la había preferido y mi padre ya no estaba aquí para apoyarme. ¿Para qué iba a obstinarme en defender mi amor cuando el propio James guardaba silencio? Acepté el injusto sacrificio. Por mi hermana a la que amaba, ofrecía mi corazón roto a Dios. Sin ella ya no tenía nada, y necesitaba esa ternura que nos había unido desde la infancia. Para conservarla, pagaba un precio. Sus efusiones y su sonrisa radiante fueron mi recompensa.

–Jamás olvidaré lo que has hecho, Eugenia. Ya verás, tú también encontrarás un buen marido.

La abracé para no llorar. Los sollozos me oprimían, se me hizo un nudo en la garganta. Con la mejilla apoyada en la suya, murmuré:

–Si tenéis hijos, ámalos por igual. Piensa que son todos igualmente vuestros, y nunca hieras a uno para mostrarle más afecto al otro.

Nos quedamos un buen rato abrazadas. No sentía ni rencor ni celos, quizá un poco de envidia, pero Paca era feliz, y eso era lo único que importaba. A partir de ese momento todo mi amor era para ella.

El 16 de febrero de 1844, el arzobispo de Madrid bendijo la boda. La ciudad entera se concentró en la cate-

---

* Carta del 16 de mayo de 1843. (*N. de la A.*)

dral para ver el esplendor de la ceremonia. Doña Francisca Guzmán y Palafox, hija del conde de Montijo, duque de Peñaranda, tres veces Grande de España, se casaba con Jacobo Luis Stuart-James y Ventimiglia, octavo duque de Berwick, decimocuarto duque de Alba y doce veces Grande de España.

Sentada en la primera fila del presbiterio, miraba con melancolía los rostros iluminados de los recién casados. Paca nunca había estado tan hermosa. Duquesa de Alba, desde ese momento se convertía en una de las damas de mayor prestigio de la sociedad madrileña. Yo esperaba el fin de las fiestas para retirarme lejos del mundo y de sus pompas. Había tomado una decisión, pero una vez más, mi madre tuvo miedo de perderme tras las rejas de un convento.

–Piénsalo con más detenimiento –me dijo–. Un viaje te permitirá verlo todo más claro.

Me llevó a los Pirineos, donde sus amigos se habían multiplicado a medida que transcurrían los años. Tras una terapia en el balneario de Eaux-Bonnes, donde se curaban enfermos de los bronquios, el conde de Bryas nos recibió en su castillo de Burdeos. Después viajamos al castillo de Plassac, donde el marqués de Dampierre organizó grandes cacerías. Al galope de mi caballo, rodeada de aromas silvestres del bosque, iba a mi aire. El ejercicio y la velocidad me devolvían la energía y las ganas de vivir. Todos alababan mis dotes de amazona, mis encantos y mi gracia, me llamaban «la bella española», nombre que conservé durante unos cuantos años antes de que se redujera simplemente a «la española» sin más, pronunciado con rencor o con desprecio.

Por ahora la gente admiraba mi exuberancia y la vivacidad de mi carácter. El éxito me animaba y mi decisión de hacerme monja se deshacía en las brumas del olvido. Regresar a Madrid ya no me asustaba y pensaba en los numerosos pretendientes entre los cuales descubriría el que sabría conquistar mi corazón.

Durante una cena en un castillo de Cognac, mi vecino de mesa, que era un obispo, se inclinó sobre mi mano, la examinó y exclamó:

—¡Oh, Dios mío! Veo una corona.

Dado que todos mis amigos eran duques, pregunté, despreocupada:

—¿De duquesa?

—Una corona imperial —dijo con gravedad—. Sí, una corona imperial.

Una carcajada se extendió por toda la mesa, y uno de los invitados exclamó:

—El Habsburgo y el Romanov están provistos. ¡Para nuestra hermosa sólo quedaría el harén del sultán!

«Más que una reina», «corona imperial», las palabras giraron en mi cabeza durante toda la noche. Estas dos predicciones en un espacio de cinco años eran suficientes para turbarme. Ahora bien, sobre todo me percataba de que si la primera no tenía malas intenciones, la segunda me había herido en mi amor propio, porque se habían burlado de mí. El harén del sultán me ponía en ridículo. Sin esperar más, hice cerrar nuestros baúles y obligué a mi madre a seguirme. Los sarcasmos y las burlas me habían sacado de mis casillas. Estaba lejos de pensar que eran lo común entre algunos franceses.

En el camino de vuelta, mi madre me sermoneó a propósito de mi carácter imposible, exhortándome a ser más dócil para no asustar a los hombres. En un tono brusco, repliqué:

—No me casaré con un idiota con fortuna al que me sienta atada por conveniencias sociales. Esperaré hasta encontrar a la persona que comparta mi modo de pensar.

—Explícate.

—Soy como mi padre, me gusta la libertad. Como él, como el señor Beyle, me gustaría vivir grandes acontecimientos. ¿Dónde se encuentran hoy los héroes que buscan lo sublime? Sólo veo a gente mediocre rodeada de intrascendencia.

Mi madre suspiró con expresión cansada y me dejó vivir a mi aire mientras duró lo que llamaba mi «crisis de originalidad». No sabía qué inventar para dar la nota. En las calles de Madrid montaba a caballo a pelo, sin silla, frecuentaba las salas de armas y me batía con un florete contra los mejores espadachines. Acudía a las corridas de toros vestida con trajes llamativos y llevaba en mi calesa a Montes, el torero triunfador, el gran Paquiro cuyos colores llevaba. También a veces lucía el traje de luces y ejecutaba algunos pases con la capa, o toreaba a caballo, llegando a echar pie a tierra y matar al toro con el estoque. Así me embriagaba de lo extraordinario. Me gustaba el peligro y no paraba de plantarle cara puesto que nada ni nadie me ataba a la vida.

Por la noche, en el salón de mi madre, seguía provocando con palabras que sorprendían a más de un invitado. Leía las obras de Fourier que acaban de publicarse, y apoyaba su «teoría del falansterio» que debía otorgar la total libertad del desarrollo de la naturaleza humana.

—Necesitamos una sociedad basada en la armonía de las pasiones, donde ricos y pobres se mezclen, donde la gente no se vea obligada a vivir en contra de sus deseos.

Peroraba durante horas y horas dentro de un círculo entretenido. Me habían apodado la «falansteriana» y tenía mis adeptos que también soñaban con tiempos nuevos donde reinarían la libertad y la igualdad. Cada uno se preparaba a esos cambios aprendiendo un oficio manual. Yo escogí esculpir la madera. Mi mente a veces se ofuscaba ante la mezquindad de algunos ministros o banqueros. Entonces me enfadaba, y abogaba por la abolición de la esclavitud y criticaba sin acallar a carlistas y ultras. Exasperaba a mi madre, es cierto. Llegué a propasarme. Excitada, avanzó hacia mí, dispuesta a abofetearme. De un salto, me planté en el balcón y pasé por encima de la barandilla. Colgada de una mano, grité:

—Mamá, si das un paso más, me suelto.

Lo habría hecho, lo sabía. Así que retrocedió.

Entonces llegó un Bonaparte a Madrid, y en todos los palacios sólo se habló de él. Olvidando mis salidas de tono y *calabazas*, mi madre sólo se interesó por él. Intrigada, impaciente por conocerle, repetía:

—¿Será el «tirano con genio» que Europa espera?

El príncipe Napoleón, al que sus amigos llamaban Plon-Plon, era hijo del hermano menor del emperador, el ex rey Jerónimo de Westfalia. Desterrado de Francia, se paseaba por España y se convirtió en un visitante habitual de nuestro palacio. Tras algunas conversaciones, mi madre lo clasificó:

—Espiritual, apuesto, dotado del poder de fascinación como todos los Bonaparte, pero no es «el» Bonaparte.

Puesto que era un caballero, me hizo la corte, y le hice entender a mi manera que no deseaba de ninguna manera figurar en su cuadro de caza. Tenía una idea demasiado elevada del emperador para admirar a este sobrino pedante y vanidoso que se entretenía criticando al Imperio del cual poseía los títulos.

Sin embargo, a principios del verano de 1845, iba a oír hablar de otro Bonaparte cuyo destino no había acabado de cruzarse con el mío.

CAPÍTULO IV

Como cada año, después de mi estancia en el balneario
Eaux-Bonnes, la marquesa de Castelbajac nos invitó, a mi
madre y a mí, a su propiedad de Pau. Para distraernos,
invitó a una artista, llamada madame Gordon, que cantó
bastante bien en los intermedios musicales de la velada.
No sabíamos nada de ella, salvo que había desempeñado
un papel en la conspiración de Estrasburgo algunos años
antes, y eso era suficiente para despertar mi curiosidad.
Recordaba ese día de noviembre de 1836 en que mi amiga Cécile Delessert puso mis sentidos en alerta al enseñarme la silla donde el príncipe Luis Napoleón se había
sentado para beber un poco de champán antes de partir
al exilio.

Ardía por obtener más información, y la escuché
con atención cuando supe que era la hija de un capitán
de la Guardia. La habían criado en el culto al emperador
y había dirigido toda su devoción hacia el sobrino del
Águila, hijo de Luis, hermano de Napoleón y ex rey de
Holanda, y de la reina Hortensia; se le consideraba el legí-
timo heredero. A petición mía, madame Gordon explicó con detalle el intento de sublevar a la guarnición con
el apoyo del coronel Vaudrey y su activa participación en
esos acontecimientos. Sólo más adelante sabría lo que
omitió en esta confesión sobre su situación un poco tur-

bia y sus relaciones personales en aquella época. Sin embargo, desde las primeras palabras quedé literalmente subyugada, y la admiración que sentí por ella no conocía límites. La envidiaba por el hecho de haber conocido al hombre extraordinario que había llevado a cabo el gesto heroico con el que siempre había soñado, ya que al igual que ella también era hija de un veterano de la Grande Armée.

Madame Gordon era inagotable y hablaba de «su príncipe», que acto seguido había huido de América y se había refugiado en Inglaterra, donde esperaba el momento propicio para regresar a su patria.

–El regreso de los restos mortales del emperador fue la señal que esperaba. Consideró que había llegado la hora de despertar voluntades. Su desembarco en Bolonia, como sabéis, fue un fracaso. Pero iré a verle al fuerte de Ham, porque creo en su buena estrella.

Yo bebía sus palabras. Un conspirador, un prisionero, un príncipe, un Napoleón: ¡se daban todos los requisitos necesarios para absorberme el seso!* Exclamé:

–¿Si fuese con vos, señora, ¿el príncipe me recibiría?

–Las visitas están autorizadas –dijo con una sonrisa de diversión–. Creo que estaría encantado.

Mi madre se dejó convencer de esa alocada idea y se acordó que acompañaríamos a madame Gordon. Pero a la sazón una revolución –ya no sé cuál, ¡hubo tantas!– nos obligó a regresar rápidamente a Madrid.* Una vez más, la fatalidad ponía trabas a mis proyectos, en el momento en que me disponía a vivir una hermosa aven-

* Relato de la emperatriz a Augustin Filon. (N. de la A.)

tura. Lloraba de rabia y supliqué a madame Gordon que se reuniera con nosotras lo antes posible en España. Lo quería saber todo sobre ese Napoleón probo y valeroso que la Cámara de los Pares* había condenado a cadena perpetua.

En la diligencia que nos llevaba de vuelta a casa, los baches sacudían mi cuerpo, pero mi mente caracoleaba hacia el norte de Francia, en compañía de la cantante, y seguía oyendo su voz cálida repitiendo las declaraciones del acusado ante los jueces:

—Por primera vez en mi vida, se me permite hablar libremente a los franceses… Se me presenta una ocasión de oro para explicar a mis conciudadanos lo que pienso, lo que deseo… Represento un principio, una causa y una derrota. El principio, es la soberanía del pueblo; la causa, la del Imperio y la derrota, Waterloo. El principio, lo habéis reconocido; la causa, la habéis servido; la derrota, queréis vengarla.

Y aquel impertinente de la sala que le espetó a la cara:

—La espada de Austerlitz es demasiado pesada para vuestras débiles manos. ¡El nombre del emperador pertenece a Francia!

Sin perder la calma, el acusado replicó:

—Ese nombre que resuena por doquier hoy en día, es a mí a quien pertenece.

Respuesta digna y orgullosa, como a mí me gustan. Este sobrino de mi ídolo conocía el idioma de los héroes

* Cámara parlamentaria cuyos miembros eran nobles designados por el rey y que compartía el poder legislativo con la Cámara de los diputados. Fue suprimida en 1848. (N. de la T.)

y me preguntaba qué haría en su cautiverio. El 7 de octubre de 1840, lo encarcelaron. En el mismo momento, yo pensaba ir a París para inclinarme ante los despojos del glorioso prisionero, muerto en Santa Elena.

De regreso a Madrid, me acerqué al palacio de Liria, morada ancestral de los duques de Alba, donde vivía mi hermana desde su boda. Le hablé de mi encuentro y le declaré con voz entusiasmada:

—El bonapartismo está lejos de estar enterrado. Pronto tendremos noticias.

Toda mi infancia resucitaba en bloque y palpitaba en el menor resquicio de mi cuerpo, alimentada por los relatos de mi padre y del señor Beyle… ¡La religión de Napoleón corría por mis venas y me habría parecido harto fácil hacerme matar por el heredero de ese nombre!*

Fiel a su promesa, madame Gordon emprendió viaje a España y nos expuso detalladamente cómo fue su peregrinaje al fuerte de Ham. El príncipe Luis Napoleón, modestamente instalado pero bien tratado, no había perdido en ningún momento el buen humor ni las esperanzas. Creía en su destino y se preparaba para desempeñar su futuro papel, consultando miles de textos y dedicando jornadas enteras a estudiar la manera de mejorar la suerte de las clases trabajadoras. Incluso consiguió publicar un folleto titulado *Extinction du Paupérisme.*

—Ha causado sensación. Sólo he podido encontrar una copia, aquí la tenéis. Es vuestra si lo deseáis.

La cogí y la abrí con entusiasmo. Lo que leí en aquel momento me extrañó y me tranquilizó. Volvía a encontrar las teorías de Proudhon y Fourier que me habían

* Palabras pronunciadas por la emperatriz ante Augustin Filon. *(N. de la A.)*

77

seducido. El príncipe, hijo de rey y sobrino del emperador, tenía ideas «progresistas» a la hora de escribir:

> La clase obrera no posee nada, debemos convertirla en propietaria. Su única riqueza son sus brazos; debemos dar a estos brazos un empleo útil para todos. Es como un pueblo de ilotas en medio de un pueblo de sibaritas; debemos hacerle un sitio en la sociedad, y unir sus intereses a los del suelo. Además, no tiene organización, ni derechos, ni futuro; démosle derechos y un futuro y la habremos ganado para la educación, la asociación y la disciplina.

Las colonias agrícolas que defendía en otro pasaje se asemejaban a mis utopías de falansterio, pero me quedé pensativa ante la conclusión:

> El objetivo de todo gobierno hábil debe ser tender a que pronto se pueda decir: El triunfo del cristianismo ha destruido la esclavitud; el triunfo de la Revolución francesa ha destruido el vasallaje; el triunfo de las ideas democráticas ha destruido el pauperismo.

En este terreno, todavía debían hacerse muchas cosas, y según lo que oía en las *tertulias* de mi madre, no veía ningún gobierno dispuesto a instaurar más libertad. Sólo tenía diecinueve años y me alimentaba de mis ilusiones, esperando que algún día el mundo cambiara hacia más igualdad. El informe de madame Gordon fortalecía mis ideas y me animaba a proseguir mis convicciones nacientes en materia de política.

–Todo lo que nos habéis enseñado –le dije– me lleva a una feliz conclusión: ni mi padre ni el señor Beyle lucharon por nada. Los principios napoleónicos sobrevivirán al Gran Hombre que reposa en Los Inválidos, puesto que un heredero de su sangre ha cogido la antorcha. Es bueno saber que, en un rincón de Europa, un alma de héroe ha vuelto a encender la llama.

Emocionada hasta derramar lágrimas, la cantante regresó a Francia, donde murió cuatro años más tarde sin volver a ver a «su príncipe». Pero cuando se me ocurra pronunciar su nombre en los salones del palacio del Elíseo, provocaré una confusión de la que me arrepentiré. Por ahora estaba lejos de imaginar mi destino bajo los artesonados dorados de ese palacio.

Madrid y Carabanchel me envolvían en una ronda de mundanerías, siempre las mismas, y ya me hartaba de ellas. Mi madre quería casarme a toda costa y se obstinaba en presentarme como una joya cara. Recibí varias demandas, es verdad, los mejores partidos de la ciudad. Pero ninguno de ellos tenía el poder de hacerme vibrar, y los rechazaba uno tras otro, provocando las iras de mi madre.

Chocábamos con frecuencia; las palabras subían de tono y las peleas se multiplicaban. Con el tiempo, nuestros gustos diferían tanto que eran opuestos las más de las veces. Me gustaban los grandes espacios y el campo, mi madre prefería los parques geométricos. A ella la ópera la embriagaba, a mí el flamenco me apasionaba. Si a mí me encantaban las largas discusiones, los debates sobre los principios o las ideas, para ella la conversación consistía en sondear a su interlocutor, en busca de intrigas, informaciones o confidencias detrás del abanico. Y lo que más me entristecía era oír a la antigua bonapartista unirse al clan de los conservadores y permitirse escapadas del lado carlista, orleanista o legitimista… La diplomacia y los esfuerzos constantes nos permitieron aceptarnos la una a la otra con nuestras diferencias y nuestras cualidades. Las suyas eran múltiples, y no cesaba de admirarlas a pesar de todo.

Siempre que podía permanecía en compañía de Paca en su palacio de Liria, pues la adoraba. Ya no sentía ningún rencor hacia James. Desde su boda era mi hermano, y nuestro afecto fue sincero y sin equívocos. Ambos eran mi hogar, mi familia. Con ellos me sentía dichosa y feliz. Reunían amigos de nuestra edad y viajábamos para hacer excursiones de varios días a las provincias del norte, donde los Alba poseían inmensos territorios.

Por gargantas y bosques, me embriagaba con galopadas locas que no estaban exentas de peligro. Los bandoleros nos espiaban, ya que codiciaban nuestras bolsas y monturas. Pero conocíamos el arte de esquivar sus trampas. Sin embargo, un día estuvimos a punto de ser capturados por una banda de carlistas en busca de rehenes. Éramos piezas de primera calidad con las que podrían obtener fuertes rescates. En el castillo de Romanillos, donde hacíamos un alto, un guardia nos alertó:

—Las fuerzas de Pimentero rodean la casa.

Ese hombre era conocido por su maldad y ninguno de nosotros deseaba perder un dedo o una oreja. En apenas unos minutos, cubrimos con trapos los cascos de los caballos y huimos de noche sin hacer ruido. Una carrera desenfrenada por las montañas, los senderos de piedras y los bosquecillos, lejos de los pueblos, que nos habrían traicionado. Pimentero sembraba el terror en aquella comarca. Las estrellas fueron nuestro refugio y las bayas nuestro alimento. Era optimista y nunca puse en duda que el jefe rebelde se quedaría con las manos vacías. Bajo las murallas de Burgos, éramos los ganadores. Nuestro coraje había triunfado, pero yo regresé con una herida: una erisipela que me desfiguró durante algunos días.

La olvidé rápidamente yendo al sur. Aranjuez, las monterías y los *apartados*. *Toros y bailes*, y el cante ronco de los gitanos que cortaba la noche. Había nacido andaluza y no podía renegar de mis orígenes. Con los *peones*, armada con una garrocha, galopaba por los campos para la tienta de los «bravos» de la próxima corrida y la de las hembras que traerían al mundo a otros «bravos».*

–Si algún día me quedo sumida en la miseria –decía riendo–, ¡el caballo me asegurará los medios para subsistir!

A principios de mayo de 1846, celebramos mis veinte años y Carabanchel se vistió de fiesta. Los veinte mil árboles que mi madre había hecho plantar para agrandar el parque, empezaban a crecer y llevaban mil farolillos. Linternas chinas, enviadas por don Próspero, ornamentaban la casa y la envolvían en un ambiente de misterio que descolocaba a los invitados y los empujaba a divertirse. Se había restaurado el teatro bajo las enramadas. Habían venido actores, y los mejor dotados de entre nosotros subían al escenario sin miedo al ridículo ante una asamblea que la mayoría de las veces se portaba como buen público. Para la ocasión, yo me enfrenté a los dardos de la concurrencia en una obra de Ventura

* Los toros bravos para las corridas. *Tienta de los machos*: selección de los machos. *Tienta de las hembras*: selección de las hembras. (*N. de la A.*)

de la Vega, donde desempeñaba el papel de Clara, la protagonista. Recordé los acentos de Raquel cuando, con mi voz ronca e imponente, declamé los últimos versos:

> ¡Que no basta pensar mal
> Para ser hombre de mundo!

Los aplausos atronaron el ambiente. Al día siguiente, actué en la *Norma*. Como no podía cantar, me encargaron representar a una mujer con un niño en brazos. El bebé se puso a gritar cuando entraba en escena. Es verdad que con la emoción lo había cogido mal, con la cabeza abajo y los pies arriba. Azorada, lo dejé encima de una silla y salí corriendo. Esta vez sólo obtuve risas y chirigotas. A partir de entonces me costó mucho volver a subir a un escenario. Y, sin embargo, me dejé convencer para actuar en el *Caprice* de Musset con el joven marqués de Alcañices, un compañero de la infancia que formaba parte de mi entorno familiar. Pero después de esa velada, el amor, sin avisar, me cogió en sus garras.

Pepe, así lo llamábamos desde siempre, pareció descubrir mis encantos y mis virtudes. Su mirada, sus palabras, sus actitudes hacia mi persona cambiaron. Me siguió de baile en baile, de fiesta en fiesta, de cotillón en cotillón, me escribía cartas de amor, me declaraba su pasión bajo la luz de la luna. Acabé por creerle cuando leí, al despertar, una nota depositada de forma furtiva en la cabecera de mi cama:

> Esta noche no he podido dormir. He permanecido ante tu retrato besando cada esquina de tu rostro, mojando con mis lágrimas esos ojos adorados. *Que-*

82

rida Eugenia, ¿cuándo dejarás que mi corazón descanse junto al tuyo?

Una hija de España no se deja conquistar a la primera promesa. Pepe era un hombre apuesto, seductor e ingenioso. Hijo del duque de Sesto, era rico y descendía de una familia de alto rango. También tenía un éxito arrollador en la sociedad madrileña, y no podía ignorar que muchas mujeres se lo disputaban. Le permití que me hiciese la corte y lo puse a prueba. Volvió a declarárseme y pensé que por fin la felicidad me sonreía. Un hombre me amaba, ¿cómo no iba a sentirme conmovida por ello? James nunca me había hablado así. Ante tanto ardor y tanta pasión, abrí mi corazón impaciente por expresar mi pasión.

Pepe había acaparado mi mente, y cuando en todos los salones las conversaciones sólo versaban en la increíble evasión del príncipe Luis Napoleón, no presté demasiada atención.

–¡Qué golpe maestro! –decían en el círculo con admiración.

–¡Menuda audacia, una suerte increíble!

–¡*Suerte de cabrón!* –exclamó una voz burlona–. Hay que ser ingenuo o idiota para intentar tal locura.

Porque sin duda alguna era una locura tratar de salir de una fortaleza fuertemente vigilada presentándose al puesto de guardia, disfrazado de albañil, con una viga al hombro, como usurpando la identidad de un obrero: Badinguet. Unos meses antes me hubiese estremecido de satisfacción y hubiese pronunciado discursos vehementes por la gloria de Bonaparte forjado en el molde del «Tío», pero estaba enamorada y sólo tenía ojos para un solo hombre: Pepe, el marqués de Alcañices, futuro duque de Sesto, mi galán.

A finales de año, las festividades se multiplicaron para celebrar las bodas de la reina Isabel con su primo don Francisco de Asís y la de su hermana la infanta Luisa Fernanda con el duque de Montpensier, hijo del rey Luis Felipe. En las calles de Madrid, engalanadas con colgaduras de terciopelo y tapices de seda, la gente se quedaba absorta ante el cortejo resplandeciente de los príncipes y dignatarios venidos de todos los rincones de Europa. Todos los Grandes de España fueron invitados. Mi madre, condesa de Montijo y duquesa de Peñaranda, no quedó en el olvido, y yo misma tuve el privilegio de formar parte de las damas de honor de la joven soberana. Por vez primera estuve en las primeras filas para admirar los fastos de la Corte en la capilla de Atocha, el fausto excepcional del cortejo nupcial, el banquete espléndido y la magnificencia del baile en los salones del Palacio Real. Bajo las arañas deslumbrantes, al son de una orquesta que dirigía el célebre Strauss venido especialmente de Viena, bailé hasta las primeras horas del alba. Los caballeros pasaron uno tras otro y me dejé arrastrar por el torbellino del vals, aún recuerdo a ese apuesto duque de Aumale que me llevó durante un buen rato al fresco de la galería, donde me habló de sus campañas en los desiertos de Argelia.

—Después de tres años de acosos, emboscadas y combates violentos, Abd el-Kader finalmente se rindió, y nos apoderamos de toda su Smala, en la llanura de Mitidja.

El apuesto guerrero habría hecho latir mi corazón si no hubiese estado casado,* y si yo no estuviera coladi-

* Se había casado dos años antes con una princesa de Nápoles. (N. de la A.)

84

ta por Pepe, que confirmaba su galanteo con atenciones diarias. En el palacio de Liria, donde me dirigía cada día, Pepe venía a hacerme la corte, y el amor que sentía por él crecía en mi interior. Nos veían tan a menudo juntos que la ciudad entera predecía nuestra boda. Era la primera en desearlo y me extrañaba el silencio de Pepe sobre este punto.

Durante la primavera del año siguiente, nombraron a mi madre dama de honor de la reina Isabel. En el mes de octubre se convertía en la «Camarera Mayor», el cargo más alto de la Corte, y yo me convertía en dama de honor. La gloria se cernía sobre nuestra casa, donde la más alta sociedad se agolpaba: la Grandeza, los miembros de las Cortes, el cuerpo diplomático, los más preclaros artistas y literatos. Tanto en el Caserón Montijo de Madrid como en la Quinta Miranda de Carabanchel, las fiestas eran preciosas. El primer ministro Narváez era un invitado habitual, y la reina Isabel se divertía llegando de improviso, conduciendo su calesa, con sólo un guardia y una dama de compañía como séquito. Uno de nuestros granjeros daba la alerta y yo saltaba sobre mi caballo y me lanzaba a su encuentro para escoltarla hasta nuestra casa. Entonces, después del espectáculo, se servía una cena en el patio perfumado de jazmín, y luego bailábamos toda la noche bajo las enramadas de rosas y de lilas. Al alba, mientras tomábamos sorbetes, una profusión de globos subían hacia el cielo. Yo los miraba, soñadora, esperando que todos estos favores animarían al marqués de Alcañices a pedir mi mano.

Sin embargo, un día, al regresar del palacio real, me encontré a mi hermana llorando. Se echó en mis brazos y me confesó entre sollozos que Pepe la acosaba. Jugando la comedia del amor, me había utilizado para entrar en el palacio de Liria, acercarse a Paca y seducirla. Porque era de ella, y no de mí, de quien estaba enamorado.

Se me paró el corazón, atravesado por esa verdad más afilada que una daga. Una vez más, me apuñalaban. Y esta vez ya no era la injusticia de una madre, sino la felonía de un hombre que se había burlado de mis sentimientos y me había comprometido a los ojos de toda la ciudad, con el único objeto de hacer triunfar su perversidad.

¡Amor traicionado, honor mancillado! Ya no había razón alguna para vivir. Estaba herida de muerte, y corrí a encerrarme en una habitación y me tragué todas las cabezas de las cerillas que contenía una caja que pude encontrar.

¿Durante cuánto tiempo floté en una nube? Desde la lejanía me suplicaban que volviese. Paca, James y el médico llamado a toda prisa, pero me negaba a oírles, muy decidida a volar para siempre. Y de repente, cerca de mi oído, reconocí la voz amada:

—¡Eugenia!

Pepe. Escuchaba, llena de esperanza, dispuesta a perdonar.

—¡Eugenia! ¿Dónde están mis cartas?

¿Cómo pude no gritar? Herida en lo más profundo de mi amor propio, abrí los ojos y, en un sobresalto de desprecio, bebí el antídoto antes de contestarle con voz sibilante:

—Eres igual que la lanza de Aquiles. Curas las heridas que haces.*

* Ésta es la auténtica versión de los hechos. La emperatriz se lo contó a la hija de la duquesa de Alba, su sobrina, que a su vez se lo relató a Ethel Smyth. (N. de la A.)

Con las pócimas recobré fuerzas y salud, pero la muerte permanecía en mi alma, y la melancolía me paralizaba el corazón. Sin amor, sólo era una sombra. Y si el amor sólo conllevaba sufrimiento, no quería amar. Sólo era un montón de melancolía y sólo veía una vida posible, en la paz de un convento. Pero también me fue denegada. Después de escucharme con atención, la madre superiora movió la cabeza diciendo:

—No busquéis el reposo entre nuestras paredes, hija mía. Estáis llamada a sentaros en un trono.

Esta declaración me sumió en la neurastenia. El mundo se había vuelto loco, y nadie intentaba comprenderme. ¿Qué les pasaba a todos, con esta obsesión de corona y trono? Sólo deseaba amar y ser amada. Y esa sencilla felicidad me era denegada. Y cuando me volvía a Dios, sus puertas se cerraban. ¿Acaso él también me abandonaba? Desesperada, no sabía qué hacer ni dónde ir.

Las desgracias nunca vienen solas, dice el refrán. Cuando vi que golpeaba uno tras otro a los miembros de nuestra familia, creí realmente que había nacido bajo el signo de la maldición. El temblor de tierra, y mis cabellos rojos, cabellos enrojecidos con el fuego del infierno, ¿acaso no era obra del diablo? Me estremecía sólo de pensarlo. El embarazo tan esperado de Paca se interrumpió trágicamente. Se marginaban intrigas alrededor de mi madre. Por envidia, explicaban los peores horrores, y la *Camarera Mayor* ofreció su dimisión explicando con dignidad:

—Mi hija pequeña está atravesando un momento crítico. Es a ella a quien debo consagrarme.

¿Por qué no resistió, por qué no se defendió? Es cierto que yo también era la burla de Madrid, y estaba convencida de que la había arrastrado en mi caída.

–Un viaje a París nos cambiará las ideas –me dijo–, *no hay mal que por bien no venga.*

–*Après la pluie le beau temps* –suspiré–. Los dichos se parecen en todas las lenguas. *¡Ojalá!* ¡Qué Dios te oiga!

Estalló una revolución, pero esta vez fue en Francia. Motines y revueltas asolaban la capital; el rey-ciudadano decidió huir, y se proclamó la República. A la espera de días mejores, decidí acompañar a Paca a Biarritz. Contaba con el aire sano del mar para recuperar sus fuerzas antes de intentar un nuevo embarazo. Olvidé mis dramas íntimos para ocuparme de ella y sentir, a su lado, esa ternura del pasado que nos unía cuando estábamos solas, abandonadas en nuestros internados.

La estancia fue un bálsamo para mi corazón herido. En el mar ahogaba las penas que me habían ocasionado, y andaba durante horas por la arena húmeda, recibiendo sobre mis pies el ir y venir de las olas rematadas por una espuma ligera. El viento del mar me embriagaba. Recuperaba la sonrisa y me llevaba a Paca por los senderos de la montaña del interior de la costa. Las alegrías simples nos devolvían la despreocupación de la infancia. Cogidas de la mano, renovábamos nuestro valor.

–Volvemos a empezar –dijo Paca–. Esta vez, funcionará.

Cada una, a su manera, debía volver a partir de cero. Confianza en uno mismo y perseverancia, acostumbraba a repetir el profesor de Le Gimnase.

Una sorpresa nos esperaba en Madrid. Ferdinand de Lesseps había sido enviado por la República para presentarse a la reina de España. La llegada inesperada de este primo rejuveneció a mi madre. Tenían el mismo carácter y, sobre todo, la misma voluntad de vencer.

No había obstáculo que los detuviera. Él también poseía un optimismo invencible que le permitía conseguir lo imposible. Con palabras brillantes, nos explicó los acontecimientos de París. La huida del rey en coche de punto y sobre todo la llegada improvisada de un Bonaparte a la Asamblea.

–No sé mediante qué milagro el príncipe Luis Napoleón ha conseguido hacerse elegir diputado. También es un milagro que haya perdido el tren de Amiens que ha descarrilado. Algunos aseguran que será candidato al cargo de presidente. Pero no ha dicho nada y se comporta con prudencia.

Yo escuchaba y permanecía en silencio, pero no por ello dejaba de pensar. El Napoleón que había conseguido la evasión más inverosímil, digna de las novelas de Alejandro Dumas, a buen seguro nos guardaba otras sorpresas. Algunos meses más tarde, el primo Ferdinand regresó a París a toda prisa. La República había elegido presidente al príncipe Luis Napoleón. Y don Próspero nos escribía:

Sorprende a todos los que se acercan a él con esa expresión de «autosuficiencia» propia de los legítimos. Es el único que no se ha sorprendido de su elección. Además, se dice que es testarudo y decidido. Al entusiasmo de los primeros días de su nombramiento ha seguido una curiosidad callada. La gente se pregunta cómo va a salir de ésta, pero nadie se arriesga a hacer predicciones.

Para mí, no había duda alguna, haría como su tío y proclamaría el Imperio. Sus declaraciones ante la Cámara de los Pares, que me había explicado madame Gordon, estaban muy claras en mi mente. ¿Acaso no había afirmado que su causa era la del Imperio? También había dicho que vengaría Waterloo. Me preguntaba si el partido de los bonapartistas se formaría de nuevo. Al igual que mi padre, podría unirme a él y resucitar esa pasión que me había alimentado desde la infancia.

A finales de diciembre, el príncipe Plon-Plon regresaba a Madrid. Representaba a su primo el príncipe presidente, y se apresuró a frecuentar nuestra casa, de la cual, decía, conservaba el mejor recuerdo. Lo vi con desgana. Me sacaba de quicio su costumbre de alabar con demasiado entusiasmo mis virtudes y presumir de ser republicano.

—La República no durará mucho —repliqué en un tono cortante—. El Imperio vendrá, como en la época de Napoleón.

Se burló de mis juicios sin fundamento, añadiendo que a una mujer le sienta mejor la belleza que la inteligencia. Entonces tuvo la audacia de pedirme en matrimonio y le di la espalda sin decir palabra. Este Bonaparte vanidoso sólo era un pordiosero. Estaba lejos de imaginarme que el destino nos reservaba otros encuentros y que me perseguiría por haberle rechazado.

A mediados de marzo de 1849, me encontraba en París con mi madre, en un apartamento que había alquilado en el número 12 de la plaza Vendôme. Fiel a sus costumbres, renovó los contactos con todos sus amigos que enseguida acudieron y volvieron al mundanal reclamo de las tertulias. Don Próspero, los Delessert y el primo Ferdinand eran los únicos cuya compañía apreciaba. En el palacio de la princesa Mathilde al igual que en los demás salones, me aburría. Era una doncella, una extranjera, y por esas dos razones nadie me dirigía la palabra. Permanecía sentada en mi rincón y esperaba el final de la velada con sólo un deseo, llorar.

Mi mente estaba en España, cerca de mi hermana, que seguía cuidándose para tener un hijo. Por la noche, antes de dormirme, le escribía abriéndole mi corazón lleno de pesares. Decidí no acudir a más recepciones ni reuniones de salón y quedarme en casa pintando acuarelas, con la esperanza de que mi madre se cansara de mostrarse ingeniosa con damas del antiguo régimen y me llevara a los pequeños teatros para divertirme. Estaba impaciente por marcharme. Sin el señor Beyle, sin Paca y sin mi padre, París era un abismo de soledad del que quería huir lo antes posible.

Una mañana de abril, un guardia llamó a nuestra puerta. Depositaba una invitación para una recepción presidencial en el Elíseo.

CAPÍTULO V

–¡Por fin! –exclamó mi madre–. Esperaba este momento con impaciencia. Bacciochi me lo había prometido. Tuve razón al confiar en él.

En numerosas ocasiones la había visto conversar con ese primo lejano de la princesa Mathilde, que era el secretario particular del presidente, con el que se decía que estaba emparentado. El caso es que el príncipe Luis Napoleón confiaba en él y éste se encargaba de organizarle las veladas reuniendo a su alrededor lo más brillante de París: el poder, el dinero y las mujeres bellas.

–Espero que esta vez no hagas mala cara como tienes por costumbre –siguió mi madre–. Porque es por ti por lo que hago todas estas gestiones. El hombre rico y de buena familia que te conviene sólo se encuentra en las altas esferas. Esta vez estaremos en la cumbre. Ahora tú debes pasar a la acción.

–Ya lo veremos –le dije suspirando.

Sin la perspectiva de conocer a ese sobrino del emperador que era el nuevo amo de Francia, me habría negado a hacer de florero una vez más, y perder el tiempo escuchando a las damas del antiguo régimen «como Dios manda», cuyas palabras me ponían nerviosa o me dormían. Me moría de ganas de conocer a ese Bonaparte, sus locuras caballerescas de Estrasburgo y Bolonia, su actitud heroica ante la Cámara de los Pares, la aureola de sufrimiento que su cautiverio de Ham le ponía en la frente y sus orgullosas proclamaciones de 1848: todo eso me había encendido y seguía exaltándome.*

No me costó sacar el mejor partido. La frescura y la luminosidad de mis veintitrés años eran buenas bazas que acentuaban la blancura de mi tez, el resplandor de mi cabellera y el azul de mis ojos remarcados con una raya de lápiz negro que les daba más brillo. Hacía tiempo que me había percatado de que mi aparición en un salón interrumpía las conversaciones, eso me parecía. Era alta y guapa, tenía una cintura fina, el pecho recto, y unos hombros que algunos admiraban. Con un movimiento ligero de la mano, manejaba mi abanico que temblaba en función de mis pensamientos. Arte sutil que una andaluza posee de forma innata, con esa gracia de las «hijas del viento».

Bajo los artesonados dorados del Elíseo, los invitados se agolpaban en masa. El conde Bacciochi nos dio la bienvenida y nos condujo hasta el presidente. No le encontré nada extraordinario, pero tenía prestancia y un encanto indefinible: su voz, su leve acento alemán, su sonrisa, su forma de envolverme con una mirada un poco empañada, cuando le hice una reverencia. Se entretuvo un buen rato con mi madre, lo que, supe más adelante, era inhabitual, porque nunca conversaba. Cuando se giró hacia mí, le dije bruscamente:

–*Monseigneur,* hemos hablado a menudo de vos con una dama que es vuestra ferviente admiradora.

–¿Quién es?

* Relato de la emperatriz a Maurice Paléologue. *(N. de la A.)*

—Madame Gordon.

Reprimió un sobresalto y me observó de manera singular. Él sabía lo que yo no sabía: el oficio que había desempeñado madame Gordon antes de hacerse aceptar en las sociedades más encopetadas; que era, en la época de la conspiración de Estrasburgo, la amante del coronel Vaudrey. Más tarde me asegurarían que había tenido relaciones con el propio príncipe, pero hoy puedo afirmar que eso es falso.*

Ignorando el turbio pasado, esa noche me había expresado con mi espontaneidad habitual. Me quedé anonadada cuando el presidente me saludó educadamente y me dejó plantada en medio de la sala como una apestada. ¿Qué había dicho que le había desagradado? Estaba a cien leguas de imaginar que el nombre de madame Gordon, lejos de ser un «ábrete sésamo», me había relegado a una categoría poco halagadora. Doy gracias a Dios de no haberme enterado en aquel momento, de lo contrario, me hubiese muerto de vergüenza y habría salido corriendo sin preocuparme por la etiqueta. Me reuní con mi madre con una expresión jovial de circunstancias, esperando el momento apropiado para marcharnos. En el coche que nos llevaba de vuelta a casa, no paró de refunfuñar. Yo no había tenido el éxito que esperaba.

Sin embargo, algunas semanas después, ambas estábamos invitadas a una cena en Saint-Cloud.

—Seguramente es una cena de gala —exclamó muy contenta—. Se presenta otra oportunidad y deberemos estar resplandecientes.

* Palabras transmitidas por Augustin Filon. *(N. de la A.)*

El día acordado, llegamos al castillo. La reja de honor estaba cerrada, y no se veía ninguna luz. Unos caballos piafaban, un coche nos esperaba a la luz de sus faroles, para llevarnos a Combleval, una casita situada en el parque, camino de Villeneuve. Nos habíamos ataviado con nuestras mejores galas y esperábamos ver una compañía numerosa. Pero nuestra extrañeza subió de tono cuando observamos que el príncipe-presidente estaba solo con el conde Bacciochi. Mi conocimiento del mundo me permitió comportarme educadamente, pero la cena no fue alegre. Sumida en un hosco silencio, controlaba mi furia. Al final de la cena, el príncipe se levantó y me ofreció su brazo.

–Un paseo por el parque en una noche de verano –susurró con su voz encantadora.

En el mismo instante, Bacciochi se acercó a mi madre para servirle de caballero. Me giré hacia el príncipe y declaré en un tono ofendido:

–Señor … ¡mi madre está aquí!

Enseguida me aparté para hacerle entender que ese honor le correspondía a ella. Sin una palabra, se inclinó, y cogí el brazo de Bacciochi. Contrariamente a lo que esperaba, esa noche el príncipe no se divirtió.* Después de dar unos pasos, alegué el relente húmedo que caía sobre mi garganta y me hacía temblar. Nos acompañaron hasta nuestro coche y regresamos a la plaza Vendôme, profundamente heridas por haber sido tratadas tan mal.

Fue por aquel entonces cuando Paca llegó de Madrid. Venía a consultar a un médico de renombre y a encargar algunos vestidos en Palmyre, la boutique de

* Toda la escena se la narró la emperatriz a Augustin Filon. (N. de la A.)

moda. Al oír nuestro relato, puso el grito en el cielo. La duquesa de Alba, ultrajada, se enfureció contra el Bonaparte sin educación.

—Ninguno de ellos la ha tenido nunca —replicó don Próspero.

Pasaba «por casualidad», en busca de chismes de nuestra «brillantísima» velada, y se encontró envuelto en nuestro drama. Paca seguía fulminando:

—¿Qué esperabais de ese libertino que ha pasado los mejores días en Londres y esconde en el Elíseo a una amante, miss Howard, que pone a sus pies una fortuna ganada «galantemente»?

Con la mirada acerada, don Próspero ponderó:

—Las «leonas» del bulevar le aseguran otros placeres, y no rechaza a las nobles damas a las que el poder excita.

—Os lo ruego —dijo mi madre—, Eugenia está presente.

—Es mejor que Eugenia lo oiga —le contestó Paca girándose hacia ella—. Te has mostrado muy imprudente en este asunto. La reputación de mi hermana podría verse comprometida si a alguien se le ocurriese decir que has ofrecido tu hija al presidente.

—No, Paca —exclamé—, *basta*, estás exagerando.

Reflexionó durante un instante antes de mirarme fijamente con su expresión enfurecida:

—Sólo veo una solución para limpiarte de cualquier sospecha, dejar París. El nombre de los Montijo no puede ser mancillado.

Paca tenía razón, debía alejarme. El príncipe-presidente no me interesaba de ninguna manera. Llevaba el nombre de Napoleón, y esa era la única razón por la que me intrigaba. ¿Qué haría con el poder que acababa de conquistar? ¿Le animaba la misma ambición que a su glorioso tío? ¿Seguiría el mismo camino hacia el Imperio? ¡Eran tantas las preguntas sin respuestas que me hubiese gustado hacerle! A la hija del bonapartista coronel Portocarrero no le faltaba curiosidad. Pero no por ello el desprecio del príncipe dejaba de herir mi amor propio, y estaba decidida a demostrarle que el honor de una Grande de España era sagrado.

Sin embargo, me preguntaba con amargura si existía sobre la faz de la tierra un hombre capaz de amar. El recuerdo de Pepe seguía torturándome, y permanecía noches enteras sin dormir, repitiéndome sus tiernas palabras, sus emotivas cartas y sus apasionadas declaraciones. Las unía en mi memoria como un tesoro que guardaba preciosamente para entretenerme con la única ilusión reconfortante: no había amado en vano. Ser admirado no es nada, había escrito Musset, lo importante es ser amado. ¿Acaso no lo había sido? Durante el tiempo en que lo creí, mi corazón se había emocionado y eso no podía olvidarlo.

Durante el verano, fui arrastrando mis nostalgias por toda Renania. Spa y Schwalbach eran ciudades con aguas termales de moda donde mi madre se encontraba de nuevo con los mismos amigos que viajaban, ellos también, de las capitales a los puntos de veraneo, en busca de distracciones para poner fin al aburrimiento. Pero en todas partes los entretenimientos se parecían: los baños de la mañana, un paseo, el almuerzo; juegos de sociedad, comedias, conciertos y cenas ligeras. Los días transcurrían al ritmo del reloj de arena con una monotonía sin sorpresas, y mi corazón, mecido por la languidez, rebosaba de melancolía. Mi vida sólo era un gran vacío y de buena gana la hubiese vendido a buen precio, dando además las gracias a la persona que me despojara de ella. Mi salvavidas era Paca y le escribía lanzando un grito de socorro:

¡Acuérdate de los exiliados!

Ella también vivía su propia tragedia. El hijo que deseaba desde su boda no llegaba. Los médicos ya no sabían qué hacer. Sólo quedaba la oración, pero Dios se mantenía sordo a nuestras súplicas y eso nos afligía a todos. Agotada la esperanza, mi madre no cesaba de llorar. Agotada la impotencia, reaccioné y me fui a consultar a una vidente.

–Tenéis una hermana –dijo–, con la mirada fija en las cartas. Se quedará embarazada de un niño, y ese vivirá.

No pedía nada más. Una luz se encendía en el fondo de la noche. Un nacimiento, un bautizo, nuestro regreso a España, mi hermana feliz y la familia otra vez reunida como en el pasado. Comuniqué la buena noticia rápidamente, y añadí:

Creo con los ojos cerrados en esas cosas. Sin duda es porque tengo tal cantidad de fe que me he visto obligada a usarla en esas prácticas, cuando tantas cosas que me importaban me faltan.*

Regresé a París mucho más serena. El otoño iluminaba la ciudad y el ciclo de fiestas volvió a comenzar. Me encon-

* Carta a Paca del 9 de septiembre de 1849. (N. de la A)

tré de nuevo con algunos amigos íntimos y la soledad me pareció más llevadera, y aún más porque Paca afirmaba estar embarazada y apilábamos en nuestros baúles los vestidos de ceremonia para celebrar el nacimiento del heredero. Una vez más las esperanzas se desvanecieron, pero yo no perdía la confianza. Una certeza se había anclado en mi mente: mi hermana tendría un hijo, y ese niño sería un poco mío.

Tenía tanta sed de amar que me era difícil contenerla, pero no sé por qué despreciaba a los hombres que me ofrecían su corazón, sus títulos y su fortuna. Es cierto que en el fondo de mi interior la traición de Pepe me seguía quemando como un hierro candente, y no olvidaba que el príncipe-presidente me había faltado al respeto al imaginar que caería en sus redes en la noche de verano.

Habíamos decidido pasar el invierno en Bruselas, pero una invitación de la princesa Mathilde retrasó nuestro viaje. En su palacio de la rue de Courcelles se reuniría la mejor sociedad el 31 de diciembre.

—El presidente no dejará de asistir —precisó mi madre—. Sería un error no ser vistas allí. Las malas lenguas hablarían de desgracia.

—Bueno, haré todo lo posible para evitarlo, porque no me siento con ánimos para enfrentarme a él siguiendo las conveniencias de la etiqueta.

—El tiempo ha pasado, hija mía. Se ha informado sobre nosotras. No te preocupes, el hijo de la reina Hortensia es educado. Buscará la ocasión para hacerse perdonar.

Movió la cabeza sonriendo y adoptó una expresión pensativa antes de añadir:

–¡Madame Gordon! Hemos sido sus víctimas, pero no es culpable. Murió en un hospital, desprovista de todo, víctima ella también de sus propios errores.

No estaba resentida con la pobre mujer por habernos ocultado su pasado. Había estimulado mis sueños y nutrido mis ilusiones al permitirme crear un nuevo héroe, ese príncipe Luis Napoleón que alzaba de nuevo la antorcha del bonapartismo y al que había aureolado con mi veneración por el emperador. Al comportarse como el resto de los hombres, él mismo había empañado su imagen a mis ojos y quizá fuera eso lo que le reprochaba más.

En los salones bañados de luz, la fiesta fue deslumbrante. El presidente pasó, y yo me escondí en su estela, a pocos pasos de distancia. Se giró bruscamente para dirigirse hacia la salida.

–Los asuntos del Estado –dijo– me dejan poco tiempo libre.

Nuestras miradas se cruzaron y las puntas afiladas del bigote le temblaron. En ese preciso instante, el reloj sonó y, en la duodécima campanada oí la voz de la princesa Mathilde:

–¡Todo el mundo se besa! –exclamó.

El príncipe no me había quitado ojo de encima y se precipitó hacia mí, pero yo me aparté enseguida.

–Es la costumbre en Francia –dijo con una expresión entristecida.

–No es ésa la costumbre en España –repliqué con cierto orgullo mal disimulado.

Entonces me incliné en una de esas reverencias cuyo talento poseía y que más adelante contribuirían a mi éxito, para añadir con una sonrisa:

—De todas maneras, os deseo un próspero año nuevo, *monseigneur*.

Dejándolo así, incómodo y despechado, mi honor volvía a tomar ventaja y me sentí mejor, en el lugar correcto. Dejé París con el corazón ligero. No regresaría sino después de largos meses durante los cuales no dejamos de viajar.

Un invierno en Bélgica, donde mi madre tenía familia y muchas relaciones. Luego Sevilla, donde pasar una primavera animada. Reencontraba mi Andalucía natal, sus caballos, toros, ferias de Semana Santa y bailes de *palillos** con las *gitanas*. Me llevaron al Alcázar y me paseé por los jardines bañados por la luna. Envuelta por el misterio de la magia, soñé con el amor y de repente creí ver a la vuelta de un camino la sombra del rey don Pedro con María de Padilla.** La emoción fue tan fuerte que sentí miedo. Pero por la mañana y durante los días siguientes descubrí las múltiples caras de esta ciudad levantada por los moros y me supo mal que ya no estuviesen allí, con sus costumbres y sus trajes, para devolver a esta ciudad su carácter único en nuestra civilización europea.

Un verano de tratamiento en Wiesbaden, España otra vez, donde Paca por fin tuvo al niño sano que la vidente había visto en las cartas. Con razón había tenido fe en su predicción y este nacimiento me pareció una señal de renovación en mi propia existencia. Después de tanto haber deseado morir, decidí creer en mi porve-

* Castañuelas. *(N. de la A.)*
** Amantes célebres de la historia de España. María Padilla, noble dama de Castilla, fue la favorita de Pedro el Cruel, rey de Castilla en 1350. Tuvieron cuatro hijos que don Pedro hizo legitimar más adelante. Aliado con el rey de Aragón, Pedro IV el Ceremonioso, luchó contra los moros que sitiaban Tarifa, y le ayudó a reconquistar Mallorca. *(N. de la A.)*

nir. Poco me importaba lo que sería. Deseaba con todas mis fuerzas vivir, con sus jardines de rosas y sus campos de espinas. En un arrebato de fervor, rogaba a Dios que me guiase por el camino de mi destino y me salvase de ser desviada de él.

Realizamos más viajes a diversos rincones de Europa. Una escala en París a principios de la primavera de 1851, antes de viajar a Londres para la *season*. Estuve en todas las veladas que se celebraban en los salones de alto copete. La más bella fue sin duda el baile de disfraces del palacio de Buckingham. Asistí vestida de infanta, y la condesa de Teba, hija del conde de Montijo, descendiente de Kirckpatrik de Closeburn y del gran Fingal, tuvo el honor de ser presentada a la joven reina Victoria durante una audiencia privada en un pequeño salón. Le hice mi reverencia, de la que me hizo un cumplido, sin pensar siquiera que cuatro años más tarde la repetiría, y que esta vez sería la emperatriz de los franceses.

Al regresar a París, sólo pensaba en descansar en la tranquilidad de nuestro apartamento de la plaza Vendôme. Daba a un hermoso patio protegido de los ruidos callejeros y esa paz benefactora me inspiraba. Me sentaba delante de mi caballete para pintar paisajes de colores suaves. Con ellos cubría las paredes de la casa y nuestros amigos más íntimos se burlaban cariñosamente de mis «mamarrachadas», pero yo no les prestaba atención. Los encontraba bonitos y sin pretensiones. Mientras el pincel acariciaba la tela, mi mente vagaba libremente. Necesitaba esos momentos de silencio para reencontrarme, para pensar y meditar sobre el sentido de la vida: el destino en la voluntad o el destino en Dios…

102

Me habían pedido la mano. El conde de Oultremont, el príncipe Camerata, un Rothschild... Me aburrían y rechacé sus ofertas. Algo en mí me empujaba a ello. ¿Por qué? ¿No estaba cometiendo un error? Todo era confuso en mi interior y a mi alrededor. Un hombre seguía torturando mi corazón; otro hombre no paraba de sorprenderme con sus palabras que daban en el blanco como las flechas de los salvajes. Y este último era un Napoleón que quería cambiar el mundo.

Durante el verano, había viajado por algunas provincias para hablar de la nueva sociedad con una nueva unidad y nuevos objetivos. En los periódicos, había leído sus discursos y apreciaba la audacia de algunas partes:

> Si llegase el día del peligro, no actuaría como los gobiernos que me han precedido y que os decían «Andad, que os seguiré», sino que os diría: «Ando, seguidme».

En Beauvais, había declarado: «En los peligros extremos, la Providencia a menudo reserva a un solo ser el instrumento de salvación de todos. Así, Juana de Arco y Jeanne Hachette aparecen en el momento más desesperado para cumplir una santa misión».

Y ante una asamblea de comerciantes había precisado: «No temáis el porvenir. Se mantendrá la calma, pase lo que pase. Un gobierno que se apoya en la nación sólo tiene como móvil el bien público. Sabrá cumplir su misión, porque en él está el derecho que emana del pueblo y la fuerza que emana de Dios».

El heredero del Águila parecía emprender su vuelo para cumplir su destino. ¿Pero cuál? Su mandato expiraba la primavera siguiente y la Constitución no le permitía volver a presentarse. Había pedido la revisión de los textos y la Asamblea se lo había denegado. Desde ese anuncio, París se había convertido en un hervidero de comentarios y nuestro salón de la plaza Vendôme repetía sus ecos. Se hablaba de golpe de Estado y las apuestas subían. ¿Se atrevería el presidente? Todavía se dudaba de ello. Pero el embajador de España, que era amigo nuestro, declaró con voz tranquila:

—El Parlamento está muerto. El miedo paraliza a sus líderes. El presidente es el amo de la situación. Ejecutará su golpe de Estado cuando le plazca. Y puedo aseguraros que será pronto.

Día tras día, aumentaba el nerviosismo. El rumor de un «gran golpe» se extendía por doquier y cada cual escogía su campo. En el palacio de la princesa Mathilde, enamorada devota de la causa de su querido primo y antiguo novio, consideraban lo que el «golpe de escoba» iba a costar. Todos los que querían estar del lado del mango vaciaban sus bolsas. Se firmaban efectos, se ofrecían fortunas, corrían profusamente ríos de diamantes y ya se calculaba la victoria. La cotización del presidente subía como una flecha, mientras que la de la Asamblea se desvanecía.

Inmersa en esta euforia general, ya no dominaba mi entusiasmo. Vivía una página de la historia y mi exaltación ya no conocía límites. Cada minuto crecía la importancia, estaba viviendo lo extraordinario, llena de esa *«ilusión»* que tantas veces había sublimado mi infancia. El emperador… el Gran Ejército… mi padre los había seguido, y a mi vez me alisté al clan del nuevo Napoleón que, mañana, estaba convencida, reinaría como lo había hecho su tío.

Estábamos a principios de noviembre de 1851 y mi madre decidió sin previo aviso regresar a España, donde sus asuntos la reclamaban. No pude contener mi furia. Una vez más, la mala suerte ponía obstáculos en mi camino y me impedía seguir lo que consideraba una aventura fuera de lo común. Quería luchar por principios políticos que estaban en mi interior desde hacía mucho tiempo, y la fatalidad me privaba de ese combate que me fascinaba.

Ahora bien, antes de coger la diligencia, hice llegar al conde Bacciochi una carta en la que le decía que ponía a disposición del presidente todo lo que poseía en el mundo, si lo necesitaba para obtener el éxito que se merecía. También le rogué que le transmitiera una nota redactada así:

Sólo vos, *Monseigneur,* podéis llevar a cabo la misión sagrada y salvar a esta Francia que tanto amamos y a la que mi padre sirvió con tanto fervor.

Me marché a Madrid con la mente serena y el corazón alegre. Cerraba los ojos y oía la voz querida del soldado mutilado que me había dicho a orillas del Manzanares: «Forja tus ideas y síguelas. Así darás un sentido a tu vida».

Al igual que él, me comprometía a defender un mundo de libertades. Había pasado a la acción con el sentimiento de realizar un gesto útil y esperé confiadamente el éxito del hombre que encarnaba la esperanza en un porvenir renovado. Un mes más tarde, los periódicos difundían con grandes titulares que este Bonaparte se había atrevido a dar el golpe de Estado más audaz de la historia. La mañana del 2 de diciembre, los parisinos descubrieron al leer las pancartas pegadas en los muros que el presidente había disuelto la Asamblea por decreto y les proponía nuevas estructuras sobre las cuales deberían pronunciarse. La declaración terminaba con estas palabras que saboreaba:

> Por vez primera, votaréis sabiendo claramente por quién y por qué… Si creéis que la causa de la cual mi nombre es el símbolo, es decir la Francia regenerada por la Revolución de 1789 y organizada por el emperador sigue siendo la vuestra, proclamadlo mediante la consagración de los poderes que os pido.

El 20 de diciembre recibía el apoyo de 7.439.000 sufragios. Era el presidente por diez años, encargado de cambiar la Constitución. Francia entraba en una nueva era, y el bonapartismo resucitaba bajo la batuta de un Napoleón, de la misma sangre que el otro. ¿Llegaría a proclamar el Imperio? París no parecía preocuparse por ello. Los amigos que nos escribían se maravillaban de la tranquilidad de la ciudad. Todo había transcurrido con la velocidad del rayo, explicaban, sin explosiones ni barricadas. Los ministros celebraban fiestas y había baile en el Elíseo. La gente tenía miedo, pero respiraba tranquila. Todo eso me hacía sentir bien. Los grandes principios que me habían nutrido estaban bien representados.

Envié felicitaciones y fui al palacio de Liria, donde el hijo de Paca daba sus primeros pasos. Me producía un gran placer verlo crecer, andar a gatas, balbucear y acurrucarse entre mis brazos que lo estrechaban con ternura. Envidiaba a mi hermana, otra vez embarazada y radiante, por esa felicidad tan particular que Dios ha reservado a las mujeres al otorgarles el poder de dar a luz. ¿La conocería yo también? ¿Quién me daría el amor que esperaba? Los pretendientes no faltaban, pero había vuelto a ver a Pepe. Aún lo amaba, y lo odiaba. Me había dicho que me apreciaba, y más adelante que no sabía, y se preguntaba si llegaría a casarse.

Entonces decidí viajar a Bayona en buena compañía y divertirme con locura. Carreras de caballos siguiendo la orilla de las playas, baile hasta el amanecer y baños en el agua fría del mar. Era infatigable y todo esto me enaltecía en exceso; sin embargo, una mañana me desvanecí sobre la arena. Estuve muy enferma y pensaban que me iba a morir. Un periódico español llegó a anunciar mi entierro. Pero recuperé el sentido y los médicos me enviaron a la estación termal de Eaux-Bonnes para seguir dos tratamientos consecutivos y prevenir así cualquier riesgo de tisis. Una vez más comprendí que nadie es dueño de su existencia. A pesar de todos mis esfuerzos, no había podido realizar mi deseo más preciado, casarme con el hombre al que amaba. Dios no me había ayudado, y me dejaba llevar por el fatalismo, por el azar. De tanto haber esperado, me resignaba a no esperar nada más. Sólo me faltaba «jugar a la suerte». Jugar su vida a la ruleta rusa o a las cartas quizá no era una locura.

Mi madre se preocupó por mi estado de ánimo y juzgó que una estancia en París me devolvería la lucidez. A mediados de septiembre de 1852, regresamos a nuestro apartamento de la plaza Vendôme, pero la ciudad estaba desierta. El príncipe-presidente acababa de marcharse de Saint-Cloud para iniciar una gira por el sur, y las buenas casas se habían vaciado de sus nobles habitantes que se habían marchado, puesto que el amo ya no estaba. Mi madre ponía mala cara. Sus amigos más cercanos, su primo Ferdinand y su fiel don Próspero no estaban aquí para distraerla. Sólo quedaba la embajada de España, donde acudíamos con frecuencia. El conde de Galve, hermano menor del duque de Alba y por tanto cuñado de Paca, trabajaba allí de agregado. El embajador Donoso Cortés, marqués de Valdegamas, nos honraba con su amistad. Había coincidido con el príncipe en numerosas ocasiones y no se mordía la lengua cuando analizaba la situación.

–Pronto en Europa reinarán los plebeyos de una potencia satánica, criminales surgidos de la hez de las masas. Si el presidente resuelve los problemas de Francia antes de que sea demasiado tarde, resolverá los de Europa. Francia y Europa están en el mismo saco.

Con él seguimos el viaje presidencial a través de la lectura de los despachos que enviaba y las gacetas que recibía. Allí donde iba, el príncipe provocaba el entusiasmo. Las multitudes sobreexcitadas acudían a su encuentro y el paroxismo fue en Burdeos, cuando declaró: «Afirmo que el Imperio es la paz… En todo país hay que reconstruir las ruinas, abatir falsos dioses y hacer triunfar la verdad. Así es como entendería el Imperio si el Imperio debe ser restablecido. Todos los que me oís sois mis soldados».

–Lástima que no podamos oírle –dije apilando los periódicos delante de mí–. Este Napoleón sabe hablar.

El 16 de octubre entraba en París. La ciudad entera estaba en las calles para verlo y aclamarlo. Un amigo inglés nos ofreció sus ventanas en el boulevard des Capu-cines. Había reunido a una pequeña sociedad para asis-tir al espectáculo en buena compañía. Y, de repente, el príncipe-presidente apareció al final de la calle con uni-forme de gala y cabalgando un magnífico alazán. Al sol de otoño que iluminaba las frondosidades, avanzaba solo a unos pasos de la larga cohorte de caballería que lo seguía, rodeada de oriflamas y banderas. Un inmen-so clamor resonó y los aplausos restallaron. De todos lados la gente agitaba banderas, echaban flores y la mul-titud que se agolpaba cerca de los arcos de triunfo, enar-decida por la euforia, gritaba: «¡Viva el emperador! ¡Viva Napoleón III!».

También quise gritar cuando pasó por debajo del balcón, pero las palabras no salieron de mis labios. Creía ver el regreso de César o Alejandro. También oía la voz de mi padre y la del señor Beyle cuando evocaban el albo-rozo popular y el fausto imperial del gran Bonaparte. El príncipe-presidente había vuelto a sacar las águilas vic-toriosas y saludaba a las multitudes delirantes que pedían el Imperio.

Esa noche todo París estuvo iluminado, y bailamos en el palacio de la princesa Mathilde. Esperaba ver al héroe del día, pero no vino y me sentí decepcionada. Sin embargo, al día siguiente recibí flores con una nota que ponía que no me olvidaba. Algunos días después, nos invitaban al Elíseo, y el presidente se mostró muy amable:

—Os hemos echado de menos, condesa, y vuestra car-ta enviada antes del golpe de Estado me ha conmovido profundamente.

—Era sincera, señor, al igual que mis felicitaciones.

Bacciochi me confesó en voz baja que había transmitido mis cartas recientemente, y dejó de extrañarme la reacción tardía del príncipe. Debo reconocer que me había sentido molesta por no haber recibido respuesta en Madrid.

Y de repente, todo fue muy rápido. Los acontecimientos se siguieron como una rueda de tiovivo que se embala, y tuve que esforzarme por controlar mis sentimientos para no dejarme anonadar y perder la cabeza. Mi madre me llevó a la Ópera para ver *El Profeta,* de Meyerbeer, y al día siguiente todo París habló de mi belleza. Las invitaciones se multiplicaron. Al palacio de la princesa Mathilde, al Elíseo, a Saint-Cloud. El presidente me envió flores y una invitación para un palco de la Comédie-Française, para asistir a la representación de *Cinna* celebrada en su honor. Fui con mi madre y el embajador de Bélgica, el señor Beyens, al que acompañaba su esposa. Rachel se superó a sí misma y el público aplaudía las alusiones halagadoras. Durante el entreacto, el príncipe vino a saludarnos y me regaló un ramo de violetas que depositó sobre mis rodillas.

–Lo habéis seducido –murmuró la señora Beyens–. Pronto dirán: la señora presidenta.

Ya lo susurraban y eso me sacaba de quicio. No veía posibilidad alguna y contesté:

–No soy una dama lo suficientemente importante para casarme con él.

–La boda no es el único medio…

La corté con un tono brusco:

–¡No seré La Vallière!*

* Dama francesa que se convirtió en la favorita de Luis XIV. *(N. de la T.)*

El presidente me hacía la corte, es cierto, ¿pero cuáles eran sus verdaderas intenciones? No tenía ganas de volver a caer en la trampa de Saint-Cloud.

Sin embargo, el 13 de noviembre acepté asistir a las cacerías que daba en los bosques de Fontainebleau. Había precisado que asistirían algunos amigos.

CAPÍTULO VI

Las cacerías de Aranjuez siempre me habían parecido magníficas con aquel fausto y pompa atávica de los duques de Alba, pero éstas sobrepasaban en magnificencia todo lo que podía imaginar. En un inmenso bosque teñido de cobre y oro, los cazadores vestían trajes Luis XIV, chaquetas de terciopelo verde con largos faldones, chaleco y calzones de terciopelo rojo y sombrero tricornio. Con un traje oscuro de amazona, vestido ribeteado y sombrero de fieltro engalanado con una pluma, yo montaba un hermoso pura sangre de los establos del príncipe y no pude retener mi entusiasmo cuando se levantaba la pieza y la perseguíamos. El caballo respondía a las mil maravillas y me lanzaba, intrépida, saltando las rocas y los matorrales. Al galope de mi montura, estaba en mi elemento y me dejaba ir con total libertad, sin preocuparme por el resto de la compañía. La vegetación me embriagaba, mi instinto me guiaba, conocía los trucos. Los ladridos de la jauría y el toque de las trompas me volvían más intrépida, yo fui la primera en llegar al lugar del acoso. El príncipe llegó un poco después, seguido por sus invitados, y me hizo cumplidos por mis dotes de amazona.

–¡Qué audacia y qué maestría! Condesa, me sorprendéis.

–La equitación es mi placer favorito, señor, he podido apreciar la dulzura de vuestro purasangre.

De su mano recibí la pata del ciervo, y su escudero mayor, el comandante Fleury, vino a informarme de que, según la etiqueta, debía regresar al castillo cabalgando en compañía del príncipe. Creía que era una costumbre como los honores que se dan a la reina del haba el día de Reyes. Pero ese regreso triunfal desató los celos del resto de invitados.* Al día siguiente, vigilia de santa Eugenia, el príncipe me regaló un ramo y el purasangre que había montado con tanto entusiasmo. Empezó la maledicencia. Una palabra aquí o allí, una pulla pérfida que yo hacía como que no comprendía, muy decidida a saborear cada instante de esta estancia que me entusiasmaba.

El lugar era mágico. La historia dormitaba en cada rincón. Habían transitado ilustres personajes entre estos muros, dejando cada uno su recuerdo. Quise ver lo que mi padre me había descrito tantas veces, y seguí al príncipe, satisfecho de asumir el papel de cicerone, por los patios y las galerías cuyos secretos conocía. Mi corazón se oprimió ante el despacho donde Napoleón había firmado su abdicación; en lo alto de la Herradura creí oír su despedida y ver las lágrimas de la Guardia; admiré los apartamentos del Papa, los de María Antonieta, y cuando vi sus iniciales en el parqué, no pude reprimir un escalofrío de emoción. Tenía una predilección por esta reina de trágico destino y me entretuve en su saloncito sin imaginar siquiera que este encantador gabinete pronto sería mío. La visita terminó en la Capilla decorada con los escudos de Francia y de Navarra.

* Relato de la emperatriz a Augustin Filon. *(N. de la A.)*

—Es aquí donde Luis XV se casó con María Leczinska* –me dijo el príncipe atusándose las guías del bigote–.
Y aquí me bautizaron.

Me cogió la mano y se inclinó para besarla murmurando que estaba enamorado, pero la retiré repli-
cando:

—No me atrevo a creerlo, señor, ¡estáis tan bien rodeado!

Hacía alusión a su «cadena inglesa», cuyo nombre
me guardaba mucho de pronunciar. Se inclinó respe-
tuosamente y no dijo más.

Tras el almuerzo en la galería Enrique II, me llevó
a dar un corto paseo alrededor de la fuente, y después
me llevó por el parque. No sé durante cuánto tiempo
anduvimos, hablando de caballos, de los que poseía muy
buenos conocimientos, y de España, que él no conocía.
Se percató de que el sol estaba bajando y me preguntó
qué hora era. Saqué mi reloj y me encontré ante la imposibilidad de contestarle.

—Se ha parado –le dije–. A las seis y cuarto de esta
mañana.

—¿En quién estabais pensando para olvidaros de darle cuerda?

Mientras se burlaba de mi negligencia, sacó su reloj
de bolsillo y se detuvo, estupefacto:

—Parado a las seis y cuarto. La misma hora, el mismo minuto.**

Palideció y me miraba con una expresión extraña.

—¿Sabéis que soy supersticioso?

* Sobre la vida de este personaje versa mi novela *Le don d'aimer*. (*N. de la A.*)
** Hecho relatado por el embajador de España Donoso Cortés en un despacho a
su ministro. (*N. de la A.*)

—Yo también lo soy, señor.

—Esta coincidencia quizá sea una premonición.

Con una expresión pensativa, regresó al castillo y pareció estar preocupado hasta el final de la estancia. En el momento de regresar a París, me pidió permiso para escribirme.

—De acuerdo —le dije con amabilidad—. Pero os lo advierto, mi madre lee todas mis cartas.

Esa misma noche, de regreso de Fontainebleau, invitó a nuestro pequeño grupo a la Opéra-Comique para ver el *Domino Noir* y oír cantar el *Canto del Porvenir* con acentos premonitorios:

> Majestad, vuestra obra está cumplida,
> Un águila planea sobre el Louvre,
> Una cruz sobre el Panteón.
> Y el pueblo aplaude el sol que descubre
> El sueño colosal de dos Napoleones.

El 21 de noviembre, un plebiscito llamó a los franceses a las urnas. Me preguntaba si votarían por el Imperio. Confiando en su destino, el príncipe celebró un gran baile en Saint-Cloud y me envolvió con mil delicadas atenciones que los demás se apresuraron a comentar en todos los salones y las cancillerías afirmando que había reemplazado a miss Howard. Tenía la conciencia tranquila y me reía de esas habladurías malévolas. Desde que acepté el maldito caballo, las lenguas se disparaban a un ritmo endiablado. Decían de mí, dando pelos y señales, que desdeñaba la costumbre de llevar vestido de doncella para vestir elegantes trajes de mujer joven; que, para colmo de males osaba llevar diamantes, y eso significaba que ya no era una señorita en busca de marido, sino una intrigante que soñaba con ser una Pompadour.

Y mientras tanto, yo sólo esperaba una cosa: la proclamación de lo que había presentido desde que me enteré de la llegada de un Napoleón al frente de la República. Mi padre había conocido el fin del Primer Imperio, yo quería presenciar el nacimiento del segundo. Después de eso, podría marcharme. Mi madre y yo habíamos decidido pasar el invierno en Italia.

Como lo preveían los rumores, Francia escogió el Imperio por casi ocho millones de votos, y el príncipe-presidente decidió que el 2 de diciembre sería de buen augurio para hacer una entrada triunfal en la capital. Ese día, en efecto, era el aniversario de Austerlitz, el de la coronación de Napoleón I y el del golpe de Estado. A la una del mediodía, los cañones retumbaban en la ciudad y los tambores redoblaban en las cercanías. Con uniforme de gala de general, montado en su caballo, el Bonaparte que el pueblo acababa de consagrar pasó por debajo del Arco de Triunfo que llevaba inscritas las victorias del Águila, y luego bajó por los Campos Elíseos, seguido por una larga cohorte de caballeros, dragones, carabineros y coraceros, aclamado por multitudes agolpadas a lo largo del recorrido.

Desde las ventanas del palacio de Las Tullerías, vi el cortejo atravesar la plaza de la Concorde y subir por los jardines hasta la plaza du Carrousel, donde las tropas estaban formadas. En el balcón de la sala de los Mariscales estuve en primera fila, entre la familia y los oficiales, para aplaudir la «primera» revista de Napoleón III, al que saludaban los «vivas» de sus soldados. Había dejado de llover, el sol se colaba entre las nubes, y me embriagaba con esta página de la historia que transcurría bajo mi mirada.

Sí, se había formado el Imperio y el nuevo emperador se instalaba en los apartamentos renovados de su glorioso tío. En la sala del Trono, la asistencia era numerosa y la gente se apretujaba para intentar acercarse a «Su Majestad». Una silueta vestida de blanco se situó a mi lado. Reconocí al famoso Abd el-Kader, del cual el duque de Aumale me había hablado en Madrid. Me saludó y estaba abriéndose paso entre la multitud cuando oí, no muy lejos de mí:

—¿Quién es esa mujer de cabellera rojiza cerca del de la chilaba y el turbante?

—Querido, sólo vos no conocéis a la Montijo... ¡La favorita de Napoleón!

¡La Montijo! Así es como me apodaban, cuando mi título oficial era «condesa de Teba». Me trataban como a una «leona» del bulevar, ignorando que mi país tenía su «grandeza». Tres veces Grande de España, tenía más sangre noble que todos los advenedizos que estaban a mi alrededor en este magnífico palacio.

Esa noche, a pocos pasos de allí, en nuestro salón de la plaza Vendôme, mi madre se mostró bastante nerviosa. Con los ojos brillantes y las mejillas coloradas, anunció:

—Se comenta que miss Howard ha sido despedida. Las apuestas están hechas. Napoleón le ha pagado ofreciéndole una propiedad y un título, el de condesa de Beauregard.

Me observó un momento, pero yo permanecía impasible y añadió:

–Oye, el sitio está libre, y la gente se pregunta quién se quedará con ese trozo de pastel. Sólo depende de ti que lleves una corona.

Moviendo la cabeza con expresión desengañada, repliqué:

–No tengo ambición, ya lo sabes. Sólo espero que mi corazón palpite.

–Tienes veintiséis años y el tiempo pasa. El emperador está enamorado, no para de demostrarlo. Es el momento de pasar a la acción.

–¡*Tonterías*, mamá! ¿Cómo puedes decir semejantes bobadas? Los periódicos han anunciado que se prepara una boda principesca. ¿Crees que quiero hacer el ridículo?

Todo París murmuraba sobre este asunto. La princesa Caroline Wasa, hija del destronado rey de Suecia, refugiado en la corte de Viena, nieta de la gran duquesa Stéphanie de Bade y que ella misma era una Beauharnais, había rechazado, hacía poco, la oferta de compartir el trono de Francia. Ahora bien, se esperaba con impaciencia la respuesta de la princesa Adelaïde de Hohenlohe-Langenbourg, joven y preciosa sobrina de la reina Victoria. Los ministros y los diplomáticos se impacientaban, y el conde Waleski* trabajaba en la sede del Foreign Office de Londres para conseguir esa unión que daría más prestigio al nuevo emperador de los franceses.

Una semana más tarde, recibíamos una invitación para pasar una estancia de cuatro días en el castillo de Compiègne, en el marco del fasto de la solemnidad imperial.

* Hijo de Napoleón I y María Waleska. Primo ilegítimo de Napoleón III, que lo había nombrado embajador en Londres. (*N. de la A.*)

–Preparen sus trajes –había dicho el chambelán–. Cacerías y cenas de gala.

No quería aceptar, ya que temía una nueva trampa. ¿Acaso no era la perfecta cortesía del príncipe-presidente una artimaña calculada para ganarse una confianza de la que el emperador abusaría en cuanto cayesen mis primeras defensas?

Sin embargo, dudaba en rechazar la invitación. Las cacerías al estilo francés tenían un esplendor y una suntuosidad que España no podía igualar. Tras Fontainebleau, me moría de ganas de cabalgar al son de las charangas en el bosque de Compiègne.

Estaba sopesando los pros y contras cuando un fuerte resfriado me obligó a guardar cama. Azar o fatalidad, en alguna parte habían decidido por mí. Envié una nota para excusarme, pero el emperador respondió que esperaría mi recuperación y retrasaba la cacería. Cada mañana llegaron flores y pequeños mensajes, y tanta asiduidad me abrumó. No sabía qué pensar de esta nueva señal. Mi honor, una vez más, me aconsejó prudencia.

El 18 de diciembre, acompañada por mi madre y el conde de Galve que me servía de carabina, llegué a la estación del Norte y subí en el vagón imperial. Los compartimientos rebosaban de invitados de tronío, y éstos hacían ver que no se daban por enterados. En el último, por fin, la gente se apretujó para dejarnos un sitio, pero nadie se tomó la molestia de saludarnos. Me preguntaba con inquietud lo que sería nuestra estancia en medio de una asamblea como ésa cuyas miradas nos asesinaban. Pero, a la llegada, rostros amigos me tranquilizaron: Donoso Cortés, nuestro embajador; el barón Beyens, que representaba la Bélgica de nuestros parientes Grévigné; el mariscal de Castellane, recientemente promovido a ese cargo, y su hija Sophie de Contades, cuyo marido estaba ausente.

Un largo cortejo de coches y un hervidero de criados con librea esperaban en la estación de Compiègne, en medio de una multitud que se alegraba de contemplar un número tan elevado de personalidades. Éramos un centenar, además de los cien oficiales, secretarios y chambelanes que constituían la Casa del emperador. Éste nos acogió en el castillo, y sus palabras amables me hicieron olvidar las vejaciones del viaje. A su lado, la princesa Mathilde fue muy cortés conmigo. A falta de emperatriz, era la primera dama y desempeñaba bien su papel. Cerca de ella estaba su padre, el rey Jerónimo, que saludaba con cara de indiferencia, y su hermano el príncipe Plon-Plon con su gesto de desprecio.

Ese anochecer, en el salón de los Mapas donde ministros, diplomáticos, banqueros y gente de mundo peroraban y cotorreaban tratándome con frialdad, me sentí incómoda. Acababa de decidir regresar a mi habitación cuando anunciaron la cena. Las puertas se abrieron sobre la galería de las fiestas y entonces tuve la sorpresa de ser conducida a la mesa imperial. Me estaba reservado uno de los sitios de honor, no muy lejos del señor que me sonreía. Bajo las miradas anonadadas de sus invitados, me trató como a una extranjera de distinción que merecía todos los respetos.

Durante los días siguientes, hizo otro tanto de lo mismo. Sin olvidar la etiqueta, se las apañaba para tenerme siempre en su círculo más próximo. No temía mostrar que lo abrasaba, y no sabía qué hacer para gustarme.

Se celebró una montería, con trajes Luis XV en esta ocasión, pero con los colores del imperio, verde ribeteado de plata,* y el emperador no me dejó posibilidad de alejarme. Él también era buen jinete, y mi impetuosidad lo entusiasmaba. Recibí la pata del ciervo y la encarna se hizo en el patio de honor, a la luz de las antorchas que unos criados de pie con una librea muy elegante y el pelo empolvado sostenían.

A ésta siguieron otras cacerías y otros entretenimientos. Me bastaba expresar un deseo y el emperador lo realizaba inmediatamente. Así fue como una noche, porque yo había dicho que el teatro del Gymnase era mi preferido, hizo venir a los actores expresamente desde París para que representaran su último éxito. En el transcurso de una cabalgada nos cogió un chubasco, y yo me extasiaba ante la belleza de las gotas de lluvia sobre las hojas. Al día siguiente, el emperador organizó una lotería y yo ganaba un trébol de esmeraldas engarzado con diamantes que había hecho ejecutar aquel día por un joyero de la capital. Durante una cena, incluso llegó a colocar sobre mi cabeza una corona de violetas, mis flores preferidas. Iba de sorpresa en sorpresa y me preguntaba qué me estaba ocurriendo. Ante tantas atenciones, mi corazón no era insensible, pero lo retenía, temiendo precipitarme y volver a caer en el dolor del abandono al igual que con Pepe. Mientras esperaba la esposa de sangre que se merecía, ¿no estaría el emperador buscando divertirse? Dudaba en creerlo. Sus emociones de hombre joven y su expresión de sinceridad me llenaban de confusión, y no sabía cómo actuar para saber a qué ate-

* Bajo Luis XV era terciopelo azul ribeteado de plata. *(N. de la A.)*

nerme. Además, la estancia se prolongaba y la asamblea de invitados no hacía más que chismorrear. El conde Henri de Galve me puso en estado de alerta:

—Aquí todos esperan la rendición de la fortaleza y sospechan que es inminente. *¡Cuidado*, Eugenia, nada de escándalos en la familia! James no lo perdonaría.

El azar vino a salvarme. Jugábamos a cartas y yo estaba aprendiendo a jugar al «veintiuno». El emperador vino a sentarse a mi lado para guiarme con sus consejos. Estaba dudando y le enseñé las cartas que tenía.

—Yo de vos —dijo—, me plantaría aquí; no tenéis tan malas cartas.

—Pues voy a coger otra. Lo quiero todo o nada.

—¿Es esto una declaración de principios?

—¡Si vos lo queréis! Una carta por favor. ¡Oh! ¡Un as!

—¡Los dioses están con vos!

Lo vi palidecer. Se levantó, un poco nervioso y salió a la terraza en compañía de su escudero mayor. Al día siguiente, vino a sorprenderme durante mi paseo matinal y me llevó a un camino tranquilo para declararme su amor. Era el 26 de diciembre, día de los Santos Inocentes en Francia, y me tomé el asunto a broma, pero me detuvo con una expresión seria.

—No estoy bromeando, condesa. Escuchadme, os lo ruego.

En tono más bien serio, me habló del destino cuyo dedo me había designado para ser su esposa, su mujer, su compañera. Se habían manifestado señales en tal sentido en tres ocasiones. En Fontainebleau, primero, cuando nuestros relojes se pararon a la misma hora. Recientemente se había producido otro acontecimiento que le había chocado profundamente:

–Cuando mi abuela Josefina se casó con Bonaparte, un sabio amigo suyo trajo de América un misterioso árbol llamado Pageria. Lo plantaron en el Jardin des Plantes y floreció aquel año, luego se marchitó y así se quedó. Todos pensábamos que había muerto, pues ahora acaba de volver a florecer. Para mí, no existe duda alguna, empieza una nueva era para los Bonaparte y es con vos con quien la viviré. En cuanto a la tercera señal, es el as que habéis cogido.*

Lo miraba, anonadada, preocupada por lo que viniera a continuación.

–Ya os he dicho que soy supersticioso. Vos también lo sois y me entendéis. Estas manifestaciones me han turbado profundamente. Dejando de lado los sentimientos profundos que siento por vuestra persona y mi admiración por esas cualidades que hacen de vos una persona excepcional, hoy sé con certeza que tengo que casarme con vos. Todavía no puedo anunciarlo oficialmente. Mi situación no está aún fuertemente establecida, pero la fortuna me sonríe, pues es ante vos ante quien me conduce.

Me expuso detalladamente sus preocupaciones y los obstáculos que aún debía superar. Inglaterra, Bélgica y España lo habían reconocido rápidamente, pero otras potencias permanecían indecisas y se producirían graves problemas si no se pronunciaban pronto. Las monarquías europeas desconfiaban del regreso de un Bonaparte. En cuanto a la princesa Adelaida, cuyos ministros se com-

* Estas palabras se las repitió Eugenia a su embajador Donoso Cortés, que las plasmó rápidamente para explicarle a su ministro las razones de la boda, debidas a la superstición de Napoleón III.

prometían a reconocerle, conocía el medio de hacer fracasar las negociaciones en proceso. Era luterana y él exigía su conversión a la fe católica. Me cogió la mano, la estrechó y añadió:

—Mi corazón está lleno de vos. Me atrevo a esperar que tendrá la felicidad de conquistar el vuestro.

Una fuerte emoción se apoderó de mí. Sus palabras y su acento de sinceridad me habían conmovido, y decidí confiar en él. Destino, azar, nuestra suerte ya sólo dependía de nosotros. La Providencia había puesto en mi camino al sobrino del gran emperador de mi niñez, y ese hombre, cuya fuerza de voluntad, inteligencia, sensibilidad y una curiosa comunión de pensamientos con los míos descubría día a día, me ofrecía su amor y todos los riesgos que eso conlleva. La perspectiva estaba lejos de atemorizarme.

—Pase lo que pase, seré vuestra esposa. Si los acontecimientos os traicionan, nos vamos a España, y allí seremos más felices que en un trono.

—Os agradezco vuestra paciencia, y solamente os pido una cosa, el secreto sobre el tema de esta entrevista.

—Si no lo he entendido mal, mi porvenir está unido de ahora en adelante al del as que he cogido jugando al veintiuno. ¿No me habíais dicho que era el «juego de la suerte»?

Se giró hacia el muro, cortó una rama de hiedra y la enrolló sobre mi frente:

—A la espera de la otra —dijo riendo.

Desapareció detrás de un soto y me dejó regresar sola al castillo. Se imponía la prudencia. Me espiaban por todas partes y comentaban el menor movimiento de mis cejas. Me encerré en mi habitación para dominar mi corazón y ordenar un poco mis sentimientos. Me era difícil no gritar mi alegría de ser amada. Pero también me era igual de difícil no ponerme a llorar. Una vez más, la fatalidad venía a complicarlo todo, y la duda se insinuaba en mi mente para empañar la esperanza de felicidad que el emperador había hecho nacer. Por primera vez tenía miedo. Miedo de ver surgir una razón de Estado ante la cual el propio emperador debería inclinarse. Ya no tenía el valor de fanfarronear como lo había hecho en Bayona, cuando decidí jugar mi vida «a la suerte». Me puse de rodillas y le supliqué a Dios que me ayudase si ése era mi destino.

Cuando entré en el salón de los Mapas, donde nos reuníamos antes y después de la cena, ya había recuperado mi sonrisa habitual y esa expresión de descaro que sacaba de quicio a las damas de la Corte, y que las más suspicaces calificaban de orgullo. El tono de las conversaciones disminuyó inmediatamente. Cuando pasaba, hablaban en voz baja. Sophie de Contades vino a mi encuentro y me llevó hacia el vano de una ventana:

—¿Por qué sigues resistiendo, Eugenia? En algunos casos, el remordimiento es preferible al arrepentimiento. El remordimiento es pasajero, en cambio el arrepentimiento…

La corté con tono desabrido:

—¡No voy a sentir ni lo uno ni lo otro!

La dejé plantada dándole la espalda y me refugié al lado del conde de Galve, ofuscada por lo que acababa de oír de la boca de una amiga.

—Están que muerden por haber perdido el tiempo —me dijo riendo—. Habían apostado por unanimidad que sucumbirías. Tienen prisa por regresar y pierden la paciencia.

–¿En qué país estamos, Enrique? ¿Acaso me reprochan mi virtud?

–El juego de la fortaleza inviolable permanecerá en su recuerdo. No te puedes hacer la menor idea de lo que habían imaginado sobre el papel. Ataques, artimañas y contraataques. Están pesarosos por haber perdido. ¿Entre nosotros, Eugenia, se ha arriesgado?

–¿Acaso no he dicho, desde el primer día, que al menor paso en falso me marcharía? ¡El honor de una hija de España es sagrado!

El 28 de diciembre, la Corte regresaba a París y los rumores más inverosímiles sobre mi persona se extendieron. Las cancillerías y las redacciones de los periódicos me inventaron luchas nocturnas y me trataron de mujer de piedra, de orgullo desmedido o de ciudadela que sólo se rinde al precio de una corona.* Se burlaban de la intrigante que quería ser emperatriz. Nadie sabía que el emperador me había declarado su amor, y que antes de partir, me había regalado la prueba que me permitiría esperarlo con confianza: un anillo de oro que había escondido bajo mi ropa, muy cerca de mi corazón.**

–Creed en mí –había dicho–. Las cosas quizá tardarán más tiempo, pero estaré pensando constantemente en vos.

Había prometido ser fuerte sin tener la menor idea de lo que iba a tener que soportar. Por culpa de las calumnias, no quería ni salir, la incertidumbre me volvía loca.

---

* Estos detalles se encuentran en el *Diario* de lord Cowley, embajador de Inglaterra, y en el del conde Hübner, embajador de Austria. *(N. de la A.)*
** Este secreto lo desvela la señora Carette en la interesante obra sobre su estancia en compañía de la emperatriz. *(N. de la A.)*

Devoraba todas las revistas, obsesionada con esa princesa Adelaida cuyo consentimiento arruinaría mi nueva esperanza de felicidad. Mi madre me hizo mil preguntas a las que me negué a responder. Me sobresaltaba al menor timbrazo, pero no llegaba ninguna nota, ninguna flor, la inquietud me consumía. Tres días después, se me agotó la paciencia y decidí repentinamente que era necesario viajar a Italia. Tenía miedo de morir en la soledad helada de París.

El 1 de enero de 1853, antes del almuerzo, mi madre y yo nos presentamos en Las Tullerías para despedirnos. Estábamos en la galería cuando el emperador salió de la capilla. Nuestra presencia le extrañó, y el anuncio de nuestra partida aún le sorprendió más. Nos saludó agradeciendo nuestros deseos para el nuevo año y se unió al pequeño grupo que le acompañaba. Ante su indiferencia, ya no me arrepentía de dejar atrás Francia. Estaba subiendo pesarosa a nuestro coche cuando Bacciochi apareció en lo alto de la escalera y corrió hacia nosotras para suplicarnos que regresáramos esa misma noche.

–Un baile y cena. Su majestad les invita a su mesa.

La esperanza renacía, y dediqué el resto del día a mi aseo personal. Quería estar resplandeciente y, para esa primera noche del año nuevo, saqué de nuestros baúles un vestido de satén blanco punteado de nudos de plata. La gente advirtió mi llegada, y todas las miradas se clavaron en mí cuando hice la reverencia ante el emperador. Entre mis collares brillaba mi amuleto, el trébol de esmeraldas y diamantes. A medianoche, todo el mundo se dirigió hacia la Sala de los Mariscales, donde se habían dispuesto las mesas. Cerca de la puerta, la mujer de un ministro* se extrañó en voz alta y clara de que yo tuviese la pretensión de pasarle delante y lanzó en un tono sibilante:

—¡La insolencia de las aventureras!

Palidecí bajo el insulto y me aparté diciendo:

—¡Pasad, señora!

Un chambelán me condujo hasta la mesa imperial y la horrorosa turbación que sentía no podía escapar al emperador Se levantó en dos ocasiones y se colocó detrás de mi silla.

—¿Qué os ocurre? —me preguntó.

—Majestad, os lo ruego, ¡todo el mundo nos está mirando!

Después de cenar, me llevó aparte e insistió en saber el motivo de mi emoción.

—Quiero saberlo. ¿Qué pasa?

—Pasa, Majestad, que esta noche me han insultado y no pienso tolerar otro insulto.

—Mañana ya no os insultarán.

El tono firme de su voz me reconfortó. ¿Iba por fin a pronunciarse? Al día siguiente, 2 de enero, no ocurrió nada, pero cerramos nuestros baúles y enviamos despachos a Roma para reservar nuestras habitaciones. El 3 de enero se celebró una ceremonia particular en honor de Santa Genoveva, de la que yo era muy devota, y quise seguir la procesión que llevaba de vuelta el relicario a su iglesia original. El Panteón se dedicaba de nuevo al culto gracias al nuevo señor de Francia, poco después de su golpe de Estado. El fervor popular acompañaba mis plegarias. Durante un tiempo olvidé mis desgracias y me

---

* La señora Fortoul, esposa del ministro del Interior. (N. de la A.)

preparé para buscar mi destino en otro país. Regresé a la plaza Vendôme con el corazón más sereno. Allí me esperaba una carta, y comprobé que no había rogado en vano a la patrona de París. El emperador me anunciaba una visita de incógnito.

Llegó al anochecer, saludó a mi madre y le pidió permiso para hablar a solas conmigo.

–Quería anunciaros de viva voz que la princesa Adelaida ha rechazado mis condiciones. Hoy soy libre de casarme con vos, si aceptáis convertiros en la emperatriz de los franceses. Os amo, y es mi mayor deseo.

–Majestad, yo también os amo y me sentiré muy honrada de compartir vuestra vida. Sin embargo, mis sentimientos no importan. Los intereses del trono son más importantes. Pensad sólo en eso. Quizá no soy la persona adecuada para una posición tan brillante y prestigiosa.

–Lo que os propongo no sólo está hecho de grandeza y resplandores. También deberemos superar las pruebas y los peligros.

Habló de las viejas familias de Francia que le eran hostiles, de las potencias que se obstinaban en hacerle ascos, del favor popular tan versátil y del ejército siempre dispuesto a fomentar complots o tramar atentados.

–De esta manera –concluyó–, veis que no existen escrúpulos para haceros compartir mi destino. Seguramente habrá tantos días malos como buenos.

–La adversidad me encontrará más firme y valiente que la prosperidad.

Me cogió la mano, que acarició en silencio, y de repente me preguntó con voz apagada:

–Perdonad el descaro de mi pregunta. Contestadme con confianza. ¿Podéis amarme? ¿Vuestro corazón sigue libre?

–Majestad, sé que me han calumniado. Mi corazón ya ha podido latir, y he visto que se equivocaba. Puedo aseguraros que sigo siendo doncella.

Un destello le iluminó la mirada y sus labios rozaron mis dedos. Me confesó con una expresión confusa que sus ministros aborrecían nuestra boda, que su familia se oponía, pero que se burlaba de todo eso y haría un anuncio oficial si no temiese comprometer los reconocimientos de Rusia, Austria y Prusia. Tales imperativos imponían la prudencia. Iba a luchar para hacerme aceptar.

Todas esas palabras me llegaron directamente al corazón. «Mi» Bonaparte tenía el alma noble y generosa de los caballeros. Estaba dispuesto a arriesgar su corona antes que no compartirla conmigo. ¿Acaso podía esperar una prueba de amor más hermosa? Lo admiraba y lo tenía en gran estima desde hacía años por lo que representaba. Y a todo eso ahora se sumaba un sentimiento muy peculiar: lo amaba. Sí, lo amaba con locura y me moría de ganas de echarme en sus brazos.

Pero debía callar y esperar. Había prometido enviar dentro de poco una demanda por escrito. Para engañar mi impaciencia, empecé un trabajo de tapicería contando los puntos que me separaban de la felicidad. Acurrucada al lado del fuego, ya no me preocupaba por las borrascas del invierno. Sin embargo, su violencia estuvo a punto de destrozarme.

CAPÍTULO VII

Preveía una tormenta, pero fue una tempestad. Los ministros, uno a uno, amenazaron con dimitir. Los salones clamaron su indignación, y rumores ignominiosos circularon por la ciudad. Panfletos inundaron las calles, se enviaron cartas anónimas a Las Tullerías, y las cancillerías se burlaron del emperador aventurero que caía en la trampa de una aventurera.

En nuestro apartamento de la plaza Vendôme, eran escasos los amigos. Ferdinand de Lesseps, Mérimée, mi cuñado Enrique y Donoso Cortés eran el último reducto que nos hacía compañía. Mi madre les había revelado lo que finalmente yo le había confiado. Palabra por palabra, conocían los términos de mi conversación con el emperador, y nos apoyaban con su fidelidad.

–Ánimo –decía nuestro embajador–. Nunca he conocido a un hombre tan enigmático, pero una vez ha definido lo que quiere, no se echa atrás.

–Yo también lo pienso –le dije–. Su fuerza de voluntad es irresistible, y creo en él.

Yo sonreía confiada, a pesar de las suspicacias de don Próspero, que lo veía todo negro desde el reciente fallecimiento de su madre.

–Os gustan los precipicios –refunfuñó–. ¡Vais al encuentro de vuestra perdición!

Los días pasaban y la campaña iba en aumento. A Donoso Cortés le llegaron rumores de las infamias que corrían. Paca y yo éramos las hijas ilegítimas de la reina de España y de un Montijo desconocido. Mil horrores envilecían a mi madre, «*la chambrière*»* entrometida que se engalanaba con títulos falsos y contraía deudas que no pagaría nunca. También afirmaban que yo había tenido amantes en todas las ciudades de Europa y me llamaban la ramilletera o la cortesana.

Me encogía de hombros, pero ya no sonreía. Ahora bien, resistía y conservaba la esperanza. Había leído en las revistas que el enviado del zar había presentado sus cartas credenciales y que los representantes de otras Cortes le seguían. La posición del emperador se reforzaba, me decía a mí misma, y no tardaría en manifestarse. Sin embargo, una mañana todo se desmoronó. El primo Ferdinand irrumpió en nuestra casa para comunicarnos que los ministros se negaban a dejarse convencer; que el Senado murmuraba; que el príncipe Napoleón había estallado vociferando contra mí; y que la princesa Mathilde, en nombre de la familia desesperada, se había tirado a los pies de su antiguo prometido suplicándole que renunciase a la indigna alianza que representaba mi persona.

–La indignación general es demasiado poderosa –concluyó–, Napoleón no resistirá.

–¿Qué vamos a hacer? –dijo mi madre turbada.

–Marcharnos –exclamé–, marcharnos sin decir una palabra.

* Interpretación despreciativa de su título de «Camarera Mayor». (*N. de la A.*)

Herida en lo más hondo de mi amor propio, me levanté bruscamente. Pálida de vergüenza y furia, añadí con tono airado:

–No me quieren, pues me retiro. Le devolveré su caballo, sus cartas, su trébol y no oirá hablar más de mí.

Mi madre insistió, mostrándome la tarjeta encima de la chimenea.

–Olvidas el gran baile de la Corte para mañana por la noche.

–Ya no estaremos en París.

Mi madre refunfuñó en su pañuelo, don Próspero suspiró y el primo Ferdinand, que iba de arriba abajo por la sala para analizar la situación, se detuvo y dijo:

–Me temo que la gente se alegrará de haberos empujado a huir.

Herida en carne viva, repliqué:

–Tienes razón. Una Montijo no huye. Iré a dar mis explicaciones.

Llegué a Las Tullerías con el alma de don Quijote. Un vestido de tafetán azul realzaba el color de mis ojos y el rojizo de mis cabellos. Con la cabeza erguida, tenía también el corazón firme para defender mi honor con el empaque y la dignidad de una Grande de España. Pero al entrar en la Sala de los Mariscales, me sentí más desamparada que santa Blandine ante los leones. Bajo las magníficas arañas se arracimaba una multitud en uniformes rutilantes, trajes de Corte y vestidos realzados con diamantes. Ministros, grandes dignatarios y el cuerpo diplomático ocupaban sus lugares. En su estrado, el emperador con redingote de general, calzones de casimir blanco y medias de seda, parecía flotar sobre el ruido. Un chambelán nos anunció y se hizo el silencio.

La asamblea entera se giró hacia nosotras y nos traspasaba con sus miradas hostiles. Estuve a punto de perder la compostura, pero me dominé. El barón James de Rothschild ofrecía su brazo a mi madre y su hijo a mí. Con una expresión altiva, ignorando la horda de burlones que se apartaban a nuestro paso, avancé hacia el soberano y seguí la etiqueta salundándole con una reverencia de Corte llena de gracia. Su sonrisa me tranquilizó. Con el corazón apaciguado, me dirigí hacia una banqueta cercana donde estaban las damas, mientras nuestros acompañantes se reunían con el resto de caballeros. En ese momento la señora Drouyn de Lhuys, esposa del ministro de Asuntos Exteriores, se levantó y con un gesto violento me rechazó con voz de menosprecio:

—Esos asientos están reservados.

Palidecí al recibir el golpe y me retiré hacia atrás asiendo el brazo de mi madre para no desfallecer. Todo giraba a mi alrededor y mis rodillas no me respondían. Esta humillación pública ante toda la Corte reunida me sulfuraba. Abandonada en medio de la arena, esperaba el golpe de gracia que acabaría conmigo. Entonces oí la voz del emperador. Estaba cerca de mí y me sostenía diciendo:

—Vengan. Aquí tienen asientos.

Nos condujo a mi madre y a mí sobre el estrado donde estaban los miembros de la familia imperial. Ellos también mostraban su desprecio, pero el gesto del emperador nos había devuelto la dignidad. Me sentía extremadamente nerviosa. Una vez más, me habían faltado al respeto, y estaba muy decidida a irme en cuanto pudiera despedirme. En esta Corte había demasiado odio, demasiada maldad, no podía soportarlo. En el movimiento de mi abanico disimulaba mi desamparo y encontraba la fuerza suficiente para sonreír cuando era necesario.

El emperador abrió el baile con lady Cowley, embajadora de Inglaterra, y me envió a buscar para la segunda contradanza que quería bailar conmigo. Se extrañó de mi palidez y de mis reticencias a conversar. Los sollozos me ahogaban, es cierto, y temía no poder contenerlos.

–¿Qué os ocurre? –me dijo al acompañarme a mi sitio–. Parecéis cansada. Sin embargo, debo hablaros.

–Yo también –contesté levantando mis ojos hacia él–. Quiero deciros adiós.

–¿Adiós?

–Me marcho mañana con mi madre y no volveréis a verme.

–Venid –dijo.

Su rostro había palidecido. Me guió hacia el salón Luis XIV, que era su gabinete de trabajo, y me invitó a sentarme.

–¿Por qué os marcháis?

–He creído en vuestras promesas, Majestad, pero hoy entiendo vuestras dudas. No quiero poner trabas a vuestro destino. Os devuelvo vuestra palabra.

Me miró en silencio, y después sentenció con voz firme:

–No os marcharéis.

Su expresión de sufrimiento me llegaba al corazón. ¿Me amaba? Mi corazón deseaba oírlo. Sin embargo, mi decisión era irrevocable. Ya no aceptaba ser tratada como un burro al que dan de palos en público.

–Sea lo que sea lo que os hayan podido decir, Majestad, no soy una aventurera y no seré una favorita. No quiero seguir comprometiéndome mientras padezco insultos repetidamente.

Se levantó de un salto para confirmar en un tono que no daba pie a réplica alguna:

—Esta misma noche, le pediré vuestra mano a la señora Montijo.

Los proyectos formulados en Compiègne, repetidos en la visita de incógnito a la plaza Vendôme, ¿realmente iban a convertirse en realidad? No me atrevía a creerle y cerraba los ojos tras el abanico para dominar la violencia de mi emoción. Y luego, no sé por qué, en un arrebato de razón, o de modestia, le recordé su deber:

—Reflexionad una vez más, Majestad. No os aporto nada. Deberíais casaros con una princesa…

—He tomado una decisión. Esta noche hablaré con vuestra madre.

Una Grande de España no se comprometía sólo con palabras, y la antigua Camarera Mayor de la reina Isabel era sensible a las viejas costumbres.

—Sería preferible una carta —le dije—. Nuestro país tiene sus tradiciones y su etiqueta.

—Tenéis razón. Voy a escribirla ahora mismo.

Se sentó ante la mesa y oí el raspear de la pluma sobre el papel. De repente todo iba demasiado rápido. ¿Era el destino que se cumplía? Las predicciones volvían a mi cabeza: más que una reina, una corona imperial, un trono… Estaba muy asustada y no podía estarme quieta. Di algunos pasos y me refugié cerca de una ventana. Mi cabeza daba vueltas, pero en el infinito de la noche brillaba una luz.

El ruido de la silla me sobresaltó. El emperador se acercó. En la hoja que me enseñó, pude leer:

Palacio de Las Tullerías, 12 de enero de 1853

Señora condesa,

Hace tiempo que amo a vuestra hija, y deseo que se convierta en mi esposa. Por eso vengo hoy a perdiros su mano, porque nadie salvo ella es capaz de hacerme feliz, ni es más digna de llevar una corona.

Os ruego, si vos lo consentís, que no se divulgue este proyecto antes de que todo esté arreglado.

Recibid, señora condesa, mi amistad más sincera,

NAPOLEÓN

Intimidada, permanecí con la mirada fija en las líneas que sellaban mi porvenir.

–¿Es correcta? –preguntó con una voz suave–. ¿Estáis contenta?

¿Cómo no iba a estarlo? Una alegría inmensa me embargaba y el corazón me latía con fuerza. Era amada, y mi amor por fin podía expresarse sin miedo a ser humillado. En un arrebato, tendí las manos hacia él y le contesté con voz emocionada:

–Majestad, me dais aquí una muestra de vuestro afecto. Sin embargo, guardad vuestra carta, y pensadlo otra vez. Si tenéis la menor duda, no la enviéis. Me apartaré sin amargura.

Me estrechó entre sus brazos y su risa alegre resonó en la sala. Se dirigió hacia una puertecita y llamó a su secretario:

–Señor Mocquard –dijo–, tenga la bondad de sellar esto y llévelo usted mismo mañana a la plaza Vendôme, a casa de la señora condesa de Montijo.

El hombre hizo una profunda reverencia y el emperador me ofreció su brazo. Apretando su mano sobre la mía, me envolvió con una mirada tierna mientras añadía:

—De ahora en adelante, nadie os faltará al respeto.

Me llevó hacia la Sala del Trono y se detuvo ante el palio rematado por la corona imperial.

—Mañana pediré el vuestro.

Todo me parecía irreal. Las palabras me faltaban para responderle, y apoyé la mejilla contra su hombro, disimulando púdicamente las lágrimas de felicidad que empañaban mis ojos. Me llevó otra vez a la Sala de los Mariscales. Nuestros rostros irradiaban una misma llama y la asamblea ya no tuvo duda alguna sobre el acontecimiento que se gestaba. Desde lo alto de mi nube, me percaté del mal humor del príncipe Plon-Plon, que se retiraba encogiéndose de hombros, mientras la princesa Mathilde se inclinaba hacia su vecina diciendo con una voz chirriante:

—¡La Montijo triunfa!

Se equivocaba. Era el amor lo que triunfaba. Algunos días después, el propio emperador lo anunciaba de forma solemne. El 22 de enero al mediodía, ante los miembros del Senado, del Consejo de Estado y los diputados de la Cámara, que había convocado en la Sala del Trono, concluyó su Discurso de la Corona con estas palabras:

Así, señores, estoy aquí para decirle a Francia: He preferido una mujer a la que amo y respeto a una mujer desconocida cuya alianza hubiese supuesto ventajas unidas a sacrificios. Sin demostrar desprecio por nadie, cedo ante mi inclinación, no sin haber sopesado antes mi razón y mis convicciones. Al poner la independencia, las cualidades del corazón y la felicidad familiar por encima de los prejuicios dinásticos, no seré menos fuerte, ya que seré más libre. Muy pronto, al ir a Notre-Dame, presentaré a la emperatriz al pueblo y al ejército. En cuanto la conozcáis, estaréis convencidos, señores, de que una vez más la Providencia me ha inspirado.

Mientras tanto, yo iba arriba abajo, en el apartamento de plaza Vendôme, en un estado de ansiedad extrema. Conocía el texto de la alocución, el emperador me lo había hecho leer. Aunque las reticencias de algunos ministros habían menguado, temía una fuerte oposición de los cuerpos constituidos. Tan cerca de la felicidad, me moría de miedo de perderla. Sin embargo, al salir de Las Tullerías, Donoso Cortés vino a reconfortarnos:

–Un efecto mágico. El emperador ha hablado al pueblo y al corazón, dos cosas que no se invocan inútilmente en Francia.

Unos minutos después, el rey Jerónimo y el príncipe Napoleón estaban en nuestra puerta. Molestos y forzados, nos gratificaban con una visita protocolaria. El ministro de Asuntos Exteriores, el señor Drouyn de Lhuys, los seguía de cerca. Al ver su cara larga, adiviné que no venía por propia voluntad para felicitarme. Era el más acérrimo de mis enemigos, el más aferrado a querer dimitir, y yo no había olvidado la afrenta que me había infligido su esposa en el gran baile de la Corte. Sin embargo, era un fiel colaborador del emperador, que apreciaba su trabajo y su talento. Lo acogí diciendo:

–Señor, os agradezco el consejo que habéis dado al emperador sobre su matrimonio. Es el mismo que yo le di.

–Su Majestad me ha traicionado –murmuró, desamparado.

– No era traicionar –repliqué–, era comunicarme la opinión de un amigo sincero y devoto. Yo también le dije al emperador que ante todo debía tener en cuenta los intereses de su trono. Pero no debo juzgar si tiene razón o no de creer que sus intereses pueden estar de acuerdo con sus sentimientos.

Confundido y desarmado, el ministro sólo me dijo desde ese momento palabras amables y juró ayudarme. Esa misma noche, dos coches con los escudos imperiales nos sacaban a mi madre y a mí de la plaza Vendôme y nos llevaban con nuestras sirvientas y nuestros baúles al palacio del Elíseo, que se convertía en nuestra residencia hasta el día de la boda. Un ejército de chambelanes, guardias, lacayos y camareras estaba a nuestro servicio, y me llamaban «Su Excelencia la condesa de Teba». Oficialmente, era la prometida del emperador y recibía todos los honores.

Se pasaba una página de mi existencia y, en el gran salón realzado de oro donde había coincidido con el príncipe-presidente, una sonrisa afloraba a mis labios al recordar las primeras palabras que intercambiamos y el desprecio que sobrevino al evocar a madame Gordon. Aquella noche el destino me había jugado una mala pasada, pero después todo se arregló. Tras los campos de espinas, se abría un jardín de rosas, y en ese momento tan intenso en que mi vida se tambaleaba, no tenía nadie a mi lado que pudiera oír lo que sentía. Paca, mi única confidente, estaba en Madrid y no vendría a mi boda. Un aborto reciente había alterado su salud. Con el corazón lleno de melancolía, pedí una pluma para escribirle:

Hermana mía,

Llego al Elíseo, y quiero decirte la emoción que siento. Este momento es muy triste. Digo adiós a mi familia y a mi país, para consagrarme exclusivamente al hombre que me ha amado hasta el punto de elevarme a un su trono. Le amo, es una garantía para nuestra felicidad. Hay que conocerlo en la vida íntima para saber hasta qué punto hay que apreciarlo. Hoy aún miro con temor la responsabilidad que va a recaer sobre mí y, sin embargo, cumplo mi destino. Tiemblo, no por miedo de los asesinos, sino por parecer inferior en la historia a esas dos reinas españolas, Blanca de Castilla y Ana de Austria. Adiós, hoy es la primera vez que han gritado «¡Viva la emperatriz!». Dios quiera que eso no cambie nunca*

Según las costumbres en vigor en España, escribí a la reina Isabel para pedirle su consentimiento, y rechacé todas las invitaciones para prepararme a ese gran acontecimiento que iba a convertirme en otra persona. De un día para otro, fue la euforia. Por asuntos de estado que no quise saber, la fecha de la boda, prevista para el 1 de marzo, se adelantó al 30 de enero. A partir de ese momento, el tiempo volaba y todos corrían de una lado a otro. Un ejército de proveedores desfilaba cada mañana. Los mejores talleres de París andaban de cabeza. Joyeros, zapateros, sombrereras, peluqueros y costureras. En los talleres de madame Vignon y Palmyre, había una actividad febril. Día y noche, las menudas manos cosían y se guardaba

* Carta del 22 de enero de 1853. (N. de la A.)

141

el secreto de las suntuosas creaciones que yo llevaría para las distintas ceremonias.

El emperador acudía cada anochecer y cenaba con nosotras en la intimidad. Un ramo de flores lo precedía, acompañado de una joya escogida por él: un collar de perlas de un oriente incomparable, pendientes, pulseras, aderezos de diamantes y otras piedras preciosas. También me regaló un estuche de tocador con el borde bermejo, acompañado de un baúl marcado con mis iniciales, objetos de concha y una llave de oro con esmeraldas y brillantes incrustados. Pero el de más poder mágico, el más precioso, fue para mí el colgante de zafiros y perlas que dejó delante de mí diciendo:

—El talismán de Carlomagno. Mi abuela Josefina lo llevaba el día de su coronación como emperatriz. El cabildo de Aquisgrán se lo regaló en 1804. Mi madre, la reina Hortensia, lo heredó. De ahora en adelante es vuestro.

Profundamente conmovida, cogí la joya y acaricié la reliquia que estaba engastada, balbuceando:

—¡Un trozo de la Vera Cruz!

Un largo escalofrío me recorrió todo el cuerpo y me santigüé con veneración bajo la mirada anonadada de Luis que confesó ignorar que era un objeto sagrado. Sólo conocía su origen. Harún al-Rachid se lo había enviado a Carlomagno con las llaves del Santo Sepulcro. Éste lo cosió a su abrigo y se lo llevó a la tumba, de donde lo retiraron cuando la abrieron en el siglo XII. Le puse al corriente de qué generaciones de fieles se habían postrado ante esta reliquia, hasta el día en que Josefina ornamentó su manto real con ella, como lo había hecho el emperador de Occidente. Pasó un brazo alrededor de mis hombros y me estrechó contra él murmurando con una voz tierna:

–Una nueva señal que protegerá nuestra felicidad.

–Por mi parte, veo en esta joya otro significado. Esta madera testigo mudo de los sufrimientos de Cristo me revela cuál será mi papel a vuestro lado. Si el dedo de la Providencia me ha señalado una posición tan elevada, es para servir de mediadora entre los que sufren y el que puede aportar un remedio. Por eso acepto las grandezas que me ofrecéis como una misión divina, y doy gracias a Dios por haber puesto en mi camino un corazón tan noble lleno de atenciones como el vuestro.

–Ugénie, os adoro.

Su manera alemana de pronunciar mi nombre me hacía gracia. Me miraba con esa expresión enamorada e indulgente al menor capricho, pero no me tomaba en serio. Así, cuando me anunció que me entregaba una dote de 250.000 francos, le pedí que entregara la suma para un centro de maternidad y para los incurables. De la misma manera, rechacé la subvención de 600.000 francos que votó el Consejo municipal para regalarme un aderezo de diamantes. A esos señores de la ciudad, les contesté que sería más feliz si esa pequeña fortuna se destinaba a obras de caridad, puesto que mi única ambición era compartir con el emperador el amor y la estima del pueblo francés. Algunos meses más tarde, en el corazón del Faubourg Saint-Antoine, se creaba un centro de educación profesional para chicas pobres. Llevaba mi nombre y lo pusieron bajo mi protección. Fue el modesto inicio de una acción social que no pararía de crecer en muchos años.

Los días pasaban muy deprisa, diríase que las horas volaban, y no sabía qué hacer con las últimas pruebas, las reglas de la etiqueta imperial que debía aprender, tan diferentes de las costumbres de nuestra Corte española, la lista de nuestros títulos que debía figurar en el acta del registro, y no excluía ninguno. Tras tantas calumnias, al igual que antaño hizo mi madre, para mí era importante demostrar mis orígenes. A pesar de no tener sangre real, mis dieciséis cuartos de nobleza bien valían el trono que se me ofrecía en esta Corte de «advenedizos» que Napoleón III imponía al resto de Europa. También estaban las cartas que debía escribir a las personalidades de mi país, a los parientes más queridos, y las visitas de los amigos más cercanos cuyos nombres llenaban el libro de la antecámara. Sin embargo, me tomé el tiempo justo para ir a mi antiguo internado del Sagrado Corazón para reencontrar las esperanzas y las nostalgias de una «pequeña pelirroja» de largas trenzas que, mañana, se convertiría en la emperatriz de los franceses.

Era la víspera de la boda civil. La mañana misma, poco después del alba, me vestí rápidamente –un sencillo vestido de franela y una mantilla blanca–, esperando que Luis no olvidara su promesa. Le había pedido el insigne favor de comulgar conmigo. Llegó con puntualidad. A las nueve en punto, su coche entró en el patio mientras su primer capellán, el obispo de Nancy, esperaba en la capilla. La misa fue corta, pero en el momento de la Eucaristía, prestamos juramento ante Dios de permanecer fieles el uno al otro y de amarnos para lo mejor y para lo peor. Estábamos solos, sin testigos, un hombre y una mujer que el azar o la Providencia habían decidido unir. ¿Para qué porvenir?

La jornada prosiguió frenética y no acababa nunca de repetir los gestos que la etiqueta me imponía. Recordaba nuestras veladas en Carabanchel, donde hacía de emperatriz para divertir a nuestra pequeña sociedad. Ahora ya no era cuestión de comedia. Entraba en un rol que se convertiría en mi segunda naturaleza y que debería desempeñar desde que me despertase hasta que me acostase.

Esa noche permanecí largo tiempo sin dormir. En el momento de subir en uno de los mayores tronos de Europa, no podía defenderme de un cierto terror. Nunca había tenido ambición, y sin embargo el destino me había arrastrado a lo alto de una pendiente de la cual cualquier nadería podía despeñarme. Mi responsabilidad sería inmensa; me serían atribuidos el bien y el mal. También estaba la amenaza constante de los atentados. Pero el hombre que me ofrecía compartir su ilustre destino había sabido conquistar mi corazón. Era capaz de los mayores sacrificios. Nada le costaba. Siempre jugaba su porvenir a una carta, y ésa era la razón de su victoria. Lo admiraba por su firmeza, su coraje y la nobleza de sus pensamientos. Mediante sus atenciones repetidas, llenas de tacto, trató con deferencia mi amor propio y conmovió mi alma. Yo lo amaba y creía en él. Él había sabido demostrarme que me amaba. A él me encadenaba, sin remordimientos. Por él sacrificaba esa libertad que mi padre supo inculcarme desde niña y en la que me embriagué durante tantos años. *¡Adiós toros!*... Mañana, víctima de la etiqueta, nunca más estaría sola, nunca más sería libre, pero por ese precio, en realidad muy modesto, el destino me ofrecía el amor y una corona.*

El sábado 29 de enero, a las ocho de la noche, dos coches escoltados por carabineros a caballo entraron en

---

* Todos estos sentimientos están expresados en una carta que dirigió a Paca a finales de enero de 1853. *(N. de la A.)*

el patio del Elíseo. El duque de Cambacérès, gran maestro de ceremonias, venía a buscarme para llevarme a Las Tullerías. De repente tuve la sensación de no tener sangre, ni energía, y de que se me paraba el corazón. Sin embargo, desde la mañana me había preparado para este momento, pero la emoción era tan fuerte que apenas podía dominarla. Una última mirada al espejo me tranquilizó. Palmyre había conseguido una maravilla al fijar sobre un fondo de satén rosa un volante de encaje idéntico al que llevaba Paca el día de su boda. El famoso Félix había dispuesto en mis cabellos un mar de jazmín retenido por una media luna engastada de diamantes, y las perlas del emperador realzaban mi cuello.

—Llevas las lágrimas que derramarás —murmuró horrorizada mi madre.

La reconforté cogiéndole la mano.

—Para mí, son palabras de amor, y mi fe es más fuerte que nuestros dichos. Ven, ha llegado la hora de partir.

En la antecámara, saludé al embajador Donoso Cortés, que sería mi testigo, a los maestros de ceremonia y a las damas de honor que debían acompañarnos. Al final de la noche, en las luces de Las Tullerías, el destino me esperaba y yo me dejaba llevar por las calles sombrías donde los curiosos se agolpaban. El halo de los faroles de gas iluminaba sus rostros y sus aplausos restallaban tras el batir de los cascos de los caballos. Las imágenes desfilaban, como en los sueños, y el coche se detuvo ante el Pabellón de Flora. La cortina se levantaba, el espectáculo iba a comenzar.

Un mareo me hizo vacilar y estuve a punto de fallar mi entrada cuando vi, en lo alto de la gran escalinata, el rostro crispado del príncipe Napoleón. Me fallaron las piernas y pensé que me desmayaba, pero la sonrisa de la princesa Mathilde me serenó. Me dijo palabras amables para guiarme hacia el Salón de Familia, donde el rey Jerónimo y todos los príncipes Bonaparte rodeaban al hombre que iba a convertirse en mi esposo. Sobre el uniforme de general, llevaba la gran banda de la Legión de honor y el collar del Toisón de Oro que había pertenecido a Carlos V. Tan pálido como yo, vino a mi encuentro, me besó en la mejilla, y me ofreció su brazo balbuceando cumplidos que yo no escuchaba. Su mirada me hacía arder hasta el alma, y mi cabeza zumbaba. Me guió hasta la Sala de los Mariscales, donde la Corte se había reunido para asistir a la ceremonia.

Todo el mundo se levantó y fui a sentarme al lado de Luis. Nuestras dos butacas estaban sobre un estrado y fue todo un suplicio ser expuesta ante una asamblea que espiaba el menor de mis temblores. La sangre se me heló en las venas y me volví más blanca que los jazmines entrelazados en mis cabellos cuando el señor Fould, ministro de Estado, que actuaba como oficial del estado civil, avanzó y dijo con voz grave:

–¿Declara Vuestra Majestad que toma por esposa a Su Excelencia la señorita Eugenia de Montijo, condesa de Teba, aquí presente?

Oí su respuesta como un murmullo de lo emocionado que estaba. Girándose hacia mí, el señor Fould preguntó:

–Señorita Eugenia de Montijo, condesa de Teba, ¿declara Vuestra Excelencia que toma por esposo a Su Majestad el emperador Napoleón III aquí presente?

A pesar de la emoción que me paralizaba, mi voz ronca y mi acento español rompieron el silencio.

–Declaro que tomo por esposo a Su Majestad el emperador Napoleón III aquí presente.

Entonces el señor Fould dijo en un tono solemne:

–En nombre del emperador, de la Constitución y de la ley, declaro que Su Majestad Napoleón III, emperador de los franceses por la gracia de Dios y la voluntad nacional, y Su Excelencia la señorita Eugenia de Montijo, condesa de Teba, están unidos en matrimonio.

La mirada empañada de Luis se encontró con mi sonrisa, y mi madre se secó furtivamente una lágrima. Se dispuso una mesa ante nosotros. Encima estaba el registro del estado civil y cada uno puso su firma en la parte inferior del acta. Me recorrió un largo escalofrío cuando cogí la pluma y me llamaron «Majestad» cuando la devolví. Nuestros testigos respectivos también firmaron. Después los invitados desfilaron para venir a felicitarnos, y luego nos dirigimos hacia la sala de teatro para escuchar la apertura de *Guillermo Tell* y una cantata. La asamblea se giró hacia nuestro palco gritando:

–¡Viva el emperador! ¡Viva la emperatriz!

Luis me cogió la mano y la llevó a sus labios mientras me susurraba:

–Mañana, todo París os aclamará.

CAPÍTULO VIII

A altas horas de la noche me recibieron con silbidos al llegar al Elíseo, y no había podido dormir, imaginándome lo peor. Sin embargo, al abrir las persianas por la mañana, vi que el cielo estaba limpio y despejado, y que un sol radiante iluminaría la fiesta. El aire fresco me traía los rumores de la ciudad y el batir de los cascos de los caballos que iban ocupando sus puestos. Desde hacía días, las calles de París estaban empavesadas, engalanadas con guirnaldas, escudos, banderas y gallardetes, y los hoteles habían colgado el cartel de «completo». En carruajes, diligencias o por vía férrea, había afluido una multitud ingente del resto de Francia y de los países vecinos para asistir a nuestra boda. La prensa había anunciado un fausto excepcional para esta boda imperial que fascinaba a las gentes y desataba la imaginación. En efecto, por vez primera un soberano osaba casarse con la mujer a la que amaba, aunque no fuese de sangre real, y todos se morían de curiosidad por ver a la dama que hacía que el corazón del emperador desfalleciera por ella. La magia del amor y sus misterios convertían aquel domingo, 30 de enero de 1853, en una jornada sin igual, que permanecería grabada en la memoria de las gentes por mucho tiempo.

En la mía aún lo está, y la emoción me conmueve con la misma intensidad cuando recupero su recuerdo.

Las imágenes vuelven una a una con la precisión de un cinematógrafo.

Jornada única, jornada fuera del tiempo, en la cual ya no era yo misma, sino esa aparición de leyenda que se cristalizó en el espejo y salió de él como de un libro de cuentos. Las delicadas manos de madame Vignon habían diseñado un vestido de terciopelo blanco con brillantes diseminados por el cuerpo de pequeño frac. La falda desaparecía bajo una randa de punto de Inglaterra que la prolongaba con una cola de cuatro metros. Sobre los bandós ondulados de mis cabellos, espirales de flores de azahar sujetaban el largo velo impalpable que me envolvía como una nube.

Sonreía de felicidad ante lo encantadora que me veía, pero faltaba un detalle. Félix pasó los brazos por encima de mi cabeza, y se me detuvo el corazón cuando posó en mi frente la diadema de zafiros y diamantes que Josefina llevaba el día de la Coronación. El duque de Cambacérès me lo había traído «de parte de Su Majestad». En un segundo estuche me presentaron un magnífico cinturón adornado con las mismas piedras preciosas que María Luisa había recibido de Napoleón el día de su boda. Con una expresión seria, me ceñí la cintura. Indiferente a las exclamaciones de los que me rodeaban, manifestando su admiración, yo estaba impresionada en lo más profundo de mi ser al verme con esos aderezos que Luis me había juzgado digna de llevar, puesto que a partir de ese momento era una Bonaparte.

Ruido de botas en el pasillo me hicieron estremecer. Las puertas se abrieron de par en par. Aparecieron mis damas de honor, mi primer chambelán y algunos oficiales de la Casa del emperador. Repitiendo el ceremonial de la víspera, dos coches de la Corte escoltados por un piquete de caballería me llevaron a Las Tullerías. Mi escudero cabalgaba al lado de la portezuela del carruaje. Paralizada por la timidez, no osaba mostrarme a los curiosos agolpados en el Faubourg Saint-Honoré, que intentaban verme con fervoroso entusiasmo.

Una salva de cañonazos sacudió las nubes cuando atravesamos las rejas y llegué ante el pabellón del Reloj saludada por un concierto de tambores y cornetas. No necesitaba más para hacer desaparecer lo que me quedaba de seguridad, pero cuando entré en la Sala del Trono, la mirada deslumbrante de Luis devolvió el color a mis mejillas. Con su uniforme de general, con las bandas de las órdenes militares, su prestancia era impresionante; ahora bien, no podía disimular su impaciencia. Se precipitó a mi encuentro y se inclinó sobre mi mano, que besó murmurando:

—Me volvéis loco, y estoy orgulloso de vos. Venid.

Me llevó al balcón para presentarme a la inmensa multitud reunida allí desde por la mañana. Los clamores me conmovieron hasta derramar unas lágrimas y me incliné, con la mano en el corazón, anhelando que algún día sus gritos no fueran sólo de admiración, sino también de amor. Como había escrito Musset, ¿acaso lo importante no es ser amado?

Un largo cortejo se puso en marcha para conducirnos a la catedral de Notre-Dame. Por todo el recorrido, las tropas formaban una doble hilera y las multitudes se agolpaban en las aceras, en las ventanas, los balcones, los árboles y sobre los tejados. El fausto imperial estaba en su apogeo. Con uniformes de gala, la música encabezando la marcha, lanceros, dragones y la guardia nacional a caballo abrían la marcha delante de los coches de la Corte con dos, cuatro o seis caballos; un escuadrón de Guides* con calzas blancas y botas de montar precedía nuestra carroza resplandeciente de oro y cristal, rematada con la corona imperial, la que había sido especialmente creada para Napoleón y Josefina el día de la Coronación. Tiraban la carroza ocho caballos enjaezados con gualdrapas negras con tafilete rojo y tocados con penachos de plumas blancas, guiados por palafreneros ataviados de elegante librea, al igual que los cocheros y los lacayos en sus asientos.

La columna se movió y, de repente, una sacudida acompañada por un ruido metálico inmovilizó nuestro tiro. ¿Acaso era un atentado? Noté cómo la sangre se me retiraba de las venas y apreté la mano de Luis que parecía inquieto, cuando alguien explicó:

–La corona se ha soltado. En un momento la volveremos a fijar.**

El emperador se volvió hacia mí y me reconfortó con una sonrisa, pero su rostro mostraba la preocupación.

–El mismo incidente que el día de la Coronación –murmuró estirando una guía de su bigote.

–¿Acaso un cielo sin nubes no es un buen augurio? –le dije enseguida para distraerle de sus malos presentimientos.

Sin embargo, desde lo más hondo de mi corazón rogué a Dios que mantuviese alejado de nosotros cualquier amargor. La parada fue breve, el cortejo prosiguió

* Soldado de un cuerpo de elite bajo el I y II Imperio. *(N. de la T.)*
** Hecho relatado por Fleury en sus *Memorias*. *(N. de la A.)*

su camino, bordeado de sables que destellaban al sol y de túnicas con colores vivos ribeteadas de oro o de plata. Rue de Rivoli, alrededor del Hôtel de Ville y en los muelles, la multitud entusiasmada aplaudía, agitaba los pañuelos y tiraba ramos. La plaza de Notre-Dame, el gentío la abarrotaba de tal modo que los piquetes de guardia tenían dificultades para contenerlo. Todo el mundo guardó silencio cuando nuestra carroza se detuvo ante la plaza de la catedral. Luis fue el primero en bajar. A mi vez, salí yo y me dispuse a seguirlo. Detrás de mí, miles de personas aguantaban la respiración estremeciéndose de curiosidad. Llevaban de pie desde el alba para verme, ¿acaso no era injusto darles la espalda? Así que me giré y les di las gracias a mi manera por su presencia saludándoles con esa reverencia profunda y llena de gracia con la cual había honrado tantas veces al emperador. Los aplausos restallaron y una larga ovación resonó, prolongada como un eco desde todas las ventanas y las callejuelas:

–¡Viva la emperatriz!

Luis se acercó y me ofreció su brazo:

–Los habéis conquistado –me dijo con una expresión radiante–. La ceremonia puede empezar.

Bajo la portada abocinada, con las estatuas de santos, reyes de Francia y adornada con banderas de terciopelo verde bordadas con nuestras iniciales, nos esperaban el legado pontificio y el arzobispo de París, con mitra, capa pluvial y báculo en mano, rodeados por todo el clero. La gran puerta se abrió y no sé por qué milagro encontré el valor suficiente para entrar en la catedral del brazo del emperador, tras las largas filas de prelados, y subir por el pasillo central bordeado de columnas con colgaduras de púrpura y oro. El órgano atronó con su cascada de notas y el coro de quinientas voces entonó la marcha del *Profeta*, mientras a la luz de las quince mil velas que iluminaban la nave, dos mil invitados sólo tenían ojos para nosotros. Me contemplaban boquiabiertos, con una expresión de éxtasis. La sangre se había retirado de mi rostro, tan pálido como el de una muerta, pero permanecía con la cabeza erguida para ser digna y majestuosa, digna del hombre que me había subido a su trono y me hacía compartir su corona. La emoción me trastornaba y la solemnidad me intimidaba. En los vapores del incienso, el aire vibraba con murmullos que reconfortaron mi alma inquieta. No expresaban ni odio ni envidia, sino un homenaje sensible y sincero a esa «visión de poeta» a la que me comparaban.

En medio del crucero se encontraban nuestros sillones, bajo un palio decorado con abejas y coronado con un águila de oro con las alas desplegadas. El reclinatorio me salvó de un desfallecimiento. Me arrodillé y recé con fervor. Todos esos honores me embargaban, me daban miedo, me aterrorizaban. Yo era el punto de mira de todo un pueblo a partir de ese momento. Mi única experiencia la formaban mi deseo de hacer bien las cosas y mis buenos sentimientos. La carga que se echaba sobre mis hombros era grande, e imploraba al Señor que me ayudase concediéndome la fuerza necesaria para cumplir su voluntad al emprender el camino que se abría ante mí. Profundamente recogida, la frente inclinada sobre mis dedos entrelazados, ya no me preocupaba por la asistencia, y Luis, que temía una indisposición, me animaba con sus dulces palabras. Lo tranquilicé con una mirada confiada y le seguí hacia el altar.

Cogidos de la mano, contestamos a las preguntas del ritual y, ante toda la asamblea atenta al menor detalle del ceremonial, ambos juramos guardar fidelidad según el mandamiento de Dios. El arzobispo bendijo las arras de oro y las alianzas, y Luis cogió la más pequeña para colocármela en el dedo. Hice lo mismo con la otra. Juntos, nos arrodillamos ante el prelado que extendió la mano encima de nuestras cabezas y pronunció la fórmula sacramental antes de recitar la plegaria de la boda:

–*Deus Abraham, Deus Isaac, et Deus Jacob sit vobiscum...* Que ese Dios extienda sobre vosotros su bendición para que veáis los hijos de vuestros hijos hasta la tercera y la cuarta generación...

Estábamos unidos en matrimonio ante la santa Iglesia, y mi corazón latía con intensidad. Al lado de Luis, profundamente conmovido, regresé a mi asiento. Esta vez era ya, de verdad, la emperatriz de los franceses, y mi primer deber era perpetuar la dinastía de los Bonaparte. La cuarta generación, había dicho el prelado. Cerré los ojos, intentando imaginar nuestro porvenir poblado de chiquillos por una larga posteridad.

Empezó la misa, magníficamente cantada. El Credo de Cherubini, los motetes de Adam y Auber. En la ofrenda, el príncipe Napoleón y la princesa Mathilde presentaron dos cirios, y el oficio terminó con el *Te Deum* espléndido de Lesueur mientras Luis y yo firmábamos en el registro. Mi pluma tembló cuando escribí «Eugénie» al pie del acta que enumeraba todos mis títulos. Según nuestras costumbres españolas, figuraba en el acta el nombre de mi padre, y pensé que el soldado del Gran Ejército estaría contento de ver a su hija en la familia de su ídolo. Fuera retumbaban los cañones, repicaban todas las campanas de la ciudad, las trompetas hacían vibrar el aire, los tambores redoblaban en el campo y el gentío trepidante nos mostró todo su entusiasmo cuando, cogida del brazo del emperador, salí a la luz del sol invernal que se iba poniendo lentamente.

Las ovaciones acompañaron nuestro regreso hasta Las Tullerías, donde delegaciones y diputaciones diversas nos asaltaron con flores y cumplidos. En carroza, dimos la vuelta del Carrousel para pasar revista a las tropas, y su concierto de vivas fue interminable. Tanta alegría me aturdía. Luis estaba exultante. Me llevó a la Sala de los Mariscales y mandó abrir las ventanas que daban a los jardines. Todo París se había reunido allí. Miles de personas se encontraban en los arriates, en los senderos, subidas a las rejas o encima de las estatuas. Les ofrecí mi sonrisa resplandeciente, Luis los saludó con nuestras manos enlazadas, y sus gritos, cercanos al delirio, espantaron a los pájaros, que salieron volando como si su vuelo fuera un homenaje. Del lado del patio, se produjo el mismo triunfo. Y la mirada de Luis me penetró hasta el alma.

—Os quieren —me dijo—, pero no tanto como yo. Creo que ha llegado el momento de escaparnos.

—Concededme tan sólo unos minutos para cambiarme y soy toda vuestra, majestad.

—Entonces, no tardéis más —prosiguió, con la mirada ardiente de deseo.

Rodeada por mis damas de honor, regresé a mis apartamentos. No estaban acabados, pero no me importaba mucho porque Luis me raptaba por una semana. En los baúles había amontonado mi vestuario para la luna de miel. Vestidos divinos, sombreros y chales de cache-

mira de la India, y por supuesto refajos, camisas finas ador-
nadas con encajes de Valenciennes y batas de velos espu-
mosos con ribetes de armiño o de cisne. Luis apreciaba
mi elegancia y yo quería seducirlo. Para nuestro viaje, me
puse un vestido de terciopelo rubí realzado con marta
cebellina y un pequeño sombrero a juego con el traje,
que me sentaba de maravilla. Estaba muy contenta y bajo
el efecto de la felicidad, mis mejillas recuperaron su color.
Abracé a mi madre, desamparada ante la idea de quedarse sola.

–No llores, todo irá bien. No te olvides de escribir a
Paca, hay que explicárselo todo.

Me incliné para añadirle al oído en un murmullo:

–Dile también que me ama y que lo amo con locura. Adiós, mamá. *Te quiero mucho.*

En la Sala de los Mariscales había mucha gente. Los
invitados de la catedral habían llegado ya y se reunían
alrededor del emperador para felicitarle. Él también se
había cambiado en mi ausencia, un frac bajo una levita,
pero parecía nervioso cuando vino a mi encuentro. Me
cogió el brazo y me llevó hacia una ventana que daba al
jardín.

–Mirad, siguen ahí.

–Venid –dije riendo.

Salí la primera y el delirio llegó a su punto álgido.
Saludé durante mucho tiempo y me llevé la mano a los
labios como despedida, diciéndoles «adiós». Unos minutos más tarde, una berlina nos llevaba a Saint-Cloud. Caía
la tarde, anunciando la noche, y Luis exclamó:

–¡Por fin solos!

Este primer momento de intimidad me asustaba.
Me había preparado, pero el pudor se imponía a mi emo-

ción y me retenía al otro lado del asiento. Sin decir una palabra, Luis se acercó a mí. Me acariciaba con la mirada y sus labios se apoderaron de los míos para darme un largo beso.

Acabábamos de atravesar una barrera, pero en las rejas del castillo se vio interrumpida nuestra carrera. Una multitud de gente con trajes de gala nos esperaba en la escalinata y en los salones. Tenían por costumbre cenar con el emperador la noche que llegaba a Saint-Cloud. Ahora bien, este día tan especial se olvidaron de anular la invitación. Este contratiempo disgustó a Luis, que refunfuñó pero que no tuvo el valor de despedirlos. Tuvimos que avenirnos a las circunstancias e improvisar. Un ejercicio que se convertiría en algo familiar en esta Corte, donde la etiqueta rígida tenía sus lagunas.

Pasaban las horas, los cumplidos se multiplicaban, nadie se marchaba y Luis no paraba de atusarse el bigote. Inclinándose hacia mí, me dijo a media voz:

–Despídelos.

Este tuteo inesperado demostraba su impaciencia y que su nerviosismo lo volvía tosco. Sin embargo, ¿qué hacer para no dejar mal a tantas personas leales? Se me ocurrió una idea y le susurré:

–Dirigíos a la salida, os seguiré.

El emperador se levantó y salió del salón sin mediar palabra. Yo le pisaba los talones y, ante la puerta, me giré y saludé a la asamblea con una reverencia graciosa que dejó a todo el mundo anonadado y encantado. Un coche nos esperaba en uno de los patios y nos llevó al corazón del bosque, que la noche envolvía con su misterio. En el recodo de un camino, reconocí el pabellón de Combleval y se me oprimió el corazón al recordar el menosprecio que se me había hecho allí, pero un latigazo hizo galopar a los caballos, que se detuvieron mucho más adelante, ante la casa solariega de Villeneuve-l'Étang, donde me iba a convertir en mujer al entregarme a Luis.

Los días pasaron deprisa. ¡Teníamos tantas cosas que decirnos, tantas cosas que explicarnos para conocernos mejor y familiarizarnos! Mi alma romántica tuvo muchas dificultades para dejar a un lado el mito y establecer la diferencia entre el hombre de carne y hueso y el héroe que yo había sublimado. Descubrí sobre todo que el amor físico tiene una importancia mayor de la que me había creído. Por el placer de Luis, me esforzaba en aprender sus finezas y me comportaba como una alumna dócil, impaciente por unirme a él en su embriaguez. No importaba no conocer el éxtasis, quería un hijo. Y no por eso amaba menos a ese Napoleón que era mi esposo. Para lo mejor y para lo peor, había dicho el prelado. Esposa sumisa, le obedecí, y nunca le traicioné, fiel hasta el final de la tragedia.

Por ahora vivíamos una auténtica luna de miel. Solos en medio de los árboles y las albuferas, sin etiqueta, sin representación, libres de cualquier responsabilidad. Lejos del mundo, fuera del tiempo. Felices, como una sencilla pareja de recién casados, plantamos cara al frío helado para llegar hasta Versalles en cabriolé, por los caminos de bosque. Luis conducía y me daba unas explicaciones maravillosas. El palacio de los grandes reyes, el Trianon donde Bonaparte había dejado su recuerdo, donde reencontraba la silueta de María Antonieta. La fascinación que sentía por ella nos llevó hasta el caserío donde me pareció oír su risa y los latidos de su corazón. Me estremecía, atormentada por su espantosa muerte. Las teorías

159

de Fourier me volvían a la memoria y reforzaban mis ideas sobre la necesidad de conceder más igualdad para evitar los derramamientos de sangre que a veces provocan la desesperación y la miseria.

Entonces Luis sacó el tema de la política y me explicó que nuestra boda consolidaba el Imperio frente a la oposición de los orleanistas, los legitimistas y sobre todo los republicanos que conspiraban en asociaciones secretas. Aún debía fijar los ámbitos de su gobierno, regular el aparato de la Corte en función del modelo instituido por Napoleón, con una etiqueta y un protocolo, es cierto, pero también −y ahí estaba mi papel− con pompa y fiestas en las que los invitados ya no guardaran el protocolo en función de los criterios de las antiguas Cortes: Altezas, Grandes y los demás. Debíamos seducir e inspirar confianza.

−La sociedad ha cambiado −me dijo−, y nuestra Corte debe abrirse al nuevo mundo: los demás, los advenedizos como nosotros. El desarrollo de la economía engendrará fuerzas en las que podremos apoyarnos.

Las finanzas, la industria, las vías de comunicación por tierra y por mar; en efecto, todo se estaba transformando. Mil proyectos rondaban por su cabeza. El crecimiento de las riquezas estaba a nuestras puertas. Una Francia poderosa se levantaba en el corazón de Europa y el palacio de Las Tullerías sería el centro más animado y resplandeciente de la nación.

−¿Y qué haréis por el pueblo que os ha elegido?

−No lo olvido, querida Ugénie, tendrá su parte.

Las grandes obras de París, las experiencias agrícolas en Sologne y en Les Landes aseguraban un crecimiento de los puestos de trabajo. Se reducirían los impuestos. Se multiplicarían las instituciones de caridad, y se concederían ventajas para una educación mejor. El programa me encantaba y exclamé:

–Vuestra «*Extinción del pauperismo*» se asemeja a mis «falansterios». Ocupaos de la política y yo me haré cargo de las obras sociales.

Así concebía mi papel. La emperatriz de los franceses no podía conformarse con el hecho de aparecer esplendorosa con sus trajes mientras centenares de desheredados sufrían. Mi deber y mi tarea esencial era ayudarles y descargar a los desprovistos de todo, incluso de trabajo. El propio Dios me había impuesto esta misión con aquel pedazo de la Vera Cruz del talismán de Carlomagno.

Dejamos el bosque con el corazón lleno de pesadumbre por aquellas jornadas de intimidad perfecta que no volverían a repetirse en mucho tiempo. Nos habían unido en una dulce complicidad, con una voluntad común de apoyarnos el uno en el otro, para llevar a buen término las resoluciones que acabábamos de tomar. Mi entusiasmo iba de acuerdo con mi voluntad de hacer bien las cosas, y mi mayor deseo era merecer la aprobación de Luis. Puesto que me valía de su amor, no dudaba en conseguirlo.

Me impacientaba por empezar mi nueva vida y ponerme manos a la obra. Sin embargo, al llegar ante Las Tullerías del brazo del emperador, me recorrió un escalofrío al pasar ante la hilera de los Cien Guardias con sus corazas y sus cascos. Entraba en el palacio que a partir de ese momento sería mi morada, repitiéndome lo que Luis me había dicho más de una vez: que ya no volvería a estar sola nunca más, y no podría salir sin escolta.

Me dirigí a mis apartamentos, situados en el primer piso. Me esperaba allí mi seguicio bajo la batuta de la princesa de Essling, que era como la camarera mayor. Alrededor de la duquesa de Bassano, primera dama de honor, estaban las seis damas del palacio que se turnarían en el servicio una semana sí y otra no. También tenía una lectora y me preguntaba qué haría con ella, puesto que la lectura era uno de mis placeres favoritos. Un secretario y un bibliotecario completaban el equipo, además de un mayordomo, un primer chambelán, un escudero, ujieres, un cochero, sin contar los lacayos, sirvientes y camareras. Todo este mundillo iba a codearse conmigo, acompañarme y servirme cada día. Sobre todo iban a espiarme y comentar hasta el menor gesto que hiciese o repetir la más anodina de mis palabras. Luis me había prevenido, debía ser prudente.

El caballo salvaje que dormitaba en mí no tardaría en resoplar, piafar de impaciencia, dar coces, encabritarse e incluso desbocarse en un exceso de furia.

Por el momento el atractivo de la novedad me embriagaba y tomé posesión de las diez habitaciones magníficamente amuebladas. La antecámara y una retahíla de salones, el verde para mis damas, el rosa donde las visitas esperaban ser recibidas y el azul donde las recibía; mi alcoba invadida de dorados con una cama fastuosa y un balcón con vistas a los jardines; un cuarto de baño inmenso con una bañera de metal inglés rodeada de palmeras, lavabos colgados y un tocador recubierto de puntillas sobre el cual extendí el estuche bermejo de la reina Hortensia; en un retiro adyacente estaba el montacargas donde transportaban, sin arrugarlos, los vestidos, mantos y abrigos guardados en una cámara del desván a tal efecto destinada. Mi rincón favorito era mi gabinete de trabajo, donde pasaba el mayor tiempo posible escribiendo, leyendo o meditando en medio de un batiborrillo de objetos familiares que me unían a mi pasado y me daban la sensación de estar realmente en mi hogar. También era el lugar donde acogía a los íntimos, desdeñando la etiqueta, a mis amigas de la infancia, a las que permanecía fiel, a pesar de que sus opiniones nos eran contrarias. Ése fue el caso de Cécile Delessert, que se había casado con un ultralegitimista, dispuesto a reunirse con el conde de Chambord en su exilio. Tras el biombo de cristal que protegía nuestras risas, la política se convertía en humo, espantada por nuestros recuerdos de infancia.

Atraído por nuestras risas, a veces aparecía Luis. Una escalera secreta unía mis apartamentos a los suyos, situados en la planta baja, que daban al jardín. ¿Acaso estaba celoso de mi alegría en compañía de otras personas que no fuesen él? Decía que se preocupaba por mi persona o que echaba de menos mi presencia. Derrochaba palabras tiernas y atenciones, pero su mirada se helaba si se percataba de un error o si me pillaba cometiendo una equivocación, como el día aquel en que me encontró en compañía de Rachel, que me enseñaba las diferentes formas de saludar, sentarse y caminar según las circunstancias. Sus regañinas ensombrecían nuestras horas de intimidad y me sabían muy mal. Tenía bondad suficiente para perdonarme, paciencia suficiente para explicarme el alcance de un error y sus consecuencias nefastas para mi reputación. La despreocupación impetuosa de Madrid y la loca independencia de Carabanchel no me ayudaban en ese aprendizaje incómodo de las obligaciones que me imponían contener mi verdadero natural y ahogar mis impulsos bajo una máscara de indiferencia.

–Sed impenetrable con las personas que os rodean –me decía–, y evitaréis los comentarios desagradables.

Decidí mostrar un rostro alegre. Se celebró nuestro regreso. Bailes y fiestas. Cada noche exhibía un vestido magnífico y me adornaba con diamantes. Segura de mi elegancia y mi belleza, resplandecía del brazo del emperador, que me prodigaba mil atenciones, esperando el final de lo que llamábamos nuestras «representaciones» para perderme en sus brazos y calentar mi corazón al fuego de sus caricias. Aunque la noche nos pertenecía, ambos teníamos jornadas cargadas por las obligaciones de nuestros respectivos compromisos. Sin embargo, había un momento sagrado, el del almuerzo que tomábamos en la intimidad en el salón Luis XIV. Hablábamos de nosotros, de lo que habíamos hecho desde que nos habíamos despertado, del programa de la tarde, de las noticias del día y de lo que nos preocupaba. Eran momentos que estimulaban mi valentía, aún más cuando Luis subrayaba mis progresos con orgullo y no disimulaba su ambición de convertirme en una gran emperatriz.

Ahora bien, un domingo creí que todo se desmoronaba cuando el ministro de Justicia Abbatucci irrumpió para anunciarnos:

–El emperador de Austria acaba de salir ileso de un atentado.

Mientras se giraba hacia mí, añadió:

–Como podéis ver, intentan matar a los emperadores. Tanto el uno como el otro deben ser prudentes… Vos también tenéis vuestra parte de responsabilidad. Cuidad que Su Majestad no salga a horas fijas y que varíe la dirección habitual de vuestros paseos.*

Quedé anonadada y regresé a mi gabinete de trabajo para meditar en silencio y soledad. Ráfagas de lluvia y viento movían los árboles y azotaban los cristales de las ventanas. No me gustaban nada los momentos de tormenta que me despojaban de cualquier esperanza. Mi pobre barca ya no navegaría apaciblemente por el océano, y me preguntaba con inquietud en qué rincón iba a escollarse el día del temporal. Tras las gruesas paredes del palacio, me sentía presa en la trampa y eliminaba las angustias de mi corazón escribiendo a Paca.** La echaba de menos, y añoraba mi España y las corridas de toros que pronto iban a empezar. Acurrucada en el sillón tras el biombo de cristal que disimulaba las plantas verdes que allí habían puesto, lloré todo cuanto quise soñando con los grandes espacios quemados por el sol que conservaban mi libertad.

Pero una emperatriz no puede dejarse llevar por sus estados de ánimo. Así que me sequé las lágrimas y pisoteé mis angustias. Desde mi más tierna infancia, al lado de mi padre, había aprendido a sacar fuerzas de flaqueza, y mi madre nos había enseñado con su ejemplo que la mejor manera de vencer las dificultades era desdeñarlas. Me enfrenté a mis obligaciones, y cada día me doblegaba al rigor de la etiqueta; pero cada mañana, después de escoger minuciosamente mis vestidos en función de los acontecimientos del día y despachar el correo, me saltaba las reglas de seguridad para hacer visitas de caridad en hospicios, hospitales y centros de maternidad.

* El hijo de Jacques Abbatucci narra esta escena en su *Diario. (N. de la A.)*
** Carta a Paca del 22 de febrero de 1853. *(N. de la A.)*

Salía de incógnito en una berlina «color muralla», vestida con un abrigo de señora vieja, tocada con un sombrero recubierto con un largo velo. Bajo la gasa espesa, no se me veía el rostro y disimulaba mis ojos tras unas gafas negras. Caminaba a paso lento con la ayuda de un bastón y nadie sospechaba cuál era mi verdadera identidad. El anonimato del disfraz me hizo descubrir la sal, la picardía de otra libertad, pero sobre todo me permitió conocer las carencias, las incompetencias, los grados de insalubridad y los pozos sin fondo de la miseria en pleno centro de París. Vaciar mi tesoro particular no era suficiente. Informaba a Luis de que se tomaran medidas en su gobierno. La tarea era inmensa. Nadie conseguiría terminarla, pero yo era útil y renovaba mis rondas matinales a la espera de que se estableciese pronto un programa de envergadura en favor de los desheredados.

A finales de marzo, tras las cacerías de Fontainebleau, mi madre tuvo que dejar París. Luis se lo había solicitado el mismo día de nuestra boda. Desconfiaba de sus relaciones en el barrio de Passy y en el Faubourg Saint-Germain, donde se criticaba abiertamente al imperio. Desde mi infancia, la había oído meterse en mil intrigas, un juego que la entusiasmaba. Pero lo más molesto era que gastaba sin ton ni son, sin preocuparme de callar a sus proveedores. Era otra vieja costumbre. Luis había pagado sus deudas exigiendo que se marchase inmediatamente. Solicité un plazo de conveniencia que se me concedió con la condición de conservar a mi lado a la camarera Pepa que siempre había estado a mi servicio. Había llegado el momento de cumplir lo acordado, y mi madre cerró sus baúles. Don Próspero prometió acompañarla hasta Poitiers. Al despedirme de ella, me encontraba sola, desgajada del último vínculo familiar. El clan Bonaparte no me había aceptado y el vacío aumentaba a mi alrededor. El único medio que se me ocurría para llenarlo era formar mi propia familia.

A principios de abril, me cogieron mareos y el médico me explicó con timidez que estaba embarazada. Loca de alegría, corrí para anunciárselo a Luis.

CAPÍTULO IX

Un pequeño Bonaparte habitaba en mis entrañas. Eso me estremecía de gozo y mi mente discurría por sueños alocados, imaginando ya el porvenir que podríamos ofrecer a ese niño. príncipe o princesa, no me importaba demasiado, pues llevaría la sangre de Luis.

Dos semanas más tarde, al salir de la bañera, me cogieron unos fuertes dolores. Fue una verdadera tortura durante diecisiete horas, los médicos fueron incapaces de encontrar alivio. Volvió la tranquilidad y guardé cama. Al cabo de unos días, recuperé la esperanza, pero la pesadilla se repitió y tuve la tristeza de ver que había sufrido en vano.

¿Qué había ocurrido? ¿Acaso había cometido una imprudencia? ¿El baño era demasiado caliente?

–El niño ya estaba «despegado» –afirmó el partero.

Me martirizaba pensando en el desarrollo de mis últimas jornadas para entender lo ocurrido. Me había caído, pero no sentí nada tras la caída. También recordaba ese miedo atroz que me conmocionó cuando el caballo de mi escudero se desbocó y el pobre hombre estuvo a punto de matarse. Ninguna de esas razones me parecía convincente y concluí, como los moros, que eso «¡estaba escrito!».

Luis supo encontrar las palabras precisas para consolarme. No estaba todo perdido. Me amaba y me suplicaba que me cuidase.

–Piensa en tu salud, Ugénie. Se puede reparar el error.

Tuve que permanecer acostada durante más de un mes, y los pensamientos me asaltaban de forma descontrolada. Aceptaba resignarme diciéndome a mí misma que después de todo, sólo había perdido dos meses de embarazo y daba gracias a Dios porque el accidente no se hubiese producido con el embarazo más avanzado. En ese caso el desgarro hubiese sido más doloroso y quizá no habría tenido fuerzas para superarlo. Casi me alegraba de mi desgracia, pero rápidamente me sumí en una profunda melancolía. Lo veía todo negro y me venían a la mente nombres de tragedia: el delfín Luis XVII, Carlos I, María Estuardo, María Antonieta… Me preguntaba aterrorizada cuál hubiese sido el triste destino de mi hijo, y se me quitaron las ganas de repetir el experimento. Entonces venían a mi memoria los hijos de Paca, y por tener unos hijos tan guapos, estaba dispuesta a que me cortasen un brazo. Recordaba las dificultades de mi hermana y recuperaba el ánimo. La sangre de los Guzmanes corría por mis venas, una sangre que no mentía.

Cuatro semanas más tarde los médicos me dieron permiso para levantarme. La inmovilidad me había vuelto irascible y sacaron la conclusión de que eso era prueba de que había recobrado mis fuerzas. Una vez más, me había enfrentado al sufrimiento y había triunfado. Había perdido peso y todos los huesos me dolían, anquilosados por la inactividad, eso era todo. El mío era un humor de perros y el tiempo no arreglaba las cosas. Aquel mes de mayo me olvidé de que el cielo es azul. No paraba de llover y el fuego ardía permanentemente en las chimeneas. Pero Paca anunciaba que vendría para finales de junio y yo me imaginaba el sol de España guardado en sus baúles. Este pensamiento galvanizó mi energía y retomé mis actividades con un ardor centuplicado. La vida de Corte era exigente y Luis me necesitaba.

El verano fue «muy resplandeciente». Los bailes y las fiestas se multiplicaron sin cesar. Los príncipes de Europa se consumían de curiosidad por conocer los fastos de nuestros palacios y los honrábamos con veladas espléndidas. Cuando por fin llegó mi hermana, acompañada por su marido, me pasé de la raya. Para el duque y la duquesa de Alba, nada era suficientemente bello. Eran mi familia y se merecían lo más extraordinario. Me traían el aire de mi país, y mi pasado resucitaba: Carabanchel, Aranjuez, Romanillos. Ya no me sentía tan exiliada. Tras sus palabras me parecía oír los ruidos familiares de las calles de Madrid, e incluso podía sentir el olor del *romero* que me embriagaba en las llanuras salvajes de Andalucía.

Alrededor de Paca reuní a nuestros amigos de antaño, y no me olvidé de don Próspero. España estaba entre nuestras cuatro paredes, sobre nuestra mesa y en nuestras conversaciones. Luis, goloso de novedades, descubrió los *garbanzos*, el *puchero*, y le divertía nuestra pasión por los toros. Nuestros relatos le fascinaban, con los que él evocaba los combates de gladiadores de la época romana. Durante una comida declaró, sin venir a cuento, que deseaba ver una corrida en París. Me quedé boquiabierta, estupefacta. Una empresa así me colmaba, era cierto, pero también veía los peligros. Si el asunto se tomaba a mal, los sarcasmos y las calumnias pronto mancillarían mi reputación. Mérimée, que estaba presente, era del mismo parecer que yo, y recordó los prejuicios franceses y la hipocresía de ciertos sectores que echarían fuego por los ojos.

—Al pueblo le gustan las escenas emotivas —replicó Luis—. No sería mala idea poner el valor de moda.

—Perdonadme, majestad —prosiguió Mérimée—, cuando se hacen leyes que prescriben la humanidad hacia los animales, no se puede dar el espectáculo de caballos *destripados* y *chulos* poniendo *banderillas de fuego*. El resultado sería un fiasco.

Luis fijó su mirada en la mía que se negaba a animarlo. En silencio, se mesó la barbilla, y dijo moviendo la cabeza:

—¡Por supuesto! Lo entiendo.

—Para la exaltación del valor —añadió Mérimée en un tono conciliador—, tenemos de este lado de los Pirineos las carreras de obstáculos y las carreras de caballos.

—Tenéis razón —exclamó Luis con una carcajada—. Mucho polvo y nada de sangre.

Contagió su hilaridad al resto de los comensales y la conversación se orientó hacia comentarios más anodinos. La víspera se había celebrado la festividad de San Luis. Todo París se había concentrado en los Campos Elíseos y nos habían aclamado en nuestra calesa descubierta. Las ovaciones nos acompañaron mientras pasábamos revista en el Champ-de-Mars, y don Próspero, animado por su reciente designación para el cargo de senador, se permitió refunfuñar sobre la poca seguridad que nos rodeaba.

—Las sociedades secretas no celebran días de fiesta y vuestros doce escoltas son una protección de pacotilla. Acordaos de la Ópera. Os buscan, debéis ser prudentes.

En efecto, a principios de julio, en la reapertura de la Opéra-Comique, se había producido un gran tumulto durante la representación. La policía detuvo a quince hombres armados con puñales que se habían mezclado con los asistentes y esperaban el final del espectáculo para asesinar al emperador. Yo dominé el miedo que sentía, y desde entonces no he temido encontrarme en público. El riesgo forma parte de mi destino y, además, estoy convencida de que al estar cerca de Luis lo protejo. Otras experiencias más me darían la razón.

El otoño llamó a mi hermana para que volviera a Madrid, y me incliné una vez más para echarme en sus brazos. Estaba de nuevo embarazada y le tocaba la barriga con envidia. A pesar de las fiestas habíamos mantenido muchas conversaciones en privado, y le había confiado mis tormentos, mis inquietudes y mis angustias ante las responsabilidades de mi rango, las dificultades para soportar las obligaciones, y sobre todo el temor de no tener hijos, y esa nostalgia permanente por los lugares queridos que no volvería a ver.

–He ganado una corona, pero eso ¿qué puede significar sino que soy la primera esclava de mi reino? Sería una vida insoportable si no tuviese un hombre a mi lado que me ama con locura, pero es igual de esclavo que yo, y su única ambición, su único móvil, es el bien de su país, y ¡Dios sabe cómo será recompensado!

–Ya no puedes dar marcha atrás, *hermanita*. Cree en tu estrella, y sobre todo cree en Dios, que no te ha colocado aquí por casualidad. Conserva el amor de tu marido, es lo más importante. El resto del mundo no vale nada. En cuanto al niño, llegará en su momento. Reza a la Virgen de Atocha y a la de Guadalupe.

Al igual que antaño, en el convento de la rue de Varennes o en el internado de Bristol, su voz dulce me tranquilizaba el corazón y me reconfortaba el alma. Doblegarse para crecer mejor, decía entonces mi hermana. Un acero toledano nunca se rompe, y Dios nos forja en el fuego de la obediencia antes de sumergirnos en el agua helada. El frío de la soledad descendía a nuestro interior, y nos quedamos abrazadas para reconfortarnos antes de seguir los caminos que nos separaban. A ella todo la reclamaba en España, a mí todo me retenía aquí.

No tuve tiempo de estar triste. Luis me llevó al norte de Francia, un viaje delicado en una región que nos era hostil donde estaban estacionados algunos regimientos que quería inspeccionar. Una bomba colocada bajo un puente cerca de Lille fue desactivada a tiempo. Tenía que haber explotado cuando pasase nuestro vagón. El telégrafo propagó la noticia y por todas partes nuestra presencia fue un triunfo apoteósico. Las ciudades rebeldes nos acogieron con vivas entusiastas. Una vez más, habíamos escapado al desastre. ¿Era mi presencia, o el dedo de la Providencia? Estaba convencida, y decidida a no escatimar esfuerzos y seguir a Luis siempre que me lo pidiese.

Entrábamos en un período intenso de actividades políticas. Enredos de monjes sobre los Santos Lugares de Jerusalén amenazaban con prender el fuego de la discordia. Griegos ortodoxos y sacerdotes latinos se peleaban desde hacía siglos por problemas de precedencia y de liturgia, de cúpulas, altares y monumentos. Entonces los griegos se dirigieron a los otomanos, señores de

Palestina, para hacer oír sus razones. El gobierno turco dio la callada por respuesta. Si la cosa iba a peores, esas peleas de «Cruces» harían el juego al islam, que saldría ganando. Pero repentinamente los rusos decidieron apoyar a sus hermanos en la ortodoxia. El zar envió al príncipe Menthchikoff a Constantinopla, y la negociación se paró. La Sublime Puerta se encabritó ante el ultimátum, Rusia había concentrado sus tropas alrededor de Sebastopol y el Bósforo. Europa aguantaba el chaparrón, citando con temor la respuesta de Nicolás I: «Daremos la réplica con cañones».

En esa época de paz que vivíamos, las palabras del zar resonaban como una amenaza y sembraban el terror. Nadie quería la guerra y, sin embargo, todos se preparaban para ella. París la tenía presente sin creer demasiado en ella, pero Londres vigilaba celosamente los Dardanelos y nos enviaba sus plenipotenciarios para organizar una acción conjunta. Francia e Inglaterra, decían, no pueden permitirse dejar que Rusia se apodere de Constantinopla, con el riesgo de convertirse en una segunda potencia.

Durante el verano, en nuestras horas de intimidad, Luis me explicaba con detalle la gravedad de la «cuestión de Oriente», que podía abrasar Europa. Al hacerme leer los informes y los despachos que recibía, me desvelaba el animado ámbito de los asuntos exteriores, mucho más seductores según mi opinión que las intrigas de política interior que me aburrían. Descubría la fascinación de los juegos de alianzas y de báscula, las relaciones de fuerza, las compensaciones… Me encendía, me subyugaba, y le escuchaba sin cansarme, admirando más que nunca su estilo sutil y penetrante de presentar las cosas.

–Tienes intuición y un buen juicio –me decía, con expresión satisfecha–. Con un poco de método, serás mi mejor agente.

–Una compañera amante y servicial –repliqué besándole.

Día tras día, mi amor crecía por este señor muy particular que me cautivaba, y me esforzaba en ser una discípula atenta sin perder mi vivacidad. Me enseñó los secretos de la diplomacia, lo que debía decir para sondear la opinión de ciertas personas, hacerles hablar sin entregarse, observar la discreción más absoluta, evitar las imprudencias y retener los impulsos. Luis me guiaba, corregía la menor torpeza y me enseñaba a escuchar y a dominar mis réplicas. Al asociarme así a sus obligaciones y preocupaciones, me daba otra prueba más de su apego, una prueba de estima y confianza que me empeñé en merecer. Los vínculos que nos unían ganaron con ello más fuerza, alimentados por una complicidad que las múltiples tormentas no pudieron destruir.

A partir de ese momento, mi vida de emperatriz cobraba otro talante, otra envergadura. Los barrotes de la jaula se expandían y toda Europa se precipitaba dentro con los ojos brillantes de codicia. «Da un sentido a tu vida», me había dicho mi padre a orillas del Manzanares. Luis me había abierto el camino correcto. Me tocaba desempeñar un papel a mi medida, y me entregaba a él sin poner reparos. En el raudal de banalidades que me asediaban brillaba, revoloteaba, giraba, haciendo uso de mi elegancia y mi belleza para seducir y encantar a todos esos nobles extranjeros que fingían despreocupación y bondad mientras soñaban con debilitarnos. Poco me importaba ser apodada por algunos de nuestros celosos cortesanos «Falbalas I», la «Pelirroja alocada» o la «Reina de Saba». Aplicaba las lecciones de Luis y cada mañana le informaba cuando venía a verme después de asearse. Me escuchaba fumando cigarrillos y se paseaba en mi habitación reconstruyendo el mundo.

Tras las cacerías de Compiègne, tuve otro aborto, pero no tuve tiempo de sumirme en la melancolía. Un despacho enviado por telégrafo nos petrificó: las fuerzas del zar habían aniquilado la flota turca en la ensenada de Sinop. Ese desastre trastornó a Europa, que se iba a la deriva hacia la guerra de Crimea.

—Rusia se ha quitado la máscara —exclamó Drouyn de Lhuys.

—Sacaremos a los rusos del mar Negro —declaró el emperador levantando su vaso.

Y lord Palmerston, sentado a mi derecha, le contestó:

—Hago un nuevo brindis… nuevo desde la época de las Cruzadas. Brindo por las Armadas reunidas de Francia e Inglaterra.

¿Felipe Augusto y Ricardo Corazón de León contra Saladino?* Una flota inglesa ya había salido de Malta; un escuadrón francés, salido de Tolón, navegaba por el Mediterráneo, y el final de año nos vio preparando más tropas en las dos orillas de la Mancha. El gabinete de Saint-James nos arrastraba hacia una aventura que me dejaba escéptica.

—¿Qué podemos ganar? —le pregunté a Luis.

—Francia tiene que ser fiel a su compromiso secular respecto a Turquía. Por otra parte, nuestro entendimiento

* De la misma autora, *Saladino, el unificador del Islam* (Edhasa, 1994). *(N. de la A.)*

176

con Inglaterra nos permitirá poner trabas a la dominación de Rusia en Constantinopla y, por consiguiente, en el Mediterráneo. ¡El peligro para Europa sería inmenso! Pero lo más importante en este asunto es que me ofrece el medio de anular el efecto de los tratados de 1815. Hay que romper la alianza de Austria y Rusia, siempre dispuestas a amenazarnos con una nueva coalición, para reconquistar la libertad de nuestras alianzas y nuestra acción en el exterior. Cuento contigo, Ugénie mía, para sondear al embajador Hübner y convencerle para atraer a su joven emperador a nuestro campo.

Los Santos Lugares parecían olvidados en el desierto, pero no por ello dejaba de tener en la mente que un pequeño grano de arena había provocado el conflicto: el antagonismo de la cruz griega y la cruz latina. Lo más sorprendente de esta historia era ver a cristianos indisponer a musulmanes contra otros cristianos. Lord Palmerston nos alistaba en una curiosa Cruzada.

Y de repente, los acontecimientos se precipitaron. A partir del mes de febrero de 1854, nuestras tropas salieron de París para embarcarse hacia el este. Al lado de Luis, yo saludaba a nuestros soldados y mi corazón se oprimía ante todos esos hombres robustos que partían al combate cantando victoria. ¿Cuántos de ellos no volverían a ver a sus familias y a su patria? Maldije la guerra y me acongojaba por cada uno de aquellos soldados como si fuesen mis propios hijos. Estaba trastornada, aún más porque entonces tenía pocas esperanzas, y sufría en mis entrañas pensando en las madres y las esposas que lloraban ese día.

A finales de marzo, se declaró la guerra. Francia e Inglaterra luchaban cogidas de la mano contra Rusia. Sus ejércitos se precipitaban hacia el mar Negro, mientras en

París ministros, generales y mariscales de los dos países se entrevistaban. A las recepciones, los bailes y las cenas que preveía la etiqueta, se añadieron veladas inglesas en honor de los duques y lores que invadían nuestros palacios. Los nombres más célebres resonaban en nuestras propias habitaciones: los duques de Cambridge, Wellington, Hamilton, lord Cardigan, lord Raglan, lord Palmerston... Gente seria, con los que me volvía seria de tanto hablar de cosas serias. Estaba hasta las narices de esa cuestión de Oriente que nos roía la mente y robaba nuestras horas de intimidad. Luis me colmaba de consejos y me saturaba de textos para leer.

Ni un minuto que perder, ni un minuto para descansar. Andaba de cabeza y corría a todas partes. Después del repaso de las cuentas llevadas por Pepa, y la sesión del correo con mi servicial secretario, llegaban las modistas para la elección de nuevos vestidos o el arreglo de algunos viejos. Era ahorradora y me negaba a malgastar el dinero. Mi tesoro tenía otras utilidades. A continuación venían el ama de llaves y el primer chambelán con el programa de mis obligaciones de la tarde. Había mantenido mis rondas matutinas en hospitales, maternidades, hospicios y orfelinatos, y buscaba una casa para Paca, que deseaba venir más a menudo a París. A la hora del almuerzo, regresaba, sin aliento, al salón Luis XIV, y el almuerzo íntimo se transformaba en revisar los periódicos y en comentar los despachos. Después de las audiencias, pesadas y aburridas, el paseo por el bosque cercano con los rayos del sol poniente me ofrecía más dulzura, un momento de respiro para sentirme mujer, y el placer efímero de una bocanada de libertad. Cada anochecer, al lado de Luis, mostraba frescura y alegría, encontrando las palabras amables para cada uno de nuestros invitados, que a veces eran más de un centenar los que se agolpaban ante la púrpura resplandeciente de nuestros salones.

Cuando regresaba a mi alcoba a altas horas de la noche, me arrancaba los diamantes y arneses de la representación política, y los tiraba en el delantal de Pepa antes de desmoronarme en mi cama. Muerta de cansancio, suplicaba a Dios que me concediese un hijo. ¿Pero cómo iba a retenerlo con este ritmo de vida? Mis esperanzas se esfumaban como el aire y me sumía en la tristeza. Empezaron a circular rumores sobre mi esterilidad. Las oficinas del clan Bonaparte se encargaban de difuminarlas. Las más crueles salían de la boca de Plon-Plon, que ya anunciaba el divorcio. Al igual que Josefina, sería repudiada, y Luis se casaría con una princesa que fuera fértil.

Todo eso no hacía mejorar mi salud, que empezó a deteriorarse más. En la desesperación más profunda, me lamentaba de mi impotencia. Había logrado el amor de un hombre y era incapaz de darle el fruto de ese amor. Este pensamiento me carcomía en lo más hondo de mi ser. Mis entrañas se consumían en un fuego horroroso por temor a la maldición cuyos signos habían reconocido las campesinas en el momento de mi nacimiento: el terremoto y los cabellos rojizos del infierno.

Luis me llevó a Biarritz, a orillas del mar donde me había bañado tantas veces durante mi juventud. Nada más llegar, subí a la terraza de la casa que habíamos alquilado y se me saltaron las lágrimas de alegría al ver por fin un trozo de mi país. La brisa del mar pronto disipó el cansancio del viaje. Día tras día, recuperaba la energía, mi cuerpo se fortalecía y mi rostro recuperaba la transparencia luminosa de mi adolescencia. Lejos de París y sus obligaciones, lejos de la Corte y de sus sarcasmos, lejos de Oriente y sus complicadas cuestiones, mi única preocupación era mi marido y me conformaba con la simple felicidad de amarlo, respirando el olor de mi España, vibrante y emocionada desde el otro lado de los Pirineos.

Durante un paseo por los montes que bordean la playa, emití el deseo de tener una casa en este lugar, donde vendríamos cada verano para pasar las vacaciones sin etiqueta, en compañía de un séquito reducido y de amigos escogidos. Luis aceptó. Compramos el terreno y él mismo dibujó diferentes proyectos a los que yo añadía mis sugerencias.* Construir «mi» casa me encantaba. Un sueño prodigioso que hechizaba mis noches y mecía mi corazón con una alegría exultante. Ese sueño me permitió aceptar el regreso con más serenidad. Cerraba los ojos, las olas rompían al pie de las paredes inmaculadas de mi bonita villa, oía su cadencia sibilante tan suave como una caricia, e imaginaba los reflejos del mar bajo los rayos de la luna. *Un carámbano de luna.*

París era un continuo retumbar de botas. Se olía la pólvora y se oía el cañón. En el campo de Saint-Omer, el emperador presidió las grandes maniobras en compañía del rey de los belgas y del príncipe Alberto, venido expresamente de Inglaterra para sellar la alianza de nuestros dos países contra el zar de Rusia que amenazaba la paz de Europa. Miles de hombres dejaron Francia y el príncipe Napoleón acompañó a los brillantes generales del ejército de Argelia. Muy pronto el telégrafo anunció las victorias de Alma, Balaclava e Inkerman. En el *Times* de Londres leí con espanto el número de muer-

* Memorias del general Fleury, escudero del emperador. *(N. de la A.)*

tos. En *Le Moniteur* sólo se hablaba del clima suave de Crimea, comparable al de Italia. Mientras tanto, nuestras tropas se enfrentaban a la nieve, al tifus y al cólera. Me identificaba con nuestros valerosos soldados. Se me partía el corazón al leer las noticias. Sufría con sus fatigas y me alegraba con sus glorias.* Mi deber me obligaba a presentarme con todo lujo y opulencia como si el infierno de la guerra no me afectase.

Luis estaba furioso. Los combates habían llegado a un punto muerto. Los generales no cumplían sus órdenes y los ingleses hacían lo que les venía en gana. Hizo un empréstito, mandó refuerzos de tropas y buscó nuevas alianzas. Un despacho que anunciaba la de Austria lo echó en mis brazos ante la Corte, que quedó anonadada. Le siguió el Piamonte, y otros principados se movieron en nuestro favor. Entusiasmada, propuse arrastrar a España. Luis aprobó mi idea, al igual que los ingleses. Se lo referí al duque de Alba, que tenía acceso al palacio de la reina Isabel, y me decepcioné en gran medida al enterarme de que los ministros lo rechazaban porque temían una intervención extranjera en sus asuntos. En una carta muy amarga, les contesté:

Temed más bien el profundo olvido en el que os dejamos. Ya no tendréis ni voz ni voto.**

Estaba hecha un basilisco en mi rincón, mi amor propio se rebelaba al ver a mi país bajar al rango de tercera potencia. Allí la gente estaba demasiado anclada en los

---

* Carta de la emperatriz al general Canobert en Crimea. *(N. de la A.)*
** Carta al duque de Alba del 12 de diciembre de 1854. *(N. de la A.)*

prejuicios de que con un Napoleón reinando en Francia, se reproduciría una guerra de la independencia. Y, sin embargo, era un hombre como él a quien necesitaban para acabar de una vez con sus *pronunciamientos,* y era esa desconfianza lo que les hacía volver a tiempos pasados.

Otras decepciones se acumularon desde el mes de enero de 1855. La primera fue el regreso del príncipe Napoleón. Su partida a principios de otoño nos había emocionado, y Luis lo había condecorado por su valentía en la batalla de Alma. Poco después se retiró por motivos de salud y estuvo descansando en Constantinopla antes de regresar a París pasando por alto las órdenes de su primo. La Corte enseguida lo apodó *Craint-Plomb,** y me divertía reclamarle sus pantalones para intercambiarlos con mis enaguas. Durante ese tiempo, los aliados se consumían ante Sebastopol y el gabinete inglés, abucheado por la prensa, dimitió.

–Debo partir –declaró Luis–. Dirigiré yo mismo el asalto a la ciudad de Sebastopol. Un mando unificado bajo mi autoridad y baterías flotantes nos asegurarán el éxito. Mi plan de ataque está listo.**

Iba y venía por la habitación farfullando palabras entrecortadas:

–Siempre he pensado dirigir un gran ejército. Poseo todas las cualidades militares, me destacaré. Desde Ham, lo sé.

¿Qué podía replicarle? Ponía el rostro de los días malos, duro, inflexible, cerrado a cualquier sugerencia,

* Él que teme el plomo. *(N. de la T.)*
** Este plan está expuesto en *Democratic Despot,* de T.A.B. Corley. También es interesante leer un estudio de Pierre de Geoffroy en la revista *Neptunia,* sobre las baterías previstas durante esa guerra contra los rusos. *(N. de la A.)*

opuesto a cualquier discusión. La sangre de los Bonaparte hervía en sus venas, impaciente por volver a levantar el honor de su dinastía. Su ardor de caballero al estilo de don Quijote me llegaba directo al corazón, pero veía los peligros de una decisión así. Luis exponía su vida en primera línea y, mientras, ¿quién gobernaría el país, quién juzgaría a los responsables de sembrar disturbios? Y mientras tanto, ¡yo sin tener hijos!

No me desagradó oír que los ministros se oponían a esta decisión. ¿Conseguirían doblegar la voluntad del emperador? Lo deseaba con toda mi alma y me extrañó mucho cuando Merimée vino a exponerme sus quejas. En París se afirmaba que el emperador sólo me escuchaba a mí y que su decisión de jugar a las «Cruzadas» venía de mí. Ya señalaban con el dedo a la «española devota», y más adelante, recriminarían a la «española papista».

—Esta historia me preocupa más que a vos —le dije en un tono de voz sosegado—, y temo más que vos un arrebato que nos provocaría más desgracias que gloria. Haré todo lo que pueda para disuadirlo, pero si se va, me iré con él. Mi sitio está a su lado para protegerlo.

El pobre don Próspero se ahogaba de la sorpresa y el temor.

—¿Vos en Constantinopla? Quiera Dios que eso no ocurra nunca. Las callejuelas están llenas de truhanes, y si no os clavan un cuchillo, os raptarán como una presa de calidad para el harén de un cruel potentado.

—Venga ya —repliqué riendo—. ¿Creéis que voy a acabar en Topkapi como la prima de Josefina?* Mi destino es otro.

* Aimée Dubuc de Riverie, cuya aventura es verdadera. (N. de la A.)

183

El zar murió en el mes de marzo. Durante un tiempo se tuvo la esperanza de que esa desaparición pondría fin al conflicto. No fue así. Pero Luis mantuvo su disposición a solucionar el asunto de Crimea con algunos cañonazos. Los ministros organizaban la regencia alrededor del viejo rey Jerónimo, que pedía todos los poderes del emperador, incluso el de revocar cualquier ley. Políticos y financieros temblaban sólo con pensarlo, y se negaban a que se cometiera un error tan grande, mientras en las calles se alababa el valor del soberano que había heredado los secretos de victoria del gran Napoleón.

Sin embargo, Inglaterra no opinaba lo mismo. Un Napoleón al mando de las fuerzas británicas era una perspectiva «insoportable y ridícula» que debían impedir a toda costa. La visita oficial que esperábamos desde hacía meses se nos propuso a fecha fija. ¿Acaso iba Luis a ceder ante los argumentos de la reina Victoria? No era esa su intención. El viaje prometía ser muy entretenido. Pero sobre todo se nos concedía una particular importancia a los ojos de las Cortes europeas, que se preguntaban con curiosidad con qué fastos honrarían al «sobrino del Ogro».

–Todo irá bien –me dijo–. No hay nada como la sencillez, la educación y la modestia para desarmar a los poderosos. No debemos intentar igualarlos, así les ganaremos.

–Tus discursos sabrán convencerlos. Yo me limitaré a escuchar. El encanto y la dulzura de una sonrisa acabarán por seducirles.

–Nadie permanecerá insensible a tu belleza.

El sol brillaba sobre Calais cuando nuestra flotilla salió del puerto. El mar estaba en calma y pude pasear sobre el puente del *Pélican* en compañía de Luis, al que la travesía rejuvenecía. En el viento cargado de brumas, evocaba los años de espera antes de Boulogne, y el refugio después del fuerte de Ham. Apoyado en el empalletado, pasó un brazo alrededor de mis hombros y yo me estreché contra él mientras me hablaba de la felicidad que le daba. Nuestros sombreros se tocaban y nuestras miradas se perdían en las brumas del horizonte donde se escondía un envite difícil. Nuestro porvenir dependía de ello. Los augurios parecían favorables y no dudaba de nuestro éxito a pesar de la niebla espesa que nos envolvía no muy lejos de las costas británicas, perturbaba las maniobras y ponía en peligro los buques que nos escoltaban.

El príncipe Alberto nos recibió en el muelle de Dover al son de nuestro himno nacional, *Partiendo hacia Siria,* y un despliegue de tropas nos honró con las salvas de rigor y con los discursos de bienvenida por parte de las autoridades de la ciudad. Nos llevaron en coche a Windsor, donde la reina Victoria, muy derecha bajo el porche gótico de la escalinata, nos esperaba rodeada de sus encantadores hijos. Noté que la prestancia de Luis y su buen inglés no la dejaban indiferente. En el momento de saludarla, me sentí intimidada al pensar en la condesa de Teba que le presentaron cuatro años antes vestida de infanta. ¿Se acordaba de ello? Al igual que aquella noche, me incliné en una profunda reverencia, pero era la emperatriz de los franceses y me hizo levantar y me tendió la mano. Entonces vi en su mirada un destello de benevolencia que me dio confianza. Pero no pude imaginar que la reina de Inglaterra, emperatriz de las Indias, se convertiría en mi mejor amiga, y más tarde en una hermana.

Desde la primera noche, fui sensible a las atenciones delicadas de la soberana que pude reconocer en la disposición de mis apartamentos. Habían cambiado el mobiliario y las paredes se engalanaban con las mejores telas de los palacios de la Corona. Estaba maravillada ante tanta magnificencia. Aunque adulaban mi amor propio, también adiviné que esas muestras de simpatía también iban dirigidas al emperador, al que deseaban agradar a través de mi persona.*

Mis preocupaciones se disipaban, pero cuando quise cambiarme para la cena, un incidente estuvo a punto de comprometer el buen ambiente. Mis baúles no habían llegado. El barco que los transportaba se había perdido en la espesa niebla. Estaban en camino, al igual que mi peluquero, que los acompañaba. La puntualidad de la etiqueta no me permitía esperarlos. Ahora bien, no tenía nada que ponerme y no podía dejar de comparecer.

–Invocaremos una indisposición debida al viaje –sugirió Luis, a quien este contratiempo preocupaba no poco.

–Es imposible –respondí–. No debemos estropear esta buena acogida.

Una de mis damas tenía allí sus pertenencias y me propuso un vestido de un color azul precioso que resaltaba mi cabellera rojiza. En un santiamén y con algunas agujas, Pepa me lo ajustó. No tenía ni diadema, ni aderezo, así que pedimos flores. A falta de violetas, se nos entregó un canastillo lleno de miosotas; de este modo dispusieron ramos un poco por todo, en el escote, en guirnaldas sobre la falda, en espirales para retener los

* Detalles del viaje y la visita procedentes las *Memorias* del general Fleury, y del *Diario* de la reina Victoria. (*N. de la A.*)

tirabuzones de mi peinado. A la hora fijada, estaba preparada y cuando hice mi entrada cogida del brazo de Luis, muy digno y majestuoso, un murmullo de admiración recompensó todos mis esfuerzos. La frescura de mi traje primaveral atrajo las miradas de todos los presentes, eclipsando los aderezos de brocado y los collares de diamantes de las «ladies», boquiabiertas. Victoria, engalanada con el Koh-i-Noor en medio de la frente, no pudo disimular su sorpresa y me gratificó con una sonrisa encantadora, alabando mi elegancia y mi ingenio. Con mi naturalidad y mi sencillez, la había conquistado. El éxito de nuestra visita estaba asegurado desde ese momento.

Nos honraron con recepciones fastuosas como ese desfile en el parque de Windsor, admirable por el orden y la disciplina, dirigido por lord Cardigan, el héroe de Balaclava. A éste le siguió una cena de cien cubiertos con la vajilla de oro ancestral, al son de una cornamusa que el *piper* con traje nacional paseaba por entre las mesas. Después fuimos a Londres, donde Luis fue condecorado con la orden de la Jarretera. Y las fiestas se sucedieron sin cesar: conciertos, bailes en el palacio de Buckingham, banquetes en la Guindhall y espectáculo de gala en el teatro real de Covent Garden, iluminado como a pleno sol, a los que asistía la más alta sociedad con trajes de Corte, uniformes y joyas. La vista era magnífica. En las calles y plazas, empavesadas con banderas tricolores, la multitud se aglomeraba para aclamarnos. Incluso se tuvo que intervenir para que no soltaran a nuestros caballos.

¡Sí, nuestra visita fue un triunfo! Y cuando llegó el momento de partir, en la escalinata de Buckingham la reina no pudo contener las lágrimas y me besó. Vicky y Eduardo, sus dos hijos mayores, se echaron en mis brazos suplicándome que volviera pronto. Lo mismo hicieron con Luis, con quien habían cogido mucha confianza. Alberto nos acompañó hasta Dover con más emoción que a la llegada, y nuestra flotilla levantó anclas rumbo a las costas de Francia.

—Dejamos atrás a una familia —me dijo Luis con una expresión llena de nostalgia.

Me abracé a él murmurando:

—Una pareja unida y unos hijos preciosos. ¡Cómo les envidio!

En el fondo de mi corazón, conservaba el recuerdo de las conversaciones que habíamos mantenido de mujer a mujer. Mientras los hombres hablaban de política alrededor de grandes mesas cubiertas con mapas, Victoria me había hecho los honores en Windsor y, en presencia de su último hijo, un niño mofletudo y rubito, no pude retener un sollozo. Olvidando su corona, me consoló con palabras afectuosas mientras me llevaba hacia su saloncito. Lejos de los oídos indiscretos, supo encontrar las palabras para reconfortarme en cuanto a mis temores de esterilidad y me comunicó sus secretos para quedar embarazada. Mi desamparo la había conmovido y esa entrevista, seguida por muchas más, hizo más que una vida entera para unirnos con una larga amistad.

—Mis recetas son infalibles —me había dicho.

Gracias a ella, por fin iba a tener un bebé.

CAPÍTULO X

«Nada de baños calientes, provocan abortos; no montéis a caballo y poneos una almohada debajo de los riñones. Haced un poco de ejercicio, sin cansaros, al aire libre, y sed feliz, llegará.»

Eso le había dicho la reina de Inglaterra, que había llevado a buen término sus ocho embarazos y dado a luz a hijos vigorosos. Sir Charles Lococq, su ginecólogo, me había asegurado, después de examinarme, que la naturaleza cumpliría mi deseo. Regresaba a Las Tullerías con el corazón rebosando esperanza y pleno de seguridad.

Mucho había escuchado y mucho había aprendido. Bastaron pocos días pasados en la intimidad con una soberana de treinta y seis años que representaba una de las potencias de Europa, y que no por ello dejaba de ser mujer y madre de familia. Fueron unas enseñanzas preciosas de las que extraje diversas lecciones para organizar mi vida de emperatriz. Victoria me había explicado las ventajas de la etiqueta, cuán necesaria es para hacerse respetar en su dignidad. «*People needs pageantry!*» En cuanto a querer ser libre, ¿estar sola con una amiga íntima? ¡Qué imprudencia! La presencia de testigos es indispensable para evitar las calumnias.

Pues sí, me había sermoneado. Me había regañado con dureza por mis escapadas a la pastelería de la rue de

Castiglione bajo un abrigo de burguesa o por ir a un baile de barrio, vestida de campesina. El caballo salvaje debía someterse al arnés. Ya no tenía derecho a las extravagancias. Rigor y disciplina, repetía poniéndose seria. Pero cuando le confié que Luis me iniciaba en sus asuntos y que yo le cogía gusto a ello, lo aprobó y me animó a perseverar.

–La «política de pareja» tiene cosas buenas –afirmó–. Yo no tomo ninguna decisión sin haber examinado los problemas con Alberto. Sus opiniones me son de gran ayuda.

Cualquier posición tenía sus inconvenientes; tanto los sacrificios como las obligaciones no estaban desprovistas de ventajas. Lo esencial era preservar en la vida privada. Tras un silencio, añadió:

–Estoy contenta de haber conocido al emperador. Es un hombre extraordinario al que es imposible no querer y admirar. Confío en él para el porvenir. Lo que necesita absolutamente Vuestra Majestad es un heredero. ¡Persistid, lo tendréis! Pero, cuidado, ¡nada de viajes a Crimea!

Nuestra estancia en Inglaterra no modificó para nada la decisión de Luis que, sin embargo, había prometido mantener los intereses británicos y respetar los acuerdos entre nuestros dos países. Tras tantos honores, *meetings* y demostraciones de amistad, permanecía inflexible y cualquier comentario por mi parte le hubiese irritado. En mi oratorio, rogaba a Dios cada mañana que le aclarase las ideas. Durante el almuerzo, me percataba de su expresión preocupada y del tabaleo nervioso de sus dedos sobre el mantel.

–Las pretensiones del rey Jerónimo son alucinantes –murmuró en un tono distendido–. Quiere ser un regente que «gobierna» sin tener en cuenta mis instrucciones.

En cuanto al príncipe Napoleón, se niega rotundamente a volver a marcharse y deshonra un poco más nuestro nombre.

Me vino a la mente una broma de mi país, pero me abstuve de decirla porque temía ofenderle. En un tono más amargo, Luis añadió:

–Cuando me dicen que no tengo nada del gran emperador, se equivocan, tengo a su familia. ¡Y menuda familia! Arrogante, orgullosa, codiciosa, ávida de privilegios, al acecho de cualquier resquicio para apuñalarme. Sin mí, ¿adónde iría? Ya no habría imperio.

Estas últimas palabras me turbaron. Luis nunca hablaba de esa manera. ¿Por fin se había percatado de la locura de su proyecto? No hizo más comentarios y no le hice preguntas. Sentía de forma confusa que en su mente algo le atormentaba y que sería torpe acosarle. Me extasiaba ante la belleza de París bajo el sol primaveral, y la sonrisa reapareció en mi rostro. Me hizo un cumplido sobre la frescura de mi tez y me ofreció el brazo para sentarnos en un sofá al lado de la ventana. Entonces pronúnció unas palabras tiernas y decidió que me seguiría el paseo por el Bois de Boulogne.

–Cabalgaré al lado de tu portezuela como el pretendiente enamorado que mereces.

El bosque acababa de ser arreglado y todo París se reunía allí a los rayos llameantes de poniente. El mundo y el mundo galante. Los parisienses se regocijaban del espectáculo que les ofrecían los tiros provocadores de algunas elegantes de lujo llamativo. Debo confesar que a mí eso también me divertía.

Aquella tarde, un poco antes de las seis, me instalé en el landó en compañía de mis damas, cuando un chambelán me comunicó que el emperador llegaría con un poco de retraso y se reuniría conmigo al final de la gran avenida, en la linde del bosque. Me marché sin preocuparme, rodeada por mi escolta habitual, saludando al pasar a las personas que paseaban y nos rendían homenaje. En el lugar de la cita, hice detener el coche. La espera se alargó y me impacientaba, cuando de repente vi a un grupo de caballeros lanzados a galope tendido en nuestra dirección. Luis lo encabezaba. Cerca de él estaba su ayudante de campo, el coronel Ney. ¿Quiénes eran los demás, y por qué hacían esa carrera desenfrenada?

–¿Ha ocurrido algo? –exclamé.

–Nada grave –respondió la dama de honor–. El emperador parece divertirse.

En efecto, no cesaba de reírse cuando detuvo su montura cerca del coche. Se instaló a mi lado mientras se secaba la frente y dijo con una voz apagada:

–Un país singular en el que disparan sobre la gente como si fueran gorriones.

Se me paró el corazón y creí desfallecer al oírle la explicación que me dio: en la rotonda de los Campos Elíseos un hombre se le había acercado como si fuese a hablarle, y de repente, apuntando su pistola, disparó. Ney se interpuso y las balas fallaron su objetivo. En la pelea que se produjo luego, la policía inmovilizó al culpable, un italiano llamado Pianori.

–Les he dicho que no lo maten. Pronto sabremos quién le paga.

Miraba a Luis, anonadada, como si regresase del país de las sombras. A pie, a caballo, las personas que se paseaban por allí se agolparon a nuestro alrededor. Aplaudían al emperador salvado de milagro. Con los nervios a flor de piel, conservaba mi sangre fría y daba las gracias a todas las personas que manifestaban su adhesión. El landó cogió el camino de vuelta, seguido por una larga cohorte de hidalgos a caballo que habían corrido espontáneamente en nuestra dirección y nos escoltaron hasta el palacio, mientras los peatones nos aclamaban.

Nos habíamos librado de una buena, pero yo seguía temblando, y mi primera preocupación, al llegar a Las Tullerías, fue reconfortar a mi madre por telégrafo. Los salones y la Sala de los Mariscales bullían de gente. La Corte, los cuerpos del Estado y el cuerpo diplomático se precipitaban para felicitar al emperador por la inmensa suerte que había tenido. Luis no había perdido ni una pizca de su flema y tranquilizaba a cada uno diciendo:

—No temáis. La Providencia velará por mí hasta que haya cumplido mi misión.

Mientras tanto, trastornada, me había desmoronado en una tumbona. Mis nervios estaban a punto de estallar y se me escapaban los sollozos. Dentro de la algarabía que se armaba allí, yo no oía nada, mi cabeza daba vueltas y me esforzaba en sonreír ofreciendo mi mano a los que me saludaban. Mérimée fue uno de ellos y no pude contestarle. La emoción me impedía hablar y la mirada se me anegaba pensando en la fatalidad. Un poco más tarde, después de la cena, Luis vino a verme a mis habitaciones. Me eché en sus brazos y lo estreché con efusión.

—Imagina si te hubiese perdido, me habría muerto de pena.

—Estoy aquí, Ugénie. Ahora debes olvidar. El peligro ya ha pasado, y no se puede vivir en continua inquietud.

–Dios te ha protegido y te seguirá protegiendo. Esa esperanza me da valor. Cuando estoy a tu lado, tengo menos miedo.

Al día siguiente, durante el almuerzo, me anunció que ya no habría viaje a Crimea. Se cocían asuntos graves en París y podían arrastrarnos a otro país. Tras el asesino se perfilaba una sociedad secreta italiana que se rebelaba contra la presencia francesa en los Estados Pontificios.

–Se impone la prudencia de ahora en adelante –concluyó–. Conozco a esa gente y su mística de la venganza.

Acababan de empezar el juicio. El emperador interrumpió las felicitaciones que no cesaban de afluir y se mostró bastante agitado cuando Pianori, condenado a muerte, presentó una petición de indulto.

–Hay que concedérselo –exclamé enseguida.

–Tienes razón. Para esos fanáticos, la sangre llama a la sangre. La ejecución traerá malas consecuencias. Pero no convenceré a nadie. Ese hombre es un asesino. Ha matado en Roma y en Bolonia.

–Entonces, soy yo la que pido clemencia, puesto que estás vivo.

Luis se retiró moviendo la cabeza con tristeza. Dos semanas después, Pianori fue ejecutado, y París se olvidó del incidente. Se había hecho justicia. Un asunto más excitante ocupaba las mentes de todos. La Exposición Universal había abierto sus puertas en el Palacio de la Industria. Los participantes provenientes de todos los países exhibían sus mejores productos. Eran más de veinte mil, y Europa afluía a la capital para presentar allí las últimas novedades. Mi vida, a partir de ese momento, se convirtió en una verdadera carrera contrarreloj. A las ceremonias de apertura se sumaron las visitas oficiales, como la de los reyes de Portugal, a la que siguió poco tiempo después la del lord alcalde de Londres. Cada día asistía a recepciones, bailes, banquetes o galas... Cada día, un vestido nuevo de ceremonia, diademas y mantos sobre los hombros. «Seducir y dar confianza», me había dicho Luis. La solidez del imperio estaba en juego, así como la economía de Francia, que daba fe de su genio y sus talentos. Y si yo escogía los aderezos más suntuosos no era por vanidad, como afirmaban muchos, sino sencillamente porque tenía empeño en mostrar el esplendor de nuestras telas, la ingeniosidad creadora de nuestras modistas, de las sombrereras y de los zapateros, y el gusto perfecto de nuestros joyeros. ¡Eran tantas las personas que vivían de ese negocio! El imperio debía ser próspero. Pero antes que nada lo que necesitaba era un heredero.

Luis y yo no dejábamos de pensar en ello, y debo confesar que el drama de los Campos Elíseos nos fue beneficioso al echarnos uno en brazos del otro con una ternura tan viva como lo había sido el miedo al pensar en vernos separados para siempre. Algunas hadas buenas añadieron sus truquitos de magia: la suavidad de una noche de mayo, el embrujo de un vals a la luz rutilante de las arañas, la complicidad de una mirada, un poco de champán, la seducción de un vestido, el aroma embriagador de un perfume,* y tantas y tantas cosas más que hicieron que a finales de junio, agotada de cansancio a causa del ritmo trepidante de nuestra vida social, tuviese que llamar al médico.

* Agua de colonia imperial, especialmente creada por Guerlain para Eugenia. (*N. de la A.*)

–Estáis embarazada –me dijo–, pero veo complicaciones. Por suerte, aún estamos a tiempo para llevar a cabo un tratamiento.

Con voz grave, mandó que llamasen a mi ginecólogo y al emperador, añadiendo que lo que debía decir también le incumbía a él. No veía en qué, pero más adelante lo entendí. Luis se alegró de la buena noticia, y de repente palideció cuando oyó que lesiones importantes amenazaban el buen término del embarazo.

–Hay que «cauterizar»* sin tardanza –confirmó el doctor Dubois–. Si esperáis más, el niño no nacerá, ni ahora, ni nunca.

Postrado en su sillón, Luis permanecía en silencio. Me miraba fijamente con una expresión de nerviosismo y contesté sin dudar un momento:

–Quiero a ese niño, sean cuales sean los sufrimientos que haya que pasar. Empiece cuando quiera.

De común acuerdo, se decidió que iría a Eaux-Bonnes para realizar una cura de reposo y aire fresco. El doctor Jobert podría «cauterizarlo» allí con discreción, donde no pudiera salir el rumor ni llegar la prensa. Me marché en compañía de Pepa. Fue la única que oyó mis gemidos y mis gritos desgarradores. Fue la única que me vio llorar como un niño, desesperada por esa fatalidad que se ensañaba conmigo. La emperatriz que hacía soñar no era más que un guiñapo, una mujer que se deshacía en lágrimas, que se retorcía en un rincón sombrío de su habitación, lejos del mundo, lejos de sus palacios

---

* Todos estos detalles proceden de una carta a Paca de julio de 1855. Parece ser que la emperatriz sufría de vegetaciones venéreas o «crestas de gallo» que en esa época se trataban quemándolas con puntas de fuego o de ácido, lo que provocaba horribles sufrimientos. *(N. de la A.)*

dorados, de sus bailes mágicos y de todos los fastos que la rodeaban. Sufría en un abismo de soledad, creyendo sentir lo peor, pero Dios me reservaba otros dolores que me arrancarían el corazón. Sólo estaba al principio de un largo camino que despoja, purifica, talla y pule el alma para convertirla en un diamante, listo para la eternidad.

Poco a poco, encontré en mi interior la fuerza para doblegarme ante todas las exigencias de la Facultad. Un pequeño ser vivía en mí y me daba el valor para superarlo todo. Por él quería curarme. Su vida dependía de la mía y no tenía derecho a abandonarle. Sin embargo, estaba cansada de estar enferma. ¿Qué había ocurrido desde mi boda? ¿Por qué mi salud se había deteriorado súbitamente? En el paisaje familiar de la estación termal, veía de nuevo mi juventud, esos años robustos, despreocupados; una fuerza inagotable, la resistencia de un roble. También recordaba mis primeras penas, que eran las que me habían destrozado. Si bien es verdad que me iba recuperando, parecía que mi cuerpo sufría el contragolpe de esos *malos ratos.**

–No –decía Pepa–, es que lleváis una vida imposible. Siempre trabajando, nunca descansáis.

–¿Acaso no es la vejez, que se acerca?

–Sois como una niña. No llegáis a los treinta.

Gracias al aire sano del campo y algunos paseos por la montaña, me sentí mejor. El tratamiento me curaba y las ganas de vivir volvían a mí. Unos días en Biarritz acabaron de curarme. Las muros de mi casa se alzaban desafiantes y la contemplaba con una inmensa felicidad, ima-

---

* Sin duda, la vida disoluta de Luis Napoleón antes de la boda e incluso después. Es probable que contagiase a su esposa, porque tuvo en varias ocasiones afecciones venéreas, al igual que muchos otros hombres de esa época. (N. de la A.)

ginando las persianas que realzarían las habitaciones. También soñaba con la guardería donde mi hijo jugaría, y andaría por la playa donde le vería corretear. Respiraba hasta lo más hondo las brisas del océano y mi mirada vagaba a lo lejos en los obenques de un velero que se balanceaba en el horizonte.

Bajo la lluvia que no paraba de caer, mi corazón derivaba hacia la melancolía. Las cartas de Luis estaban llenas de una tristeza que me afectaba mucho. Por segundo año consecutivo, el mal tiempo repercutía sobre las cosechas. Los campesinos se lamentaban, y en las ciudades la gente estaba preocupada por la paz. Tras la derrota de Malakoff, los ejércitos quedaron diezmados alrededor de Sebastopol. Austria volvía a la neutralidad y la guerra corría el riesgo de alargarse indefinidamente. Sin embargo, había algunas buenas noticias: el éxito de la Exposición, la visita confirmada de la reina Victoria y las palabras tiernas de un esposo que reconocía estar preocupado por mí. Mi ausencia le atormentaba. Me echaba de menos.

A mediados de agosto, regresé a Saint-Cloud, y se anunció oficialmente mi embarazo. El tratamiento había sido un éxito. Ahora bien, debía tomar precauciones y no pude participar en todos las festejos organizados con motivo de la estancia de la reina y el príncipe Alberto. Con una mirada atenta, velaba hasta el último detalle el acondicionamiento de los apartamentos, preocupada por ofrecerles toda la pompa y el resplandor con el que ellos nos habían honrado.

El 18 de agosto, llegaban a la estación de Estrasburgo.* Luis los recibió en Boulogne a los acordes de los

---

* Actualmente es la estación del Este. (*N. de la A.*)

himnos de las dos naciones. En coche descubierto, escoltados por coraceros, cruzaron la capital por los bulevares que acababa de terminar M. Haussmann. Los edificios estaban empavesados y el gentío se agolpaba a lo largo del recorrido para aclamarlos. La Madeleine, los Campos Elíseos, el Bois de Boulogne y, por fin, Saint-Cloud, donde los acogí acompañada por la princesa Mathilde, mientras les saludaba una salva de artillería y sonaban tambores y cornetas. Formando un gran cortejo, subimos la escalinata festoneada por nuestros Cien Guardias tan inmutables como los Horse-Guards de Buckingham. En el primer salón, pude estrechar sobre mi corazón a la querida Victoria, que me susurró con voz emocionada:

–Sobre todo, no hagáis nada que pueda debilitaros. Ya os dije que mis remedios son infalibles. Veréis el resultado.

Al lado de ella estaban sus dos hijos mayores, Vicky y Edouard, que se echaron en mis brazos. La llegada de esa familia a la que tanto amaba me pareció un buen augurio, y durante los diez días que duró la visita, nos envolvió una atmósfera de felicidad. Venían a verme a mi saloncito, de donde salía por la noche para asistir a las grandes cenas en la galería Apolo. Victoria permanecía a menudo al lado de mi tumbona y nuestras conversaciones privadas de Londres se retomaban en el punto en que las habíamos dejado. Sus consejos se precisaron, y su afecto se manifestó de forma más calurosa.

Se celebraron varias recepciones en su honor. El Elíseo, el Hôtel de Ville, la Opéra rivalizaban en magnificencia. Después realizaron la visita a la Exposición, presenciaron una parada militar en el Champ-de-Mars, y dieron un paseo en simón para ver los escaparates de incógnito. Luis les mostró Las Tullerías, el Palacio de Justicia y la Conciergerie. La reina era infatigable y no se cansaba de descubrir cosas. Insistió en querer ver la tumba de Napoleón y rogó al joven príncipe de Gales que se arrodillase ante el gran Bonaparte. En ese preciso instante, estallaron unos violentos truenos que hicieron temblar las bóvedas de la capilla. Todos los allí presentes, y Luis el primero, se quedaron estupefactos. Y yo misma me estremecí al oírlo cuando me lo contaron.*

En su última noche, les ofrecí un gran baile en Versalles, en la galería de los Espejos, decorada igual que en la época de Luis XV, seguido por una cena servida en el teatro. Les recibí en lo alto de la gran escalinata con un vestido de seda blanco sembrado de guirnaldas y diamantes que también revoloteaban en los tirabuzones de mis cabellos.

–¡Qué guapa estás! –murmuró Luis, que los acompañaba.

Esas palabras me alegraron el corazón, y fue aquélla una velada mágica. Victoria y Alberto se quedaron anonadados, maravillados ante tanto refinamiento, y se marcharon de París encantados. Con lágrimas en los ojos, la reina vino a abrazarme por última vez a mi habitación.

–Me habéis regalado un sueño precioso, brillante y exitoso, cuyo recuerdo está fijo para siempre en mi memoria. Ojalá Dios bendiga a nuestros dos países y proteja la vida del emperador, y ojalá que esta feliz unión continúe siempre para el bien del mundo. Vuestra Majestad puede contar con mi amistad.

* Victoria explica este hecho en su *Diario*, así como otros detalles de su visita a Francia. (*N. de la A.*)

Señalando mi cintura, añadió:

–¡Y nada de imprudencias! Esta vez, está aquí.

Luis acompañó a la pareja y a su séquito hasta Boulogne y les despidió con un magnífico desfile de nuestras tropas, los sables alzados con el mar de fondo. Algunos días después me fui otra vez a Biarritz, cerca del océano que tanto me vivificaba. Esperaba a mi hijo con serenidad y seguía al detalle los preceptos de la reina fecunda. Una noche, sonó el toque de alarma y me tiré de la cama. De repente sentí una extraña impresión. Algo se movía en mi vientre. Estaba realmente allí, y eso me trastornó. Pero el rebato me asustaba. Veía en él un mal presagio. ¿Acaso el niño que llevaba iba a morir de forma violenta? Con el revés de la mano corté el aire, rompiendo *la mala suerte* y me puse de rodillas para rezar al Todopoderoso.

Al regresar a París, me rodeé de imágenes sagradas. Sin la ayuda de la Virgen y de algunos santos, no hubiese resistido al torrente de actos protocolarios que se me impusieron hasta el último mes. Después de la reina Victoria, los príncipes de Europa venían a su vez a divertirse entre nosotros. Los príncipes de Suecia, los duques de Brabante, el rey Víctor Manuel de Cerdeña, el duque de Sajonia-Coburgo Gotha. Como buena anfitriona, organicé sus paseos y les ofrecí cenas seguidas de conciertos, teatros o bailes. Mientras tanto, mi vientre se iba redondeando. Lo escondía bajo miriñaques que ensanchaba, y me envolvía de velos para disimular cualquier cambio en mi silueta. La Exposición cerró sus puertas a mitad de noviembre, y me pidieron que yo entregara las medallas a los que habían sido premiados. Luis hizo un discurso en el cual rindió homenaje a los numerosos participantes y habló de esa paz que tanto se anunciaba. La fortaleza de Sebastopol por fin había caído, y los rusos se habían retirado. Turquía y el Mediterráneo estaban a salvo. Francia había conseguido su objetivo y pedía el final de la guerra. La paz era realmente necesaria.

París se llenó de plenipotenciarios para fijar los términos de un tratado con el emperador. El año 1856 empezó con una buena noticia. El nuevo zar aceptaba las condiciones de los aliados. Nuestras tropas regresaron de Crimea y fueron aclamadas en un desfile espléndido. Desde el balcón del palacio de Las Tullerías, las saludaba con el corazón rebosante de alegría. Entonces, nuestra capital se convirtió en el centro de las negociaciones. Londres, Viena y San Petersburgo enviaron sus delegaciones. También llegaron enviados de Prusia e Italia. Y me agotaba, a un mes del final, de recibirles al lado de Luis, que me necesitaba para entretener a una Corte brillante. Tras las cenas interminables, a veces permanecía tres o cuatro horas de pie, para tener una palabra que decir a todos. Me sentía cada vez más pesada, pero no tenía derecho a estar enferma, y me las arreglaba con mis nubes de tul para que nadie notara mi embarazo. La corona que llevaba tenía sus obligaciones. Y mi deber era asumirlas.

El viernes 14 de marzo, a altas horas de la noche, noté las primeras contracciones. Llamaron al ginecólogo, y a Luis, que estaba muy emocionado. Enseguida se armó un zafarrancho en todo el Palacio. Desde hacía días la habitación estaba lista con una cuna espléndida regalo de la ciudad de París, era de madera de palo de rosa coronada por un aguilucho con las alas desplegadas. Un ejército de encajeras y costureras había conseguido hacer una magnífica canastilla que los parisienses admiraron en los escaparates de la rue Vivienne. Se había constituido la Casa del niño. La almirante Bruat había recibido el título de «ama de llaves de los hijos de Francia». Otras dos amas de llaves, viudas de generales muertos en Crimea, debían asistirla. Una niñera experimentada vino de Londres, escogida por la reina Victoria, y yo misma escogí a una nodriza joven y fuerte proveniente de Borgoña. En mi preocupación por la perfección, esperaba que el niño naciera el 20 de marzo, como el pequeño rey de Roma. Pero mi bebé se negaba a esperar tanto.

El trabajo no empezó realmente hasta el sábado por la mañana. Se avisó sin tardar a la familia y se mandaron mensajeros a todas partes para convocar a los personajes oficiales, los ministros, los senadores y los diputados que deberían estar presentes para testificar. Un parto en público, como lo exigía la etiqueta de los reyes de Francia. Mi madre y mi hermana estaban a mi cabecera, la princesa Mathilde, la princesa de Essling, mi camarera y lady Ely, dama de honor de la reina Victoria. Más de cien velas iluminaban la estancia. Estampas, iconos y talismanes llenaban las superficies dc los muebles, y me habían traído de Saumur el famoso cinturón de la Virgen que tranquilizaba a las parturientas. Las vistas de estas imágenes me reconfortaban durante los momentos de calma.

Las contracciones se hicieron cada vez más frecuentes con espaciados más cortos, las crisis de dolor cada vez más largas y violentas. Para acelerar las cosas, andaba apretando los dientes. Era una verdadera tortura que me arrancaba gritos desesperados y me dejaba medio muerta atravesada en la cama. Durante más de veinte horas supe lo que era un martirio. Luis se alejaba y regresaba con los ojos rojos; sus médicos y los míos se azoraban, el parto se estaba complicando. Mi madre se enfureció con los que me dejaban morir, así que hizo llamar al doctor Darralde, que me había curado en Eaux-Bonnes. Le reconocí aunque lo veía envuelto por una especie de niebla y su mano sobre la mía me dio valor. Le necesité cuando lo oí exclamar:

—¿Qué esperáis para meterle los hierros? Dentro de media hora ya no estará aquí.

—Hacedlo —contestó la voz de Luis que sollozaba—. Ante todo, salvadla.

¿Qué ocurrió entonces? Alrededor de mi cama, los testigos se alinearon delante: el príncipe Murat, el príncipe Napoleón que se ajustaba los quevedos, Abbatucci, el ministro de Justicia. Y después, ya no sé qué ocurrió. Me sumía en una inconsciencia. Rasgada en mi carne, despedazada, sólo pensaba en el bebé y le daba lo que me quedaba de fuerzas para que saliese vivo. Un ruido extraño me sacó de mi torpeza, ruidos de voces se apagaban a lo lejos. Una extraña tranquilidad reinaba a mi alrededor. Abrí los ojos. Luis estaba allí, su rostro muy cerca del mío, trastornado.

—¿Es una niña? — pregunté inquieta.

—No.

—Entonces, ¿es un niño? —exclamé.

—No —dijo otra vez, asustado de ver cómo me movía.

—Dios mío, ¿qué es?

Me besó llorando de alegría y lo entendí.

—¿Cómo darte las gracias? —balbuceó.

Se levantó y corrió por todos los salones gritando:

—¡Un hijo! ¡Es un hijo!

Entonces la almirante Bruat vino a mostrármelo y pude contemplar con orgullo el guapo bebé, rubio y dorado, que había hecho nacer. Mi corazón latía con fuerza y lo abracé contra mi pecho llorando. En ese domingo de Ramos, 16 de marzo de 1856, a las tres y media de la madrugada, había dado un heredero al imperio. En el registro civil fue inscrito bajo los nombres de Eugène, Louis, Jean, Joseph, Napoleón. Sin embargo, para mí era sólo Loulou.

El cañón rasgó las nubes con cien disparos. Al vigesimosegundo, oí las aclamaciones de la multitud reunida en los jardines y en las calles alrededor de las rejas. En el mismo momento, salvas y campanadas anunciaron la noticia en toda Francia. Mientras tanto, a mi hijo se le administraba el agua de socorro en la capilla en presencia de la familia y los oficiales. Sólo uno estaba ausente, el príncipe Napoleón, que echaba chispas por haber dejado de ser el primero en el orden de sucesión al trono, y que a partir de ese momento sentía hacia mi persona un odio implacable.

Luis concedió indultos y distribuyó centenares de donativos a los pobres y para obras de beneficencia. Todos los niños nacidos ese día recibieron una donación de la Corona y se convirtieron en nuestros ahijados. Para nuestros fieles colaboradores, ministros y oficiales, también hubo una lluvia de recompensas. Ante los Cuerpos del Estado, el emperador pronunció un discurso y el país estuvo de festejos durante cuatro días. Podía descansar de mis sufrimientos. Había trabajado bien.

Pensaba que me repondría rápidamente. Dos semanas, había dicho el ginecólogo. Ahora bien, cuando quise levantarme, me derrumbé gritando de dolor. Entonces descubrieron que los fórceps me habían roto los huesos de la pelvis. Tuve que volver a guardar cama, me inmovilizaron con hierros y tuve que esperar más de un mes antes de estar totalmente restablecida. Había despachado a mis damas para vivir en la intimidad de mi familia. Mi madre y mi hermana me rodeaban con su afecto. Luis me colmaba con su cariño y veía a mi bebé durante largas horas cuando su ama de llaves hacía colocar la cuna cerca de mí. Lo vestía, lo acunaba, le canturreaba nanas de España, y me sabía mal no ser una madre normal y corriente para poder ocuparme de él cuando quisiese, lejos de las miradas indiscretas.

–¿Verdad que es guapo? –repetía sin cesar.

Los telegramas afluían de todas las Cortes de Europa, los periódicos publicaban elogios y poemas, y preparaba en mi interior la ceremonia del bautizo en la catedral de Notre-Dame. El Papa aceptó ser el padrino y me envió, a través de su legado, la Rosa de Oro especialmente bendecida durante la Semana Santa. También le pedí a Victoria que fuese la madrina; ella consintió pero, siendo anglicana como era, decidimos que la reina de Suecia la representara.

El 2 de mayo, celebré estar de nuevo en pie. Aún sufría y recibí a la Corte en mi salón azul, estirada en una tumbona, vestida de encaje y rosas adornando mi caballera. Luis me regaló un «juego de desayuno de plata» de setenta y seis piezas y un relicario bizantino de plata, con perlas, turquesas, esmeraldas y rubíes incrustados. Allí guardé el talismán de Carlomagno y lo dejé sobre mi cabecera dando gracias al cielo por todas esas alegrías que me llenaban el alma. En la cuna, Loulou sonreía y todos le admiraban.

El 14 de junio fue bautizado. Una inmensa multitud invadía las plazas, las calles, los balcones, los tejados, para aplaudir al cortejo y ver al «pequeño príncipe», porque así lo llamaba el país. Por todo el recorrido, la guardia nacional y la guardia imperial formaban una doble hilera, y el entusiasmo era tanto como el día de nuestra boda.

Pero ese día permanece grabado en mi memoria como el de más bello recuerdo, el más intenso de toda mi vida.

Durante el trayecto de Las Tullerías a Notre-Dame, estaba sola con el emperador en la carroza de oro y cristal de nuestra boda.* El príncipe imperial, su ama de llaves y su nodriza ocupaban el coche anterior, tirado por ocho caballos, al igual que el nuestro. Los mariscales nos escoltaban cabalgando al lado de las portezuelas. Eran las seis de la tarde, el sol empezaba a bajar. Enrojecía la rue de Rivoli, y desfilábamos en una luz deslumbradora. Por todas partes se oían los aplausos frenéticos. A mi lado, Luis permanecía en silencio, preocupándose sólo de saludar. Una alegría inefable me levantaba el alma. Interiormente me repetía: «Con este niño, con mi hijo, la dinastía napoleónica se arraigará definitivamente en la tierra de Francia, como se implantó, hace ocho siglos, la dinastía de los Capetos. ¡Es él quien pondrá el sello definitivo a la obra de su padre!».

Sin embargo, una voz secreta me susurraba que los mismos fastos oficiales, las mismas ovaciones populares, las mismas salvas de artillería, las mismas campanadas celebraron en su día los bautizos del delfín Luis XVII, del rey de Roma, del duque de Burdeos y del conde de París. ¿Y qué les había ocurrido a esos niños? La prisión, la muer-

* Relato de la emperatriz a Maurice Paléologue. (*N. de la A.*)

207

te, el exilio… Pero otra voz más potente me reconfortaba enseguida, me dilataba el corazón, me llenaba de confianza y orgullo.

Del brazo de Luis, en uniforme de general, entré en la catedral, donde seis mil invitados se extrañaron de verme rejuvenecida y radiante. Sobre un vestido azul con un velo de tul blanco llevaba todos los diamantes de la corona. Tras el *Veni Creator*, el legado del Papa efectuó las unciones rituales y administró el sacramento. Yo solamente veía a mi hijo en su abrigo forrado de armiño y no podía quitarle los ojos de encima. Había olvidado los sufrimientos y soñaba en el bonito porvenir que íbamos a labrarle. Al final de la ceremonia, cuando el emperador levantó a su hijo en brazos para mostrarlo a toda la asamblea, mi emoción fue tan intensa que me fallaron las piernas y tuve que sentarme precipitadamente. Tres veces gritó un ayudante de campo:

—¡Viva el príncipe imperial!

Un estruendo de aclamaciones le respondió. Una felicidad indecible me levantó de mi asiento, y mi alma salió volando hacia las nubes.

CAPÍTULO XI

—¡Un bautizo así bien merece una coronación! —exclamó Luis mientras regresábamos a Las Tullerías.

Salíamos del Hôtel de Ville, que nos había ofrecido un banquete espléndido, acompañado de fuegos artificiales cuyas figuras alegóricas cantaban el renombre de los Bonaparte. Por las calles, clamores y gritos de alegría nos saludaban y nos perseguían. Los vivas surgían de todas partes. Nos adulaban y nos magnificaban. Luis se consolaba por fin con la coronación, que había ido posponiendo desde nuestra boda y a la que, por otra parte, había tenido que renunciar. El Papa le exigía un tipo de concordato que los franceses, partidarios de las ideas de la Revolución de 1789, jamás aceptarían. Por aquel entonces, la independencia de Francia y la confianza de sus habitantes eran mucho más importantes para el emperador que satisfacer una gloria personal que habría puesto trabas al porvenir del imperio. El nacimiento del heredero lo consagraba de una manera más cierta.

Nuestro hijo había nacido en el momento más favorable. Se estaba inaugurando una era de paz y prosperidad, de la cual sería el símbolo. En efecto, la economía del país estaba en pleno desarrollo. La Exposición la había mostrado a los ojos del mundo entero, y el empleo se multiplicaba con las grandes obras públicas que embellecían la capital y otras ciudades. En ese decorado en expansión, el Congreso de París reafirmaba nuestro rango de gran potencia. Este Congreso reunió a los representantes de Europa bajo la presidencia del emperador, cabeza y árbitro de una conferencia que había puesto fin a la guerra de Crimea. Desde la época de la Santa Alianza, Francia no había conocido un grado de reconocimiento como éste. Inglaterra era nuestra amiga; Austria, Prusia y Rusia nos respetaban. La humillación de 1815 había sido lavada y la popularidad de Luis no paraba de aumentar. Su reino era realmente el de las ideas y el progreso. Con el nacimiento de nuestro hijo, la continuidad estaba asegurada y los financieros lo celebraban. El dinero corría a raudales, nadie temía gastar y la gente se divertía en bailes y banquetes. Los éxitos del emperador se expandían por toda la sociedad, y París se embriagaba con mil placeres.

Desde el bautizo, no parábamos de dar fiestas. A finales de junio, celebramos una para la gran duquesa Stéphanie de Bade, nuestra prima Beauharnais. Una reunión íntima, sin pretensión ni etiqueta, en un ambiente campestre para descansar de todas las recepciones oficiales. Cien huéspedes fueron convidados a Villeneuve-l'Étang, que Luis me había regalado tras nuestra luna de miel. Era mi Pequeño Trianon, y en el prado cercano tenía una granja igual que las de la región de Le Valais que me abastecía de productos frescos. Mi esposo la había diseñado en recuerdo de su infancia en el castillo de Arenenberg con la reina Hortensia.

El aire era suave en este anochecer. Mil perfumes impregnaban el aire, y los invitados se amontonaban en el césped, admirando los últimos velos malva que se extendían en un rincón del cielo antes del crepúsculo. Barcas empavesadas, iluminadas con farolillos multicolores, se mecían en la orilla del estanque tan límpido como un espejo. Con un vestido blanco, festoneado de rosa, iba de grupo en grupo, saludando a cada invitado con una palabra amable. Había recuperado mi silueta y notaba el movimiento ágil del miriñaque alrededor de mis caderas más estrechas. Todo iba conforme a mis deseos, todos parecían felices, y Luis se divertía fumando su *paquitos*.

Y de repente, un murmullo prolongado recorrió la concurrencia, que sólo tuvo ojos para la recién llegada, inmóvil al otro extremo del césped. Llevaba un vestido de muselina transparente, y su abundante cabellera oscura, que salía de un gran sombrero ribeteado de marabúes blancos, caía en cascada sobre sus hombros.

–Menudo vestido –murmuró una de mis damas–. ¡Cuánta virtud será necesaria para resistirse a sus encantos!

–Normalmente los hombres no suelen alardear de virtud en este tipo de reuniones –replicó su vecina.

La condesa de Castiglione, una vez más, hacía una entrada triunfal. Desde hacía algunos meses estaba de moda, y sus modelos eran la comidilla de la alta sociedad en los salones parisinos. Una italiana espléndida, prima del conde de Cavour, a la que había visto en casa de la princesa Mathilde y después en los salones del rey Jerónimo, los Waleski y el duque de Morny. Tenía un éxito rotundo, y yo la inscribí rápidamente en mis listas de invitados. No temía a las mujeres guapas en mis veladas. Todo lo contrario, las buscaba bellas, elegantes e incluso sorprendentes, para entretener a nuestros invitados extranjeros y dejarles el recuerdo de esa Corte brillante que atraía a Europa y de la cual conservábamos el secreto.

La invité al gran baile de Las Tullerías, donde causó tal sensación que la gente se subía a los bancos para no perder detalle del extraño peinado hecho con plumas colocadas en una masa empolvada y del profundo escote. Entonces me reí de su arrogancia y de las burlas de algunas celosas que pensaban que tenía unos tobillos gordos.

Apenas tenía veinte años, un cuerpo de diosa de la antigüedad, esculpido en mármol rosa, un rostro encantador, unos grandes ojos azules y cabellos de seda negro azabache que enardecían a los hombres. Para poner un toque de picardía a nuestra fiesta campestre, le rogué que se vistiese con ropa informal, pero con sombrero, ya que íbamos a dar un paseo por el lago y el parque. Esa noche, su audacia se olvidó del pudor y provocó a la misma decencia. Lo que llevaba puesto no dejaba intuir nada, lo mostraba todo, y no iba a tardar mucho en lamentar mi imprudencia.

Como buen huésped, Luis se precipitó a su encuentro. Quizá con demasiada galantería para mi gusto, le ofreció su brazo y la llevó al lago. La banda de los Guides se puso a tocar, acompañando al coro del Conservatorio, y el emperador la instaló en su barca antes de coger los remos para alejarse de la orilla. Los invitados miraban, mudos de asombro, y no sabían qué hacer. El malestar estaba en el ambiente, y para salvar las apariencias, anuncié el juego de las persecuciones. Todos fueron a asaltar las barcas y rápidamente surcaron las aguas iluminadas. Sin embargo, nadie se atrevió a llegar hasta la isla donde el emperador había desaparecido con su pasajera.

Mi corazón se alteró un tanto, pero mantenía la sonrisa en el rostro. Necesité mucho dominio para ocultar mi desesperación y conservar la calma. Aún no sabía nada y me negaba a admitir las cosas tal como eran. Ahora bien, el tiempo pasaba y Luis reapareció, uniéndose a los invitados como si no se hubiese separado de ellos. Con la mirada altiva, la condesa de Castiglione no lo dejaba ni a sol ni a sombra, y vino a hacer befa de su vestido arrugado delante de mí. La sangre abandonó mis venas y sentí que palidecía, pero sostuve su mirada y me incliné hacia el joven duque de Bade pidiéndole que me sacase a bailar. Alrededor de mí, todo daba vueltas, el mundo entero se desmoronaba a cada movimiento del vals, se me iba la cabeza y me derrumbé sobre el parque, al desmayarme.

Contrariamente a lo que han afirmado muy a menudo, no monté ninguna escena, ni emití queja alguna. Temía más el ridículo que la muerte, y me negaba a comportarme como las mujeres abandonadas del vodevil. La emperatriz de los franceses tenía su dignidad. Ahora bien, mi amor propio se rebelaba. Al casarme con Luis, había hecho punto y aparte sobre su vida pasada, y había creído en sus juramentos. Desde nuestra boda, vivíamos en una dulce armonía de ternura y complicidad. Confiada e ingenua, estaba convencida de ello. Y de repente descubría la espantosa traición. La de la señora de Castiglione no era la primera locura de mi marido. Pepa me confesó que había vuelto a ver a miss Howard y que recibía a otras «leonas» en un apartamento secreto.

–¿Por qué? ¿Por qué? –repetía sin lograr entenderlo.

¿Acaso había dejado de quererme, cuando yo seguía amándolo y se lo había demostrado hasta el martirio sufrido para darle un heredero? Un martirio que se prolongaba, moral esta vez, ya que los médicos me habían dicho: «¡No podéis tener más hijos! Perderíais la vida».

Sin embargo, esperaba que con el tiempo se borrarían las cicatrices dolorosas del tratamiento y del parto, y que un terreno de fecundidad renacería en todo su vigor. Una mujer enferma o convaleciente no puede imponerle la abstinencia a su marido. No sentía rabia, ni furia, ni mucho menos celos, sino una tristeza inmensa y me resignaba amargamente. Aturrullada, abrumada, sobre todo sufría de ver al hombre que más admiraba en el mundo, mi esposo, el padre de mi hijo, responder a los estremecimientos de su cuerpo como un hombre normal y corriente. Mi honor y mi orgullo se vieron profundamente heridos.

Luis vino a verme a la mañana siguiente y me juró que su amor permanecía intacto.

—La señora de Castiglione es una estúpida –dijo.

—Eso no te impidió detenerte –repliqué.

La explicación fue larga. Pidió perdón con tal sinceridad que lo perdoné al momento y establecí unas condiciones: nunca más quería volver a ser humillada bajo mi propio techo, y nada de favoritas.

En cuanto a las «pequeñas distracciones», me ocupé de vigilarlas a partir de ese momento. La salud de Luis dependía de ello. El doctor Ferguson nos había preocupado mucho con su diagnóstico: una astenia provocada por un agotamiento nervioso acompañado de lesiones de órganos. Preconizaba una cura en la estación termal de Plombières-les-Bains lo antes posible para evitar otros trastornos como la apatía, la irritabilidad o la parálisis de la voluntad que se manifestarían dentro de poco si no se hacía nada. Las consecuencias políticas serían incalculables y todo eso me llenaba de espanto.

214

–La guerra de Crimea te ha afectado mucho –le dije colocando su mano entre las mías–. Sé lo sensible que eres y cuántas preocupaciones te han atormentado. Debes cuidarte. Tras el tratamiento, iremos a Biarritz. La casa está lista y el aire sano acabará de curarte.

Me estrechó entre sus brazos, me inundó de caricias y de promesas. Sentía el calor de su cuello, el olor de su piel, y saboreaba ese momento de felicidad efímero, demasiado perfecto para durar, pero suficientemente fuerte para sumar su eslabón a la particular cadena que es la felicidad de una vida. Entonces ya no dudaba del largo camino que nos quedaba por recorrer para cumplir nuestro destino, ir hasta el fin de lo que habíamos empezado.

Luis se marchó a Plombières y yo permanecí en Saint-Cloud. Su estado de salud era mi mayor preocupación, y por encima de todo mi mayor temor era que la señora de Castiglione se reuniese con él. Ese pensamiento me obsesionaba y mi humor se resentía por ello. Tan gris como el tiempo. Sólo veía alrededor de mí desgracias y catástrofes. Las inundaciones de mayo habían arruinado los campos, añadiendo sus calamidades a los años de hambre, guerra y cólera. Mis visitas de caridad me sumían en una tristeza infinita. Los beneficios de la paz tardarían en llegar. ¡Ojalá que el emperador pudiese recuperarse! Mi bebé me consolaba con sus primeros balbuceos que teñían de rosa las cortinas de lluvia.

Y de repente, una tormenta cayó sobre Madrid. Se luchaba en las calles y se quemaban los palacios: la angustia me oprimió el corazón. ¿Acaso era mi destino temblar por las personas que amaba? Aquí sólo temía a los asesinos; allí tenía miedo de todo, porque todo estaba patas arriba. Supliqué a Paca que viniese a Francia con sus hijos, a la casa de los Campos Elíseos decorada con tanta dedicación. Entonces me llegó una carta de Luis que ahuyentaba las nubes, meciendo mi alma con su ternura:

> Siempre me pesa el corazón cuando me separo de ti. Eres para mí la vida y la esperanza. Ámame.*

A finales de agosto, éste era mi deseo, estábamos en Biarritz, en familia, reunidos en la casa construida a nuestro gusto hasta el último detalle. En la brisa del océano, nuestro amor conoció un nuevo ardor. Mi esposo, rejuvenecido por su cura, derrochaba ternura y su mirada enamorada me decía cada día el apego de su corazón. Loulou crecía y se hacía más fuerte. Estaba orgullosa de mi hijo y lo encontraba muy guapo con sus ojos magníficos, de un azul cielo encantador, sus largas pestañas negras y su sonrisa inteligente. Luis estaba loco por él y acudía al menor lloro. Yo ya exigía más firmeza.

—Es un niño. Deberá endurecerse.

Nadamos, paseamos por la playa, navegamos a lo largo de la costa. En faetones o a caballo, surcamos las colinas en busca de alguna ruina. Formábamos una sociedad compuesta de una corte reducida y algunos amigos; sin etiqueta nos reuníamos para celebrar cenas y bailes. Una atmósfera de vacaciones y de libertad, sin por ello estar desprovista de elegancia o ingenio. Jugábamos a las charadas, a otros juegos de moda en aquellos días. Ney se sentaba ante la pianola y ponía una contradanza. Luis

---

* Archivos Nacionales de Francia 400 AP 126. *(N. de la A.)*

me ofrecía su brazo para bailarla. A veces incluso le daba por cantar con su voz de falsete:

—«Dime, soldado, ¿te acuerdas?»

Me divertía, me reía, y en mi corazón embriagado de dicha la Castiglione no aparecía. Pero no dejaba de acosarme. No fue a Fontainebleau, donde había limitado a propósito el número de invitados a los más habituales. A finales de octubre, llegaba a Compiègne con la delegación piamontesa y el gran duque de Toscana. La acompañaba su marido. Las apariencias estaban salvadas, pero la vigilaba de cerca. Perdida en medio de los diplomáticos, ministros y mariscales de esa primera «serie» consagrada a la política, se comportó bien. Sin embargo, una tarde, la Comédie-Française dio una representación en el pequeño teatro. El espectáculo acababa de empezar cuando la señora de Castiglione salió ruidosamente alegando una indisposición. Luis se agitó. En el entreacto, desapareció del palco y no regresó en toda la velada. Me quedé sola, erguida y digna, ante nuestros quinientos invitados, que quedaron estupefactos. Tuve la fuerza de voluntad de sonreír y estar alegre, esperando que el fin de la jornada me librara de la intrusa.

Entre los invitados de la segunda «serie», reservada a las artes, la pareja Castiglione seguía allí presente. Entré en los apartamentos de Luis antes de la cena, y le declaré con tono desabrido:

—Otra humillación como la del teatro, y regreso a España, pero antes de irme, compareceré ante el Consejo privado para dar mis razones.

—Ya te he dicho mil veces que no te pongas nerviosa, Ugénie.

Con vestido de gala y cubierta de diamantes entré de su brazo en los salones y representé la farsa de la felicidad. Al día siguiente, obtuve sin pretenderlo mi venganza. Mientras Luis trabajaba con sus ministros, me llevé a todo el mundo de excursión a Pierrefonds. En las murallas en ruina del castillo, Virginia de Castiglione se cayó y pegando gritos nos mostraba sus piernas. Nadie quiso oírla, temiendo una intriga. A la hora de la cena, me enteré de que se había fracturado la muñeca. Furiosa y despechada, con el brazo en cabestrillo, regresó a París.* El accidente me sabía mal, pero esa noche mi alegría fue auténtica, de verdad.

Nunca volvió a estar bajo mi techo, ni en Las Tullerías, ni en Saint-Cloud. Sin embargo, me la encontré un día en el baile de disfraces de Asuntos Exteriores, vestida de «Reina de corazones». Cadenas de corazones de piedras preciosas se enrollaban por encima de su vestido de oro, cuya falda con una gran abertura se abría sobre un corazón de diamantes enganchado a la liga.

—El corazón se lleva bajo esta noche —le dije al cruzarme con ella.

Mi alma de don Quijote no había resistido el lanzarle una «pulla». Tenía mis razones de querer vengarme. Desde Compiègne, Luis la veía en secreto. Gracias a las informaciones de Pepa, sabía que su cupé se había dirigido a Auteuil, a los Campos Elíseos y a Passy. Por aquel entonces se le veía en la avenida Montaigne hasta altas horas de la noche, y yo temblaba por la salud de mi marido. Harta de luchar contra un destino adverso, cerraba los ojos y me dejaba ir a la deriva. El valor me faltó

* Memorias de Fleury. (N. de la A.)

de repente, gastado por esas preocupaciones que me destrozaban.

Entonces, para retener al emperador después de la cena, me dejé llevar por la moda del momento e invitaba al mago que revolucionaba todos los salones. Hacía girar las mesas y llamaba a los espíritus. Ocurrieron cosas alucinantes. Las alfombras se movían, los cojines volaban, una mano estiraba la de Luis, otra estrechaba la mía y el diálogo se establecía mediante presiones y el alfabeto. Estuve convencida de haber comunicado con mi padre, que había venido a decirme que era feliz y se iba al cielo. El signo de la cruz repetido tres veces sobre mi mano fueron su adiós.* Esa experiencia nos dejó pensativos tanto a Luis como a mí.

–La muerte no es triste –le dije–, cuando pensamos que nuestros desaparecidos están a veces a nuestro lado, hasta el momento en que entran en el Reino.

Días después, la muerte acechó de nuevo al emperador en el 28 de la avenida Montaigne. Eran las dos de la mañana cuando, al salir de casa de la señora de Castiglione, apenas tuvo tiempo de subir al coche y salvó la vida gracias a la vivacidad del cochero que, restallando el látigo, arrancó el cupé ante tres asaltantes que salieron de la oscuridad. La policía los detuvo al día siguiente. Uno se llamaba Tibaldi y trabajaba para Mazzini, nacionalista italiano refugiado en Londres, jefe de una sociedad secreta. Tras el asunto Pianori, una amenaza parecía cernerse constantemente contra el emperador de los franceses, que se preguntaba con espanto si su amante formaba parte del complot. ¿Acaso no era su indiscreción

***

* Relato de la emperatriz en una carta a Paca de mayo de 1857. *(N. de la A.)*

lo que había permitido a los conspiradores organizar la trampa? Poco después se abrió un juicio. Tibaldi fue deportado de por vida, y la señora de Castiglione dejó Francia antes de ser llamada a declarar.

Una vez más, Luis se salvó por los pelos, ¿pero qué iba a ser de nosotros? El imperio era muy frágil en realidad, aunque todo aparentaba firmeza y prosperidad. Desde el Congreso de París, Francia estaba a la cabeza de Europa, que tenía la mirada vuelta hacia el emperador. Querían festejarle y hacerle partícipe de su juego. Me había percatado de las amabilidades del conde de Cavour, que esperaba nuestro apoyo en su tentativa de unificar su país. Me enteré, un poco más tarde, de que él mismo le había «rogado a la *bellissima contessa* coquetear con Napoleón y seducirle».

–Dentro de poco tendremos un problema que resolver –me explicaba Luis–. Debo modificar mis alianzas.

Sin variar para nada nuestro entendimiento con Inglaterra, se volvía hacia Rusia para un acercamiento amistoso que le permitiera frenar a Austria cuando se plantease el asunto italiano. Morny lo animaba y fue enviado a San Petersburgo para entablar negociaciones. Victoria se preocupaba de ese cambio de orientación y nos invitó a Osborne en pleno verano. Una visita íntima, en familia, que nos permitió disipar las nubes amenazadoras. Todas las sospechas sobre nuestras «intrigas» fueron barridas y mi amistad con la reina se hizo más profunda. Nuestras conversaciones esta vez salieron de los límites de la guardería, y le demostré que había seguido sus consejos en cuanto a la «política de parejas». Conocía bien los problemas que estaban en el orden del día, discutía de ellos dando mi opinión, y le confesaba mis reticencias sobre la nueva tendencia de buscar la amistad de Rusia.

–Estáis bien informada –me dijo–, habéis leído mucho y tenéis un buen juicio. El emperador haría bien en escucharos más a menudo.

Mientras tanto, en las calles de Londres Mazzini juraba matar a Napoleón para salvar su país, y el *Times* recibió un artículo espantoso e infame sobre mí, que el redactor se negó a publicar.*

–No es a vos a quien quieren matar, es a él –me dijo para consolarme.

Perder a una mujer no era nada, si se tenía el placer de atacar a un partido. ¿Cuántos enemigos debería contar sin saber hacia quién volver la vista? Regresé a Saint-Cloud desengañada, asqueada de la vida. Era tan vacía en el pasado, tan llena de escollos en el presente, y quizá tan corta en el porvenir, que a veces me preguntaba por qué razón debía luchar. Entonces una vocecita me contestaba: «En cualquier posición, debemos aceptar las cargas de las ventajas que gozamos». De grado o por fuerza, tenía una misión que cumplir: el oficio de emperatriz.

Tras las cacerías y las «series» de Compiègne, se abría la temporada de las grandes recepciones de invierno. A principios de enero, me cogió una tos fuerte. Los médicos no hacían nada para curarme y me querían condenar al silencio.

–Es imposible –exclamé–. ¿Qué dirían el comercio, las mujeres y las chicas, si me encerrase sin dar bailes?

Pálida o colorada, poco importaba, yo debía mostrarme. Al igual que los soldados el día del combate, yo no podía estar enferma. Y para mí, el mundo era mi campo de batalla, en los salones de Las Tullerías donde mi

* Carta a Paca del 31 de diciembre de 1857. *(N. de la A.)*

presencia «con un traje magnífico», constelado de piedras preciosas, era la atracción de la velada. El 14 de enero me volví a encontrar en primera línea y pasé la prueba de fuego.

Íbamos a la Opéra para una representación de gala. Una escolta de lanceros abría nuestro cortejo. Penetró al trote en el peristilo iluminado *a giorno*. Nuestro carruaje estaba llegando cuando se produjo una detonación, que dejó la calle a oscuras, y se oyó ruido de cristales rotos, gritos y alaridos. El cochero, sin perder la sangre fría, restalló el látigo y emprendió la huida. Entonces se produjo una segunda detonación que impactó contra el coche. Un giro de las ruedas nos colocó al pie de la gran escalera, cuando una tercera bomba explotó encima mismo de nosotros, abriendo un boquete en el suelo. Las dos portezuelas se abrieron con violencia, y se acercó un rostro desconocido. Creí que todo había terminado y me eché sobre Luis implorando a Dios. Pero el hombre era de la policía. Me ayudó a bajar, lo mismo hizo con el emperador, que tenía la nariz despellejada, y con su ayudante de campo, que tenía un corte en el cuello. Entonces descubrí el espectáculo de terror en la calle ensangrentada, sembrada de caballos destripados y cuerpos mutilados que gemían entre maderos rotos y hierros retorcidos. Nuestra carroza estaba acribillada, con trozos de hierro más grandes que balas. El sombrero de Luis estaba agujereado; mi vestido manchado de sangre, y pensaron que había sido herida. Sólo tenía un pequeño derrame en lo blanco del ojo.* Comisarios, brigadieres de la policía y otras personalidades nos rodearon.

* Carta a su madre del 15 de enero de 1858. *(N. de la A.)*

–No os preocupéis por nosotros –dije con calma–. Es nuestro trabajo. Atended a los heridos.

Luis me había cogido de la mano para ayudarme a llegar al teatro. Hizo abrir el balcón del salón de descanso para mostrarle al público que habíamos salido ilesos, y los clamores de alegría nos llegaron directos al corazón. Del brazo del emperador, entré en nuestro palco. La sala se levantó y nos brindó una ovación. La orquesta interrumpió la música de *Guillermo Tell* para tocarnos *Partiendo hacia Siria*, y asistimos al principio del programa tras haber saludado a todo el mundo con una sonrisa en los labios. Luis se secaba la nariz con discreción. Con los ojos fijos en el escenario, movía mi abanico, sorprendida de no haber tenido miedo. Y me percataba una vez más de que, ante cada prueba, Dios no dejaba de darme el valor necesario. Nos había protegido pero, ¿qué había pasado con nuestro hijo? La preocupación me dejaba helada.

En el entreacto nos retiramos. Por los bulevares iluminados, miles de personas se agolpaban curiosos y sus aplausos coronados por vivas incesantes nos acompañaron hasta Las Tullerías. En su habitación, Loulou dormía plácidamente. Ya no estábamos en público; me desmoroné en los brazos de Luis y nuestras lágrimas se mezclaron en un mismo abrazo.

Al día siguiente, el jefe de policía vino a anunciarnos que habían detenido a los culpables: cuatro italianos cuyo jefe era el conde Orsini. Luis se encolerizó.

–Antaño conocí a su padre –dijo con una voz sorda.

–Han venido de Londres –explicó Pietri–. Pasaportes ingleses, bombas fabricadas en Birmingham. Hemos contado diez muertos y ciento cuarenta heridos. El juicio en la audiencia de lo criminal se abrirá dentro de quince días.

Acudí a toda prisa al hospital, con el corazón lleno de emoción, y me desgarró ver sufrir sin poder calmar tanto dolor. Pobre gente resignada que me sumió en la más profunda tristeza. Regresé a Las Tullerías, trastornada, y me encontré los salones llenos de gente que venía a felicitarnos. Todo el mundo bramaba contra Inglaterra.

—Es un nido de víboras —declaraba Morny—, el refugio de los asesinos y los enemigos del orden.

—Si esos granujas no se nos devuelven —replicaba un oficial—, iremos a buscarlos.

—Eso es lo que dicen los obreros —añadió Mérimée.

La furia de la opinión pública se extendía a la prensa, y los ministros convencieron al emperador para que tomase medidas a fin de desalentar a los causantes de disturbios y garantizar la continuidad del imperio. A principios de febrero se anunció que si el emperador muriese, yo me convertiría en la regente en nombre del príncipe imperial. La noticia se acogió con entusiasmo. Alababan mi sangre fría y mi valor, y el ejército se enorgullecía de cerrar filas tras una joven emperatriz y su hijo.

Regente. Un título pomposo que me dejaba indiferente. Orsini acababa de ser condenado a muerte, y no podía quitarme de la cabeza su carta al emperador, leída por su abogado durante el juicio:

No olvidéis, Majestad... mientras Italia no sea independiente, la tranquilidad de Europa y la de Vuestra Majestad sólo son una quimera.

Ya no podía vivir más. El asunto Pianori se repetía. Su ejecución había producido los Tibaldi, Mazzini y Orsini. Y la muerte de Orsini haría surgir otra nueva tragedia. La sangre llama a la sangre, me había dicho Luis.

¡Cuántas lágrimas derramé! Desde que supe cuál era el veredicto, le supliqué que le concediera el indulto inmediatamente.

—No puedes enviar a ese hombre a la guillotina. Sobre todo tú. Jamás volverás a tener una ocasión de ser tan magnánimo.

—Se ha derramado sangre francesa, Ugénie. Conceder la gracia no resolverá el problema. El fuego seguirá alimentándose a sí mismo.

Insistí poniéndome de rodillas sus pies. ¿Acaso Josefina no había hecho lo mismo para obtener de su esposo la clemencia para el duque de Enghien? Incluso quería ir a ver a Orsini en su celda para arrancarle alguna palabra de arrepentimiento que nos hubiese permitido salvarle la vida.

Era una locura por mi parte, y el emperador hizo bien en oponerse a ello.

Sin embargo, sentía que en su alma generosa mis razones de piedad empezaban a pesar más que las razones de Estado. Habría conseguido triunfar si todos los ministros no se hubiesen puesto en contra mía.*

—La opinión pública está enfurecida —decían—. Una medida de clemencia se vería como un acto imperdonable de flaqueza. Los revolucionarios de Francia volverán a levantar cabeza. El porvenir de la dinastía está en juego.

* Relato de la emperatriz a Maurice Paléologue. (N. de la A.)

Los más altos dignatarios, los presidentes del Senado y del Cuerpo legislativo, los miembros del Consejo privado fueron llamados a consulta. Fueron obstinados en sus imprecaciones. Luis cedió, pero en el fondo de su conciencia, la guerra de Italia estaba en juego. Los meses siguientes iban a confirmármelo.

Día tras día, una especie de misterio envolvió al emperador. Los emisarios salían de las sombras y se fundían con ellas. Llevó a cabo su tratamiento en Plombières y guardó en secreto algunas entrevistas que realizó allí. Tramaba algo de lo que evitaba hablar, y decidí observar esperando que quisiese darme explicaciones. Contaba con la visita de los soberanos ingleses a Cherburgo para que me lo aclarase. No fue así. Victoria pronunció unas palabras amables que disimulaban mal su inquietud y su despecho ante el poder de nuestra flota en una ensenada más amplia que la de Plymouth. Luis hizo uso de la diplomacia. Alberto fue educado, pero su *speech* estaba cargado de desconfianza y de amenazas ocultas. Cada uno en su turno evocaba «el buen entendimiento», pero en un tono comedido. ¿Qué podíamos esperar de esos ingleses que se empeñaban en dar asilo a los asesinos? ¿Acaso sus sentimientos nos eran realmente hostiles?

–Sólo son nubes pasajeras –me dijo Victoria–. Otros vientos se las llevarán.*

Este encuentro, desprovisto del calor de los anteriores, me puso bastante nerviosa. El viaje a Bretaña que realizamos a continuación me sirvió de consuelo. Nuestra escuadra bordeó las costas y entró en la ensenada de Brest. Una barca con un toldo de terciopelo escarlata y

* Memorias de Fleury. (*N. de la A.*)

la corona imperial en la parte superior, que movían treinta remeros nos llevó hasta el dique ante una multitud deslumbrada que no paraba de aclamarnos. Toda la ciudad estaba engalanada en nuestro honor. Nos ofrecieron una cena de gala donde comparecí con un vestido de tul azul pálido que maravilló a la concurrencia, y agradecí con múltiples reverencias los conciertos de gaitas bretonas y los espectáculos de bailes. Quimper, Lorient, Sainte-Anne-d'Auray, donde se celebró una misa solemne y al final salvas de artillería. Pontivy, Saint-Brieuc, Saint-Malo, Rennes, en todas partes la apoteosis, y dondequiera que fuéramos allí nos encontrábamos con la intensa actividad de esta provincia de Francia cuyos puertos comerciaban con todos los continentes. Con sus discursos que iban directos al corazón, Luis conquistó a los bretones e incluso al clero, asentando así su popularidad.

Tras tantos bailes y festines, Biarritz fue un lugar feliz. Allí me encontré de nuevo con mi hijo, que daba sus primeros pasitos y chapurreaba alguna que otra palabra. En el mar frío, nadaba cada día, poniendo a prueba mi aptitud para el valor, para obtener más fuerza de voluntad y energía. Tranquilizaba mis nervios que se ponían de punta cuando veía a Luis ir de un lado para otro por la playa con el príncipe Napoleón. Poco después, conversaba con Waleski o con el doctor Conneau, su amigo de toda la vida. Me moría de impaciencia por saber qué se estaba tramando. Y aún más porque Mérimée no paraba de repetir:

—El emperador confabula y conspira.

—¿No tenéis ninguna idea para distraerlo?

Yo no veía con buenos ojos esa política que nos invadía. Y para interrumpir los conciliábulos que entrecortaban los entretenimientos de nuestras veladas, decidí llevarme a toda la compañía a casa de mi amigo vasco Miguel, el rey del contrabando. Me había cruzado con él en varias ocasiones durante mis escapadas por la montaña, cuando estiraba al máximo el hilo atado a mi pata, dándome la impresión de pasar la frontera y pisar tierra de mi país. Fue una fiesta inolvidable. Senderos escarpados nos llevaron a una cueva inmensa que les servía de almacén e incluso a veces de cobijo. El jefe, rodeado por sus hombres, nos acogió al son de las guitarras y nos ofreció fuegos artificiales en un decorado mágico de estalactitas. Luego sirvieron la cena *al fresco*, bajo las estrellas. Las voces roncas rasgaban la noche, y los dedos corrían por las cuerdas. Después de una jota, tocaron un fandango, y no pude resistirlo. Me levanté, y tiré el abrigo y el sombrero para bailar a la luz de la luna, como antaño en el campamento de los gitanos. La andaluza había ahuyentado a la emperatriz, en un momento de arrebato.*

Un resplandor particular se iluminó en la mirada de Luis. Me concedió más ternura y atención, pero tuve que esperar hasta Compiègne para conocer su secreto. Escapando de los invitados, nos marchábamos los dos para dar largos paseos a pie por el bosque, recorriendo a veces más de dos leguas. Y fue así como me lo explicó:

–En nombre del principio de las nacionalidades, la guerra por la liberación de Italia es ineludible. Apoyaremos al Piamonte contra Austria.

En Plombières, había vuelto a ver al conde de Cavour que le había prometido, en contrapartida, ceder-

* Basado en el relato del doctor Barthez, médico del príncipe imperial. *(N. de la A.)*

le Niza y Saboya, y le había asegurado para Plon-Plon la mano de la princesa Clotilde, la hija menor del rey Víctor Manuel.

–Como sabes, Ugénie, preferiría una solución negociada. Pero si tengo que hacer la guerra, serás la regente. Creo que va siendo hora de que te prepares para ello.

CAPÍTULO XII

Yo nací para la tormenta. La calma completa me habría aburrido y vuelto desgraciada. A veces me arrepentía de ello porque, a pesar de entender la vida con emociones, no quería que fuesen constantes. Ahora bien, eso es lo que me ocurría, pasaba de una a otra sin parar.

El 30 de enero de 1859, conforme a los acuerdos secretos de Plombières, Plon-Plon se casó con la princesa Clotilde, y la casa real de Italia entró en nuestra familia.

A principios de febrero, la publicación de un panfleto titulado *Napoleón III e Italia* puso París en ebullición. Todo el mundo sabía que el emperador había guiado la pluma del escritor. Es cierto que Luis había corregido las pruebas, y el texto exponía al público su nueva visión de la península italiana: una confederación libre de cualquier dominio extranjero, unida por el principio de las nacionalidades, protegida por la armada piamontesa y presidida por el Papa. Concluía que si Francia se veía forzada a hacer la guerra, la haría con el único objeto de proteger las necesidades legítimas del pueblo. Las librerías fueron asaltadas en un abrir y cerrar de ojos y la bolsa bajó de golpe.

Tres días más tarde, acompañaba al emperador a la ceremonia de apertura de las Cámaras. Pronunció un discurso que sembró la consternación entre los diputados.

Repitió en otros términos lo que decía el panfleto, y terminó declarando: «Espero que la paz no se vea alterada».

Los diputados que habían decidido de antemano manifestar su descontento se crisparon. Veía en sus rostros el miedo, un verdadero pánico. En todos los tonos repitieron que temían la guerra. Algunos jugaban al oráculo y predecían el fin del mundo. Otros pensaban que el emperador había perdido la cabeza y que nada podía tranquilizarlo. Lo acosaban para hacerle decir que «nunca haría la guerra», la «paz a cualquier precio» del rey Luis Felipe. No era yo amiga de la guerra, más bien todo lo contrario, pero no podía aprobar esta desbandada vergonzosa. El miedo les hacía perder el sentido, y el asco me daba arcadas.*

Sabía bien que el emperador no tenía ganas de emprender esa guerra, pero si, por la fuerza de las cosas, se veía obligado a ello, sería para defender las aspiraciones legítimas de un pueblo y no los deseos de las sociedades secretas. No sería a Mazzini el revolucionario a quien apoyaría, sino a Víctor Manuel, el rey constitucional que quería librarse del dominio austríaco impuesto por los tratados de 1815. Por todos lados se agitaba el espectro rojo y no había más que algaradas. Las capitales de Europa se enfurecían e Inglaterra, chantre fiel del orden establecido, sugería la negociación. Los partidarios de la guerra se entusiasmaron y las discusiones se envenenaron en el mismo seno de nuestra familia. El príncipe Napoleón era el más enrabiado. Quizás esperaba obtener un principado, o sencillamente lavar la deshonra de Crimea. El caso es que quería llegar a las manos

* Carta a Paca del 8 de febrero de 1859. (*N. de la A.*)

231

y amenazaba con dimitir en cuanto Luis proponía otra solución.

—En los asuntos públicos –le respondió el emperador–, no se debe anteponer el amor propio al deber.

Guerra o paz, guerra contra paz, tantas peleas e incertidumbre me volvían loca. Ya no sabía qué decisiones tomar para organizar mis actividades. ¿Iríamos a Fontainebleau después de Pascua? ¿A quién invitaríamos? ¿Iríamos a Biarritz durante el verano? Esperaba poder recibir allí a mi hermana, que andaba con la salud muy delicada. Mil preocupaciones me asaltaban. Porque si había guerra, no sé qué tendría qué hacer. Entonces me ponía a pensar en Carabanchel, donde mis únicas preocupaciones eran mis lecciones, donde mi único albornoz era mi blusa de gimnasia; y sólo deseaba una cosa, encontrarme de nuevo allí para olvidarlo todo. Olvidar sobre todo que existían Italia y Austria, y vivir igual que en el pasado.* Pero debía quedarme, al igual que un soldado, en la brecha, intentando infundir valor a los que carecían de él, y prudencia a los que la necesitaban.

Bajo los auspicios de Inglaterra se había intentado celebrar un congreso. Tenía que ser posible la paz. Podíamos entendernos, sólo era cuestión de discutirlo. Y, de repente, todo se desestabilizó. Austria cortó en seco las negociaciones enviando un ultimátum al Piamonte. Era el 22 de abril, Viernes Santo, y me encerré en mi gabinete de trabajo para escribir a Paca:

Estamos a punto de empezar la guerra. Austria la ha querido, y si mañana a las cinco Piamonte no acepta

* Carta a Paca del 8 de febrero de 1859. *(N. de la A.)*

232

unas condiciones imposibles, darán comienzo las hostilidades. El emperador partirá en cuanto se haya formado el ejército y yo me quedo aquí como regente.*

Me temblaba la mano. ¿Era emoción o aprensión? Mi mirada recorría los árboles del parque en plena florescencia y pensé en las responsabilidades que tendría a partir de ese momento, frente a todos los parisienses que no eran fáciles de manejar. Pero Dios, no lo ponía en duda, me daría todos los conocimientos que me faltaban porque tenía la voluntad de obrar bien y de no sufrir el menor descalabro. Volví a coger la pluma para añadir:

¡Qué extraño es el destino! ¿No crees? Quién nos iba a decir, cuando éramos niñas, lo que nos esperaba; y cuando el señor Beyle nos explicaba las campañas del Imperio que tan bien escuchábamos, quién me iba a decir: «Vais a participar activamente en la segunda escena del poema y os juzgarán con tanta severidad como lo han hecho con María Luisa si actuáis como ella». ¡Y cómo la despreciábamos! Te aseguro que da qué pensar. Los acontecimientos de la vida se suceden, a menudo a nuestro pesar, pero no podría defenderme de un sentimiento de orgullo si puedo, con mi presencia, tranquilizar las mentes de los franceses.

El 3 de mayo el emperador declaró la guerra a Austria e hizo una proclamación al pueblo francés:

* Carta a Paca del 22 de abril de 1859. (*N. de la A.*)

Austria ha llevado las cosas hasta el extremo de decir que ella debe dominar hasta los Alpes y que Italia sea libre hasta el Adriático… Francia no ha desenvainado la espada para conquistar, sino para liberar… No vamos a fomentar el desorden, ni desestabilizar el poder del Papa… Vamos a encontrar las huellas de nuestros padres: ¡que Dios nos conceda ser dignos de ellos!

El 10 de mayo fue el día de la partida, y cuando Luis entró en mi habitación en uniforme, túnica y quepis de campaña, me eché en sus brazos con el corazón en un puño.

—Es nuestra primera separación —murmuré trastornada.

—Será corta, Ugénie. No tendrás ni tiempo para darte cuenta.

Habíamos decidido que le acompañaría hasta Montereau. El príncipe Napoleón también se marchaba y la princesa Clotilde estaba en su coche. ¡Menuda efervescencia por todo el recorrido que nos llevaba a la estación! Por todas partes la gente gritaba:

—¡Viva el emperador! ¡Viva Italia!

En el Faubourg Saint-Antoine el entusiasmo se convirtió en delirio:

—Sabremos comportarnos durante tu ausencia. Cuidaremos de la emperatriz.

En todas las chabolas donde no había más que miseria se cantaba *La Marsellesa,** como en la época del general Bonaparte, y oí a un veterano soltar al foro:

---

* Estaba prohibida, pero les permitieron cantarla. *(N. de la A.)*

–¡El bigotudo es el más fuerte, tiene el coraje de su tío!

La euforia se apoderaba de mí. El pueblo apoyaba a su emperador que se iba como un Bonaparte de los pies a la cabeza a recoger los laureles por los senderos de la gloria, y en todos los pueblos lo aclamaban. Qué orgullo, es verdad, pero también qué espanto cuando llegó el momento del último abrazo. Luis ya no era tan joven para ponerse al frente de un ejercito, teniendo en cuenta que nunca había luchado en un campo de batalla. Pero era el emperador Napoleón III y debía mostrarse digno del nombre que llevaba. A todos los que partían con él, como buena emperatriz, les ofrecí una medalla, mi sonrisa y mi certeza en la victoria. Y cuando el tren desapareció tras los primeros alcores, ya sólo era una mujer ordinaria que se moría de miedo de perder al hombre que amaba. En compañía de Clotilde, cuya tristeza la hacía enmudecer, regresé a París sin poder contener las lágrimas. Vestida con un «abrigo de paño»,* cogí un simón y entré en todas las iglesias, encendí velas y recé. Una vez cumplidas mis obligaciones de esposa, la regente se puso manos a la obra.

El primer Consejo me intimidó. Ante la emperatriz, los ministros se mostraban corteses y respetuosos, pero sentía su reticencia a tratar los asuntos de Estado bajo la presidencia de unas «enaguas». Haciendo uso de la modestia, los escuchaba con atención, formulaba preguntas, y les llevaba la contraria si no se respetaban los textos. Como me había sugerido Luis, estaba preparada. Citaba la Constitución, los decretos y los senadoconsultos igual que un viejo consejero de Estado. Todos esos

---

* Abrigo de incógnito. (N. de la A.)

profesionales de la política se quedaron estupefactos y aún más extrañados de verme estudiar durante horas los informes enviados por los prefectos de varios departamentos de Francia, los despachos de nuestros embajadores en las capitales de Europa, los comunicados del ejército y los avances de nuestras tropas.

En el interior del país, todo iba bien. El pueblo aceptaba mi regencia, y el país entero seguía la campaña con interés. La gente se quitaba los periódicos y los mapas de las manos. Con el corazón y la mente, todos estaban en Italia. Mi preocupación provenía de nuestros vecinos. Alemania despotricaba contra los franceses, Prusia refunfuñaba e Inglaterra se limitaba a observar una neutralidad cargada de reproches. Entonces me enteré de que la reina Victoria había sido abuela. En efecto, el año anterior Vicky se había casado con el *kronprinz* de Prusia y acababa de tener un hijo. Las felicitaciones pertinentes fueron una buena ocasión de escribirle para asegurarme su benevolencia y su influencia positiva sobre el país de su yerno. Su respuesta me dejó pasmada. Una advertencia que conservé en la memoria. Si el emperador iba demasiado lejos hacia el Adriático, Alemania acudiría a socorrer a Austria, y Europa se preocuparía de ver los tratados puestos en entredicho.* Y entonces España me dio una coz asegurándome que se inclinaba por Austria.

Tenía tantas cosas que hacer, que me quedaba poco tiempo para lamentarme. Tenía esperanzas positivas en el porvenir. París estaba tranquilo, y el estado de Francia nunca había sido tan reconfortante. El pueblo parecía

* Carta escrita desde Osborne el 25 de mayo de 1859. (*N. de la A.*)

acostumbrarse a la regencia, y me parecía que eso era positivo. Así los asesinos se veían menos animados a atentar, ya que si conseguían sus infames proyectos no tomarían el mando.*

Durante quince días, viví en un continuo sinvivir, pendiente del telégrafo que me transmitía las noticias. Pequeños éxitos jalonaban el avance de nuestras tropas. Las seguía sobre los mapas extendidos en mi gabinete de trabajo. Desde su partida, me había instalado en Saint-Cloud con mi hijo, de tres años, al que veía crecer y descubrir cosas. A veces, para relajarme, me marchaba en cabriolé hasta Versalles o Meudon, y por la noche reunía a mis damas alrededor de una mesa a sacar hilas.**

Cada día que pasaba mayor era mi preocupación, y de repente, el 4 de junio, nuestras tropas se declararon victoriosas en Magenta. Todos los periódicos lo anunciaron y París estalló de júbilo. En compañía de la princesa Clotilde y de la princesa Mathilde en mi calesa, recorrí la rue de Rivoli y los bulevares para compartir el entusiasmo popular. Cuatro días más tarde, el emperador entraba en Milán, saludado como un *liberatore*. Fue entonces cuando un enviado del zar Alejandro II, el ayudante de campo Schouvalow, vino a exponerme la magnitud del peligro que nos amenazaba.*** Bajo la presión de Prusia, la dieta de Frankfurt había ordenado la movilización inmediata de 350.000 hombres. En cuanto ese ejército estuviese concentrado en las provincias del Rin,

* Carta a Paca del 15 de junio de 1859. *(N. de la A.)*
**Para emplearlas, a modo de algodón, en la cura de heridos. Era tarea habitual de las mujeres en tiempo de guerra. *(N. de la A.)*
*** Cuanto sigue lo explicó la emperatriz a Maurice Paléologue. *(N. de la A.)*

se conminaría al emperador a evacuar Lombardía y, ante su negativa, invadirían el territorio francés. Sin embargo, para repeler la invasión, no nos quedaban más que 50.000 hombres, casi todos reclutas. La ruta de París estaba abierta. Me asaltaron mil angustias y ya no pude dormir. Pero sólo era una primera impresión de lo que iba a experimentar más adelante, en 1870.

Mi primer pensamiento fue presentarme en Milán para avisar al emperador. Se me negó. Mi ausencia, decían, ponía en peligro la regencia. Por vía secreta, encontré el medio de informarle. Pero él no cambió para nada sus planes. Se creía comprometido por la frase imprudente de su proclamación, «Italia libre hasta el Adriático», y quería seguir la guerra con la esperanza de una batalla rápida y decisiva. El 24 de junio, al alba, el telégrafo me despertó. «Gran batalla. Gran victoria. Napoleón.»

Estreché sobre mi pecho el despacho milagroso, me levanté inmediatamente, me vestí en un abrir y cerrar de ojos y corrí hasta el puesto de guardia para anunciar la noticia. ¡El emperador había vencido en Solferino!

Entonces, de repente, el lenguaje de Prusia y el armamento de la Confederación germánica se volvieron tan amenazadores que le supliqué a Luis que sólo pensara en Francia y firmara inmediatamente la paz. Mientras tanto, en París los ministros, aterrorizados, aprobaban la proposición del rey Jerónimo de movilizar 300.000 guardias nacionales. Me negué a firmar tal confesión de nuestra debilidad militar y declaré:

—En cualquier caso, tío, no actuaré como María Luisa. No me verán huir ante el enemigo.

En honor de la brillante victoria, se iluminaron las calles y las plazas de París a petición mía y el 3 de julio hice cantar el *Te Deum* en Notre-Dame. ¡Otra jornada inolvidable, entre las más entusiastas de mi vida!

En calidad de regente, me dirigí a la catedral acompañada por el príncipe imperial a mi izquierda. No hay palabras para describir el entusiasmo de la multitud. Sus aclamaciones eran tan estruendosas que pasamos ante la banda militar sin oír a los músicos. En el camino de regreso, nos agobiaron con tantas flores que chocaban como una metralleta sobre las corazas de los Cien-Guardias; nuestra calesa estaba a rebosar; mi hijo saltaba de alegría, daba palmadas y mandaba besos a todo el mundo. Entonces, al igual que el día de su bautizo, tenía la certidumbre deslumbrante de que Dios le reservaba la gloriosa misión de coronar la obra de su padre.*

No me había olvidado de Luis. Por él sobre todo había rezado a lo largo de la ceremonia. Por él y por esa paz que necesitábamos sin tardanza. Los últimos despachos informaban del precio sangriento de la victoria. Con los elementos de destrucción que poseíamos, cualquier batalla se convertía en una carnicería. El propio emperador se había expuesto hasta el punto de que una bala le arrancó su hombrera.** ¡Cuántas súplicas le envié!*** Se produjeron algunas fechorías a su alrededor, y finalmente atendió mis razones. El 11 de julio negociaba con Francisco José la convención de Villafranca.

Tomó por sorpresa a todas las capitales de Europa. Los italianos no se lo perdonaron jamás. Un gran número de franceses se lo reprochaba. De una parte y de otra, ¡qué injusticia! ¡Por que era eso lo que se debía hacer!

* Relato de la emperatriz a Maurice Paléologue. *(N. de la A.)*
** Carta a Paca del 28 de junio de 1859. *(N. de la A.)*
*** Relato de la emperatriz a Maurice Paléologue. *(N. de la A.)*

¡No podíamos dejar invadir Francia para satisfacer las ambiciones desmedidas del pueblo italiano! Pero ese país no iba a dejar de envenenarnos.

Luis regresó y se me oprimió el corazón al verlo tan cansado. La guerra lo había agotado, envejecido. ¡Qué abrazo cuando pude, lejos de las miradas de la gente, rodearlo con mis brazos y apoyar la cabeza sobre su cuello llorando de alegría de saberle de nuevo a mi lado! ¡Cuántos hombres habían perecido en los campos de batalla, despedazados por la metralla!

—Toda mi vida oiré sus gritos de dolor —decía con la voz rota—. Ya no habrá más liberación a expensas de Francia.

Se organizó una gran ceremonia para las tropas gloriosas que habían defendido el honor de la patria. Se realizó un desfile grandioso el 14 de agosto. Una tribuna instalada en la plaza Vendôme nos protegía de los ardores del sol. Sin embargo, el emperador estaba a caballo para saludar uno a uno a los regimientos que pasaron ante nosotros durante más de cinco horas. Cien mil hombres irrumpieron desde la rue de la Paix, ardorosamente aplaudidos y aclamados por los millares de personas concentradas en la plaza y en las ventanas. A mi lado, Loulou, vestido de granadero de la Guardia, gesticulaba y daba saltos de alegría. Su padre lo cogió y lo sentó delante de él en la silla, mientras los héroes de Magenta y Solferino pasaban con orgullo, alzando sus sables hacia el cielo. Los zuavos llegaron con su cabra y sus perros, y estalló el delirio. Su coraje había decidido la victoria y la gente miraba con respeto el jirón de lo que había sido una bandera colgado del asta, engalanado con una cruz y un lazo rojo. Fue una jornada de fiesta y grandeza que París recordaría siempre. ¿Quién podría decir que no se produciría ninguna más antes de muchos años?

De momento lo que me preocupaba era la salud de Luis. Los médicos me habían alarmado sobre complicaciones de los riñones. Pero se encogía de hombros y se hacía el sordo, prefiriendo entregarse de lleno a los informes que le había devuelto. Mi regencia había terminado, y le entregué los cuadernos donde había consignado mis informes detallados de todos los Consejos que había presidido, así como mis apuntes sobre los diversos problemas administrativos que habíamos solventado. Le devolvía el timón, y el navío estaba en orden.

–Sabía que estaba en buenas manos –me dijo con un tono de satisfacción.

No estaba descontenta de mi trabajo, realizado con plena conciencia de mis responsabilidades. Algunos ministros así lo habían reconocido y me habían felicitado por ello. Me retiraba con nostalgia, confesando a mis damas que temía aburrirme a partir de ese momento. Es verdad que había cogido gusto a esas actividades que exigían una determinada inteligencia de los negocios. Habían escuchado mis ideas, habían apreciado mis juicios, y me había impuesto manteniéndome hábilmente firme. Me había familiarizado con los engranajes de la maquinaria administrativa y había adquirido más seguridad en materia de política. Ante la eficacia de mis intervenciones, Luis consideró oportuno que siguiese asistiendo al Consejo para las deliberaciones importantes. Mi papel a su lado adquiría un nuevo alcance ya que no iba a dejar de participar en las grandes decisiones del gobierno.

Antes de ir a Biarritz, me llevé al emperador a Saint-Sauveur, no muy lejos de Tarbes. Unos días a solas haciendo de montañeros que van de cabaña en cabaña y de refugio en refugio, al igual que unos burgueses de vacaciones. Intimidad robada en una felicidad sencilla, sin testigos, sin etiqueta. El sol brillaba en las cumbres que tenían un aspecto de fiesta. Luis se fortalecía; éramos felices y no pensábamos que nada malo pudiese ocurrirnos.

El descanso duró poco tiempo. Nos esperaban en la Villa Eugénie. Habían anunciado al rey Leopoldo de Bélgica, y la Corte de Viena nos enviaba un nuevo embajador, el príncipe de Metternich. Lo acompañaba su esposa, la princesa Paulina. Muy pronto formarían parte de nuestro círculo de amigos íntimos, lo que me hizo creer de nuevo en la amistad de Austria. Ahora bien, mi sinceridad y mi espontaneidad iban a jugarme más de una mala pasada.

A partir del otoño, Italia volvió a estar sobre el tapete y, por consiguiente, en el centro de nuestras conversaciones en los salones de Compiègne. El tratado de Zúrich que ratificaba los acuerdos de Villafranca ponía en peligro el poder del Papa en los Estados Pontificios. La Romagna quería independizarse de ellos y la gente se preguntaba qué iba a hacer el emperador de las tropas francesas estacionadas en Roma. Un panfleto titulado *El Papa y el Congreso* acabó de sembrar la confusión explicando que si el Santo Padre sólo conservaba sus Legaciones mediante la fuerza, sería más sencillo indemnizarle de ellas. Menos presiones temporales le otorgarían más poder espiritual. Tras la pluma de La Guéronnière, una vez más, Luis daba a conocer su tesis que yo aprobaba. Sólo temía serias complicaciones por parte de los Estados de la Iglesia. El Congreso se pospuso *sine die*. Cuanto más pasaba el tiempo, más difícil era encontrar una solución. El plazo de las concesiones sabias había vencido. Sólo quedaba la fuerza para imponer la obediencia a los Estados rebeldes. ¿Quién la usaría?*

—Estamos en un callejón sin salida —decía Luis con expresión cansada—. Austria está sometida al tratado de Zúrich, nosotros no podemos movernos si queremos ser consecuentes, y el Santo Padre no tiene ejército.

—¿Qué ocurrirá entonces?

—¡Sólo Dios lo sabe!

—Espero que la responsabilidad no recaiga sobre ti —suspiré.

El texto había puesto a Francia sobre ascuas. Los republicanos se alegraban de ver al Papa despojado; los círculos católicos y el clero, apegados al poder temporal, se indignaban. Las lenguas viperinas sembraron más confusión haciendo correr el rumor de que yo apoyaba a los devotos para defender al padrino de mi hijo. Un «partido de la emperatriz» del cual yo no formaba parte. Todo eso era ridículo. Sólo reconocía un partido, el del emperador, al que apoyaba con todas mis fuerzas repitiendo su divisa que también era la mía: «Haz lo que debas. Lo que tenga que ocurrir, ocurrirá». No era yo una mujer clerical, y aún menos una ultramontana. Sencillamente era una cristiana, hasta las raíces de mi ser, y cumplía puntualmente mis deberes religiosos, con una fe ciega, inalterable,** pero también creía en la libertad de conciencia, y no intentaba ser más papista que el Papa.

Además, tenía otras preocupaciones: mi hijo tenía fiebre, temía que hubiese otras alteraciones, y el estado

* Carta a Paca del 14 de enero de 1860. (N. de la A.)
** Entrevistas con Maurice Paléologue. (N. de la A.)

de salud de Paca me inquietaba. Una enfermedad misteriosa la consumía y le suplicaba que viniese a París para recibir un tratamiento. Pero se empeñaba en despreocuparse de sus males para no perderse nada de la vida frívola madrileña. Yo también tenía mis torbellinos de fiestas, cenas y entretenimientos. La guerra había terminado, y el imperio debía brillar. Para incitar a mi hermana a acudir y seguir mis consejos, celebré un gran baile en su palacio de los Campos Elíseos. La duquesa de Alba brilló por su ausencia, pero todo París habló de la magnificencia de esa velada que fue la guinda de la temporada con su desfile de los Cuatro Elementos en un jolgorio de guirnaldas eléctricas.*

Saint-Cloud, Fontainebleau, había retomado mis actividades y las recepciones se multiplicaban, cuando de repente nos enteramos de que Garibaldi y el millar habían desembarcado en Sicilia y se habían apoderado de Palermo.

–La Historia es más inverosímil que las novelas –exclamó Mérimée.

La revolución se extendía por toda Italia, cogiendo por sorpresa a los que querían la unidad. Ese asunto ya no era de nuestra incumbencia e Inglaterra intervino. Francia, mientras tanto, no había luchado por nada en Lombardía. Respetando los acuerdos de Plombières, Víctor Manuel nos cedió Saboya y Niza, y las poblaciones de esas provincias manifestaron su aprobación por gran mayoría. Luis decidió visitarlas. Se organizó una larga gira oficial para el final del verano, que debía llevarnos a la otra orilla del Mediterráneo, hasta Argel.

* Mérimee habla de ello en su carta a la condesa de Montijo del 24 de abril de 1860. (N. de la A.)

La perspectiva me encantaba, y me lancé a organizar los preparativos. Trajes de viaje, trajes de excursión, vestidos y mantos de gala se amontonaron en los baúles, las diademas y los collares en las arquillas. Iba a recorrer países tan diferentes, del valle del Ródano a los Alpes, de las orillas del mar al desierto de África. Pero persistía una pequeña tos, así que decidí ir a Eaux-Bonnes para prevenir cualquier complicación. Entonces Paca vino a París con mi madre. Me encontré con ella al regresar de mi cura, y me alarmó su estado de languidez. Estaba pálida y débil. Pero no por ello dejaba de sonreír y no se quejaba de nada.

—*Paquitita mía*, vamos a curarte —le decía estrechándola entre mis brazos.

Le conseguí los mejores médicos y le hice prometer que les obedecería. Cuando la besé antes de partir, no podía imaginar que no volvería a verla nunca más. Me marchaba con el corazón esperanzado, y le escribí largas cartas para contagiarle mi ternura y mi energía.

El 22 de agosto, salí de Saint-Cloud en compañía de Luis. Un numeroso séquito nos acompañaba en el tren imperial lujosamente amueblado con salón, comedor, fumador y dormitorio. No fue un viaje, fue una marcha triunfal.* Dijon, Lyon, Chambéry nos recibieron con un entusiasmo indescriptible, rayano en la locura. El emperador, transfigurado de felicidad, creía vivir un encantamiento. Olvidaba todos los reproches que la paz de Villafranca le habían acarreado injustamente. A su lado no me sentía menos feliz y entusiasta que él. Una sensación parecida a la embriaguez me transportaba y las aluci-

* Entrevistas con Maurice Paléologue. (*N. de la A.*)

naciones del porvenir, una vez más, acudieron a hechizarme.

Después de una cena de gala, los habitantes de Annecy organizaron un paseo por el lago. Toda una flotilla de barcas ligeras, engalanadas con guirnaldas y linternas, seguía nuestra góndola recubierta de púrpura y conducida por veinte remeros. Sobre una tilla dispuesta en la parte de popa, Luis y yo reinábamos majestuosamente. El cielo estaba rutilante de estrellas, una orquesta amenizaba la travesía, luces de Bengala, girándulas y toda clase de cohetes iluminaban las orillas y los picos que emergían de la oscuridad. Una verdadera magia nos envolvía con toda su fuerza. Deslumbrada, me levanté para disfrutar mejor del espectáculo, y entonces oí, proveniente de todas las barcas:

—¡Viva la emperatriz!

Llevaba un vestido escotado con mi diadema y mis mejores aderezos y, aunque la noche era cálida, había colocado sobre mis hombros un gran albornoz escarlata engalanado con una franja de oro. Irradiaba, y Luis, maravillado, exclamó:

—¡Pareces una dogaresa!

En efecto, me veía en el *Bucentauro*. Hubiese tirado mi alianza en el lago como hacía el dux cuando presidía las bodas de Venecia y el Adriático. Esa noche, creí asistir a las bodas eternas de Francia y el Imperio.*

Al día siguiente paseé tranquilamente por las calles sinuosas de la ciudad tranquila arropada por unas murallas de montañas. Me sentía en el fin del mundo y saboreaba la tranquilidad de la que gozábamos tan poco en

---

* Relato de la emperatriz a Maurice Paléologue. (*N. de la A.*)

el océano de nuestra vida. Apreciaba el encanto de ésta, y fui a rezar por mi hermana ante las reliquias de San Francisco de Sales, antes de dirigirme al Mar de Hielo, armada con un bastón con la contera de hierro. La cadena del Mont Blanc fue una visión inolvidable* y habría sido la mujer más feliz del mundo si no hubiese tenido en el bolsillo un despacho poco esperanzador sobre el estado de Paca. Sin embargo, Grenoble me reservaba una sorpresa. Al entrar en el museo, me encontré con el retrato de Stendhal.

–¡Señor Beyle! –exclamé.

Toda mi infancia resurgió de repente. Nuestro viejo amigo me miraba al igual que lo hacía cuando nos explicaba las batallas del Imperio y lo escuchábamos con tanta ilusión. ¡Estaba lejos de imaginar, por aquel entonces, que sería mi hijo el descendiente y el representante de esa dinastía! La ciudad más bonapartista de Francia nos acogió con júbilo. No había olvidado que el emperador la había escogido al regresar de la isla de Elba como punto de partida de su marcha triunfal hasta París. Las ejecuciones de 1815 no habían menguado su culto por el gran Napoleón, y al pasar, no paraban de gritarnos:

–¡Viva el pequeño Caporal!**

–Aclaman a nuestro hijo –me dijo Luis transfigurado.

Igual que el judío errante, proseguimos nuestro camino. Marsella era un delirio, Tolón un frenesí, Niza... para Niza no hay palabra que lo describa; Ajaccio, conmovedor y acogedor. Luis iba por primera vez a la cuna de su familia y se inclinó ante el retrato de la madre. Qui-

* Carta a Paca del 4 de septiembre de 1860. (*N. de la A.*)
** Todo este relato está en una carta a Paca del 6 de septiembre de 1860. (*N. de la A.*)

so ver todas las habitaciones de la casa y se entretuvo en una habitación que me impresionó tanto como a él.

—¡Es en esta cama donde nació! —murmuró con los ojos empañados.

Después fue Argel, deslumbrante y misteriosa bajo un cielo de fuego. La arquitectura no era tan bella como en Sevilla o Granada, pero tenía su encanto y cierto carácter. La acogida fue extraordinaria, y sólo la aprecié en parte. Tuve que hacer un esfuerzo increíble para aparecer sonriente y amable, parecer feliz cuando mi corazón se desgarraba de preocupación por la salud de Paca. El último despacho de Marsella me comunicaba malas noticias, pero aquí no encontré ningún aviso. Me consumía, tenía el corazón en un puño, y sólo pensaba en permanecer en mi habitación y llorar. Sin embargo, estaba «en portada». Había venido infinidad de gente para vernos, admirar mis trajes, tener el privilegio de sernos presentados. Seríamos el recuerdo de su vida y yo no podía decepcionarlos. En estas tierras recientemente conquistadas, nuestra visita tenía su peso. La influencia y la proyección del imperio dependían de ello.

A pesar del calor sofocante, seguí el programa sin desfallecer. Hospitales, cuarteles, escuelas… Una recepción en casa de las damas de la ciudad que me regalaron tan gentilmente un abanico hecho con alas de escarabajo rodeadas de oro y engastadas de perlas. También hubo una boda musulmana y cenas de gala, pero la guinda del viaje fue una fantasía deslumbrante que el general Yusuf organizó en la llanura de la Maison-Carrée, en honor del «sultán y la sultana» venidos de Francia. Me dirigí allí con la muerte en el alma, muy preocupada por no tener noticias.

–No debes alarmarte –me dijo Luis–. Conservemos la esperanza.

–Y hagamos nuestro trabajo –suspiré.

Moviendo la sombrilla y el abanico, conseguí desempeñar mi papel y nadie pudo adivinar la tortura que sentía. Cuando llegué al lugar donde se celebraba la fiesta, el panorama fue tan sorprendente que mis esfuerzos se vieron recompensados. Habían levantado un campamento magnífico en medio de la llanura, con una tienda de caíd de un lujo increíble.* Miles de caballeros e infantes venidos del desierto se habían reunido alrededor de la tienda, con camellos enjaezados y palanquines llenos de mujeres, avestruces, gacelas, galgos de África y halconeros. Una señal impuso silencio. Los jefes de los goums** con trajes deslumbrantes y sombreros de plumas, con el fusil levantado, engalanado de coral y plata, avanzaron por una larga línea de frente, arrastrando detrás de ellos los estandartes con los colores del Profeta que se desplegaban agitándolos hasta el suelo. A pocos metros de nosotros, se detuvieron para bajar de sus monturas e inclinarse, rodilla en tierra, como los caballeros antes del torneo. Ese homenaje inesperado me conmovió, pero cuando alzaron el rostro, fui mucho más sensible a los cumplidos de las miradas encendidas que se cruzaron con la mía.

Entonces empezó la fantasía, un ballet de caballeros alrededor de una caravana a la que atacaron en un concierto de tiros, gritos y yuyus acompasados por los tambores; un espectáculo extraño y mágico, a la vez grandioso y curioso, que nos dejó atontados y sin aliento.

* Memorias de Fleury, gran escudero del emperador. *(N. de la A.)*
** Contingente armado argelino al servicio de Francia. *(N. de la A.)*

Con la cabeza zumbando a causa de los ruidos y el calor, regresé al palacio adormilada. Luis se reunió conmigo en mis apartamentos. Tenía una expresión grave, y se me detuvo el corazón.

–El estado de la duquesa de Alba ha empeorado de manera alarmante –me dijo.

Vacilé y creí desmayarme. Me cogió del brazo y me guió hasta el sofá añadiendo con una voz dulce:

–Si deseas regresar, nada se opone a ello. Todo el mundo lo entenderá.

–Paca está en muy mal estado, y me encuentro muy lejos. Este pensamiento me vuelve loca.

Una hora más tarde, el *Aigle* se preparaba a zarpar. Consumida por la angustia y la ansiedad, subí a bordo repitiendo:

–¡Ojalá que lleguemos a tiempo!

CAPÍTULO XIII

El viaje fue una pesadilla y me asaltaron los más negros presentimientos. Por la noche, se levantó una tempestad y nuestro flamante barco, imponente y majestuoso unas horas antes, era sólo un endeble cascarón de nuez zarandeado por un mar enfurecido. Olas inmensas, una a una, nos atacaban con violencia y nos aplastaban con su masa rugiente que saltaba sobre los puentes. No sé por qué milagro conseguimos librarnos de acabar en el fondo del mar, engullidos para siempre. Quizá lo habría deseado si hubiese sabido lo que el destino me deparaba. Encerrada en mi camarote, lloraba y rezaba por la salud de Paca. Estaba atemorizada ante la idea de no volver a verla, y sólo tenía un pensamiento, una verdadera obsesión a la que agarrarme con todas mis fuerzas: llegar a tiempo, volver a hablarle y cuidarla con cariño

Pero la mala suerte nos persiguió, multiplicando los obstáculos en nuestro camino. Por la mañana estábamos en Port-Vendres, tristes náufragos que nadie aclamaba. No tenía ánimos para reírme como hubiese hecho en cualquier otra circunstancia. La inquietud me atormentaba, quería llegar lo antes posible a París y me negaba a esperar nuestros coches. Unas carretas nos llevaron a Perpiñán, unida por vía ferroviaria con Marsella. Luis estaba lívido; debido a la travesía, se encontraba mal. Mis damas estaban en un estado deplorable, y el resto de nuestro séquito no estaba mucho mejor. Los ensalzados de ayer ya sólo eran unos rescatados de aspecto miserable.* ¿Acaso era un aviso de la Providencia? Estaba demasiado ansiosa para sacar una lección de ese incidente.

Había mucha gente en el andén de la estación Saint-Charles, y el tren imperial nos esperaba calentando máquinas. No saludé a nadie y me precipité a mi departamento. Algunos minutos después, estábamos en marcha y Luis se reunió conmigo.

–Debo decirte la verdad, Ugénie. Paca ha muerto. No me he atrevido a decírtelo antes por temor de verte hundida por el pesar sin poder enfrentarte a nuestras obligaciones de representación.

Paralizada por el horror, le oí explicarme con calma que mi hermana se había apagado el 16 de septiembre, la víspera de nuestra llegada a Argel, que el funeral se había celebrado cuatro días después en la Madeleine, y que había pedido al duque de Alba que me esperase antes de llevar el féretro a España. Me entregó el despacho que me había dirigido y que él había interceptado. Lo eché. Quería estar sola. Un desgarrado grito brotó de mis entrañas y me desplomé sobre mi cama, destrozada. Una espada me partía el corazón. Una parte de mi vida se iba con ella.

Paca ya no era. *¡Paquita, Paquiritita, hermanita mía!* Nunca volvería a escribir esas palabras tiernas a la que más amaba en este mundo, mi confidente, mi doble, mi otro yo, la que había compartido mi infancia, mis alegrías, mis ilusiones, mis tristezas, mis decepciones, a quien abría

* Memorias de Fleury. *(N. de la A.)*

mi alma, y que me conocía en lo más íntimo de mi ser. ¿Quién me consolaría de ahora en adelante?, ¿quién apagaría mis penas, y mis tormentos?, ¿quién me guiaría en el camino de la paciencia y el perdón?

Y, sobre todo, ¿quién me ayudaría a entender mejor a Luis? Al dolor del luto se añadían la furia y la humillación. Lo que me acababa de hacer me indignaba más que cualquier otra cosa. Había presupuesto mi flaqueza; no había confiado en mí y me había ocultado la noticia para asegurarse el triunfo de una visita oficial. Me había utilizado, sin tener en cuenta mis afectos y mis sentimientos más profundos. Caí en un vacío aún más horrible, ya que al perder a mi hermana, también perdía a mi marido porque me había mentido.

Todo se desmoronaba en mi interior, y poco a poco me sumí en un abismo del que sólo se sale tras haber pisoteado el corazón. Medía el precio de sufrimiento de los altos destinos y me decía que los bienes de la tierra no valen los esfuerzos que hacemos para conservarlos.* Triste regreso sobre mí misma. Triste regreso al palacio de Saint-Cloud, donde me encerré en la soledad de mis apartamentos. Triste regreso sobre todo a ese hotel de los Campos Elíseos que había comprado y decorado con lo más bello para mi querida hermana. Fui a verla antes de mi partida, cuando estaba tan plácida en su cama, y ahora me encontraba la casa vacía, sin ni siquiera el consuelo de abrazar el cuerpo inanimado. Sólo había un féretro que hice transportar a Rueil, a la capilla del castillo de La Malmaison, entre Josefina y la reina Hortensia. Cada día iba y lo cubría con esas flores blancas que Paca

---

* Carta a la condesa Tascher de La Pagerie. (*N. de la A.*)

tanto adoraba. La vida ya no existía, pero me aferraba a esos restos que eran lo único que me consolaba. Creía tenerla aún cerca de mí, puesto que yo era la guardiana de su postrer sueño. ¿Compensarían todos estos gestos mi ausencia en el último momento?

Olvidando el mundo que me rodeaba, mi hijo, mi marido y la Corte, guardé luto riguroso sin poder librarme de esa culpabilidad atroz que me atormentaba. Ya no dormía, no comía, tosía, perdía fuerzas; mi espalda me hacía sufrir lo indecible, y temí padecer la enfermedad de Paca. Una degeneración de la columna vertebral que podía ser hereditaria, me habían dicho los médicos, confesándome que no sabían cómo curarla, y que sólo conocían a un especialista en la materia, el doctor Simpson. Pero para consultarle, había que viajar hasta Edimburgo.

La perspectiva de un viaje a Escocia me reanimó. Notaba que esa atmósfera mórbida en la que me iba sumiendo, me envolvía cada vez más en la desgracia, y que, para sobrevivir, debía huir. ¿Pero dónde podía ir? Italia, Alemania y España eran destinos imposibles. De repente Escocia me pareció un lugar bendito. Una pequeña aura de libertad soplaba desde sus montañas y sus lagos, y me embriagaba. Poco me importaban las nieblas del invierno, necesitaba cambiar de aires. Sobre todo me corría prisa saber a ciencia cierta qué ocurría con esa enfermedad misteriosa, porque si la sufría yo también, ¿no la habría transmitido a mi hijo? Gozaba de buena salud, pero me preocupaba al percatarme de que era bajito para su edad.*

---

* Esta preocupación médica la mencionó lord Clarendon, amigo de la señora de Montijo, así como el rey Leopoldo. (N. de la A.)

Estábamos llegando a la estación de Compiègne. Rompiendo el silencio que había adoptado hacia Luis desde Marsella, aparecí en su fumadero para anunciarle mi decisión de ir a Escocia a casa de la duquesa de Hamilton, su prima, que comprendía mi pesar y me ofrecía su hospitalidad.

—Después de eso, todo irá bien —me dijo—. Cuidaré a nuestro hijo.

Cuatro días después, el 14 de noviembre, con un séquito reducido de dos damas y dos chambelanes, tomaba la ruta de Londres de incógnito, bajo el nombre de condesa de Pierrefonds. Esa cabezonada y mi partida precipitada provocaron muchos comentarios. En las revistas y en los salones, las imaginaciones se desataron, negándose a atenerse a las razones más sencillas. Como cualquier ser humano, la emperatriz era de carne y hueso y necesitaba aliviar su tristeza. Pero de Bruselas a Potsdam se inventaron peleas con el emperador a propósito del Papa, e incluso evocaron un divorcio. Escribí a la reina de Inglaterra que deseaba verla al regresar de Escocia.

Mi primera preocupación fue precipitarme a Edimburgo, donde el doctor Simpson, tras un examen exhaustivo, declaró que mi condición física era excelente. Algunas nubes se disiparon de mi mente, y visité el país con el corazón ligero. Los Lochs, Melrose, Holyrood, donde se conservaban los restos de María Estuardo; Glasgow, donde me aclamaron con mis velos de luto; Manchester, donde quise ver las fábricas, y por fin Londres. Victoria me recibió en Windsor para un almuerzo privado con ella que me confirmó su afecto. Había oído los rumores extravagantes de mi viaje, pero no hizo ninguna pregunta y se limitó a escucharme:

–Pobrecita –me dijo–, entiendo vuestro pesar y vuestra angustia.

A pesar del tiempo brumoso y húmedo, me concedí algunos días de libertad en el hotel Claridge. Había recuperado el sueño y el apetito, ya no me sentía oprimida y había dejado de toser. Andaba por las calles, hacía *shopping* y me acercaba hasta el British Museum para encontrarme con Panizzi, el amigo de Mérimée. Esa bocanada de independencia me estaba curando. El 12 de diciembre anunciaba mi regreso y volvía a París. Estaba preparada para reencontrarme con Luis.

Vino a mi encuentro a Amiens a bordo del tren imperial. Fue un detalle, una deferencia que me emocionó profundamente. Me reuní con él en el vagón-salón y mantuvimos una larga conversación. Se disculpó y supo seducirme con sus palabras tiernas. También me habló con toda franqueza de sus «pequeñas distracciones», y me confesó que lo cansaban hasta la exasperación. Abundaron tanto los juramentos como las promesas. Me había echado de menos, y me suplicaba que no lo volviese a abandonar jamás. Aunque hubiese querido, no hubiese podido. También yo lo había echado de menos a él y, a pesar de todas sus faltas, aún lo amaba. Unos lazos misteriosos nos mantenían unidos. Lo necesitaba, como él me necesitaba a mí, y no podía explicar el cómo ni el porqué. El destino nos había sellado fatalmente.

Una última formalidad me esperaba en Rueil, y Luis se preocupaba por ello, pero lo tranquilicé:

–Quiero luchar contra mi pena.

Mis vacaciones en la otra orilla del canal de la Mancha y la sinceridad de nuestra reconciliación me dieron la fuerza de asumirla. Había aprendido a enfrentarme a las situaciones desde la infancia y nunca las eludí. Una semana después, cogían el féretro de Paca para llevarlo a Madrid. La acompañé hasta la estación, dispuse las flores en el vagón, haciendo por ese pobre cuerpo lo que hacía por ella cuando estaba enferma y sólo me separé en el último instante. Vi desaparecer el tren, llevándose los restos mortales de mi hermana y en ese momento terrible tuve la sensación de que me arrancaban el alma.*

Pero la vida estaba allí con sus exigencias. Había llegado la hora de reaccionar. Loulou reclamaba su parte de ternura y me estiraba de la mano para enseñarme sus progresos en dibujo y equitación. Luis, por su parte, me entretenía con los cambios políticos que había llevado a cabo durante mi viaje. El imperio se adentraba en una vía liberal y debía conocer las medidas antes de asistir a los próximos Consejos, donde algunos ministros habrían cambiado. El derecho de discusión concedido a las Cámaras me pareció más juicioso que la flexibilidad de la censura sobre la prensa. En cambio, estaba totalmente de acuerdo con la supresión de los pasaportes para los ingleses que querían visitar nuestro país. La cuestión del Papa volvió a surgir y no soportaba la idea de que pudiese ser echado de Roma y condenado al exilio. La posición de Luis era difícil, pero sabía que no se daría por vencido. Para demasiados franceses este asunto era de su incumbencia.

Volví a coger las riendas de las recepciones oficiales y de las obligaciones de la Corte, y defendí con uñas y dientes mis horas de tranquilidad en mi habitación favo-

---

* Detalles expuestos en una carta a su madre del 19 de diciembre y en una carta al duque de Alba del 29 de diciembre. (*N. de la A.*)

rita, el gabinete de trabajo donde reuní los muebles y los objetos que estimaba. Cuando tenía los *blues devils* y no estaba en forma, me encerraba en «mi casa», lejos del mundo, y las habladurías no traspasaban el umbral de la puerta.* Trabajaba, leía y olvidaba. El hotel Alba, que había decorado sólo para Paca, fue derruido, la propiedad vendida y busqué otra casa para acoger a mi cuñado y los hijos de mi adorada hermana. Cuando llegó el verano, había superado mis pesares y estaba entera, aunque había dejado por el camino lo mejor de mí misma; pero lo importante era llegar.

A finales de junio recibimos una visita en nuestro palacio de Fontainebleau. Nos habían anunciado una embajada del rey de Siam y, siguiendo el ceremonial asiático, los tres embajadores y su séquito, con trajes de brocado de oro, se pusieron de rodillas desde la entrada de la galería Enrique II donde los recibíamos y ante la Corte entera, sorprendida, se arrastraron sobre los codos y las rodillas, la cabeza de uno contra el trasero del otro, hasta el estrado donde se encontraban nuestros tronos. El primer embajador tenía entre sus manos un jarrón que contenía las cartas de su rey. A la mínima parada que hiciera la columna, los rostros chocaban contra los traseros de brocado del que iba delante. Aún me pregunto cómo pude permanecer seria. Luis se dominaba y sufría al verlos imitar a los abejorros. En cuanto recibió las cartas se levantó y la embajada hizo lo mismo.* Entonces nos entregaron los regalos que habían traído: telas de oro y plata tan ligeras como nubes, tazas esmaltadas de oro y un traje completo para el emperador, todo de brocado de oro

* Carta a la condesa de Montijo. *(N. de la A.)*

bordado con flores de esmalte y un gorro puntiagudo de filigrana.

—Ya tienes tu disfraz para el próximo baile que organicemos —murmuré reventando de risa.

Aunque el objeto más divertido me lo trajo dos días más tarde Mérimée, que había asistido a la ceremonia con su jubón de senador:

—He interceptado el despacho del siamés para su rey. Aquí tenéis la traducción. Creo que la encontraréis graciosa.

Ese día, séptimo del mes del rinoceronte.* El emperador, acompañado por todas sus sultanas, nos ha recibido muy educadamente. Se había puesto unos calzones rojos y un tahalí del mismo color para honrarnos, y había permitido a sus mujeres que apareciesen en ropa de apartamentos interiores. Tal era su prisa por acudir a nuestro encuentro que habían olvidado de cubrirse los hombros. La principal mujer de Su Majestad es una persona de gran belleza... Tenía sobre sus hombros la gualdrapa del caballo del emperador porque, a pesar de todo su poder, ese monarca no posee ni un solo elefante para ir a cazar y se ve obligado a montar a caballo.

He leído mi discurso con voz firme y sin quitarme los zapatos, porque era muy importante mantener bien alto el honor del pabellón del Elefante blanco. El emperador me ha contestado algunas palabras llenas de gracia... Nos ha hecho condu-

---

* Esta descripción de la ceremonia la realizó Prosper Mérimée en una carta a la condesa de Montijo fechada el 29 de junio de 1861. (N. de la A.)

cir a otra sala donde se había preparado un banquete. La carne era bastante buena, a pesar de que en la mesa imperial no hubiese ni brochetas de ratón, ni salteado de perro, ni siquiera redondo de tigre…*

—¡Don Próspero! —exclamé—, ¿no es obra de vuestra imaginación?

—La realidad supera la ficción, señora.

En mi vida me había reído tanto como en ese momento, y volvería a leer ese documento más de una vez para iluminar las negras horas del olvido.

Dos meses más tarde estábamos en Biarritz para pasar unas vacaciones familiares en compañía de algunos íntimos de los cuales formaba parte Mérimée. Animaba nuestras veladas y Luis lo consultaba para una vida de Julio César que estaba escribiendo. A orillas del océano recuperé mi entusiasmo, mi energía y mis ganas de vivir. La etiqueta desaparecía y pasaba más tiempo con Loulou, que tomó su primer baño de mar. El profesor de natación lo tiró al agua de cabeza, como Aquiles en el Stix, y mi hijo salió llorando. Lo cogí en brazos para tranquilizarlo.

—Pensaba que eras más valiente. No lloras ante los grandes cañones.

—Porque mando a los cañones —contestó entre sollozos—, pero no puedo mandar al mar.

Mérimée, que asistía a la escena, se regocijó ante esta respuesta tan «napoleónica».

* El texto íntegro fue retransmitido por Robert Sencourt, que lo encontró entre los papeles de la emperatriz y lo cita en su obra: *La Vie de l'Impératrice Eugénie* [La vida de la emperatriz Eugenia]. *(N. de la A.)*

—Permitidme, señora, explicársela a todos mis amigos.

Estaba orgullosa de mi hijo y lo adoraba, pero me mantenía firme, e incluso a veces era exigente. Quería convertirlo en un hombre, y temía las debilidades de su padre, que le concedía todos los caprichos. Ya tenía valor, y mostraba una predilección por los asuntos militares. Sólo tenía cinco años, y ya era todo un Bonaparte.

Mi madre llegó de Madrid con los tres hijos de mi hermana y su abuela, la duquesa viuda de Álava, que tenía por compañero de viaje a José Hidalgo, un diplomático mexicano que ya conocíamos bien en la familia. Una gran aventura iba a empezar y ésta nos costaría las peores calumnias. ¡La opinión general incluso llegará a condenarnos, al emperador y a mí, puesto que terminará en Querétaro!

Y, sin embargo, aún hoy, no me avergüenzo de México. Deploro lo ocurrido, pero no me sonrojo por ello.*

Este asunto fue el resultado de algo muy meditado, el cumplimiento de un altísimo pensamiento político y civilizador. Se trataba de «regenerar» un país arcaico sumido en la anarquía y la pobreza para ayudarlo a recuperar sus tradiciones y resistir al materialismo *yankee*. En la génesis de la empresa, las especulaciones financieras, los cobros de créditos, los bonos Jeckers, las minas de Sonora y de Sinaloa no ocuparon un puesto de privilegio. Ni siquiera pensamos en ello. Fue mucho más tarde cuando los agiotistas y los truhanes quisieron aprovecharse de las circunstancias. Pero eso ha pasado en todos los grandes asuntos humanos. ¿Acaso sólo había piedad en las Cruzadas?

* Relato de la emperatriz a Maurice Paléologue. (*N. de la A.*)

Desde que la guerra civil devastara México, José Hidalgo, habitual en Biarritz, me había fascinado al explicarme la lucha desesperada de los conservadores a los que representaba contra los revolucionarios de Juárez. Éste había tomado el poder el año anterior, instaurado la dictadura y decretado una moratoria sobre los préstamos extranjeros otorgados a su adversario Miramón. Los financieros, preocupados por recuperar su dinero, pidieron ayuda a sus respectivos gobiernos.

—Ese asunto es incumbencia de Inglaterra, Francia y España —afirmaba—. Esas tres potencias deberían intervenir. Es la ocasión de fundar una monarquía católica en México. Restablecer el orden y la paz en ese ancho país, con el apoyo del partido conservador. El emperador encontraría allí para Francia la ayuda comercial que la India aporta a Inglaterra.

—Es una idea magnífica —murmuré deslumbrada—. La mayor de nuestro reino, en efecto. Al emperador sólo puede seducirle.

Luis prestó mucha atención al proyecto. Desde su prisión de Ham soñaba con levantar en América central un sólido imperio que pusiera coto a las ambiciones de Estados Unidos. Entonces su punto de mira era Nicaragua, a causa de las facilidades que se daban allí para la excavación de un canal interoceánico. Así que rápidamente se percató de la oportunidad de una intervención francesa en México en el momento en que la dictadura de Juárez desencadenaba una oposición seria y poderosa, mientras que la guerra de Secesión alzaba en contra, y por mucho tiempo, a las dos mitades de la república vecina.

—Es de nuestro interés que Estados Unidos sea poderoso y próspero —declaró—, pero no nos interesa para nada que se apodere de todo el golfo de México y sea el único distribuidor de los productos del Nuevo Mundo. Si ayudamos a México a conservar su independencia y la integridad de su territorio, garantizamos por la misma razón la seguridad a nuestras colonias de las Antillas y creamos salidas para nuestro comercio, abasteciéndonos de las materias indispensables para nuestra industria.*

Así se fraguó en la sombra una amplia combinación clerical y monárquica de la cual Francia debía ser el alma y el único instrumento. Porque estábamos convencidos de que el concurso de Inglaterra y España se limitaría a la ocupación de algunos puertos mexicanos. ¡Así que íbamos a restaurar el vasto imperio de Moctezuma y Guatimozín a favor de un príncipe católico!**

La euforia se apoderaba de mí, mi alma novelesca se exaltaba. Al igual que antes del golpe de Estado del 2 de diciembre, vivía una aventura que ponía mi mente en efervescencia y me catapultaba a esferas de grandeza jamás alcanzadas. Una empresa de esa envergadura sería la gloria de nuestro imperio que a la vez serviría a la humanidad. Me volqué en cuerpo y alma en ello, galvanizada por el deslumbrante éxito que preveía, embriagada sobre todo por el hecho de trabajar conjuntamente con Luis. Un perfecto entendimiento nos unía en ese nuevo juego político de alta envergadura que me hacía olvidar las intrigas, las habladurías y las pequeñas preocupaciones de la vida cotidiana.

* Fragmento de una carta de Napoleón III al general Forey, citada por Fleury en sus *Memorias. (N. de la A.)*
** Relato de la emperatriz a Maurice Paléologue. *(N. de la A.)*

Convencidas por los argumentos de Luis, Inglaterra y España nos siguieron, animadas por tan buena idea que salvaguardaba sus intereses en México, donde tanto la una como la otra tenían numerosos súbditos. Se firmó una convención en Londres; los ejércitos atravesaron el océano y buscamos un candidato que ocupara el trono vacante.

–El duque de Módena, el duque de Parma –decía Hidalgo.

–¿Y por qué no don Juan de Borbón –replicaba yo–, el duque de Montpensier o el duque de Aumale?

Luis nos escuchaba con una expresión pensativa y dijo:

–Yo veo más bien al archiduque Maximiliano de Austria. Los Habsburgo se distinguen por su inteligencia, su transigencia, sus cualidades amables. Su boda con la princesa Carlota de Bélgica le asegura el apoyo del rey Leopoldo, cuya influencia en la corte de Londres le será muy preciada.

–¿Aceptará? –pregunté.

El chasquido de mi abanico rompió el silencio. No dudaba de la fuerza de persuasión, y añadí:

–¡Tengo el presentimiento de que aceptará!

Los ojos de Luis se iluminaron. Me reveló confidencialmente que la elevación de un archiduque austríaco al trono de México debía servirle algún día de argumento para obtener de Francisco José la cesión de Venecia a Italia.

–Mediante ese desvío –concluyó–, el programa de 1859 se llevará a cabo en su totalidad. Italia será libre hasta el Adriático.

Luis soñaba y yo soñaba con él. Otros emigrados entraron en escena: Almonte, Gutiérrez, monseñor Labastida y el padre Miranda. Sus discursos hacían destellar ante nosotros las perspectivas más halagüeñas. Nos aseguraban que los mexicanos odiaban la República y saludarían con entusiasmo la proclamación de una monarquía; que un príncipe católico de alta alcurnia y de gran porte como el archiduque Maximiliano sería acogido en todas partes con los brazos abiertos, bajo arcos de triunfo y lluvias de flores; y que Estados Unidos, destrozado por una guerra civil, se resignaría fácilmente a nuestra intervención.

Los creímos, y los propios acontecimientos nos llevaron a creerlo: la victoria de nuestras tropas en Puebla y su entrada triunfal en México nos animaron a perseverar en el intento. El Consejo votó créditos y se hicieron a la mar refuerzos bien pertrechados. El príncipe de Metternich, que se había unido a nuestro grupo, se esforzaba por convencer al archiduque a que aceptara la corona y lo presionaba para que lo consiguiese.

–Su presencia en México valdría un ejército de cien mil hombres –decía con ardor.

Me dediqué a fondo, expresándome con demasiada vehemencia cuando las cosas no iban con la rapidez que deseaba. Como aquel día en que me enteré de pronto de que Maximiliano había recapacitado sobre su consentimiento y ya no quería ir. A media noche, envié mi coche a La Jonchère con un mensaje fulgurante para Metternich:

Estimado príncipe,

No hablo del espantoso escándalo que se producirá para la Casa de Austria, sino para nosotros; con cebís que no hay excusa posible, sean cuales sean hoy los obstáculos que se presentan por ambas partes, el hecho es que habéis tenido tiempo de sopesarlo todo, y de sopesarlo bien… Por favor, informad esta misma noche a vuestro Gobierno y pensad en mi mal humor totalmente justificado.*

Ya no podíamos dar marcha atrás. El honor de la bandera y la firma de Francia estaban comprometidas, y debíamos proseguir nuestros esfuerzos hasta el límite extremo de lo posible. El emperador intervino a su vez y la situación se decantó a nuestro favor. En la primavera de 1864, el archiduque y la princesa Carlota eran acogidos triunfalmente en la capital mexicana, y las tropas de Bazaine empezaban una campaña victoriosa en las provincias del norte. Nuestra empresa ya no era una quimera. A partir de ese momento, todo nos dejaba concebir que iba a ser un éxito.

Una preocupación de peso desaparecía de la larga lista. México había sido mi única preocupación desde el famoso otoño de Biarritz. Italia había explotado otra vez y Víctor Manuel aprovechó la ocasión para reclamar con fuerza una «cesión inmediata» de Roma. Una vez más, Francia quedaba dividida por la polémica. ¿Acaso íbamos a retirar a nuestras tropas y condenar al Papa al exilio? A los ministros que le animaban a hacerlo, argumentando una fuerte corriente de la opinión pública en ese sentido, el emperador respondía con contundencia:

—¡Yo también, señores, conozco los sentimientos de Francia y no abandonaré al Papa!

* Carta citada por Robert Sencourt en la obra citada anteriormente. (*N. de la A.*)

Entonces Luis procedió a una reorientación ministerial que provocó una crisis grave, y me rogó que le ayudase a operar esos cambios «de la forma más provechosa desde un punto de vista político». El señor Fould quería dimitir en el Ministerio de Finanzas, y lo convencí para que permaneciese aunque aceptando sus condiciones: la partida de Walewski, el regreso de Drouyn de Lhuys y el mantenimiento de Persigny. Éste era mi enemigo personal, pero no protesté. Mientras tanto, los salones inocularon su veneno: «El emperador hace lo que ella quiere. ¡Ahora su influencia es total!».

Decían que yo quería gobernar, que tejía mi tela para tomar el poder. Es verdad que me gustaba la política y en particular la política exterior. En cuanto a dirigir Francia, estaba lejos de ambicionar tal cosa. No era mi «oficio», pero la salud del emperador declinaba alarmantemente y yo debía paliar sus deficiencias poniéndome a tiro en su lugar más a menudo de lo que hubiese deseado.

Unas crisis de dolores violentos lo dejaban agotado. Se negaba a que le hicieran un examen exhaustivo que determinaría la causa de esas crisis y se limitaba a tomar tranquilizantes a base de opio que lo sumían en la torpeza y la melancolía. ¡Cuántas veces le oía gritar por la noche! Me llamaba y yo acudía rápidamente a su cabecera. Se retorcía gimiendo y me enfurecía con los médicos, que se preguntaban si eran los riñones, la vesícula, cálculos urinarios o cólicos nefríticos. Sólo un especialista hubiese podido dar un diagnóstico preciso, pero el emperador eludía la cuestión. En cuanto la crisis pasaba, la olvidaba. Cada vez salía de ellas más débil, más pálido y, sobre todo, menos enérgico en su voluntad. Ahora bien, tenía muchas horas de lucidez con pensamientos rápidos y brillantes, una manera muy suya de expresarse que subyugaba a todo aquel que quería oírle. Y me enrabiaba en mi rincón al ver tantas cualidades reducidas a nada por culpa de sus evasivas.

–Si quieres curarte –le decía–, plántale cara a tu enfermedad. Y para hacer eso debes conocerla para dominarla.

Se reía y me llamaba su «don Quijote», y con una pirueta cambiaba de tema. Tenía un alma sensible y las tensiones de la política lo desgastaban. Ésta no lo trató con miramientos durante el año 1864. Las elecciones legislativas repercutieron en una subida de los republicanos, y mientras tanto la insurrección polaca excitaba a los franceses. Toda Francia tomaba partido por los polacos contra los rusos sanguinarios. Yo formaba parte de los más entusiastas. Incluso quería que se restableciera el antiguo reino de Polonia bajo el cetro de un archiduque austríaco. Hacíamos una campaña para liberar Polonia como habíamos liberado Italia, y el gabinete de Las Tullerías quería que se discutiera el caso ante el tribunal de Europa.

Frente a ese entusiasmo de la opinión publica, el emperador tuvo que resistir para mantener la aproximación franco-rusa iniciada desde el final de la guerra de Crimea y de la cual nos habíamos beneficiado durante la guerra de Italia. Pero su insistencia por apoyar a la nación mártir fomentó la inflexibilidad del zar, y éste nos volvió la espalda para entenderse con Bismarck. A la amenaza de una Italia unificada, se añadía la de la potencia prusiana que crecía ante nuestros ojos y que debíamos impedir a cualquier precio que se anexionase Alemania. Entonces Francia se encontraría en grave peligro.

–Una triple alianza nos salvaría –había suspirado Luis–. Tenemos a Inglaterra, pero no será fácil conseguir el acuerdo de Austria.

–Metternich es inteligente. Pronto entenderá que su país será la primera víctima de una hegemonía de Prusia sobre Alemania.

Al margen del asunto mexicano, se habían entablado otras negociaciones y la estancia en Compiègne del otoño de 1863 se prolongó a propósito. Durante seis semanas, las «series» cuyas listas había establecido con una total dedicación, se desarrollaron una tras otra. Personalidades provenientes de toda Europa e incluso de América se codearon con los hombres más renombrados de la política, la literatura y la ciencia. Esas asambleas brillantes, donde el ingenio se aliaba con la elegancia, favorecían las conversaciones más serias bajo apariencias frívolas, pero para la ceremonia del té, escogía a los interlocutores con los que quería entretenerme más detenidamente sobre los puntos que Luis me había precisado. Los embajadores de Austria e Italia se convirtieron en habituales de estos encuentros, y mi ardor se agotó en más de una ocasión ante su tranquilidad inalterable.

–Si los acontecimientos tuviesen vuestro temperamento –le decía a Metternich–, no me atormentaría, tendríamos tiempo de arreglarlo todo. Pero van todavía más rápidos que yo, y en eso radica la dificultad.

Al caballero Nigra, que me presionaba sobre la cuestión de Roma, le contesté un poco acaloradamente:

–Ah, queréis que cedamos siempre y en todas partes. Sois vos el insaciable. Sois vos el que roba y despoja a los demás.

Pero como nuestra política era deslumbrar a los invitados, los entretenimientos se multiplicaban sin cesar: cacerías a ojeo y con escopeta, excursiones al castillo de Pierrefonds para admirar las restauraciones de Viollet-le-Duc, bailes y cenas espléndidas bajo las arañas de la galería para fiestas, teatro o espectáculos improvisados. La noche de Santa Eugenia, Luis me ofreció una retreta militar en el parque. Encabezada por la banda, a la luz de faroles multicolores, los Cien Guardias con largas capas rojas sobre las corazas deslumbrantes desfilaron con marcialidad antes de desaparecer entre la arboleda. Un espectáculo mágico que me recordó mi primera estancia en este castillo donde el emperador me declaró su amor en lo más recóndito del bosque. Su trébol de esmeraldas no se separaba de mi corazón.

Algunos días después, en Las Tullerías, me enteré de la existencia de una nueva «distracción». Una costurera cuyo verdadero nombre era Juliette Leboeuf y que se hacía llamar Marguerite Bellanger, «Margot la Guasona» para los íntimos. Pepa se había informado bien. Luis la había instalado en una casa de Passy, rue des Vignes, donde su coche se detenía demasiado a menudo. Durante los meses de invierno, la aventura se consolidó y me preocupé al ver al emperador debilitarse precisamente cuando la situación política se complicaba. El asunto de México pasaba por un momento crítico con las dudas del archiduque, y me limité a observar, esperando que acabaría por cansarse. Numerosas celebraciones marcaron la visita de Maximiliano y Carlota antes de su partida hacia su nuevo reino y sólo pensé en honrar, colmándole con mil deseos, el nuevo Jasón que partía a la conquista del vellocino de oro, convencida de

que llevaría a buen término la gran empresa que habíamos promovido.

Fontainebleau fue consagrado al príncipe de Oran-
ge, tan pálido que la Corte lo llamaba el príncipe
Limón, y mis deberes de anfitriona ocupaban todo mi
tiempo. Encantar, sorprender, divertir, entretener, deslumbrar, esos eran los imperativos que marcaban el ritmo
de mis jornadas. Y si Luis se escapaba algunas veces, no
buscaba saber dónde iba, puesto que siempre estaba allí,
afable y sonriente, para entretener a nuestros invitados
con una cortesía perfecta.

Durante nuestra estancia en Saint-Cloud me tranquilizaba verlo distraerse escribiendo la vida de Julio César.
Sin embargo, tenía mal aspecto y cojeaba de una pierna
durante sus paseos que cada día eran más cortos. Una tarde, mientras lo acompañaba bajo los árboles del parque,
un podenco saltó sobre él buscando alguna caricia, como
si lo conociera. Entonces oí una voz que llamaba al perro.
Intrigada, me giré y me quedé parada. Cerca de un seto
muy cercano, vi a una mujer joven con una sonrisa impertinente. Sin ninguna vergüenza, Marguerite Bellanger
nos seguía y me provocaba con insolencia. La sangre se
me heló en las venas.

—¡Volvamos a casa! —dije cogiendo a Luis del brazo.

Una verdadera tempestad se formaba en mi corazón y mi cabeza. Humillada bajo mi propio techo una vez
más. Mi honor mancillado clamaba venganza, pero ¿contra quién debía desenvainar la espada?

CAPÍTULO XIV

La desfachatez de aquella damisela me sacó de quicio, y aún más la doblez de Luis. Me salí de mis casillas y el altercado fue mayúsculo. Dejando a un lado todo lo demás, exigía la ruptura inmediata y le recordé que su obligación era cuidarse para conservar la buena salud. El trono, la dinastía, el imperio, el porvenir del príncipe imperial, nuestro hijo... Me escuchó con una expresión ausente, los párpados entornados, eludió el asunto con un gesto de la mano y se retiró farfullando en un tono de voz irritado. Me refugié en mi habitación para disimular mi pesar y llorar cuanto me apeteciera, lejos de las miradas curiosas. Entonces Pepa me dio el golpe de gracia informándome de lo que todavía ignoraba: la Bellanger tenía un hijo de Luis.

—Estamos perdidos —exclamé.

Ahora me explicaba la arrogancia de la dama galante. Una crápula que no dudaría en hacernos chantaje a las primeras de cambio. El porvenir de mi propio hijo estaba amenazado. Ya me imaginaba yo los horrores de la prensa. Ya teníamos suficientes bastardos en la familia con Morny y Walewski. Me asaltaron los presentimientos más oscuros. ¿Cómo iba a luchar de ahora en adelante si el emperador mismo parecía desentenderse de las consecuencias de sus actos? Y mientras tanto, la vida de la corte proseguía. Una visita de don Francisco de Asís, esposo de la reina de España, me impuso numerosas celebraciones y tuve que acudir al disimulo para mostrar un rostro risueño. Pero hasta allí llegaba mi poder. Al regresar a mis apartamentos, el nerviosismo, el insomnio, casi la locura, se apoderaban de mí y ya no tenía armas para luchar. Día tras día, perdía los estribos, languidecía y envidiaba a aquellos que morían tratándoles de afortunados. Como esa princesa Czartoryska que me había dicho adiós sin preocupación por el largo viaje, y se había apagado bajo mi mirada, con una sonrisa radiante. Las crisis de temblores y los espasmos que tenía y lo que divagaba preocuparon a los médicos.

—Es necesaria una cura en Schwalbach —decían.

Luis tenía que ir a beber las aguas de Vichy, y pensaba acompañarle para protegerle con mi presencia y llevarle con suavidad a la ruptura saludable. Me había tragado la afrenta y estaba dispuesta a perdonarle para preservar a nuestro hijo. El azar de una indiscreción me permitió enterarme de que la Bellanger compartía su chalé. El cuchillo hurgó en la herida y me marché de Saint-Cloud con el corazón destrozado. Estaba informada de todas las infidelidades de mi marido, pero esta vez se hundía en el lodo y mi honor ya no podía soportarlo.

Con el nombre de condesa de Pierrefonds, llegué a la ciudad de aguas del Hesse-Nassau donde había tratado otras melancolías en mi juventud. Después de la traición de Pepe, ahora padecía la de Luis, y Paca ya no estaba aquí para apaciguar los arrebatos de mi amor propio y fortalecerme dándome ánimos. No tenía a nadie a quien escribir ni nadie en quien confiar. Las pocas damas que me acompañaban decoraban el entorno haciéndome compañía y me divertían con sus cháchara o sus juegos. Ninguna oyó de mis labios la menor confidencia. Meditaba en la soledad y el silencio, encontrando el valor de mirarme a la cara en lo más profundo de mi ser, y tuve que ceñirme a la evidencia: ya no podía echarme atrás. Bajo la presión de la furia, me planteé separarme de Luis. Sin embargo, al abandonarlo a sus debilidades, me abandonaba a mí misma. Una Montijo no huye. ¿Cuántas veces lo había repetido? Y oía la voz de mi padre: «Da la cara. Sigue tu idea, así le darás un sentido a tu vida».

El destino me había embarcado. Y para bien y para mal, me había comprometido bajo las bóvedas de Notre-Dame. ¿Cómo iba a retirarme sin deshonrarme?

El descanso, el aire fresco y las largas caminatas en el decorado idílico de la estación termal me devolvieron rápidamente mi salud y mi energía. Luis me escribía suplicándome que regresara, pero yo me entretenía a gusto y me vengaba haciéndole suspirar, más aún porque algunas visitas inesperadas me adularon en mi vanidad de emperatriz y de mujer. El rey Guillermo de Prusia llegó una mañana con un ramo de rosas rojas para agradecerme que lo hubiera recibido en Compiègne tres años antes. Después de pronunciar frases galantes, no pudo disimular su preocupación ante el movimiento «popular» a favor de una unión de los Estados alemanes con la corona prusiana.

—El asunto de Dinamarca muestra claramente cuál es la voluntad de Bismarck —me dijo de repente—. ¡Ya no se detendrá, y nuestra bella Prusia perderá con ello su personalidad histórica!

—No puedo creerlo, Majestad. Vuestra Majestad no lo permitirá.

–Los ducados daneses son el primer paso. Seguirá un segundo. Desde la muerte de Alberto, Victoria es alemana. ¿Qué hará Francia?

Una gran sonrisa suavizó su mirada cuando añadió con la mayor cortesía del mundo:

–¿Me haría Vuestra Majestad el honor de pararse en Karlsruhe antes de regresar a París? Me sentiría espantosamente ofendido si lo rechazaseis.

Me guardé la respuesta y se retiró. Un largo escalofrío me recorrió el cuerpo. La idea de un Reich unido del otro lado de los Vosgos y del Rin no era muy reconfortante. No obstante, acabé por aceptar la invitación, cuidadosa de mantener buenas relaciones y ver lo que ocurría en casa de nuestros vecinos. La víspera de mi partida, el zar Alejandro II llamó a su vez a mi puerta. Quería pedir disculpas por el asunto polaco y restablecer la amistad con Francia. Todo eso sólo era verborrea de una cabeza coronada. En realidad, se moría de ganas por saber qué había dicho el rey Guillermo.

Mil sobresaltos agitaban Europa, pero aún dirigían todos sus miradas hacia Francia. El emperador Napoleón III seguía siendo el señor cuya alianza anhelaban todos, puesto que temían su poder. Esa constatación me llenó de orgullo, es verdad, y reforzó mi firme decisión de retomar la lucha al lado de Luis para ayudarle a mantener la opulencia y el prestigio del imperio. Era una misión mucho más honrosa, desde mi punto de vista, que los problemas conyugales, que sólo valían para ser pisoteados.

El gran duque de Bade, yerno del rey de Prusia, me honró con una recepción grandiosa donde conocí a la reina Augusta de Prusia, y Guillermo tuvo tantas atenciones que no me arrepentí del desvío que me había impuesto. Me percaté del aspecto riguroso y marcial de la concurrencia masculina. Palabras cortantes, rigurosas, estrepitosas. La altivez, la mordacidad y la suficiencia que da la certeza de vencer. ¿Cuál era el secreto de su fuerza? La respuesta sorprendería dentro de poco a toda Europa.

En los primeros días de octubre, estaba de vuelta en Saint-Cloud, y Luis me colmó con mil gracias para implorar mi perdón. Lo hubiese creído si no me hubiese enterado al mismo tiempo de que había instalado a la Bellanger en una casa de Montretout que se divisaba desde mis ventanas.

Me volví a alterar y mis buenas resoluciones amenazaban con venirse abajo. Invitamos a almorzar a Mérimée y durante cuatro largas horas le hice, bajo el juramento del secreto más absoluto, una exposición detallada de la situación, mis pesadillas y preocupaciones y el miedo del futuro por la salud del emperador.

–¿Qué puedo hacer para impedirle que se destruya? Aun con la mejor voluntad del mundo, no podré remplazarlo en todo.

–Paciencia y prudencia, señora. Y, como dice el proverbio, «entre padres y hermanos, no metas las manos».*

Una noche, un chambelán vino a avisarme de que el emperador había tenido un síncope en casa de su amante, y que lo habían traído a palacio en un estado lamentable. Corrí a su habitación, donde le estaba curando el doctor Conneau, y me senté a su cabecera. Permanecí a su lado para confortarlo con mi ternura y le ponía

---

* Mérimée menciona con palabras encubiertas esta conversación en una carta a su amigo Panizzi del 11 de octubre de 1864. (*N. de la A.*)

sobre la frente las compresas de agua fría que lo calmaban. En cuanto estuvo fuera de peligro, lo dejé descansar y regresé a mis apartamentos para cambiarme. Por la mañana temprano, hice enganchar los caballos y le pedí a Mocquard, el secretario, que me acompañase.

—¡A Montretout! —le dije al cochero—. ¡A casa de la señorita Bellanger!

Mocquard temblaba.

—¡Ni se le ocurra a Vuestra Majestad! ¿Qué dirá el emperador?

—Que diga lo que quiera. Esta situación no puede prolongarse.

La calesa se detuvo ante la villa y llamé a la puerta. Abrió una sirvienta.

—¡Llame a la señorita Bellanger, soy la emperatriz!

La pobre mujer me recibió en bata en un saloncito. De pie en medio de la habitación, le declaré:

—Señorita, estáis matando al emperador. Si sentís algo por él, renunciad a él. Adiós.

Di media vuelta con un movimiento brusco para marcharme cuando me respondió:

—¿Qué hacéis en mi casa? No os debo ninguna explicación. Si no queréis que el emperador venga a verme, lo que tenéis que hacer es retenerlo con vuestros encantos, con vuestra amabilidad, con vuestro buen humor. Viene aquí porque le aburrís y lo sacáis de quicio.

La parlanchina tenía la réplica viva y se defendía como una hembra agresiva. Regresé a su lado. Estaba sentada en un sofá. Regresé y me instalé a su lado para explicarle en un tono amable la gravedad de la situación y el alcance de su responsabilidad. No había venido por celos, sino por una razón de Estado y le aconsejé que se buscara otro amante más joven y menos vulnerable, para que dejase de poner en peligro a Francia. La joven se desmoronó y se echó a llorar a mis pies. La levanté de nuevo prometiéndole perdonarla.

—Tenéis que dejar esta casa lo antes posible.

Un sobre le secó las lágrimas y me despedí de ella con el corazón liberado. Luis se enfureció por la forma en que había llevado el asunto y me hizo ascos. Para darme celos, regresó a casa de su querida, yo hice ver que no me enteraba. Montretout fue abandonado, y las visitas a Passy fueron disminuyendo. A principios de 1865, la Bellanger era agua pasada. Mérimée me lo dijo a media voz:

—César ya no piensa en Cleopatra.

—Pero ya no hay Eugenia —repliqué—. ¡Sólo queda la emperatriz!

Mi corazón quedaba en un segundo plano. Luis me necesitaba y muy pronto mi deber sería compensar sus debilidades, con toda la fidelidad de mi afecto y mi respeto. Mi hijo irrumpió un día en mi gabinete. Regresaba de su lección de equitación.

—*J'ai pilé du poivre** —dijo bastante excitado.

Le regañé de veras por sus frases triviales. Con una sonrisa que tenía el don de desarmarme, me contestó:

—Mamá, es cierto que habláis bien el francés, pero sois extranjera y no conocéis los matices de la lengua.

Tenía ocho años y me cerraba el pico con una sentencia lapidaria. Me percataba sobre todo de cómo había subrayado que yo era extranjera. Otros lo harían también antes de lo que me imaginaba.

---

* Expresión coloquial intraducible del ámbito de la equitación, empleada para expresar que se ha mantenido el caballo al piafar. (*N. de la A.*)

No me gustaba para nada el año 1865, que empezaba con un frío glacial. Un viento extraño traía más angustia que fe en el porvenir. Es verdad que Luis, por fin, había terminado su *Julio César* y se alegraba de publicarlo dentro de poco, pero la enfermedad de Morny, y después su muerte a principios de marzo, lo sumieron en una tristeza profunda. Perdía a un hermano y a su mejor apoyo. Yo misma me sentí muy afligida por esa pérdida tan sensible.

Era un hombre encantador, con una desenvoltura y una distinción perfectas, uno de los pocos miembros de la familia que aceptaron mi boda con el emperador. A menudo chocaba con mi puritanismo, pero sentía por él una verdadera amistad. El asunto de México nos había aproximado. Había defendido los ideales del emperador y apoyado la expedición como aliado de peso. Más tarde, se congratuló con las especulaciones del agiotaje y de la bolsa, y no mostró muchos escrúpulos en los negocios. Tenía un valor extraordinario que disimulaba tras una capa de indolencia y frialdad para divertirse, pero no por eso dejaba de ser un destacado político que me había enseñado muchas cosas en materia de diplomacia. Presidente de la Cámara de los diputados, mostró siempre una sorprendente habilidad para cambiar a un enemigo en adversario razonable, y todos respetaban su mano de hierro con guante de seda, porque consiguió disminuir de forma considerable el abismo que separaba el imperio de la república.

A partir del mes siguiente, me iba a servir de ejemplo. Luis decidió realizar una larga gira por el corazón de Argelia, y me vi envuelta en una segunda regencia que iba a durar alrededor de tres meses. Habían pasado seis años desde la primera, seis años durante los cuales me había acostumbrado a seguir los asuntos de Estado. Había adquirido más seguridad y dominio, y también más experiencia. Conocía a los ministros y su jerga y, sobre todo, estaba mejor informada porque no había dejado de leer todo lo que se publicaba en la prensa, y tomaba apuntes sobre los problemas más acuciantes que resolver. Mis horas de soledad en mi «rincón» eran para el estudio y para el trabajo. Preparaba informes y meditaba sobre las reformas que se imponían si queríamos que nuestra sociedad progresase en la misma dirección que nuestra economía. Varias instituciones seguían siendo arcaicas. Mis visitas matutinas a los barrios pobres me mostraban cada día la necesidad y la urgencia de encontrar un remedio a sus males.

Imité a Morny, que invitaba a los diputados de la oposición para escuchar sus sugerencias. No venían sólo a mis cenas del lunes, sino también por la tarde, a la hora de las audiencias, para mantener largas entrevistas constructivas. Allí fue donde Émile Olivier me habló de la delincuencia juvenil, azote de los barrios insalubres, y de la necesidad de llevar a cabo una reforma penitenciaria. Enseguida me entusiasmé con la idea y me faltó tiempo para personarme en la prisión de la Roquette. Fue una visita inesperada que no dejó de sorprender y que me permitió percatarme de la magnitud del desastre.

¿Cómo no iba a horrorizarme al ver a más de quinientos niños y adolescentes encerrados cada uno en una celda, sin estar en contacto entre sí, sin ni siquiera oír una voz? En el Consejo que se celebró tras esa visita, exploté en presencia de los ministros:

—¡Debemos detener este sistema bárbaro!

—Vuestra Majestad va a provocarnos complicaciones administrativas —contestó uno de ellos.

—¡No es una cuestión de administración, señor, sino de humanidad y política!

Se cerró la Roquette; sus inquilinos fueron trasladados a centros penitenciarios de provincias menos opresivos, e insistí para que dieran ocupación a esos niños en vez de encerrarlos en celdas. A muchos de ellos se les asignaron tareas agrícolas; sin embargo, eso no era suficiente. También promoví una asistencia psicológica y moral para ayudarles a reintegrarse a una vida normal. En mis charlas con los jóvenes prisioneros, me percaté de su violencia y de esa obsesión de venganza que les consumía el corazón. Mis palabras surtieron algún efecto y no dudé de que, con un poco de bondad e inteligencia, los convertiríamos en personas normales, capaces de asumir su responsabilidad con la sociedad.

En los hospicios, en los hospitales y en los orfelinatos la tarea era mayor todavía. Se amontonaban allí muchas personas desgraciadas. Era necesario construir nuevos establecimientos, con más sitio, más luz, más personal, más laboratorios… y siempre había que llevar a cabo la misma lucha contra la burocracia y sus papeleos. Demasiadas personas me echaron en cara que les «molestase» y se vengaron de mí con campañas calumniosas. ¿Acaso lo más importante no era salvar vidas, y aplicar lo más rápidamente posible en los enfermos los resultados de las investigaciones de los científicos?

También luché en otro frente, el de la educación, y sostuve con energía los diversos programas de Victor Duruy. El emperador sorprendió a todos al confiarle el ministerio dos años antes, y me entrevisté en varias ocasiones con este universitario al que todos calificaban de librepensador. Era sobre todo un humanista y me fascinaba con sus proyectos de escuelas primarias que iban a romper el monopolio del clero. Era una obligación de nuestra dinastía desarrollar la educación de las futuras generaciones. Los que me trataban de «papista» perdían el tiempo, ya que al favorecer la escuela pública y la atribución de becas a los desfavorecidos, iba en contra del *Syllabus* que el Papa acababa de publicar y en el cual declaraba que no debía «ni aprobar, ni seguir el progreso, el liberalismo y la civilización moderna».

Durante mi regencia, ministros y diputados aprobaron dos proyectos de ley para construir más escuelas e institutos y conceder subvenciones a los estudiantes y artesanos sin recursos económicos. En el transcurso de los años seguiría apoyando a Duruy en la aplicación de sus programas. Uno de ellos me importaba especial y personalmente y me comprometí en él, el de la educación secundaria de las chicas.

—Las chicas francesas —me decía— deben ejercitar su mente y fortalecerla mediante la misma instrucción que reciben sus hermanos en los institutos. Tienen el mismo derecho y poseen las mismas capacidades que ellos para recibir una educación.

—También deberían acceder a la universidad.

—Vuestra Majestad tiene razón. Estas reformas contribuirán a elevar la dignidad de las esposas, aumentar la autoridad de las madres y extender la influencia de las mujeres en la sociedad.

Entre la burguesía y los medios clericales, el proyecto provocó un clamor de indignación. Exclamaron que era un escándalo. Se negaban a que las chicas aprendieran ciencias con profesores. Pero cuando, dos años después, se pasó a la ejecución del programa, yo misma di ejemplo enviando a mis dos sobrinas Alba, las hijas de Paca que educaba como si fueran mis propias hijas, a la Sorbona para recibir clases. Las protestas llovieron de todas partes y los ataques de Roma, y el propio Papa acusaría al ministro de Instrucción Pública de fomentar «objetivos impíos mediante nuevas medidas que ayudan a la obra de destrucción del orden social». A pesar de ello seguí colaborando con Duruy. Y fue él quien escogió más tarde el nuevo preceptor de mi hijo, el señor Filon, y a su profesor de historia, el señor Lavisse.

Una de sus cartas todavía la conservo entre mis papeles personales y algunas veces la vuelvo a leer para reconfortarme sobre los beneficios de nuestro reinado:

> Los futuros historiadores de Napoleón III podrán decir: «Cuando tomó las riendas del gobierno de Francia, la mitad de la población vivía en la ignorancia, pero cuando se marchó, todos podían leer, escribir y contar». Será una gloria extraordinaria, porque no conozco a ningún príncipe que la haya conseguido.*

Mientras hacíamos obras de utilidad pública para el país, con el fin de conducirlo por la vía del progreso, un discurso incendiario del príncipe Plon-Plon me puso en una situación embarazosa. Desde Ajaccio, donde inauguraba un monumento a Napoleón I, declaró que Roma era el «último bastión de la Edad Media, un centro de reacción contra Francia, Italia y la sociedad». Eran unas palabras

---

* Carta escrita por Duruy en diciembre de 1869, a finales de su mandato como ministro. (N. de la A.)

inoportunas, pues se acababa de firmar una convención con el rey Víctor Manuel que había escogido Florencia como capital y prometía respetar al Papa en su ciudad de Roma, así que las tropas francesas ya se estaban retirando. Ministros y diputados fulminaban contra «el abuso de mandato». El Consejo, del que era vicepresidente, quería reaccionar de forma intempestiva, pero yo temía la trampa del odio, y los chorros de veneno que echarían luego sobre mi persona. Moví la cabeza y dije:

—En ausencia del emperador, me decanto por el silencio. Nada de publicaciones en *Le Moniteur*, nada de reprobaciones. El desprecio será el comentario más hiriente.

Algunos días después, los periódicos publicaron la carta que el emperador había enviado a su primo desde Argel: un completo desacuerdo. Plon-Plon dimitió de sus cargos oficiales y se retiró a sus propiedades de Ginebra. La reacción de Luis me tranquilizó, y me puse manos a la obra con más entusiasmo que nunca. Las noticias de México no eran para echar las campanas al vuelo, pero me negaba a alarmarme ante el primer fracaso. Sin embargo, notaba que había pocas esperanzas. A pesar de la ayuda de fuerza de Bazaine y de nuestro ejército, Maximiliano no conseguía hacerse con el poder del país. Mientras tanto, la guerra de Secesión había terminado, y Juárez recuperaba su importancia, apoyado por el nuevo presidente estadounidense. ¿Qué le podía responder al archiduque cuando nos pedía más tropas y más dinero? ¿Obtendríamos el éxito esperado? Temía haberme equivocado, y mi humor se resentía por ello, y hete aquí que José Hidalgo me solicita una audiencia.

El viaje del emperador llegaba a su fin, mi regencia iba a terminar. Quise hacer un gesto significativo a favor

de las mujeres, y otorgué la Legión de honor a Rosa Bonheur. Una mujer original, muy audaz, que se había
impuesto a través de su pintura y tenía mucho éxito. La
prensa no dejó de aplaudir y Francia se quedó impresionada ante su primera mujer condecorada.

Cuando llegó el momento de retirarme, estaba satisfecha de mi trabajo. Todo había transcurrido dentro de
un orden y tranquilidad. Los ministros no se habían pe-
leado ni una sola vez, y tenía las riendas tan bien cogidas
que incluso me sabía mal devolverlas. Pero estaba orgullosa de poder decirle a Luis:

—Te entrego un gobierno firme y unido. Cuida de
no aflojar demasiado las riendas.

Su regreso fue una explosión de alegría. El viaje lo
había transformado. Le había rejuvenecido diez años,
estaba en plena forma y nos explicó sus aventuras con
mucha verborrea y entusiasmo como no se le conocía desde hacía tiempo. Estaba contenta de verlo así, como si
hubiera resucitado, y escuchaba sus relatos que me divertían mucho. Con un pequeño número de hombres había
ido al desierto del Sahara, donde miles de saharianos lo
aclamaron y lo festejaron con un ejercicio que llaman
correr la pólvora, que consiste en ejecutar varias maniobras a todo correr de los caballos disparando al mismo
tiempo las armas. Para él asaron bueyes enteros, avestruces y otros animales increíbles. Por todas partes, de
norte a sur, lo honraron como a un soberano estimado,
y su corazón estaba conmovido por ello.

El cambio era tan espectacular que quise prolongar sus efectos. Tras la cura de Plombières, propuse una
escapada en familia al castillo de Arenenberg. Luis lo
había vendido cuando estuvo en el fuerte de Ham, pero

yo lo volví a comprar después de nuestra boda y se lo
regalé en 1855 con motivo de su cuarenta y siete cumpleaños. Lo había hecho restaurar tal como era en la
época de la reina Hortensia, y nunca habíamos tenido
la ocasión de ir. Fue para él una gran felicidad reen-
contrarse con sus recuerdos de juventud y los compa-
ñeros que había tenido en aquella época. Le obsequia-
ron con serenatas, fuegos artificiales y banquetes y, con
una voz emocionada, evocó su expulsión del país, exigi-
da por Luis Felipe. Aquellos pocos días nos acercaron
en la confianza y la complicidad, y me felicitó por los
resultados de mi regencia.

—Has aprendido mucho sobre las cosas y las personas —me dijo con esa mirada empañada que seguía
turbándome—. A veces tengo la sensación de que eres
mi segunda conciencia, cuyo juicio se ha vuelto indispensable para mí.

—Mi única ambición es ayudarte lo mejor que pueda para mantener el imperio. Por el porvenir de nuestro
hijo.

—¿Adónde vamos? —suspiró estirándose las guías del
bigote—. Tengo curiosidad por oír lo que Bismarck va a
decirme. ¡Menuda insistencia por mantener una entrevista conmigo!

La visita del ministro de Asuntos Exteriores de Prusia acortó nuestra estancia, cuyo fin se vio ensombrecido
por un accidente. En la estación de Neuchâtel, el pitido
de una locomotora asustó a nuestros caballos. Un coche
volcó. Mis damas, que lo ocupaban, sufrieron heridas graves y fueron llevadas a un hospital; esperé hasta saber que
estaban fuera de peligro para ir a Fontainebleau, donde Luis me había precedido.

Un calor pesado, sofocante, incomodaba nuestra salud. Loulou tuvo fiebre y Luis dolores de cabeza; los casos de cólera se multiplicaron en París y en el resto de Francia. Esperábamos con impaciencia la explosión salvadora. Fue en Biarritz donde se produjo, tras la llegada del conde de Bismarck. Fue un verdadero cataclismo. Vientos violentos, lluvias torrenciales, rayos, truenos, temporales y naufragios marcaron su estancia y nos privaron de nuestras excursiones habituales. En la villa Eugénie nadie advirtió que el desencadenamiento de los elementos era un mal presagio. El señor Bismarck fue un perfecto conversador, desplegando tanto encanto e ingenio que nuestra pequeña Corte quedó totalmente subyugada. En el concierto de adulaciones, ¿quién hubiese podido adivinar el desastre que este émulo de Maquiavelo nos infligiría dentro de poco?

Se entretuvo durante horas con Luis. Entre aguacero y aguacero, caminaban por el parque o por la playa, y luego se encerraban en el despacho del emperador y proseguían sus discusiones junto a la chimenea. Cuando se reunían con nosotros en el salón, con una palabra suelta aquí y otra allá parecían continuar el diálogo, pero no era posible captar el tema de la conversación o el alcance del mismo. Me daba rabia no saber nada y me conformaba con lo que Luis me regalaba por la mañana cuando venía a mi habitación y yo le asediaba a preguntas. Mi instinto me hizo mantenerme en mis treces. Y si, como buena anfitriona, tenía muchas atenciones con *frau* Bismarck y la hacía participar en nuestros juegos de sociedad, no por ello estaba menos preocupada por lo que se preparaba bajo nuestro techo. La observación del rey Guillermo permanecía fresca en mi memoria, y desconfiaba de la sonrisa engatusadora de su ministro, cuya mirada azul tenía la dureza del sílex. Tuve que esperar el final de la visita para obtener una aclaración:

–Estamos en los inicios de grandes cambios –me confió Luis–. Me ha ofrecido lo que no le pertenece. Quiere llevarme a su terreno… Pero no hay que crear las circunstancias, hay que dejar que vengan solas… Entonces adaptaremos nuestras resoluciones.

–¿Y esto qué significa?

–Que Prusia declarará la guerra a Austria, y esa eventualidad inesperada puede reservarnos más de una ventaja. Me quedo fuera, reservándome la decisión de intervenir como mediador tras la batalla.

Su mirada discurría entre el oleaje embravecido que se estrellaba contra las rocas. El conflicto que se anunciaba le exaltaba la imaginación. Veía en ello la posibilidad de acabar su obra interrumpida en 1859.

–Yo presiono a Italia a aliarse con Prusia para aplastar a Austria. Ésta me cede el Véneto, que devuelvo a Italia, y Prusia me da las gracias por mi neutralidad otorgándome las provincias del Rin.

Se inclinó hacia el fuego frotándose las manos de satisfacción:

–¡Por fin se abolirán los tratados de 1815!

Para llevar a cabo su sueño apasionado, no dudaba en desviarse de la política seguida durante los últimos meses, ese acercamiento con Austria sobre el que me había lanzado y que yo consideraba una necesidad vital para Francia.

–¿Qué voy a decirle a Metternich?

–Lo mismo. Conservemos el hierro al rojo vivo. Lo usaremos en caso de necesidad.

Por naturaleza, me negaba hacer el doble juego. Era demasiado franca y espontánea. Y mi instinto me inclinaba hacia Austria. Desconfiaba de Prusia, que sería mucho más amenazadora cuando conquistase Alemania. Desde que regresamos a París, retomé mis conversaciones con Metternich con la esperanza de sonsacarle una alianza concreta que alejara a Luis de sus espejismos prusianos. Bastaba resolver la cuestión del Véneto.

–Abandonadlo –le dije–. Ese gesto de renuncia voluntaria hará que toda Italia se ponga de vuestra parte, y con el mismo movimiento tengáis a Francia de vuestro lado.

Viena dudaba, y mientras tanto el rey Leopoldo murió, al igual que lord Palmerston. Dos buenos aliados desaparecían, y la tensión aumentaba entre Prusia y Austria. En París se acaloraban los ánimos. A partir de la primavera de 1866, el miedo a la guerra hizo temblar la bolsa y el mundo de los negocios. El 3 de mayo, el ministro Rouher pronunció un discurso tranquilizador ante los diputados de la Cámara, afirmando que Francia quería la paz y mantendría su entera libertad de acción en relación con las potencias en litigio. El señor Thiers, entonces, se levantó y pidió la palabra:

–Para conservar la paz, no hay más opción que dirigirnos a Prusia. Existe un lenguaje duro que consiste en decir: son ustedes los que amenazan la paz, nosotros no lo permitiremos. Existe otro lenguaje más suave, el de la negación de concurso clara y escuetamente. Existe la vía de la alianza con Prusia. Al sentir que Italia se le escapa, Prusia perderá toda esperanza de tener a Francia como cómplice. A partir de ese momento, se planteará proseguir su objetivo.*

El señor Thiers no me gustaba, pero tenía mil veces razón. Acababa de expresar el fondo de mi pensamiento, e insistí con más vehemencia ante el príncipe de Metternich:

–¿Acaso no veis que el emperador sólo está dispuesto a seguir una política de neutralidad hasta que hayan empezado a disparar? Si os digo que deis un paso adelante, no es para atraeros a una trampa… ¡Adelante, adelante!**

Me dejaba llevar por el entusiasmo y me detuve bruscamente ante la expresión aterrada de mi interlocutor que echaba por tierra mis esperanzas. Sin embargo, a principios de junio, Austria renunció a su alianza con Prusia, y se comprometió a cedernos el Véneto pidiéndonos servir de corredor con Italia, fuese cual fuese el desenlace del conflicto. Mientras tanto, Alemania del sur y Hannover integraban sus filas. Pero el ejército prusiano entraba en Bohemia, y las fuerzas austríacas sólo tuvieron tiempo de vencer a los italianos en Custozza, antes de ser aplastados en Sadowa.

Era el 3 de julio. Ese mismo anochecer, Metternich irrumpió en Saint-Cloud y me presentó el despacho que acababa de recibir de su gobierno:

Esforzaos en hacer que el emperador Napoleón abandone su neutralidad pasiva… Sólo una inter-

---

* Discurso citado por Pierre de la Gorce en su *Histoire du Second Empire*. *(N. de la A.)*
** Conversación con Metternich el 21 de mayo de 1866. *(N. de la A.)*

vención armada de Francia puede impedir que Prusia extienda su dominio en toda Alemania.*

Moví la cabeza en silencio. Si sólo dependiese de mí, sabía bien lo que se debería decir a los ministros y al país entero. Aunque sólo hubiese una pequeña oportunidad, la aprovecharía.

–Haré todo lo que esté en mis manos, estimado príncipe. De tanto jugar a ver, el imperio se perdería.

* Documento citado por Harold Kurtz en su obra: *L'Impératrice Eugénie.* (N. de la A.)

CAPÍTULO XV

El 5 de julio por la mañana* asistí al Consejo de ministros que se reunió en Saint-Cloud bajo la presidencia del emperador. La víspera, Francisco José había cedido el Véneto a Francia y aceptaba nuestra mediación. Se abrió el debate sobre este asunto, y Drouyn de Lhuys propuso una actitud enérgica en relación con Prusia. El emperador escuchaba sin pronunciar palabra. En mi interior yo la aprobaba. Le pregunté al ministro de la Guerra, el mariscal Randon:

–¿Estamos capacitados para realizar de inmediato una demostración militar en el Rin?

–Sí –respondió–. Podemos concentrar 80.000 hombres en unas cuantas horas y 250.000 en veinte días.

El emperador seguía mudo, yo retomé la tesis de Drouyn de Lhuys. Notaba que la suerte de Francia y el porvenir de nuestra dinastía estaban en juego en aquel momento. Fue uno de los grandes minutos de mi vida.

Pero La Valette, ministro del Interior, intervino de pronto con un tono más incisivo y perentorio para combatir la propuesta del ministro de Asuntos Exteriores:

* Relato de la emperatriz a Maurice Paléologue. *(N. de la A.)*

–Al querer detener los progresos de Prusia, nos veremos obligados a aliarnos con Austria y, por lo mismo, a una desavenencia con Italia.

El argumento pareció chocar al emperador. Era la inversión de toda la maniobra política a la que se había dedicado desde hacía un año, desde la nefasta visita de Bismarck a Biarritz. Consciente de haber marcado un punto a su favor, el ministro prosiguió:

–En cuanto a las compensaciones territoriales que el engrandecimiento de Prusia nos autoriza a reclamar, no dudo en obtenerlas sin ninguna dificultad mediante negociaciones amistosas con Berlín.

Al oír estas palabras, salté:

–Cuando los ejércitos prusianos estén más infiltrados en Bohemia y se echen sobre nosotros, Bismarck se burlará de nuestras reclamaciones.

Girándome hacia el emperador, afronté su mirada y le recordé:

–Prusia no tuvo escrúpulos en deteneros después de Solferino. ¿Qué os impide detenerlo tras Sadowa? En 1859, tuvimos que ceder porque no teníamos más que 50.000 hombres para cerrar el paso hacia París. Hoy, es el paso hacia Berlín el que está abierto.

Drouyn y Randon, al sentirse apoyados, volvieron a la carga, y el Consejo adoptó tres resoluciones: convocatoria de las Cámaras para obtener los créditos necesarios para la movilización del ejército; reunión inmediata de 50.000 hombres en el Rin; envío a Berlín de una nota conminatoria mediante la cual se advirtiera a Prusia que no toleraríamos ninguna modificación territorial en Europa que no contase antes con nuestro acuerdo. Todo eso debía ser publicado en el *Moniteur officiel* del día siguiente.

Ahora bien, el 6 de julio por la mañana, hojeé en vano las páginas del periódico. Durante la noche, otras influencias habían actuado sobre el emperador: los ministros que se decantaban por Prusia e Italia; el príncipe Napoleón, pro italiano desde su boda, que le aconsejaba no olvidar la causa de las nacionalidades y abandonar el «cadáver austríaco». También estaba ese príncipe de Reuss, proveniente de Berlín, que iba y venía cada día por nuestros salones alabando al ejército prusiano para paralizarnos.

–De verdad, me provocáis estremecimientos –le repliqué esbozando una sonrisa–. De la manera como crece vuestro poder, corremos el riesgo de veros un día ante París. Una noche, me dormiré francesa y me despertaré prusiana.

En el Consejo del 10 de julio, que se celebró en Las Tullerías, retomé el enunciado de nuestras resoluciones insistiendo para que se aplicasen. Drouyn y Randon me apoyaban, pero los liberales como La Valette y Rouher convencieron al soberano de que todo el país se negaba a entrar en guerra. Y Luis salió de su torpeza para declarar:

–Francia no está preparada para llevar a cabo una política de aventura.

Mi voz ya no tenía ningún peso, y casi era la única en mantener mi opinión. No querían tirarse al agua, no querían usar la fuerza. Exageraban los peligros del hoy, para hacernos olvidar los del mañana. En mi impotencia, me sentí muy miserable, y escribí al príncipe de Metternich, que esperaba sumido en la ansiedad:

«Lo único que puedo responderos es que el emperador hará todo lo que está en sus manos para obtener los mejores términos de paz posible con vosotros. Siento una pena profunda y no puedo continuar…¡Si tan sólo pudieseis darles una buena torta!»*

Desesperada, le envié al emperador de Austria una medalla de la Virgen para traerle buena suerte. Algunos días después, me agradeció mis esfuerzos de amistad, diciendo que nunca los olvidaría. Sabrá demostrármelo en el transcurso de los años.

Por ahora, los acontecimientos proseguían su curso, y mi «oficio» de emperatriz tenía sus obligaciones a las que las preocupaciones de la política no podían sustraerme.

La epidemia de cólera hacía estragos en todo el país y, debido al miedo de contagio, encerraban a los enfermos como si tuviesen la peste. Había visitado varios hospitales de París y había ido a Amiens, al día siguiente del desastre de Sadowa, para asegurarme que se habían tomado medidas enérgicas, y se extrañaban de verme dar un apretón de manos a los enfermos y hablar con ellos. La prensa y las autoridades alabaron mi valor, me pusieron por las nubes, pero no tenía ningún mérito. Sabía desde niña que esta enfermedad se propaga por otras vías que no son el aire, y distribuí fuertes sumas para que los cuidados mejorasen.

El 11 de julio me marché con mi hijo para celebrar el centenario de la anexión de Lorena a Francia. En Metz y Nancy el entusiasmo llegó a su punto álgido. La presencia del príncipe imperial enardecía a las masas, a las

* Carta escrita el 10 de julio de 1866 al anochecer. (N. de la A.)

que saludaba con un encanto irresistible. Había crecido y sus réplicas demostraban una extraña madurez. Apenas tenía diez años, y me sentía orgullosa de su porte. Las fiestas fueron magníficas. Cortejos, festines, fuegos artificiales. Se honró el nombre de Estanislao y no dejé de detenerme en Notre-Dame du Bon-Secours, donde descansaban sus restos al lado de los de su hija María Leczinska, la reina generosa. Se me hizo un nudo en la garganta al pensar que esa mujer había experimentado el dolor de perder a su hijo el Delfín antes de que pudiese reinar, y rogué a Dios que no me fuese adverso. En su momento, yo también padecería esa prueba.

El viaje me llenó de energía, y regresé a Saint-Cloud aureolada de ese nuevo período de popularidad que amplificaba mi energía y me otorgaba más fuerza de ánimo. La necesité cuando entré en el despacho de Luis y lo encontré postrado en un sillón. En cuanto nos quedamos a solas, reconoció su error.

–Es a ti a quien debería haber escuchado…

¿Había acertado? Otros acontecimientos lo confirmarían más adelante,* pero ya era demasiado tarde para enmendar el desaguisado. Austria había depuesto las armas. Luis estaba tan abatido que yo temblaba por nuestro porvenir. El emperador no dormía, no comía y apenas se movía. Ni siquiera tenía voluntad de ser comedido, y lo que le gustaba era nocivo para su salud. La confusión reinaba en su mente, que oscilaba sin cesar entre las deci-

---

* En 1874, Bismarck reconoció ante el Reichstag que una demostración de fuerza francesa tras Sadowa lo habría obligado a replegarse rápidamente. Más adelante, declaró al señor de Courcel, embajador de Francia en Berlín: «¿Por qué el ejército francés no cruzó el Rin? ¡15.000 hombres hubiesen bastado! Al ver vuestros pantalones rojos, Alemania del Sur se habría alzado y no sé si hubiese podido proteger Berlín». (N. de la A.)

siones que debía tomar. Tenía los nervios destrozados. Necesitaba un período de reposo si no queríamos provocar nuestra perdición. Me planteaba asumir de nuevo la regencia para permitirle restablecerse, y lo llevé en mi cabriolé para comentarle la idea trotando bajo los árboles del parque. Estaba tan desamparado que no pude sonsacarle ni una sola palabra. A falta de argumentos, sin saber qué decir, me eché a llorar con el alma destrozada.

El recuerdo de aquellos días queda grabado en mi memoria como un punto neurálgico. Fue la fecha crítica, la fecha funesta del imperio. ¡Dios mío, qué caro pagamos nuestras grandezas!

A finales de julio, acompañé a Luis a Vichy. En cuanto llegó, la conmoción moral que acababa de padecer tuvo violentas reacciones sobre su estado físico. Durante varios días creímos que su vida corría peligro. Los médicos Conneau y Corvisart se percataron de los primeros síntomas de la enfermedad que debía hacerlo sufrir tanto en 1870 y que acabaría con él. A pesar de los espantosos dolores, era su obligación recibir a los ministros y tomar resoluciones tan graves como urgentes, porque la opinión pública se volvía contra nosotros. Se alegró mucho cuando Italia recibió el Véneto de nuestras manos, pero Bismarck había rechazado nuestras ofertas de mediación. Entonces se reclamaba a cualquier precio e inmediatamente, una compensación escandalosa a la expansión desmesurada de Prusia. En realidad parecía que los vencidos de Sadowa no fuesen los austríacos, sino nosotros. Incluso llegaron a decir que Francia no había corrido tanto peligro en toda su historia...

Reclamamos a Berlín la cesión de Maguncia y las provincias del Rin, lo que después debía llevarnos a querer conquistar Bélgica y Luxemburgo. ¡A partir de ese momento estábamos en la pendiente que lleva al abismo, la pendiente que ya no se vuelve a subir!

Aunque el emperador se equivocaba en lo que era conveniente llamar «su política de las compensaciones», no por ello yo era menos culpable que él, e incluso quizá lo era aún más, por que sus sufrimientos y su postración le obnubilaban por momentos todo pensamiento. Era por lo tanto responsabilidad mía aclararle las ideas, demostrarle que volvía a equivocarse.

¡Pero no! Yo sólo escuchaba mis propios sentimientos, mi concepción caballeresca del honor y mi impaciencia por restaurar con un golpe maestro nuestro prestigio a los ojos del mundo, y además estaba totalmente convencida de que el ejército francés no tenía igual en Europa. En esas condiciones, ¿podía resignarme al prodigioso crecimiento de Prusia, a la perspectiva de ese nuevo imperio que, por culpa nuestra, iba a concentrar a las puertas mismas del este de Francia cuarenta millones de hombres bajo la hégida de los Hohenzollern mientras la unidad italiana –también obra nuestra– no dispondría de más de veinticinco millones en nuestras fronteras de los Alpes? ¡Por supuesto que no! No podíamos tolerar que eso ocurriese. Puesto que habíamos fallado a la hora de la acción militar, debíamos proseguir nuestra revancha mediante la acción diplomática.*

Fue un fracaso. ¡Es verdad! Pero lo que hicimos, debíamos hacerlo. No teníamos derecho a permitir, por inercia, la transformación de Europa.

* Entrevistas con Maurice Paléologue. *(N. de la A.)*

Pero no estábamos al final de nuestras desgracias. El 7 de agosto partimos para Vichy. Al llegar a Saint-Cloud, Luis estaba tan enfermo y deprimido que tuvo que guardar cama. Entonces un telegrama mandado desde Saint-Nazaire nos anunciaba que la emperatriz Carlota de México había desembarcado. Entrábamos en una nueva tragedia, y no sería la última. El emperador, extenuado, suspiró:

–Ocúpate de ella, Ugénie, no tengo fuerzas para recibirla.

Con el corazón en un puño, la visité en el Gran Hotel donde se alojaba. La encontré muy alterada.

–La situación ha empeorado –me dijo con una voz entrecortada–. Necesitamos ayuda. Quiero ver al emperador.

–Quizá dentro de unos días. Su estado le obliga a guardar cama. Explicadme cosas de Cuernavaca.

Carlota se frotaba las manos para dominar sus temblores.

–Quiero verle mañana –murmuró–. Si no me recibe, irrumpiré en sus apartamentos.

Desmoronada en mi calesa, regresé a Saint-Cloud. La bella *ilusión* de la aventura mexicana se derrumbaba. ¿Qué había ocurrido? Una vez más, los «por qués» y los «si» se entrechocaban en mi mente. Maximiliano no había sabido sacar provecho de lo que habíamos hecho por él. Yo no había querido creer lo que nos decía el almirante Jurien de la Gravière, que encabezaba la primera expedición y recibió a la pareja imperial en México. El archiduque, incompetente y débil, había alzado contra él una fuerte oposición y ni siquiera había sido capaz de mantener una buena relación con el ejército de

Bazaine. Demasiado inconsecuente y demasiado dado a pedir lo imposible. Sus caprichos nos habían costado caros. Ya no podíamos seguirle, y ante el rostro deshecho de Carlota se me hacía un nudo en la garganta.

En la antecámara del castillo, otra preocupación me acechaba. Con la pena reflejada en el rostro, Benedetti, nuestro embajador en Berlín, traía la respuesta de Bismarck a nuestras reivindicaciones.

–Rehúsa cualquier proyecto de cesión y sugiere otras vías para satisfacernos. Si persistimos en no satisfacer sus exigencias, trasladará todas sus fuerzas al Rin.

–¿Y qué hacer con nuestra opinión pública y nuestro prestigio? –suspiré.

–Tendríamos a toda Alemania en contra nuestra para un beneficio ínfimo. Eso es, señora, lo que debo explicar a Su Majestad el emperador.

El destino nos abrumaba. De repente me sentía agotada por todas esas amenazas que se acumulaban, pero no tenía derecho a venirme abajo. Debíamos seguir luchando. ¡Hacer frente a la adversidad! Entre un marido enfermo y el mundo que nos acosaba, ¿cómo conservar la cabeza fría y dominar mis nervios? Un fuego de brasa y un torrente de hielo. Así es como Dios forjaba las almas, y yo me doblaba como las espadas de Toledo… La visita de Carlota estuvo a punto de destrozarme. La recibí arriba de la gran escalinata bordeada por una doble hilera de Cien Guardias, y la conduje a los apartamentos del emperador. Se echó a sus pies y le suplicó que respetase sus compromisos. Con su voz dulce pero firme, Luis le contestó:

–De ahora en adelante me es imposible dar a México ni un escudo ni un hombre más. Su Majestad el emperador Maximiliano podrá sostenerse por sus propias fuerzas o se verá obligado a abdicar…

Carlota se irguió, pálida de furia, y nos miró a ambos con una expresión ausente gritando:

—¡Cómo se me ha podido olvidar quién soy yo y quiénes sois vos!

Mirando fijamente a Luis con sus ojos desorbitados, perdió el control y se puso a gritar:

—Lo salvaréis, ¿verdad? Si no, seréis el diablo. Aunque ya veo que sois el diablo.

Se desplomó en el suelo y Luis, conmocionado, salió precipitadamente de la sala para disimular su turbación. No pude contener las lágrimas y me dejé caer en un sillón, con el corazón torturado por tan horrible escena. Los remordimientos me carcomían. Y aún me torturarían más al enterarme, dos semanas después, de que la pobre Carlota se había vuelto loca. ¿Cómo iba a vivir, a partir de entonces, con ese peso en la conciencia? Los presentimientos más sombríos me atormentaban, y para despejarme de ellos, saltaba dentro de mi «cesta» atada a unos ponis, a los que lanzaba a galope tendido hasta Villeneuve-l'Étang. Al igual que María Antonieta, tenía mi «Caserío», que me aislaba del mundo, donde me despejaba de mis angustias. Detrás del chalé suizo, había hecho instalar, para mi hijo y sus amigos, un terreno de juegos equipado con varios aparatos para sus ejercicios de musculares. Oí la voz de Loulou:

—Mamá, mirad qué bien hago el trapecio.

Con los pies sobre la barra, se balanceaba boca abajo.

—Bravo —dije aplaudiendo.

De repente, patinó y se cayó. De un salto me planté a su lado. Yacía, inerte, tan pálido que creí que había muerto. Recordé la alarma que me hizo estremecer cuando estaba en mi vientre, y se me paró el corazón. ¿El mal presagio? Puse la mano sobre su frente y recé. Loulou volvió en sí y la pesadilla se disipó.

—No hay que alarmarse —me dijo el doctor Conneau después de haberlo examinado—. No es nada grave, sólo tiene el codo dislocado. Un poco de descanso y todo volverá a su sitio.

Lo cogí aparte para hablarle del emperador.

—No me gustan esos altibajos de fiebre que enturbian su mente y esos pequeños dolores que lo consumen.

—Son dolores reumáticos que no deben alarmaros. En cuanto a la fiebre, se debe a un exceso de trabajo y su malhumor, a los acontecimientos de Alemania. Una cura de reposo completa sería la solución.

—Un emperador no puede curarse como un particular. Un soberano nunca está enfermo, decía Luis XIV, reina y muere.

De repente tuve la sensación de que Saint-Cloud nos asfixiaba. El aire estaba cargado a nuestro alrededor, como emponzoñado, y Luis se negaba a consultar a un especialista y se dejaba ir hacia otras «distracciones» que me quitaban las ganas de todo. Desde la muerte de Paca, sentía cómo se cernía la desgracia sobre el castillo. La visita de Carlota había oprimido aún más los velos funestos que nos envolvían hasta ahogarnos, y sólo veía una manera de sobrevivir, ¡marcharnos!

A finales de agosto, llevé a mi hijo a Biarritz con nuestros séquitos respectivos muy reducidos, y con Mérimée, al que había rogado que nos acompañase. En el estado de desamparo en el que me sentía, necesitaba su presencia, que me hacía recordar mi infancia. Conocía mi más íntimo pasado y le confiaba mis pesares, de los que sabía distraerme. Con el que me había guiado, regañado y mimado, dejaba de lado la etiqueta y me permitía decir tonterías como antaño, con toda despreocupación y libertad. Nuestras chiquilladas y nuestras risas se perdían en un tumulto atropellado.

El aire y el ejercicio me devolvieron el gusto por la vida. Con un vestido de algodón sencillo, o una falda corta* y camisa, recorría las calles, entraba en las tiendas para platicar con la gente del pueblo y hacer compras. La casa se llenó a tope. Mi madre, los hijos de Paca y los amigos íntimos, de los que excluía los pedigüeños** y a los quejicas. Se organizaban juegos y meriendas en el campo. También realizábamos largas escapadas, a caballo por las montañas, y en el mar cuando el tiempo lo permitía. Loulou se recuperó de su accidente y participó en todas las actividades. Por la noche, después de cenar, comentábamos los últimos chismes de París, Londres o Madrid; una de mis damas tocaba una pianola y Mérimée nos leía relatos de Turguéniev o su último cuento, *La chambre bleue*. Vivíamos fuera del tiempo, lejos de México, de Italia y de Prusia, y saboreaba esa felicidad apacible que no podía durar.

Luis se reunió con nosotros a finales de septiembre. La fiebre le atacó de nuevo durante una semana y después se curó como por arte de magia. Recuperó el apetito, el vigor y sus palabras ingeniosas. El aire del océano le sentaba de maravilla. Cada día estaba más joven y se puso otra vez a trabajar. Francia no había muerto en Sadowa, decía. Tenía en mente nuevas reformas y un amplio

---

* Falda que llegaba al tobillo, sin la cola habitual de cuatro metros. *(N. de la A.)*
** Para referirse a ellos, Eugenia los llamaban, en su peculiar francés, *les draps mouillés*. *(N. de la A.)*

programa de reorganización del ejército. Al oírle hablar así, recobré el ánimo.

—Estoy preparando el porvenir de nuestro hijo —me confió una tarde.

Caminábamos por un rincón aislado del parque que dominaba una masa negra de rocas golpeadas por las olas. Me cogió de la mano y se detuvo para desarrollar sus pensamientos:

—Mira, Ugénie, he decidido abdicar en cuanto nuestro hijo tenga la edad de subir al trono. ¿Te parece buena idea?

Muda por la sorpresa, le miré un momento antes de contestar:

—Y vendremos a instalarnos cerca de los Pirineos. Pau en invierno, Biarritz en verano. ¿Te parece buena idea?

Me arropó con su brazo y me estrechó contra él murmurando:

—Te necesitaré. ¿Aún quieres ayudarme?

Apoyé la cabeza sobre su hombro.

—¡Cómo puedes ponerlo en duda!

Ya no estaba sola. Había recuperado a mi marido, y mi corazón derrochaba una ternura infinita. En el horizonte abrasado por el sol poniente, largas colas púrpura y oro desgarraban las nubes que se dispersaban con la brisa del anochecer. Al lado de Luis, iba a luchar. Una misma ambición nos unía desde ese momento: edificar una Francia unida y fuerte sobre la cual nuestro hijo reinaría pronto. Esa noble tarea reanimó mi entusiasmo, y regresé a París enardecida. Biarritz, una vez más, nos había devuelto nuestra intimidad en un afecto confiado que reanimaba nuestra complicidad.

La estancia en Compiègne fue muy animada. «Series» brillantes que se embriagaron de entretenimientos para olvidar las sombras de Sadowa, y les serví continuos entretenimientos para tranquilizarlos sobre la solidez del imperio. Bailes, cenas con trajes de gala, juegos, comedias, cacerías, excursiones en faetón, y mientras tanto, en su despacho, Luis se entrevistaba con nuevos ministros y expertos militares, preparando las reformas que se propondrían dentro de poco en la Cámara: una reorganización de nuestro ejército al estilo prusiano que detendría las fuerzas de Bismarck, con un reclutamiento que sobrepasaría el millón de hombres y la fabricación intensiva del *chassepot*, más potente que el fusil de aguja.

La oposición atacó el proyecto, tanto desde la derecha como desde la izquierda. Se negaban a transformar el país en un cuartel.

–Temed verlo transformado en un cementerio gigantesco –vociferó Niel.

El buen mariscal murió dos años más tarde después de haber hecho aprobar la ley, pero con tantas modificaciones y tan pocos créditos que nos faltaron muchas cosas en el momento crítico. El poder del dinero había alterado los instintos bélicos. La idea de arriesgar su vida se había vuelto repugnante a los que se denominaban «gente de bien» y consideraban la militarización una traba para el imperio liberal y las especulaciones financieras. Una joven generación de diputados no había conocido los peligros de 1848, no tenían un reconocimiento particular por el emperador y siempre reclamaban más libertades sin preocuparse por la amenaza de las fronteras. Como presidente de la Cámara, Walewski no tenía la mano de hierro con guante de seda del hábil Morny para hacer entrar en razón a todos los partidarios de la apatía.

–El entusiasmo se está muriendo –dije en un Consejo–. Debemos reanimarlo. Un soldado de a pie muerto en el campo del honor podría dar su nombre a una calle o a una plaza. De esta manera, la devoción y el patriotismo tendrían su publicidad.

Esa idea no fue apoyada. Se me ocurrieron otras. Con el prefecto de Lyon me ocupé de los tejedores de seda afectados por la carestía del algodón; con el prefecto de Marsella afronté el problema de las pensiones de los obreros. En todas partes chocaba con la negativa de los empresarios a que el Estado ayudase ocasionalmente a compensar las obras de caridad privadas insuficientes a todas luces, por considerarlo una injerencia en su administración. Sin perder el ánimo, perseveraba a título oficial y a título privado, conservando esta parte en el incógnito del anonimato.

A finales de enero de 1867, el régimen napoleónico tomó una nueva dirección. El emperador concedió el derecho de interpelación al Cuerpo legislativo y abolió la autorización previa para la prensa. Eso me decepcionó. Estas medidas ponían fin al «imperio autoritario» que acababa de otorgar a Francia quince años de grandeza y prosperidad. Con el respaldo de Rouher, que tenía una capacidad de juzgar tan recta, luché con todas mis fuerzas contra esa resurrección del parlamentarismo. No entendía lo que había llevado a Luis a realizar una innovación tan grave. Sabía que la Constitución de 1852 no podría ser mantenida eternamente y que antes o después deberíamos suavizarla en un sentido más democrático. Me había hablado de ello a menudo, pero sus intenciones eran dejar a nuestro hijo la tarea de restablecer el funcionamiento de las libertades públicas. No podía hacerlo él mismo, puesto que encarnaba en su persona el principio autoritario y que ese principio era su razón de ser. Para no retrasar mucho el acontecimiento, tomó la resolución de abdicar en 1874. Más adelante me enteraría de que su salud le inspiraba serias preocupaciones y ya no se creía capaz de soportar durante mucho tiempo la carga tan pesada del poder supremo.*

–¿Por qué otorgar lo que no se pide y que no se podrá recuperar? –decía Mérimée moviendo la cabeza–. Esas reformas no son ni útiles ni oportunas.

La apertura de la Exposición Universal barrió las preocupaciones de política interior. Hasta el último momento, el asunto de Luxemburgo dejó sobrevolar una amenaza de guerra. Los Países Bajos se disponían a cedérnoslo, pero los diputados alemanes se opusieron. Bismarck le dio al asunto un carácter definitivo, y la conferencia de Londres acabó por proclamar la neutralidad del gran ducado. Nos decepcionó no haber conseguido nada, ahora bien, nos tranquilizó ver pasar el peligro, y los rencores se ahogaron en la embriaguez de la fiesta. París, capital de Europa, recibía al mundo.

Un gran palacio de hierro fundido y cristal construido en la explanada del Champ-de-Mars acogía a los expositores venidos de todos los rincones de la tierra, miles de visitantes se agolpaban para descubrir y admirar «los frutos del genio creador de la humanidad». Nues-

* Relato de la emperatriz a Maurice Paléologue. (N. de la A.)

tros mejores productos eran festejados. Y cuando la gente vio llegar los cortejos de príncipes y reyes, el entusiasmo llegó al punto álgido. Ningún parisiense recordaba haber visto a tantos reunidos al mismo tiempo. Los reyes de los belgas; los reyes de Portugal y de Grecia; los príncipes de Saboya, de Suecia; el príncipe de Gales; el zar de Rusia con sus dos hijos; el rey Guillermo de Prusia y el *kronprinz* acompañados por Bismarck y Moltke; el sultán Abdul Aziz de Turquía; el jedive de Egipto; el hijo del gran taicún de Japón; la reina de Holanda... y tantos más que desfilaron durante las semanas que duró la exposición.

Vinieron unos tras otros, y los recibí en compañía de Luis, sin escatimar esfuerzo para deslumbrarlos y ofrecerles todas las pompas del imperio. Bailes, cenas, galas en la Ópera, almuerzos en la Malmaison, en el pequeño Trianon, grandes veladas en Las Tullerías con espectáculos de luces y fuegos artificiales. Los días pasaban en una magia permanente; éramos aclamados, adulados, felicitados y me embriagaba con todas esas ovaciones que mecían mi corazón y me transportaban a los espejismos de la ilusión. Tras las pesadillas volvía la gloria y se veneraba a Napoleón III, emperador de Europa. Me hacían cumplidos sobre la belleza de nuestra ciudad tras las transformaciones del señor Haussmann, la calidad de nuestra industria, la belleza de nuestros paños, las creaciones inigualables de nuestros diseñadores, de los cuales el más famoso era monsieur Worth, y todos los lugares de placer donde cada uno iba a perderse o poner punto final a la noche. Francia era poderosa por todas sus riquezas, que se extendían ante la mirada del mundo. Y Luis sorprendió a sus invitados mostrándoles su ejército. Una parada militar espléndida en Longchamp ante una galería de cabezas coronadas. En primera fila, sentados, estaban el zar, el rey de Prusia y Bismarck, los tres muy atentos a la parada impresionante de nuestros 40.000 dragones, lanceros, granaderos, zuavos, coraceros y carabineros.

A la vuelta se produjo un incidente. En medio del Bois de Boulogne, dispararon al zar, que iba sentado en el coche del emperador. Por milagro la bala no le dio. Detuvieron al hombre, un polaco que pedía venganza. Alejandro quiso marcharse inmediatamente. Me presenté en el Elíseo y lloré en sus brazos suplicándole que no rompiese nuestros acuerdos. Esa misma noche, después de la cena en Las Tullerías, los jardines se iluminaron y una cruz de San Andrés se elevó en su honor por encima de los arriates. Nos dejó al día siguiente sin haber firmado la alianza que Luis esperaba.

El 1 de julio era el día de distribución de los premios. Una ceremonia solemne durante la cual Loulou debía entregar las medallas a los expositores. Era su primer acto oficial en calidad de príncipe imperial. Queríamos acostumbrarlo paulatinamente a su futuro oficio. Me estaban peinando cuando Luis irrumpió, muy pálido, blandiendo un despacho: ¡El emperador Maximiliano, condenado y ejecutado en Querétaro!

La sangre se me heló en las venas y no sé cómo aguanté para no desmoronarme. Perdida, miraba a Luis:

–¿Qué hacemos? ¿Anulamos el acto?

–Pido que lo confirmen, pero no debemos hacer ningún cambio en el programa.

Abatida, deshecha, caí de rodillas ante el crucifijo de ébano de mi oratorio. Sólo Dios podía darme la fuerza de fingir alegría y despreocupación cuando la tristeza y el remordimiento me carcomían el corazón. Debemos encontrar en el deber el valor de cumplirlo, me decía Paca. Y yo repetía la frase de Job: «¡La Providencia nos aplasta, pero que se cumpla su voluntad!».

Con la muerte en el alma, me puse cuidadosamente el vestido blanco que acababa de escoger, realzado con un tembleque de diamantes y un albornoz blanco bordado en oro. Con gran fausto me dirigí al Palacio de la Industria, rodeada por mis damas con vestidos de tul preciosos. Criados con trajes verde y oro precedían la calesa descubierta. Apuestos escuderos caracoleaban al lado de las portezuelas y los gigantes de los Cien Guardias nos seguían al trote. Los parisienses me saludaban agitando sus sombreros y gritaban:

—¡Qué guapa!

Nadie imaginaba el profundo desamparo de mi alma. Mandaba a la máscara que era mi rostro que sonriera y encontrara las palabras amables que debía pronunciar. Mi hijo estaba guapo con su traje de terciopelo negro engalanado con la cinta de la Legión de honor. Cumplió su papel con dignidad. Luis sonreía a la multitud, pero cuando nuestras miradas se cruzaban, veía en él todo mi sufrimiento. En la ceremonia, le entregaron otro despacho. El drama se confirmaba, y tuve todas las dificultades del mundo para conservar el rostro sonriente y lleno de gracia. Al llegar a Las Tullerías, mis nervios estallaron y me desmayé al entrar en mis apartamentos.

Con el aislamiento y el rezo, me sobrepuse al dolor. Desde lo más hondo de mi conciencia, lloré con lágrimas de sangre e hice penitencia, pero no podía perdonarme haber insistido tanto para hacer partir a Maximiliano y Carlota. Él había perdido la vida y ella la razón. Estaba horrorizada. ¿Cuál sería el precio de mi culpa? Luis encontró las palabras apaciguadoras al explicarme que Francisco José no sentía ninguna animosidad hacia nosotros, y Metternich sugirió que podríamos visitarlo. Tenía mis dudas. No conocía a la familia imperial y temía parecer demasiado frívola o demasiado trágica pero, sin embargo, deseaba manifestar mi pesar.

El encuentro tuvo lugar a principios de agosto en Salzburgo, y la emperatriz Isabel me dijo algunas palabras reconfortantes. Mientras los dos emperadores hablaban de política, me hizo descubrir los encantos de la ciudad tranquilizándome sobre sus sentimientos, desprovistos de rencor. Mi corazón se llenaba de calor por haber ganado una amiga. Me prometió visitar pronto París, pero una dulce esperanza la retuvo en Viena, y Francisco José llegó solo en los últimos días de octubre. Para acogerlo, habíamos acortado nuestras vacaciones en Biarritz, donde había escapado por milagro a un naufragio. El emperador austriaco visitó la capital y el Palacio de la Industria bajo los clamores calurosos de los parisienses, que marcaron así su simpatía tras Sadowa. Con dedicación, lo traté a cuerpo de rey con mil atenciones y toda la suntuosidad de que éramos capaces. Luis me había confiado su esperanza de firmar una alianza que le haría menos vulnerable en relación con Prusia. El emperador de Austria regresó a su país encantado, pero sin firmar nada.

París se vaciaba, los últimos farolillos se apagaban. La multitud refunfuñaba, los periódicos emitían sus críticas. Los problemas, ocultos durante un tiempo, surgían de la sombra: México, Alemania, la economía a la baja, la bolsa estancada, y ese fusil de aguja al que Bismarck debía su victoria. En el tren que nos llevaba a Compiègne, Luis suspiró:

—Manchas negras oscurecen nuestro horizonte… Hemos tenido muchos reveses…

CAPÍTULO XVI

Un viento alevoso soplaba sobre París. El trágico final de Querétaro desencadenó la crítica y los ataques en mi contra. Era «la española» y soportaba el peso de todas las derrotas, de todas las desgracias: México, Sadowa, las malas cosechas… De todo, «¡la culpa es de la española!».

Lo murmuraban en los salones, luego en la Cámara, más tarde lo propagaron por las calles los periódicos. Algunos ministros, a los que mi presencia en el Consejo irritaba, me hacían una guerra insidiosa, desnaturalizaban mi papel y me atribuían pretensiones ridículas. Hacían el preludio de las chocarrerías más infames con las que Rochefort me iba a perseguir pronto en el semanario *La Lanterne*.

Una nueva expedición de Garibaldi sobre Roma fue detenida en Mentana por nuestras tropas, enviadas otra vez con urgencia para salvar al Papa. La prensa lanzó inmediatamente todos los improperios contra el mariscal Niel, que había alabado demasiado sus *chassepots,* y contra mí, «la emperatriz belicista que apoyaba la intervención». Luis tenía fiebre en este final de otoño de 1867. Instalada a la cabecera de su cama, leía los comentarios que había subrayado con lápiz azul:

«Nuestros *chassepots* han hecho maravillas, pechos italianos sirven de mira…», «La Española triunfa y el rei-

313

no de Felipe II comienza». Otra hoja proclamaba: «El imperio liberal ha acabado, comienza el imperio clerical...».

—No se atreven a atacarme a mí y la toman contigo —dijo con voz cansada.

Un ujier trajo un gran sobre sellado «a la atención del emperador, de parte del duque de Persigny». Luis lo miró sin abrirlo:*

—Estoy seguro de que es una recriminación —suspiró—. Léemela, no tengo fuerzas para hacerlo.

Era una larga diatriba contra mí, contra mi presencia en el Consejo de ministros, contra las odiosas ideas que personificaba en el gobierno y que arrastraban el imperio a su ruina. Por decencia, envolvía sus acusaciones con palabras pomposas y gentiles dedicadas a mi belleza y a la nobleza de mi alma, pero no por ello la inculpación dejaba de ser odiosa. Ante cada palabra temblaba de ira. Luis me escuchaba, impasible. Al final estallé de indignación:

—No quiero exponerme más a semejantes vejaciones. ¡Es demasiado injusto, demasiado humillante!

Yo hablaba, hablaba, no era consciente de mis actos. Luis me repetía con suavidad:

—Tranquilízate. Ésta es una nueva estupidez de Persigny que no tiene ninguna importancia. Estimo que tu lugar está en el Consejo de ministros y no debes dejar de asistir. ¡Aquí, el que manda soy yo!

Cuando adoptaba este tono de afectuosa autoridad, sólo me quedaba darle la razón. Así que me callé. Para tranquilizarme, escribí a Persigny una carta bastante subi-

* Relato de la emperatriz a Maurice Paléologue. (N. de la A.)

314

da de tono que rompió nuestras relaciones. Desde el día de mi boda, me honraba con su odio envenenado. Ya en aquella época, había dicho como al desgaire, en un tono lleno de desprecio: «¡La española! ¡La extranjera!».

En virtud de los eminentes servicios que había desempeñado por la causa napoleónica, consideraba que el emperador y el imperio le pertenecían como cosa propia. Era él quien los había creado. Así que era el único cualificado para dar consejos, no soportaba que otra persona se interpusiera entre el emperador y él, y me perseguía con sus celos, enfados y arrebatos. Luis lo había tolerado, en recuerdo del pasado. Sin embargo, un día tuvo que ceder y lo despidió. Pero Persigny se ensañaba en destruirme y no paraba de extender su veneno que alimentaba las cábalas montadas en otras oficinas donde se burlaban con saña y decían: «Las mujeres no tienen sentido político, su lugar está en la casa hablando de trapitos».

Sin retirarme totalmente, puesto que Luis se negaba a ello, me mantuve a distancia. Acuciada por las dudas, desilusionada, me desinteresaba de lo que ocurría y me limitaba a cumplir el programa de mis obligaciones siempre alerta de no cometer ningún fallo. Y gruñía ante Pepa:

—En Francia, al principio se puede hacer todo; pero al cabo de un tiempo ¡uno ni siquiera puede sonarse la nariz!*

Ya no tenía ni ánimos ni energía. Me convertía en un oso y me encerraba en «mi rincón». Clasificaba mis libros favoritos en la biblioteca: Bossuet, Chateaubriand, Lamartine, De Maistre, Victor Cousin, Donoso Cortés. El

* Palabras de la emperatriz recogidas por una de sus damas. (N. de la A.)

Don Quijote siempre permanecía sobre mi mesa, donde había colocado en fila los retratos de todas las personas que amaba. Mi padre era el primero. Devoraba los libros de historia, escuchaba las lecciones de Fustel de Coulanges y tomaba apuntes en grandes cuadernos con mis iniciales impresas; y después meditaba, sentada frente a mi caballete. Lo había sacado del desván con las pinturas y los pinceles. Al igual que antaño, en la plaza Vendôme, era el confidente de mi melancolía.

Sólo una llama seguía alumbrando mi corazón: el porvenir de mi hijo y su educación de príncipe. Tenía un nuevo preceptor, el señor Filon, y un buen gobernador, el general Frossard. Se había recuperado totalmente de su operación, un absceso en la cadera que no había dejado secuelas. Me asustaron diciendo que se quedaría paralítico. Pero corría y montaba a caballo con una destreza sin igual. Era mi única alegría y mi esperanza. Pronto tendría la edad para coger las riendas y podríamos descansar. Él también padeció los insultos. Como aquel día de junio de 1868 en el que distribuyó los premios del Concurso general. Uno de los premiados era el hijo del general Cavaignac, que se negó a dejar su asiento y unas voces gritaron a su alrededor: «¡Viva la República!».

De vuelta en Fontainebleau, Loulou se echó en mis brazos llorando. Y yo sollozaba:

—¡Mi pobre hijo! Ahora ya no nos perdonan nada.

—Tarde o temprano debe conocer a la oposición —replicó Luis más filósofo.

Yo sólo era un saco de nervios. La tensión era demasiado fuerte, y eso fue la gota que colmó el vaso. Una crisis terrible de carcajadas estridentes, de gritos, de temblores horribles como si el diablo me poseyera. Había perdido el control, estaba a punto de volverme loca. Sólo de madrugada pude conciliar el sueño. Un nuevo medicamento llamado cloral hizo efecto.

En el mes de agosto, Luis padeció otra crisis con una fiebre tan alta que deliraba. Biarritz lo ayudó a recuperarse, pero al regresar, allí estaba el asunto Baudin que volvía a aparecer sobre la mesa con el juicio de Delescluze y el discurso candente de Gambetta que lanzaba abiertamente pullas contra el Dos de diciembre. Parecía que estuviésemos en una plaza sitiada. Apenas terminaba un asunto, otro empezaba. Triste y abatido, Luis se había vuelto «inamusable»* y se sumía en alucinaciones sombrías. ¿Cómo no adivinar sus motivos?

–Llevas el Dos de diciembre como una túnica de Nessus –le dije.

–Pienso constantemente en ello.

–Un golpe de Estado es como las cadenas del preso; uno las arrastra por todas partes y al final paralizan las piernas.

Luis seguía su política de liberalización y cada día aparecían periódicos más hostiles. El año 1869 empezó con un ambiente de intensa agitación. Las elecciones de mayo supusieron un avance claro de la oposición, y las «batas blancas» invadieron los bulevares cantando *La Marsellesa* –prohibida–, como una llamada a la revolución.

–Europa es un polvorín –decía Mérimée–. Bastaría una chispa para hacerlo arder todo.

Fue un año muy triste para el imperio.** En el exterior, Prusia amenazante, Italia ingrata, las otras potencias

* Palabra de la emperatriz recogida por la reina de Holanda. *(N. de la A.)*
** Relato de la emperatriz a Maurice Paléologue. *(N. de la A.)*

317

poniendo mala cara, rencorosas… En el interior, la inquietud, el desafecto, una prensa ignominiosa repleta de insolencia y mala fe, huelgas continuas, manifestaciones tumultuosas, el régimen criticado por todas partes. Incluso los que tenían más interés en que se mantuviese la dinastía se deleitaban leyendo cada semana *La Lanterne* de Rochefort o *Le Nain Jaune*. Un viento de locura soplaba por toda Francia. Además, el emperador estaba enfermo, sombrío y desanimado, sólo veía alrededor de él presagios funestos. Un día me entregó una gaceta de Roma, publicada con censura del Vaticano, que anunciaba… ¡nuestro próximo funeral!

Ese año no hubo ni Fontainebleau ni Biarritz. Mi primo Ferdinand de Lesseps terminó el canal de Suez. Una empresa extraordinaria que yo había respaldado con todas mis fuerzas. Conseguí lo imposible y su triunfo era el de Francia. El jedive nos había invitado para la inauguración solemne, fijada para el 18 de noviembre. Luis prefirió abstenerse. Su salud y las tensiones políticas lo retenían. A pesar de ello, fijó mi itinerario y decidió que hiciera un alto en Constantinopla para apaciguar al sultán que había amenazado a Egipto durante el verano. El viaje tomaba proporciones mágicas. Con la cabeza llena de sueños, partía al descubrimiento del misterioso Oriente que, desde la infancia, había fascinado mi imaginación en los palacios de Sevilla y Granada.

¡Con qué excitación me preparé para esa aventura! El modista Worth, que había abolido el miriñaque, diseñó para mí un vestuario deslumbrante, y rogué a Maspero que nos diese conferencias sobre las civilizaciones que íbamos a conocer. El 30 de septiembre salí de París con el séquito habitual de damas y chambelanes, mis sobrinas María y Luisa y mi amiga Cécile Delessert. El tren hasta Venecia, una parte del Monte Cenis atravesado a pie –el túnel aún no estaba acabado–, el peregrinaje al monumento de Magenta a la luz de las antorchas, la ciudad del *dux*, donde embarcamos a bordo del *Aigle* tras una velada maravillosa en el Gran Canal, envueltos en una magia de palacios iluminados. Rodeado por centenares de góndolas, el yate imperial levó anclas hacia Atenas, donde presenté mis respetos al rey Jorge y a la reina Olga, y escandalicé a los que me acompañaban al confesar mi indiferencia por los restos de la antigua Grecia. La Acrópolis y el Partenón para mí sólo tenían una belleza fría e inexpresiva; los antiguos griegos me irritaban:

–Unos charlatanes insoportables que vivían perpetuamente en guerras intestinas, altercados e intrigas; en definitiva, gente ingobernable.

Ante Constantinopla la cosa fue totalmente diferente; me quedé extasiada, emocionada ante el misterioso esplendor de sus cúpulas y minaretes, el Bósforo donde se reflejaban los palacios sublimes alineados en sus orillas, y el Cuerno de Oro en una deslumbrante blancura nimbada de sol. En los muelles, en las ventanas y sobre los tejados, la multitud vestida con trajes multicolores nos aclamaban. Retumbaba el cañón, centenares de barcas surcaban las aguas del río. En un caique dorado conducido por veinte remeros, el sultán Abdul Aziz vino a mi encuentro. Las salvas atronaron el aire cuando subió a bordo de nuestro barco, vestido con una larga túnica de seda con el cuello y las mangas doradas. Me acompañó ceremoniosamente bajo el dosel de terciopelo rojo ribeteado de oro de su embarcación para llevarme al palacio de Beylerbey, que puso a mi disposición:

–¡Oh, Majestad –exclamé–, me parece estar soñando, y temo despertar!

Durante una semana me quedé literalmente deslumbrada por el esplendor del decorado: columnas, mármoles preciosos, techos deslumbrantes con una cantidad de arabescos, profusión de alfombras, cortinas en un derroche de oro y colores, y los mil perfumes de los jardines encantados. Entre festines y cenas de gala, me concedí un tiempo para deambular por el bazar y me embriagué con sus perfumes; recé en Santa Sofía y visité el harén de Topkapi. La sultana Validé me sorprendió con su fuerte corpulencia, pero la esposa favorita, de una belleza sorprendente, alfombraba a mi paso el suelo con pétalos de rosas, y sus mujeres vestidas con velos se agitaban como cotorras asustadas. La víspera de la partida, me hicieron regalos magníficos. Uno de ellos, sin embargo, fue un suplicio: una alfombra hecha de *petit point* que representaba el retrato del emperador con bigote y cabellos naturales. Un espanto repugnante que acepté con profundo reconocimiento. Mis conversaciones con el sultán fueron un éxito; ninguna nota en falso debía ofenderle. Turquía me había hechizado y la dejé prometiéndome volver. Y lo haría mucho más tarde, con el corazón destrozado.

A principios de noviembre, atracábamos en el puerto de Alejandría. El visir Ismael pachá vino a darme la bienvenida, y me condujo a El Cairo a bordo de un tren especial. En el corazón de la ciudad, a orillas del Nilo, habían decorado el palacio de Gesireh, que sería destruido después de mi partida. Allí me esperaba una sorpresa, un carruaje tirado por ponis, copia exacta del que tenía en Saint-Cloud. En el interior, todo lo había llevado de París para que no me sintiese desplazada. El jedive quería ser el genio bueno que me concedería todos mis deseos. Si evocaba los jardines de Granada durante la cena, a la mañana siguiente descubría, bajo mis ventanas, un arriate de naranjos plantados durante la noche. No sabía qué hacer para deslumbrarme y salpicó de detalles extraordinarios todos los instantes de mi estancia. Cena en el harén, donde las mujeres llevaban vestidos dignos de *Piel de Asno*, visita a la ciudad, al bazar *Khan Khalili*, donde se amontonaban todos los tesoros de la tierra, velada con los derviches, y ese viaje por el Alto Egipto con Mariette Bey que nos hacía de guía.

La marcha por el Nilo la hicimos en *dahabieh*, una flotilla de siete barcos lujosamente decorados con alfombras de Aubusson, espejos y sofás. Cuando poníamos pie en tierra, se levantaban unas tiendas magníficas, y un ejército de sirvientes con librea nos servían comidas espléndidas. El calor incomodaba a mis damas, que comían plátanos para no caer enfermas. Tocada con una especie de campana en forma de melón hecha con médula de saúco y cubierta con tul, soportaba los ardores del sol y no sentía cansancio alguno en mis escapadas en dromedario. El desierto me había devuelto la salud.

Nuestro cortejo se deslizaba lentamente en el silencio de las orillas arenosas punteadas de palmeras. Karnak, Luxor, Asuán, Abu Simbel, entraba en otro mundo donde la muerte no conllevaba la anulación, sino un desdoblamiento, un perfeccionamiento en una apariencia de vida. Ese pensamiento me perturbaba, tan opuesto a nuestra concepción de la descomposición y la destrucción total. Desde la muerte de mi hermana no aceptaba que un ser joven y bello se convirtiese en pocas horas en un espectáculo de horror. Una noche, bajo las estrellas, meditaba sobre todo eso. Una de mis damas vino a reunirse conmigo. Ella también estaba desconcertada, pero defendía la tesis cristiana de la muerte como rescate del pecado, la corrupción de la carne para una redención del alma con ansias de eternidad.

–Sin embargo, me gusta esa idea de supervivencia –le dije–. Confiere a los egipcios una grandeza real. Del *Libro de los Muertos* he copiado un encantamiento; opino que es la más bella plegaria del hombre ante su juez:

> Homenaje a ti, Dios gran señor de Verdad y de Justicia; he venido a ti, oh mi Señor. Me presento ante ti para contemplar tu perfección...

Los rayos de luna albeaban la arena y veía a lo lejos la masa de una tumba emergiendo de la onda que la reflejaba. Ya no sabía bien dónde me encontraba. Por la mañana, la flotilla puso rumbo a El Cairo. Encerrada en mi camarote, escribí a Luis, que permanecía al lado de mi hijo:

> Lejos de los hombres y las cosas, se respira una tranquilidad que sienta bien y me imagino que todo va bien, porque no sé nada. Estoy íntimamente convencida que la coherencia en las ideas es la verdadera fuerza. No debes desanimarte, avanza por el camino que has inaugurado. El buen camino en las concesiones otorgadas...
>
> Hablo sin ton ni son, porque estoy predicando a un converso que sabe mucho más que yo, pero debo decir algo, aunque sólo sea para demostrar lo

que ya sabes, que mi corazón está con vosotros y si, en los días tranquilos, mi mente se pasea por los espacios, es con vosotros con quienes quiero estar en los días de preocupación e inquietud... Mi vida está terminada, pero vuelvo a vivir en mi hijo, y creo que son las verdaderas alegrías, las que atravesarán su corazón para llegar al mío...*

El gran día se acercaba. Sólo tuve tiempo de ver las Pirámides bajo un sol estrellado, galopar de una a otra montada en burro, dejando atrás a los guías egipcios, asombrados por mi rapidez que les dejaba muy atrás. Por fin me detuve ante la Esfinge magníficamente iluminada que se alzaba como un faro deslumbrante en la oscuridad de la noche. La observé, pensativa, y me pregunté qué habría pensado de ella Bonaparte cuando la vio.

El 16 de noviembre, el *Aigle* entró en la ensenada de Port Said, que parecía un bosque por la cantidad de mástiles. «Hurras» por doquier se alzaron hacia el cielo en un inmenso clamor, y ochenta naves que enarbolaban el gran empavesado nos saludaron con sus salvas. Rodeada por mi gente, tras el portalón, recibí dignamente todos esos honores que rendían a Francia. Uno a uno, reyes y príncipes subieron a bordo del barco y me saludaron con respeto. El jedive, el emperador de Austria, el kronprinz de Prusia, el príncipe de los Países Bajos, el emir Abd el Kader... El primo Ferdinand también estaba allí y se emocionó mucho cuando el obispo de Alejandría bendijo el canal e hizo cantar un *Te Deum*. En el mismo momento, desde todos los minaretes se alzaron las salmodias de los

---

* Carta citada por Augustin Filon. *(N. de la A.)*

muecines. El cañón retumbaba y rugía la inmensa multitud que se agolpaba tras las barreras con gritos como: «¡Viva Francia! ¡Viva Bunaberdi!».*

Desde la otra punta del mundo celebraban al vencedor de las Pirámides, y el nombre de los Bonaparte seguiría siendo glorificado por la obra de Lesseps. Mi corazón se elevaba hasta las nubes.

El 18 de noviembre a las ocho de la mañana empezaba la inauguración solemne. En una magia de luz, bajo el cielo de Egipto de un azul resplandeciente, esperaban cincuenta naves empavesadas. Ferdinand de Lesseps estaba a mi lado, tan nervioso como yo. Durante la noche, sus hombres habían extraído del canal una roca olvidada sobre la que se había escollado una falúa. En un silencio impresionante, el *Aigle* encabezó el cortejo. Los yates del jedive, del emperador Francisco José, del príncipe real de Prusia, del príncipe Enrique de los Países Bajos me seguían a menos de ciento veinte brazas. Las poblaciones de todas las ciudades y los pueblos se habían reunido en las orillas y nos saludaban con sus gritos frenéticos: «¡Viva Bunaberdi!», repetían sin parar.

El espectáculo tenía una magnificencia tan prodigiosa y proclamaba tan alto la grandeza del genio francés, que no podía contenerme. El Kantara, el lago Timsah y el oasis de Ismailia donde el jedive había hecho construir un palacio para recibirnos; un baile espléndido al que asistí con un vestido de satén capuchino, engalanado con puntos de Alençon, un tul tejido de plata y alhelíes. En la frente y sobre los hombros llevaba mis mejores diamantes. La horrible pesadilla que había traído

* Nombre que los egipcios habían dado a Bonaparte en el momento de la expedición de Egipto. (*N. de la A.*)

324

de París y las noticias inquietantes recibidas en El Cairo se disiparon de repente como por arte de magia. Al día siguiente estábamos en Suez, en el mar Rojo, puerta de Extremo Oriente. A partir de ese día la ruta de las Indias seguiría otro camino, y Francia se llevaba el mérito de ello. En ese día, el país triunfaba. Una vez más pensé que un gran porvenir esperaba a mi hijo, y rogué a Dios que me asistiese en la ardua tarea que me incumbiría pronto, si la salud del emperador no mejoraba. ¡Quién me iba a decir entonces que un año después seríamos destronados!

En Port Said el *Aigle* puso rumbo al norte hacia la otra orilla del Mediterráneo, y dejé detrás de mí, como un bello espejismo, las mágicas imágenes de ese viaje de *Las mil y una noches*. Allí había sido sultana, faraona, exploradora intrépida embriagada de libertad, antes de brillar con todo mi esplendor como soberana del mundo, adulada por todos los reyes de la tierra. Todos sus momentos permanecerían grabados en mi memoria para siempre. ¡El último de los mejores recuerdos de mi vida!

Con el frío del invierno, París, siempre dividido, temblaba de inquietud, y su malestar se infiltró en mi ser. Varios rumores corrían a propósito de Prusia, pero Luis proseguía su obra de reforma. Desde el mes de enero de 1870, restablecía el régimen parlamentario y pedía a Émile Ollivier formar gobierno. Me abstuve de participar en los asuntos de Estado. Había tomado esa decisión antes de partir para Oriente. La tragedia de México me había servido de lección. Ya no quería exponerme. Como lo anunciaron los periódicos, no deseaba que se me atribuyesen opiniones que no seguía, y una influencia que no deseaba para nada ejercer. Me retiré de toda actividad pública y me consagré a partir de ese momento a las obras sociales y caritativas. Hacía mi oficio con aplicación, por el bien del país y el asentamiento del imperio.

Fue entonces cuando un escándalo salpicó a nuestra familia y se reavivaron las calumnias. Pierre Bonaparte, hijo de Lucien, había matado de un disparo al periodista Victor Noir. Le faltó tiempo a la prensa para publicar los panfletos más sórdidos. En virtud de las libertades concedidas, nos insultaron a gusto comparándonos a los Borgia. Y aprovecharon para denigrarme. Me encogía de hombros al leer que me llamaban «la Badinguette»* o «la mujer de César». Pero me hirieron en lo más hondo las canciones inmundas, como las tituladas *Proceso a la Montijo* o *Genealogía mercante de la emperatriz de los franceses*. Insultaban a mi madre por mi culpa, sin otro motivo que la política. Me tragué ese nuevo insulto sin emitir ninguna queja; al igual que los pájaros tristes, callaba.

Me ocupaba de mi hijo y mis sobrinas, que seguían permaneciendo a mi lado; velaba por la buena marcha de sus estudios, repasaba la prensa cada mañana, y me sumergía en todos los libros de historia que caían en mis manos. Luis parecía tener éxito con su política liberal. En mi rincón desaprobaba en silencio verlo abandonar poco a poco sus prerrogativas y haberse convertido en *una máquina de firmar*. Decidió consultar al país por medio de un plebiscito con el objeto de saber si el pueblo aceptaba las nuevas instituciones. Es una locura, dije para mis adentros. La respuesta de París me hizo temblar. Un «no», sinónimo de revolución. Pero el resto del país las apro-

---

* Nombre dado en referencia a Badinguet, el albañil cuya identidad tomó el emperador cuando huyó del fuerte de Ham. (*N. de la T.*)

bó y Luis obtuvo un nuevo triunfo. En plena noche siete millones y medio de voces lo respaldaban. Abrazados, lloramos de alegría. El imperio estaba asegurado. Ese voto consagraba a nuestro hijo, y nuestro primer gesto fue correr hacia su habitación para mostrarle los resultados:

—¡Viva nuestro pequeño emperador! —le dijimos abrazándolo.

La esperanza volvía a brillar. Ahora bien, me preocupaba la salud de Luis. Dolores y aturdimiento se alternaban. No conseguía recuperarse del todo de una crisis de cólicos nefríticos, la más larga y espantosa de cuantas había sufrido. Parecía anonadado. Habíamos dejado el palacio de Las Tullerías para trasladarnos a Saint-Cloud, donde la vida era más sosegada. Una vida de corte sin frivolidades, rodeados por nuestros muchachos, que nos animaban con su alegría despreocupada. Mérimée también venía a trabajar en los archivos de Alba que le había confiado y nos leía su último cuento, *Lokis*, que me había dedicado.

A finales de junio, Luis aceptó por fin ver a un especialista. El doctor Germain Sée lo examinó el 2 de julio en presencia de los médicos habituales: Nélaton, Ricord, Fauvel y Corvisart. Después de largas conversaciones a las que no asistí, entregó sus conclusiones en un sobre sellado al primer médico del emperador, nuestro viejo amigo Conneau, que no creyó oportuno enseñármelas y sólo me habló de reúma y cistitis, para lo que prescribió nuevos tranquilizantes.

El 3 de julio, un despacho proveniente de Madrid nos puso al corriente de que el general Prim, que había provocado la caída de la reina Isabel dos años antes, ofrecía el trono a un Hohenzollern. La prensa inmediatamente se desató y convirtió al país en un hervidero:

327

Somos treinta y ocho millones de prisioneros si esa noticia no es falsa. Lo será si lo deseamos. ¿Es capaz el Gobierno de quererlo?

La Cámara era también un hervidero y el ministro Gramont fue aclamado cuando amenazó con declarar la guerra si no se retiraba la candidatura. El emperador no quería meterse en un conflicto armado. Por mi parte, echaba chispas, es cierto, al ver a España en manos de un extranjero y Francia en una tenaza prusiana, amenazada con perder su rango en el mundo. Sin embargo, temía la explosión que presentía.

–Dios quiera que no haya guerra –le confié a Paulina de Metternich–. Pero la guerra comprada al precio de la deshonra también sería una gran desgracia, y Francia no lo soportaría.

Mientras tanto, palabras terribles llegaban a nuestros oídos: «¡La candidatura Hohenzollern es otro Sadowa!».

Desde hacía cuatro años nuestros adversarios más encarnizados, orleanistas, legitimistas y republicanos, no se cansaban de echárnoslo en cara. Cada día reavivaban nuestro dolor hurgando con el cuchillo en una herida. Habían acabado por hacer creer a toda Francia que en 1866 le habíamos infligido una vergüenza imperdonable, como no había experimentado ninguna desde Rossbach. Y cada día, en Saint-Cloud, los generales venían a repetirnos: «¡Jamás nuestro ejército ha estado así, mejor provisto, mejor aguerrido! ¡De veinte posibilidades, diecinueve están a nuestro favor! Nuestra ofensiva será tajante. Partiremos Alemania en dos y nos comeremos a Prusia de un bocado. ¡Sabremos reencontrar el camino de Jena!».

¿Cómo no estar impresionada cuando oficiales de la talla de Lebeuf, Canrobert, Vaillant, Bourbaki y Galliffet nos garantizaban la victoria? Pusieron caras largas cuando se retiró la candidatura. Luis se regocijó:

–Estoy contento de que todo termine así –me dijo enseñándome el despacho–. Una guerra siempre es un asunto grave.

Pero los diputados de la Cámara manifestaron su escepticismo con violencia.

–Prusia se burla de vos –gritaban al jefe del gobierno–. Provocará vuestra caída.

–Insuficiente e irrisorio –contestaban los periódicos–. Sadowa de salón… ¡Cobardía!

El 12 de julio, Gramont llegó a Saint-Cloud. Eran las cinco de la tarde. Luis lo recibió en mi presencia para oírle hablar de las «garantías» que el Cuerpo legislativo exigía del rey Guillermo.*

–Si no las obtenemos –decía–, Francia quedará en ridículo, habrá una explosión de furia contra el emperador y eso provocará el fin del imperio.

Aprobé lo que dijo e incluso lo apoyé, y Luis no hizo ninguna objeción. Estaba convencida desde hacía tiempo de que nos habíamos metido en la boca del lobo, que el imperio liberal nos precipitaba al abismo, a la peor de las revoluciones, la del desprecio que se llevó a Luis Felipe. Tras Sadowa y México, no podíamos volver a someter el orgullo nacional a otra prueba. Necesitábamos una revancha. Dios era testigo que en mi mente no separaba Francia del imperio; no concebía la grandeza y la prosperidad francesas fuera del régimen

---

* El relato de esta entrevista es el de la emperatriz a Maurice Paléologue. *(N. de la A.)*

imperial. Y puesto que la salud del emperador empeoraba de forma alarmante, debía sobre todo preocuparme por transmitir a nuestro hijo una potencia intacta. A través de él se haría el rejuvenecimiento de las instituciones napoleónicas.

Por eso apoyé a Gramont. Después deliberamos sobre la necesidad de poner término a las maquinaciones ofensivas de Bismarck. No deseábamos una guerra, pero tampoco la temíamos. Nuestro ejército nos parecía invencible y contábamos con fuertes alianzas.

Tres días después, cuando Bismarck nos insultó a la cara con el despacho de Ems, al hacer creer a Europa que el rey Guillermo había despedido de forma desdeñosa a nuestro embajador, ya no podía ser cuestión de salvar la paz. Estábamos bajo el golpe de un insulto directo, brutal, mortificador. Debíamos aceptar el desafío. ¡Ya sólo podíamos escoger entre la guerra y la deshonra!

Una ola de patriotismo recorrió toda Francia. París, hostil al imperio, se mostraba admirable de entusiasmo y resolución. En los bulevares, multitudes enardecidas no se cansaban de gritar: «¡A Berlín! ¡A Berlín!».

Ya no podíamos echarnos atrás. Habríamos sublevado a todo el país en nuestra contra. Ninguna fuerza humana podía impedir ya la guerra. Y cuando, el 15 de julio, Émile Ollivier anunció una propuesta del gobierno, fue votada por aplastante mayoría. En la terraza de Saint-Cloud esperaba yo los resultados yendo de arriba abajo para engañar mi ansiedad, cuando un chambelán me trajo la noticia. Se extrañó al verme palidecer, y repliqué con humor:

–¿Cómo no voy a sentirme afectada? ¡El honor de Francia está en juego!

A lo lejos, París destellaba en un resplandor de miles de luces y los acentos de *La Marsellesa* subían hacia el cielo. Todo vacilaba a mi alrededor. Imaginaba el desastre si no conseguíamos la victoria: Francia desmembrada o despojada, pero también engullida en la más espantosa de las revoluciones. Y sólo teníamos una carta en la mano. Nunca he visto empezar una guerra con tal opresión en el pecho.*

Se decidió que Luis encabezaría los ejércitos, y que el príncipe imperial lo acompañaría. Mi hijo iba a luchar en un campo de batalla. ¡Ya no ponía en duda el valor de ese encantador niño! Pero bueno, tenía catorce años. Exultaba de alegría, impaciente por merecer el nombre que llevaba.

El 23 de julio me nombraron regente y viajé a Cherburgo, donde visité la flota. Un escuadrón se preparaba para hacerse a la mar hacia el Báltico. A bordo de la nave almirante leí la proclama del emperador, que fue saludada con vivas frenéticos, y pude contar a Luis el entusiasmo de sus marineros. Lo encontré muy pálido y abatido. Preocupada, mantuve una entrevista con Conneau, que no mostró ninguna preocupación particular. Sin embargo, sufría tan cruelmente, que me sentía consternada por ello y me ocupé de poner entre sus baúles todos los calmantes y aparatos de los que disponía la medicina para las infecciones de la vejiga. Por desgracia, los necesitó mucho.

Partieron el 28 de julio. El día antes había llevado a Loulou a la Malmaison en una especie de peregrinaje y había verificado el contenido de su baúl metálico antes

---

* Confidencia de la emperatriz a la marquesa de Espeuille. *(N. de la A.)*

de la cena de adiós que reunió a nuestra Corte. A la mañana siguiente, muy temprano, oímos los tres la misa en la capilla de Saint-Cloud. Luis vestía el uniforme de generalísimo y mi hijo el uniforme de alférez de infantería. Su destino de Bonaparte se cumplía.

Al final del parque el tren los esperaba, así como todos los grandes nombres de las campañas de Crimea, Italia o México. Se despidieron de los ministros y de la familia y subieron a los vagones. Tres veces me reuní con ellos para volver a besarlos. Conservaba la sonrisa y la dignidad de una soberana, pero cada segundo desgarraba mi corazón de esposa y madre. Un último abrazo de Luis, una señal de la cruz en la frente de Loulou, un último beso.

«¡Viva el emperador, viva el príncipe imperial!», gritaban en el andén.

Mis dos hombres partían a la guerra, y mi vida se sumía en un abismo.

CAPÍTULO XVII

En la calesa que me llevaba de vuelta al castillo me desmoroné, el rostro entre las manos, sumida en dolor. Un último silbido de locomotora resonaba al otro extremo del bosque, y ese grito de angustia me atravesaba las entrañas. ¡Mi hijo! Sobre todo pensaba en él, y me echaba en cara a mí misma no haber seguido el impulso que me había movido al despertar, un instinto de animal salvaje que me empujaba a coger a mi pequeño, llevarlo lejos, al desierto y destruir a todos los que intentasen tocarlo. Después vinieron la reflexión y los prejuicios, y me decía que valía más verle muerto que sin honor. Tantas ideas contradictorias me destrozaban tanto, que no osaba pensar en ello. Durante la misa, había dejado a mi hijo en manos de Dios. Algunos nombres conllevan obligaciones, y los suyos eran una carga pesada, pero cumpliría su deber, tenía la esperanza de que así sucediera. Loulou había prometido ser valiente. En su baúl metálico yo le había metido una «Imitación» para leer en los momentos de desfallecimiento, y en la cual había escrito:

Campaña de Prusia.
A mi adorado hijo Luis Napoleón,
Que Dios proteja a Francia,
Que te dé una vida gloriosa,

Y más tarde, mucho más tarde,
una muerte cristiana,
Cuida mucho de tu padre,
y piensa en tu madre,

El recuerdo de las últimas horas era un tormento. Vagaba por la habitación de Luis para impregnarme de su olor, donde me había rodeado con sus brazos como un desesperado diciendo:

—¡La guerra será larga y dura… Ugénie mía!

A partir de ese momento viví pendiente del telégrafo. Le pedí al señor Filon, preceptor que se había quedado sin alumno, que se encargase de la cifra de mi correspondencia particular con el emperador, y secundase a mi viejo secretario el señor Conti, que estaba enfermo, en todo lo referente a mis nuevas actividades.

Esta tercera regencia no se parecía en nada a las dos anteriores. Mis poderes estaban muy limitados a causa de las disposiciones en vigor, y los ministros actuaban según su voluntad, y sólo me informaban *a posteriori* de las resoluciones que habían tomado. De buena gana les cedí la fruslería administrativa y la rutina del Gabinete. Por mi parte, consideraba que había problemas más urgentes por resolver. En primer lugar, tranquilizar a la prensa, cuyas polémicas habían llegado al umbral de la violencia. Algunas cartas dirigidas a «plumas» razonables surtieron efecto y el tono más moderado desarmó a la oposición. Me quedaba por cumplir otra tarea más primordial: contraer alianzas con las potencias extranjeras.

Inglaterra se zafó en la persona de lord Granville, secretario del Foreign Office. Estaba en París, pero no se dejó ver y permaneció en su embajada. En cuanto a Rusia, escribí al general Fleury, nuestro embajador en San Petersburgo, para que intercediese ante el zar. Y respecto a Austria, el príncipe Metternich, tras una larga conversación, me dio alguna esperanza, y me dijo que tenía en mente ir a Metz y hablarlo con Luis. El problema italiano era lo más importante. Se habían entablado negociaciones tras la declaración de guerra pero se cortaron de cuajo. El rey de Italia reclamaba Roma como precio de su apoyo, y el emperador se negó a deshonrarse ratificando la expoliación del Papa. Ninguna alianza valía una infamia.

El 30 de julio recibí su primera carta, que me desanimó.* Se encontraba en una situación lamentable donde sólo reinaba el desorden, las disputas y la confusión. Hora tras hora llegaban a sus oídos revelaciones decepcionantes: falta de efectivos, retrasos en la movilización, desórdenes en los transportes, escombros en las vías férreas, déficit en el suministro de tiendas y arsenales, conflictos en los servicios administrativos y en los estados mayores, disputas entre los generales... todos sus planes estratégicos estaban trastocados. Debía renunciar a una ofensiva fulgurante con la que contaba para que se aliasen los estados del sur a nuestra causa. Iba por lo tanto a ver cómo toda Alemania –un millón de hombres– iba a alzarse ante él. También me enteré de que el cansancio del viaje y del mando recrudecía sus dolores físicos. En varias ocasiones lo habían visto regresar precipitadamente a su habitación y echarse, jadeante, sobre la cama. Adivinaba cuánto debían resentirse su actividad moral, sus energías y su con-

* Relato de la emperatriz a Maurice Paléologue. (N. de la A.)

fianza. En esas condiciones, debíamos llegar hasta el límite extremo de las concesiones posibles para obtener la alianza de Austria e Italia.

Convoqué al Consejo y abrí la sesión planteando la cuestión romana. Los ministros me miraron sorprendidos al declararles:

–La guerra se anuncia muy dura y peligrosa. Mañana, nuestra independencia nacional puede verse amenazada. La cooperación militar de Austria y de Italia nos garantizaría la victoria, pero Austria no anda si Italia se niega a andar. ¿Cuál es el máximo de concesiones honorables que podemos hacer a Italia? Opino que ese máximo es la retirada de nuestras tropas de Civitavecchia. Ni siquiera os hablo de dejar Roma en manos de los italianos. ¡Sería una felonía!

De entrada, todos los ministros se unieron a mi propuesta. Pensaba con absoluta sinceridad que sobre esta nueva base las negociaciones serían un éxito. Metternich y Nigra tampoco dudaban de ello. Pero, al tergiversar tanto las cosas, ¿no íbamos a dejar a los alemanes la enorme ventaja de cruzar primero la frontera? ¡Menudo insulto representaría para nosotros ante el extranjero que, según nuestras declaraciones, esperaba vernos lanzarnos sobre el enemigo como un rayo y terminar la guerra en unos días!

La angustia me consumía, pero no llegaba ninguna noticia. Los que me rodeaban vieron las lágrimas que secaba a hurtadillas, y el capellán oyó mis sollozos en la capilla durante la misa de la mañana. ¿Acaso Dios tuvo compasión de mis súplicas? El 2 de agosto un telegrama del emperador me llenó de alegría. La batalla de Saarbrücken había sido un éxito y mi hijo había recibido dignamente su bautizo de fuego. Mi corazón se sobresaltaba mientras leía:

Ha sido admirable por su sangre fría... Estábamos en primera línea, las balas caían a nuestros pies. Conserva una bala que cayó a su lado. Algunos hombres lloraban al verle tan tranquilo.

—¡Maldito niño! —exclamé temblando de emoción—. Contará con la suerte de todos los Bonaparte. Ha asistido a un combate victorioso, y no le ha ocurrido nada, estoy segura de que es sagrado.

Mis sobrinas, mis damas y los chambelanes me apoyaban con sus cumplidos, cuando Émile Ollivier, invitado a cenar, se hizo anunciar. Se extrañó de nuestra euforia y le enseñé el despacho.

—Hay que publicarlo —dijo—. ¡El efecto en la opinión pública será prodigioso!

Me negaba a ello:

—Es una carta personal, dirigida a la madre, no a la regente.

Insistió y acabé por rendirme. ¡Cómo me arrepentí al día siguiente! ¡Cómo me arrepentiría incluso nueve años más tarde! Los periódicos republicanos se burlaron de mi hijo llamándolo «el niño de la bala». Herida en lo más profundo de mi ser, acallé mi indignación despedazando el periódico. Mi corazón sangraba y, una vez más, me asaltaron sombríos presentimientos. El telégrafo estaba mudo y la espera me iba matando. Necesitaba un despacho que me tranquilizara. Me sentía más mujer y más madre que regente y, sin embargo, quería sacrificarlo todo por la felicidad de Francia.

Fue en ese momento cuando llegaron las malas noticias. Austria e Italia rechazaban nuestra alianza, y su concurso militar, sobre el cual descansaba todo nuestro plan de operaciones, nos faltó en el último minuto. Mientras tanto, Bismarck publicaba un tratado secreto que habíamos cometido el error de proponerle tras Sadowa, cuando de forma pérfida nos había dejado creer que estaba dispuesto a cedernos Bélgica. Con este gesto alzó en nuestra contra la indignación de toda Europa, como si hubiésemos meditado un acto de bandolerismo. Y finalmente el 4 de agosto una de nuestras divisiones, demasiado avanzada en la frontera, fue aniquilada en Wisemburgo. Desde el punto de vista estratégico, el asunto no tenía importancia alguna. «Una simple escaramuza de la vanguardia», decía el estado mayor.

Por razones íntimas, eso me sacó de quicio. Mis supersticiones volvían a aparecer. Veía presagios de muerte en todo lo que me rodeaba. Esperaba con una angustia horrible el mensaje fatídico que sentía que estaba de camino. París era un mentidero. Por error, o por precipitación, se había anunciado una victoria. La verdad fue una derrota, que chocaba con las mentes decepcionadas que quedaron ofuscadas. La furia llevó a las hordas a arrancar los farolillos de las calles y a organizar algaradas. El 6 de agosto, Émile Ollivier decidió declarar el estado de sitio y me hizo traer el decreto para firmar en el que me pedía que regresara al palacio de Las Tullerías con mis tropas.

–¿Qué tropas? –exclamé estupefacta.

–Ciento sesenta tiradores de la Guardia.

Firmé el documento y prometí dejar Saint-Cloud al día siguiente. Pensativa, salí del salón hacia mis apartamentos. Era medianoche, e iba a meterme en la cama cuando Pepa me comunicó que el marqués de Piennes, chambelán de servicio, insistía en comunicarme un telegrama muy importante. Me vestí otra vez rápidamente y le hice entrar. Antes de que empezara a hablar, le arranqué el despacho de las manos. Anunciaba las caídas de Froeschwiller y Forbach, y acababa con estas palabras:

Hay que poner París en estado de defensa inmediatamente. Aún se puede restablecer todo.

¡En el espacio de un solo día, dos grandes derrotas, Alsacia perdida, Lorena invadida, la ruta de Châlons-en-Champagne abierta y la capital amenazada! El abismo se abría bajo mis pies y creí que iba a desmayarme. Pero, de repente, sentí como si me hubiesen levantado por encima de mí misma y le dije a Piennes:

—¡La dinastía está condenada, señor, ya sólo debemos pensar en Francia!

Decidí regresar al palacio de Las Tullerías con toda urgencia, donde ordené convocar a los ministros a las dos de la madrugada. En unos minutos estuve lista. No era el momento de dar importancia a las coqueterías del aseo. Un sencillo vestido negro bordado de lencería en el cuello y los puños y una única joya, mi trébol de esmeraldas de Compiègne. En una noche de verano dejé el palacio con el corazón en un puño. Mis sobrinas dormían. Había prohibido que las despertasen. Al final de la escalera, la princesa de Essling se precipitó hacia mí, con los brazos abiertos:

—¡Ay, señora…! —dijo llorando.

—No me enternezca, necesito todo mi valor.

El almirante Jurien de la Gravière, mi primer ayudante de campo, me reconfortó con su optimismo:

–Bueno, después de todo, la situación tampoco es tan mala. Aún puede restablecerse todo, dice el despacho.

Cuando llegué a Las Tullerías a eso de la una de la madrugada, era otra mujer. Ya no sentía angustia, ni excitación ni debilidad. Me sentía tan tranquila y fuerte como lúcida y decidida.*

El Consejo fue tumultuoso. De entrada pedí la convocatoria de las Cámaras para tener el beneplácito de la representación nacional. Ollivier se ofuscó. Con grandes aspavientos, sostuvo que era prerrogativa del emperador. Pidió hacerle regresar inmediatamente, y repliqué:

–¿De qué va a servir añadir un elemento más a sus preocupaciones? Aquí nos bastamos nosotros. El lugar del emperador está con sus tropas. Sólo puede reaparecer como vencedor.

Ollivier ponderó la situación:

–Sería una falta enorme reabrir la tribuna en una hora de peligro nacional donde ante todo debemos evitar las discordias y apaciguar las mentes. Estoy seguro de que el emperador compartiría mi opinión.

Su verdadera objeción no pensaba confesarla: estaba convencido de que le revocarían en la primera sesión, ya que se había vuelto muy impopular, y los senadores y diputados se sentían humillados por haber creído en él. Ante la perspectiva de su caída segura, hablaba y se agitaba como un insensato. Para conservar el poder estaba dispuesto a renegar de su credo político. Incluso tuvo la

* Relato de la emperatriz a Maurice Paléologue. (N. de la A.)

audacia de proponerme un golpe de Estado contra el Parlamento. ¡Había concebido hacer secuestrar durante la noche a todos los diputados de la oposición, Favre, Gambetta, Simon, Keratry, Arago, Ferry y hacerlos llevar a La Rochelle, desde donde un barco de guerra los transportaría a la isla de Ré! Y no era una simple idea que se le había pasado por la cabeza. Ya había dado órdenes a la prefectura de policía y preparado hasta el último detalle para efectuar los arrestos. Esta vez fui yo quien saltó:

–¿Os imagináis que la oposición no va a oponer resistencia, que los arrabales de París no van a rebelarse, que Lyon, Marsella, Burdeos, Limoges van a quedarse quietas? ¿Acaso no os dais cuenta de que vais a provocar la guerra civil bajo el fuego del enemigo? ¡No, señor, no, siendo yo regente, esto no se llevará a cabo!

Salió de la sala muy pesaroso. El almirante Jurien se inclinó hacia mí murmurando:

–¡Señora, en este momento, sois corneliana!

Otros me compararon a una romana e incluso a doña Jimena. No había otra alternativa: dominar mis nervios y armarme de valor. La tranquilidad era absoluta, pero eso no iba a durar. Se había declarado el estado de sitio, se habían enviado todos los despachos y se había convocado a las Cámaras. La calma era necesaria. El ejército luchaba, y si conseguíamos una victoria todo cambiaría. Al despuntar el día, redacté un manifiesto que sería publicado en el *Moniteur* y fijado en todas las ciudades:

Franceses, la marcha de la guerra no va a nuestro favor. Nuestras armas han padecido una derrota. Mantengámonos firmes frente a este revés y pongamos remedio a él rápidamente, que entre nosotros sólo haya un partido: el de Francia y una sola bandera: la del honor nacional. Me uno a vosotros, fiel a mi misión y mi deber... Ruego a todos los buenos ciudadanos que mantengan el orden. Alterarlo sería conspirar con el enemigo.*

En las aguas del Sena se reflejaba el cielo rosado del amanecer. Un sol resplandeciente se anunciaba a lo lejos, tras los árboles y los tejados. ¿Dónde estaban mis dos hombres? ¿Bajo qué metralla, en qué tormento? Un sollozo se me subió a la garganta y me refugié en mi oratorio para oír misa. Era domingo y recé con más recogimiento. Con el alma más tranquila, telegrafié a Luis al cuartel general de Metz:

Estoy muy satisfecha de las resoluciones tomadas en el Consejo de ministros. Estoy convencida de que conduciremos a los prusianos con la espada en los riñones hasta la frontera. Por lo tanto, valor; con energía dominaremos la situación. Respondo de París y os mando un fuerte abrazo de todo corazón a los dos.

Los días siguientes la tensión llegó a su punto álgido. Ollivier pensaba salvarse ofreciendo la cartera de Guerra al general Trochu, muy popular en la oposición. Aprobé esa acción, pero al mismo tiempo varios diputados y senadores que representaban las Cámaras vinieron a comunicarme que esa designación no cambiaría nada la situa-

* *Moniteur* del 8 de agosto de 1870. *(N. de la A.)*

ción. El gobierno ya no confiaba en su presidente, había que revocarlo.

—No tengo el poder de hacerlo —contesté—, pero si las Cámaras lo revocan, será mi deber nombrar a otro presidente.

El 9 de agosto Émile Ollivier caía, desautorizado por el Parlamento. Sin dudar un momento, hice llamar al general Cousin de Montauban, que había recibido el título de conde de Palikao por su brillante expedición a China. Al igual que la proclamación del estado de sitio y la convocatoria de las Cámaras, la designación de un nuevo gabinete excedía mis poderes de regente. Por tercera vez en tres días, pasé por alto esta requisitoria, pero me reprocharon no haberle consultado al emperador. No tenía tiempo de hacerlo. Y, además, abrumado por las preocupaciones del mando, deprimido por los dolores físicos, no habría podido planear la situación con claridad de juicio por no disponer de las informaciones exactas de las que yo sí disponía. En el momento de firmar los decretos de nombramiento, mi devoto colaborador, el señor Filon, exclamó:

—Os lo suplico, Vuestra Majestad no puede firmar esto. ¡Es ilegal y revolucionario!

—Mala suerte —le contesté—. Mi conciencia me ordena firmar. Y firmo. Ya le daré explicaciones al emperador más adelante.*

¿De qué serviría preocuparme por las formas? La dinastía estaba perdida, estaba convencida de ello, y sólo pensaba en el país. Todos mis discursos y mis esfuerzos estaban dirigidos únicamente a la salvación de Francia.

* Escena explicada por Filon (*Souvenirs sur l'Impératrice*). (*N. de la A.*)

El imperio tendría un fin digno del nombre de Napoleón, si el emperador no regresaba como vencedor. Y la victoria me parecía imposible…

En el gran palacio desierto, donde los muebles estaban cubiertos de fundas grises parecían fantasmas apergaminados, ya no llevaba una vida normal. Había dejado a mis sobrinas en el palacio de Saint-Cloud y a mis damas las había mandado a sus casas, conservando a mi lado sólo a Pepa y a una lectora, la señora Lebreton, hermana del general Bourbaki. El servicio quedaba reducido al mínimo, al igual que la etiqueta. Ya sólo conseguía dormir, a ratos perdidos, con ayuda del cloral; apenas comía y dedicaba a vestirme sólo el tiempo imprescindible. No sentía cansancio, o por lo menos no le daba importancia, y cuando quedaba agotada me envolvía en un albornoz de lana negra, bordado de pasamanerías de seda. Ya no me atrevía a mirarme al espejo. La falta de sueño y la ansiedad empañaban mi tez. Se me habían formado arrugas en la comisura de los labios y debajo de los ojos que seguía remarcando con una raya de lápiz negro sin la cual me sentía desnuda. ¿Dónde estaba la emperatriz deslumbrante que, aún ayer, sorprendía a Europa con su resplandeciente belleza? La guerra y la política me habían envejecido de golpe. Me encogía de hombros. Ya no era hora de seducir, sino de actuar. Enfrentarse a la situación, y aceptar el desafío. ¡Por el honor!

–Sois firme como una roca –me decía Mérimée, que venía a verme como un viejo tío, con la fidelidad del afecto.

–Resistiremos en París si nos asedian. Incluso aunque nos encontremos fuera de París. Resistiremos hasta el final.

–Si todo el mundo tuviese vuestro valor, el país se salvaría. Por desgracia, está el cuarto ejército de Bismarck, y éste se encuentra en el corazón de nuestra ciudad.

Los republicanos no defenderían el imperio y se alegraban de que se entorpeciera la reorganización de nuestras fuerzas y de nuestro armamento que hubiesen llevado al emperador a la victoria. Esperaban el desastre para ocupar ellos su lugar.

Mientras tanto, Palikao y su gabinete trabajaban sin descanso, y París recuperó la confianza ante las nuevas medidas militares, políticas y financieras. Préstamos, reclutamiento de nuevas tropas, organización de la defensa nacional, Trochu enviado a Châlons-en-Champagne y el nombramiento de Bazaine como jefe del ejército. Salieron amigos como hongos: La Valette, Baroche, Rouher e incluso Persigny, que ante el peligro olvidaba sus rencores.

Alrededor de Metz, la situación iba de mal en peor. Varias derrotas sucesivas apretaron la tenaza alemana alrededor del ejército del Rin. Luis había podido llegar a Châlons-en-Champagne, donde el príncipe Napoleón ejerció una influencia nefasta. El 17 de agosto, a medianoche, Trochu llegaba a Las Tullerías con un despacho en el cual el emperador me anunciaba que había decidido regresar a París con el ejército de Mac-Mahon para volver a encabezar el gobierno. Además, me informaba de que había nombrado al general Trochu gobernador de la capital. Tenía que acomodarme a ese peligroso Tartufo que no disimulaba su odio contra mí, conchabado como estaba con nuestros peores enemigos. Pero lo que no podía admitir, lo que me parecía imposible desde el punto de vista material y moral, era el regreso del emperador a

París. Le acusarían de no haber querido acudir en ayuda de Bazaine y sólo pensar en la salvación del trono y su dinastía. Habrían gritado traición.

—Su coche no llegaría al Louvre —exclamé—. Le tirarían barro. No conseguiría entrar vivo en Las Tullerías. Los que le han dado este consejo son nuestros enemigos.

A altas horas de la noche, llamé a Filon y le dicté una carta para Luis:

> ¿Habéis pensado en las consecuencias que provocaría vuestro regreso a París bajo el golpe de dos reveses? En cuanto a mí, no me atrevo a tomar la responsabilidad de un Consejo. Si os decidís a ello, la medida debería ser presentada al país como algo provisional…

Más tarde los ministros reunidos compartieron mi opinión y subrayaron el peligro de hacer regresar el ejército de Châlons-en-Champagne a París y dejar a Bazaine sin ayuda en Metz, a merced de los prusianos. Todos, hasta el prefecto de policía Pietri, eran unánimes. El regreso del emperador, decían, tendría un efecto catastrófico y sangriento. El pueblo, exasperado, pensaría que se había producido la derrota y explotaría de rencor y venganza. El soberano debía dirigirse a Metz con Mac-Mahon, y no a la capital que se armaba, se fortalecía, se aprovisionaba y se disponía a defenderse. Estaba profundamente alterada por lo que había de espantoso en la situación de mi pobre esposo, pero estaba condenado si no se le detenía. En cuanto se acabó el Consejo, le volví a escribir:

Ni se os ocurra regresar si no queréis desencadenar una espantosa revolución. Dirán que habéis dejado el ejército porque huís del peligro.

En mi escritorio, cerca del biombo de cristal disimulado tras una cortina de plantas, la miniatura de mi padre me sonreía. Y oía su voz en el viento de la Sierra:

–¡El emperador… el Gran Ejército… Francia!

Los acentos vibrantes del señor Beyle le contestaban:

–¡Austerlitz… Wagram… Jena!

Un raudal de emociones me hizo un nudo en la garganta, me acurruqué en la butaca y me puse a gemir. El nuevo Napoleón, el emperador, el esposo que había admirado antes de amarlo, no conocería tanta gloria. ¿Sólo habría un Waterloo para él? ¡No! París resistiría, París sería inexpugnable, de París saldría la fuerza temible que haría retroceder al enemigo a golpe de culata.

Tuve un arrebato de energía y me puse manos a la obra otra vez. Los Consejos se celebraban dos veces al día y velaba por todos los detalles en previsión de un asedio. Armar los fuertes de París con cañones de la marina; destruir las esclusas; bombardear los puentes; tapiar los túneles; enviar las obras de arte del palacio del Louvre a Brest; guardar las joyas de la Corona en un lugar seguro; llenar el Bois de Boulogue y los jardines de Luxemburgo con rebaños de ovejas y bueyes para alimentar a la población; y sobre todo dotar de camas suplementarias a los hospitales y aumentar el número de ambulancias. Dispuse abrir dos nuevos en la galería de Las Tullerías y en el Pabellón de Marsan. Y por si se diera el caso de que nos quedáramos incomunicados dentro de la ciudad, se organizó un segundo gobierno que pudiese actuar desde Tours. La situación seguía tranquila, estábamos a la espera de la próxima reunión de Mac-Mahon y Bazaine, y me esforzaba en presionar a Metternich:

—¿Qué esperáis? ¡Austria caerá en manos del enemigo si no se alía pronto con Francia!

—¡Qué pesadilla! —decía—. ¿Qué podemos esperar de la omnipotencia de Bismarck?

Pero Viena permanecía callada, convencida de que permaneciendo neutral se protegía de Prusia. Por su parte, Plon-Plon acudió al palacio de su suegro el rey de Italia, que se atrevió a responderle:

—Para entrar en guerra necesitaría más de un mes. Sin embargo, dentro de un mes la suerte de Francia estará echada.

¡Así es como nos agradecían Magenta y Solferino! Y, de repente, nos enteramos de que los prusianos estaban a unos días de París. Ya no tenía noticias del emperador, que se dirigía hacia el norte. Su cirujano Nélaton vino a decirme que se encontraba bien. Pero, ¿dónde estaba mi hijo? Para protegerlo lo habían enviado a Amiens y erraba de acá para allá con su séquito, amenazado por todo tipo de peligros. De todas las pruebas, esa fue la más dura para la madre que se escondía tras la regente. No podía cambiar nada de esa situación, era su destino. Sin embargo, escribí a su ayudante de campo:

Cada cual debe sostener hasta el límite de sus fuerzas los duros deberes que le incumben. Tened presente algo: puedo llorar a mi hijo muerto, herido, pero huyendo, no os le perdonaré nunca.*

* Testimonio de Filon. (*N. de la A.*)

El corazón destrozado se me salía del pecho al pensar en todo lo que soportaba mi hijo de catorce años. Como un milagro, el ayudante de campo apareció en el palacio de Las Tullerías y la carta nunca llegó a su destino. Le pedí que llevase al príncipe a Laon, una plaza fortificada en el escenario de la guerra, donde no perdería su honor. En una misiva, le recordé a mi adorado hijo:

> Ama a tu país, aunque sea ingrato e injusto. Le debes tu sangre, tu vida y tu porvenir, no lo olvides nunca… Un desastre no acaba con un gran pueblo, siempre y cuando la unión pueda hacerse ante el enemigo.*

En los arrabales, el motín amenazaba por todas partes y cada día un poco más. Los prusianos habían aminorado la marcha hacia París. ¿Acaso iban a atacar al ejército del emperador? En su último telegrama, Luis me decía que se dirigía a Sedán. Muerta de preocupación, pensaba que la guerra era horrible y, para tranquilizar mi corazón, escribí a mi madre:

> Haremos lo que debamos, cada uno debe prepararse a ello. Créeme, no es el trono lo que defiendo, sino el honor. Y si, tras la guerra, cuando ya no quede ni un solo prusiano en territorio francés, el pueblo ya no quiere saber nada de nosotros, estaré contenta. Entonces, lejos del ruido y del mundo, quizá podré olvidar que he sufrido tanto.**

* Testimonio de Filon. *(N. de la A.)*
** Carta del 31 de agosto de 1870. *(N. de la A.)*

Por prudencia reuní todas mis joyas, las envolví en papel de periódico y las metí en una cesta que Pepa llevó discretamente a casa de la princesa Metternich. Gracias a su amistad, las recuperé más tarde en el banco de Inglaterra en Londres. Con ayuda de Filon, clasifiqué mis papeles. Dieciocho años de cartas e informes que había clasificado con sumo cuidado en dos armarios. Gran parte de esos documentos fueron a parar a un lugar seguro y el resto, ahogados en bañeras, desapareció por las tuberías. Algunos recuerdos entre los más queridos se amontonaron en una arquilla lista para llevar. Después proseguí la ronda cotidiana de las ambulancias, pasando por cada cama con palabras reconfortantes. Así olvidaba mi impaciencia y mi angustia.

El 3 de septiembre, seguía sin noticias del emperador, y sabía que luchaban en varios frentes. No había dormido desde hacía tres días, la angustia me oprimía y reprimía las ganas de llorar.*

–Nuestras comunicaciones con Sedán se han cortado –me dijo Palikao–. Me temo que el ejército esté bloqueado en ese emplazamiento.

De repente me enteré de que mi hijo había debido partir hacia Landrecies dejando bruscamente Mézières, donde se había instalado. De ello saqué la conclusión de que el enemigo no estaba muy lejos de esa ciudad. En ese momento, el ministro del Interior se hizo anunciar. Eran las cinco de la tarde cuando me mostró el telegrama del emperador:

* Todo el relato que sigue es el de la emperatriz a Maurice Paléologue, completado por Augustin Filon y las *Memorias* de Chevreau. *(N. de la A.)*

El ejército ha caído prisionero; he tenido que entregar mi espada; acabo de ver al rey Guillermo. Me marcho a Wilhelmshöhe.

Abrumada por el dolor, me desmoroné en una butaca y la voz de Chevreau me sacó de mi aturdimiento:

–Vuestra Majestad no tiene derecho a sumirse en la tristeza. Debéis vuestra fuerza a Francia. Por ahora nadie conoce el desastre. Pero se enterarán rápidamente; os destronarán antes de que se acabe el día. Es absolutamente necesario que toméis medidas. El gobernador de París puede salvaros. Dejadme llevarle este telegrama y poner en sus manos el gobierno.

–Haced lo que queráis –le dije sin energía.

En cuanto salió, llamé a mis secretarios como quien pide socorro:

–¡Conti! ¡Filon!

Ya sin control, grité:

–¿Sabéis qué pretenden? ¡Que el emperador se ha rendido, que ha capitulado! ¿Verdad que no os creéis esa infamia? ¿No os lo creéis?

Y entonces... entonces, todo lo que guardaba en mi interior rebosó. Un raudal de palabras tumultuosas y locas. Una verdadera explosión de mi alma trastornada que no podía admitir que un Napoleón hubiese capitulado.

–¡Ha muerto! Me oís, ¡os digo que ha muerto y quieren ocultármelo!*

Y si no había muerto, estaba deshonrado. ¿Qué nombre iba a dejar a su hijo? Horrorizada por mis propias

* Relato recogido por Filon. (*N. de la A.*)

351

palabras, me callé de golpe. Lo había soltado todo, lo bueno y lo malo. Recuperé mi sangre fría y me reuní con los ministros en la sala del Consejo. Como había dicho Chevreau, era necesario tomar medidas.

Pasaron las horas y Trochu no se presentó. París conocía la noticia. Hasta bien entrada la noche seguí oyendo los gritos subversivos de las multitudes que deambulaban por los bulevares gritando con furia:

—¡Abajo el imperio! ¡Deposición! ¡Viva la República!

Ninguna tempestad, ningún mar desencadenado puede dar la menor idea del horror de un pueblo enfurecido. Todo ese populacho que vociferaba contra nosotros. No había nada más horroroso. Mi cuerpo temblaba, helado hasta los huesos. Se puede envidiar todo, me decía a mí misma, menos una corona. En el silencio de mi oratorio recé por Luis, del que sentía la desesperación. Una carta conmovedora había llegado tras el despacho.

Mi querida Eugenia,

Me es imposible decirte lo que he sufrido y lo que sufro. Hemos hecho una marcha contraria a todos los principios y el sentido común, eso nos llevaba a una catástrofe. Ha sido absoluta. Habría preferido la muerte a ser testigo de una capitulación tan desastrosa y, sin embargo, en las circunstancias presentes, era el único medio de evitar una carnicería de sesenta mil personas. Y aún, ¡si todos mis tormentos sólo se concentraran en eso! Pienso en ti, en nuestro país, en nuestro hijo. ¡Qué Dios les proteja! ¿Qué ocurrirá con París? Estoy desesperado. Adiós, te mando un dulce beso.*

¡Cuánta dulzura, a pesar de tanto sufrimiento! Eso me conmovió en lo más profundo de mi alma y me arrepentía aún más amargamente de lo que podía haber dicho bajo el efecto del dolor. En la derrota, Luis mostraba una grandeza de espíritu más admirable que en la gloria, y me confundía. A partir de ese momento, sólo me quedaba mostrarme digna de él cumpliendo mi deber en la dignidad de mi función. En anexo de su misiva, precisaba:

> En la situación actual, me parece que debo darte todos los poderes, ya que soy prisionero.

Más que nunca, debía seguir resistiendo, intentarlo todo para provocar el sobresalto nacional que salvaría a Francia. A partir de ese momento me veía en la imposibilidad de abdicar o desertar sin perder el honor.

* Archivos Nacionales 400 AP 43. *(N. de la A.)*

CAPÍTULO XVIII

Domingo 4 de septiembre. Día grabado para siempre en mi memoria. Después de oír la santa misa en compañía de algunos fieles, y redactar una carta para Luis, proseguí mi trabajo. Los acontecimientos se precipitaban. El motín estaba a punto de estallar en los arrabales. Envié a buscar a Trochu para establecer las medidas que convenía tomar, pero fue imposible encontrarle. Por la noche el Cuerpo legislativo celebró una sesión. Uno de sus representantes vino a aconsejarme trasladar el gobierno a orillas del Loira. Había eludido esa cuestión y Filon también era partidario de mi idea.

–Eso provocaría la guerra civil –contesté–. La resistencia a los prusianos quedará cortada en dos. Quien no tiene París, no tiene nada. No me moveré de aquí.

–Entonces, ¿vuestra majestad se defenderá?

–No me moveré, pero tampoco quiero oír los disparos de nuestros fusiles.

Al igual que cada mañana, tras la visita de las ambulancias, reuní al Consejo de ministros.

–Abdicad –dijo uno de ellos.

–Uno puede ceder lo que posee –repliqué–, nunca lo que ha recibido prestado. La soberanía no me pertenece. No abdicaré.

¿Qué podía hacer entonces? Palikao y su gabinete estudiaron las posibles soluciones que el gobierno propondría a la Cámara: un Consejo de Regencia incluidos los diputados, bajo mi presidencia, en nombre del príncipe imperial... Mientras tanto, la situación empeoraba por momentos. Los bulevares se llenaban de amotinados y estas hordas de insurrección desembocaban en la plaza de la Concordia. Trochu no intervenía, el cuerpo legislativo ya organizaba la vacante del ejecutivo. Una delegación de diputados vino a ofrecerme poner en manos de la Asamblea mis poderes, y evitar así el ser depuesta. Con una sonrisa, pero en un tono firme, les contesté:*

–Señores, en la hora de mayor peligro me proponen abandonar el puesto que me ha sido confiado. No puedo ni debo consentir que eso ocurra... Mi única preocupación y mi única ambición es cumplir, en toda la extensión de la palabra, los deberes que se me imponen. Si ustedes piensan, si el Cuerpo legislativo piensa que soy un obstáculo, que el nombre del emperador es un obstáculo, y no una fuerza para dominar la situación y organizar la resistencia, que proclamen la deposición, no me quejaré. Podré dejar mi cargo con honor: no habré desertado.

Los diputados no me quitaban el ojo de encima. Mi tranquilidad les impresionaba. Uno de ellos no disimulaba cierta emoción. No decían nada y añadí:

–Estoy convencida de que la única conducta sensata y patriótica para los representantes del país sería reunirse conmigo, con mi gobierno, sería dejar de lado las

* La escena que viene a continuación la explicó Filon, que fue testigo de ella. (N. de la A.)

cuestiones internas y unir estrechamente nuestros esfuerzos para repeler la invasión… Estoy dispuesta a seguir al Cuerpo legislativo allí donde quiera organizar la resistencia. Y si se llega a la conclusión de que es imposible, pienso poder ser útil para obtener condiciones de paz menos desfavorables.

Uno de los hombres, el conde Daru, me dijo entonces:

–Señora, teméis que os acusen de haber desertado de vuestro puesto. Pero habréis dado una prueba de valor mucho mayor sacrificándoos por el bien público y ahorrando a Francia una revolución ante la atenta mirada del enemigo.

Ese argumento me conmovió. Sin embargo, debíamos respetar la legalidad.

–Bueno, si mis ministros comparten vuestra opinión, la seguiré. Sólo os pido una cosa: que me asignen cualquier residencia, que me permitan compartir hasta el final los peligros y los sufrimientos de la capital asediada.

La delegación se retiró. Mis allegados alabaron mi sangre fría, mi energía y mi patriotismo. Había hecho lo que había podido, ¡pero menudo resultado! Desde los jardines, invadidos por la multitud, se elevaba un griterío enorme. La plaza y el muelle estaban a rebosar de gente. Chevreau irrumpió:

–¡Todo está perdido, señora, es la revolución!

Trochu, que estaba de parte de los amotinados y había retirado a los guardias de alrededor del Palais-Bourbon, y el cuerpo legislativo, invadido por el gentío, «pronunció» la deposición. El conde de Palikao no había podido decir ni una sola palabra. Jules Favre, seguido por el gentío, corría al Hôtel de Ville para proclamar la República. Las tropas encargadas de mantener el orden levantaban la culata al aire, y el raudal de insurrectos se precipitaba hacia el palacio de Las Tullerías. Los salones se llenaron de nuestros más fieles servidores, mis damas y los chambelanes de la Casa imperial que me exhortaban a marcharme lo antes posible. Metternich y Nigra eran los que más me apremiaban. El prefecto de la policía confirmó que habían asaltado las verjas. ¿Íbamos a defendernos? Yo no quería disparar:

–¡Que muera la dinastía antes de que cueste la vida de un solo francés!

–Debéis partir, señora –me dijo–. Estáis poniendo en peligro vuestra vida y la de los demás.

–Ya va siendo hora –añadió el viejo Conti–. Al salvaros, preserváis la autoridad legal que representáis. Dondequiera que vayáis, os llevaréis esos derechos con vos.

Tenía razón, y temía ser despedazada por las hordas que invadían los jardines vociferando:

–¡Qué muera la española, viva la República!

–No les daré otra soberana para insultarla. Puesto que es necesario, vistámonos.

La señora Lebreton había aceptado seguirme en la loca aventura que estábamos muy lejos de imaginar. Me mostró un abrigo impermeable marrón, un sombrero y un velo de crespón negro. En su bolso tenía un poco de dinero, quinientos francos en moneda. El señor Pietri sacó de su bolsillo dos pasaportes para Inglaterra, preparados por azar. No habíamos previsto nada, y de repente había que improvisarlo todo. Me giré hacia Filon:

–Encargaos de hacer pasar al príncipe a Bélgica.

Todos lloraban, y yo les abracé uno a uno. ¡Qué difícil era abandonar tantos rostros familiares, tantas amistades, tantos recuerdos! Con un movimiento rápido me apoderé de la miniatura de mi padre y la metí en mi bolsito.

–¿Acaso no oís? –decía Metternich tirándome del brazo–. Sube gente… Vienen…

–Adiós a todos –exclamé–. Las Tullerías son violadas. Cedo ante la fuerza. ¡Es el destino!

Carreras desenfrenadas por los pasillos y los grandes salones,* puertas embestidas por asaltantes ebrios de venganza que se ensañaban en abatirlas. Todos los patios y la plaza del Carrousel estaban a rebosar. Regreso hacia mis apartamentos y el paso secreto hacia las galerías del Museo del Louvre, vacíos de sus tesoros, que desembocaban en los «jardines de la Infanta» y la plaza Saint-Germain-l'Auxerrois. Metternich y Nigra, que nos escoltaban, nos detuvieron en un hueco oscuro. Pasaban bandas corriendo, maldiciendo y dando gritos de muerte. Por suerte, todavía no había aglomeraciones; por suerte, se acercaba un simón, que venía de los muelles.

–Seamos audaces –dije.

Metternich lo detuvo y me lancé a la calle para meterme dentro, seguida de cerca por la señora Lebreton, que se instaló a mi lado. En ese preciso instante, un niño nos señaló con el dedo y exclamó:

–¡La emperatriz está ahí!

Nigra le tapó la boca con la mano mientras mi acompañante le daba una dirección al cochero, que se puso inmediatamente en marcha. Los embajadores habían desaparecido. Habíamos escapado a los amotinados san-

---

* Todos estos detalles están recogidos en el relato de la señora Lebreton, releído por la emperatriz antes de ser publicado en el libro de Filon. *(N. de la A.)*

guinarios que asediaban Las Tullerías, pero estábamos solas, abandonadas en una ciudad donde cada cruce representaba una amenaza. La pesadilla estaba lejos de haber acabado. La multitud avanzaba por la rue de Rivoli y hacía retrasar nuestra marcha. Rostros hirsutos vociferaban en nuestras portezuelas:

«¡Que muera Badinguet! ¡Que muera la española! ¡Viva la nación!».

Bajo mi velo de crespón, conservaba la sangre fría. Mi dama de compañía, más asustada que yo, le dijo al cochero:

–Tenemos prisa. ¿No puede ir por otro lado?

Giró hacia calles más tranquilas para llegar por fin al boulevard Haussmann. La puerta del consejero Besson permaneció cerrada. Lo mismo ocurrió en casa del señor De Piennes, mi primer chambelán. ¿Dónde podíamos ir sin comprometer a nadie? Sentadas en los escalones, nos pusimos a pensar.

–¿La legación norteamericana? –sugirió la señora Lebreton.

–Norteamericano –exclamé–, el doctor Evans, mi dentista. Es rico. Nos ayudará. Y sé dónde vive. Avenida de la emperatriz.

No estaba en su casa, pero su criado pensó que éramos clientas y nos permitió esperarle en el salón. Cuántas horas pasaron, no lo sé, pero cuando entró en la sala donde me había sentado de espaldas a la puerta, me giré bruscamente en cuanto se marchó el sirviente y, ante su expresión estupefacta, le declaré:*

* A partir de este punto del relato hasta la llegada a Inglaterra, las fuentes son el relato de la señora Lebreton y las memorias del doctor Evans. (N. de la A.)

359

—Como podéis ver, ya no soy la que era. Han llegado los días malos y me encuentro sola. Me dirijo a vos en busca de protección y asistencia porque confío en vuestra adhesión a nuestra familia. El servicio que os pido pondrá vuestra amistad muy a prueba.

—Me sentiré muy satisfecho de ayudaros en todo lo que pueda. ¿Tiene vuestra majestad algún plan?

—Pasar a Inglaterra. Llévenos a la estación de Poissy, desde donde cogeremos el tren para Le Havre.

—Es demasiado peligroso. Os llevaré a Deauville, donde se encuentra mi mujer. Encontraremos un barco privado que parta para Inglaterra.

Esa noche tenía obligaciones, pero nos hizo servir una buena cena y puso a nuestra disposición una habitación diciendo que partiríamos a las cinco de la mañana. Me alegré de poder comer. No había hecho una comida decente desde hacía días. Respiré tranquila y, de repente, en la tranquilidad de ese apartamento me percaté de que todo había terminado. Lo que pensaba vivir como una pesadilla se había convertido en realidad. Ya sólo era una emperatriz que huía, mi marido era prisionero de guerra, ignoraba dónde estaba mi hijo, ya no tenía hogar, ni una maleta y ni siquiera una pieza de ropa para cambiarme, y mis amigos no sabían dónde me encontraba. Despojada de todo, después de haberlo poseído todo. ¡De qué altura caía! ¿Por qué no me había derrumbado? El fuego de brasa y el arroyo de hielo. ¡Una espada de Toledo no se rompe! Mañana aparecerían otros peligros. Para enfrentarme a ellos, sólo contaba con mi valor y mi fe.

—¡La Providencia nos aplasta —murmuré como plegaria—, que se haga Su Voluntad!

A la luz matizada del alba, nuestro coche salió de París. Los guardias de la puerta Maillot nos dejaron pasar sin hacer preguntas. Íbamos al campo, había declarado el doctor Evans. Con su amigo el doctor Crane, parecíamos dos parejas de burgueses que salían en busca de reposo. Nunca el aire fresco de la mañana me había parecido tan delicioso. Era libre. En la otra punta del camino estaba el sol, otra esperanza, otra vida, y quizá menos ingratitudes. *¡Si Dios quiere!*

Rueil, la Malmaison, mi corazón se oprimió. Y después Saint-Germain-en-Laye, de camino hacia Mantes. Los caballos iban a trote, me embriagaba el paisaje y los recuerdos de los últimos acontecimientos volvían a acosarme con tal violencia que los espantaba hablando sin parar.

—¡Cómo habría podido abdicar, yo que sólo actuaba por delegación!... Han proclamado la República y me he marchado. ¡Pero no he desertado!... Podría haber sido útil, visitar los hospitales, ir a los puestos de vanguardia. ¿Por qué no me han dejado morir entre los muros de París?... No, no era «mi» guerra. Nunca he pronunciado esa palabra sacrílega. Nunca he dicho: «Esta guerra la he querido». Es una mentira que propaló el señor Thiers para cubrirse las espaldas. El que ha querido la guerra es Bismarck, y los que esperaban la ruina del imperio para subir al poder han precipitado la catástrofe... En Francia hoy uno es honrado y mañana lo destierran. Y como la historia se repite, desde hace cien años, los gobiernos acaban en una revolución y en la huida.

Las frases se desgranaban a veces sin hilo conductor. En el fondo de mi bolsito, un medallón de mi hijo me hacía llorar. ¿Dónde estaba mi querido hijo? ¡Y mi pobre marido había cabalgado durante cinco horas en busca de la muerte bajo el fuego de Sedán! La tristeza me ahogaba, pero otro pensamiento me pasaba por la mente y me devolvía la alegría:

—Cuántas veces he dicho que jamás dejaría el palacio de Las Tullerías en simón como Luis Felipe. ¡Y eso es precisamente lo que he hecho!

Pasaba del llanto a la risa. Desahogaba mi corazón, de lo contrario, no habría soportado lo que le esperaba después. En Mantes, Evans compró los periódicos. Trochu era el presidente del Gobierno de Defensa Nacional.

—¡El muy miserable! ¡El muy pérfido! —exclamé—. Había jurado protegerme haciéndose matar en los escalones del trono.

Entre los nuevos ministros había antiguos fieles que nos traicionaban sin vergüenza.

—Los franceses son versátiles —murmuré—. Les gusta la gloria y el sol, pero no saben soportar los reveses de la fortuna. ¡Con ellos siempre hay que tener éxito!

Muy pronto estaríamos en Inglaterra y sabía lo que debería hacerse. Ese gobierno de revolucionarios era ilegal. Aún estaban Bazaine y su ejército. Los acontecimientos me daban vueltas en la cabeza y mi mente no dejaba de elaborar planes. Un poco más lejos, tuvimos que cambiar de coche. Un viejo carricoche de caja verde y capota resquebrajada. Un equipaje miserable que tuvo la ventaja de hacernos pasar inadvertidos por las calles de Évreux, donde la gente gritaba, igual que en París:

—¡Que muera la española! ¡Abajo el imperio!

La prudencia nos mandaba permanecer en la sombra. A un lado de la carretera, mientras los caballos descansaban, comimos pan, salchichón y queso acompañado con vino de la región. Una comida frugal de la que me deleitaba como antaño cuando viajaba con la cuadrilla del picador Sevilla. En un pueblo, cerca de Lisieux, tuvimos que conformarnos con unas habitaciones en el desván. Muebles espantosos, una cama de hierro y el papel de las paredes roto… Después de vivir en palacios espléndidos, el destino me arrojaba al tugurio más sórdido.

–Tiene gracia la cosa –exclamé desplomándome en la butaca, sacudida por un ataque de risa.

Nos sirvieron una buena cena. Por la mañana estaba descansada, había lavado mis pañuelos y los había planchado pegándolos al cristal. Recordaba mi infancia espartana, y le di las gracias a mi padre por haberme acostumbrado a conformarme con poco adaptándome a las circunstancias. La señora Lebreton me riñó por maquillarme y por no cambiar de peinado para parecer más vieja para no despertar sospechas.

–Temo más el ridículo que la muerte –repliqué–. Si me descubren, recuperaré más fácilmente mi prestigio de emperatriz. La impresión que produzca será mi defensa y mi salvación.

La estación estaba muy cerca. Me dirigí allí cojeando, única concesión al disfraz. A pesar del riesgo, cogimos el tren hasta Lisieux. Llovía a cántaros. El tiempo que tardamos en encontrar un coche nos quedamos calados hasta los huesos. Deauville por fin, y el hotel del Casino donde se alojaba la señora Evans, que se asustó. Mi dama y yo estábamos en un estado lamentable. Un baño caliente y ropa seca nos transformaron. Mientras tanto, el dentista y su amigo buscaron un barco en el puerto de Trouville. Por la noche de ese mismo día, embarcamos a bordo de *La Gazelle*, un yate de cuarenta toneladas que pertenecía a lord Burgoyne. El doctor Crane regresó a

París con una lista de personas con las que había prometido contactar para darles noticias mías. Lady Burgoyne nos ofreció chales y ponche caliente. Al alba, levábamos ancla con destino a Inglaterra.

Atravesar el canal de la Mancha fue una tarea muy ardua. A una milla de la costa, una turbonada arrancó un botalón del barco. Bajamos el trinquete para izar el tormentín. El velero cabeceaba, y el balanceo era tanto que sir John decidió regresar a Francia.

–No –le dije–. Os suplico que continuéis. No temo el mar.

La isla de Wight estaba a la vista cuando sobrevino un temporal terrible. Una borrasca tan violenta que levantaba olas impresionantes, los rayos zigzagueaban en el cielo. Con el retumbar de los truenos y las ráfagas de lluvia, olas inmensas se alzaban como paredes y se abatían sobre el puente. El barco se hundía bajo las aguas y volvía a subir como un tapón. Sir John no era un navegante experto y no sabía qué hacer. ¿Ir en dirección del viento o aguantar a la capa?

–A la capa –le dije.

Me pareció que el casco del yate iba a partirse. Pensaba que estábamos perdidos, pero eso no me alarmaba. Si desaparecía, la muerte no podía ser más oportuna, ni la tumba más deseable que esta inmensidad desencadenada. Hacia medianoche, el viento cesó y *La Gazelle* tocó la isla en el pequeño puerto de Cowes. A las cuatro de la madrugada del 8 de septiembre, otra nave nos desembarcó en Ryde, en la costa inglesa. Evans nos alojó en un hotel antes de marcharse para obtener información. Tenía prisas por leer un periódico para enterarme de dónde estaba mi hijo, qué era del emperador, lo que ocurría en París. Desde hacía cuatro días ya no sabía nada. La impaciencia me mantenía en un estado febril y la inquietud me consumía. Me había salvado, ¿qué iba a ser ahora de nosotros? Encima de la mesa de mi habitación había una Biblia. La abrí al azar y me encontré con estas palabras del salmo:

El Señor es mi pastor, nada me falta.
En los prados de hierba fresca me hace reposar.
Hacia las aguas tranquilas me guiará.*

El alma apaciguada. Me cambié y me puse ropa seca. Al regresar, el dentista sólo tenía informaciones muy generales y decidió llevarnos a Brighton. Las gacetas anunciaban que el príncipe imperial había llegado a Hastings.

–Rápido, vamos allá –dije.

Mi hijo estaba en el Marine Hotel con sus ayudantes de campo. Esa noche, por fin, pude estrecharlo entre mis brazos y nuestra primera preocupación fue escribir al emperador para informarle de que estábamos juntos.

Al día siguiente de ese bendito día, estaba en la cama con mucha fiebre y ataques de tos que me arrancaban el pecho. El cansancio del viaje y la intemperie, añadidos a las tensiones y las fuertes emociones de los últimos acontecimientos, pudieron con mi salud. Los amigos afluyeron: la duquesa de Mouchy, la princesa Murat, la princesa Metternich, mis sobrinas Luisa y María de Alba, y también Filon, miss Shaw, La Valette y muchos más. Los periódicos les habían informado de dónde me encontraba, y cada uno tuvo el detalle de traerme lo que me faltaba: vestidos,

* Salmos de David, 23. *(N. de la A.)*

ropa de casa, objetos de limpieza, todas esas fruslerías que dan una atmósfera de comodidad, mejorando el decorado un poco sobrio de las dos habitaciones que me servían de apartamento. También tuve la sorpresa de recuperar los recuerdos personales más preciados, olvidados en la partida precipitada, como ese libro de horas de María Antonieta que siempre estaba en mi cabecera. En mi desgracia, tenía más suerte que la pobre reina, puesto que todavía tenía a mi hijo y a mi marido. Desde la prisión, Luis me envió palabras tiernas que me llenaban de felicidad:

> Tus cartas son un consuelo magnífico y te doy las gracias por ello. ¿A qué puedo apegarme si no es a tu afecto y el de nuestro hijo? No dices nada de tus propias pruebas y de los peligros a los que te has visto expuesta. He tenido que enterarme de ello por los periódicos. Todo el mundo alaba tu valor y tu firmeza en los momentos difíciles. Eso no me ha sorprendido.*

En otra misiva, me hablaba de nuestra futura residencia.

> Inglaterra o Suiza. En cualquier otra parte, la gente teme comprometerse. Cuando sea libre, quiero ir a vivir contigo y con nuestro hijo en un pequeño *cottage* con *bow windows* y plantas trepadoras.*

El príncipe de Gales me ofreció Chiswick House. La reina Victoria me había hecho saber que no era insensible al golpe que había recibido y que no olvidaba los días pasa-

---

* Cartas del 17 y 19 de septiembre de 1870. *(N. de la A.)*

dos. Sin embargo, entendía que mi situación era delicada, y no quería estorbarla instalándome demasiado cerca de ella. El doctor Evans, siempre devoto, buscó una casa, y muy pronto encontró lo que nos convenía para servirnos de residencia: la propiedad de Camden Place en Chislehurst, en la región de Kent. Ya era hora de dejar Hastings, donde los periodistas y los curiosos, venidos de sitios muy diferentes, se agolpaban alrededor del hotel y nos hacían la vida imposible. Pegaban el rostro a las ventanas de la mañana a la noche e invadían nuestra intimidad.

Mientras tanto, la confusión reinaba en París. Bazaine seguía resistiendo en Metz y algunos periódicos alemanes se impacientaban de ver por fin el desmembramiento de Francia con la destrucción de su «herencia». ¿Cómo no iba a sentirme alarmada por tales palabras? Además, Bismarck daba a entender que no haría tratos con el gobierno de Defensa Nacional que sólo representaba una parte de la izquierda de la antigua Asamblea. Sólo contaban, para él, el emperador, la regente que seguía siéndolo, o Bazaine, que tenía el mando del emperador. Metternich me había escrito:

Aquí, el soberano es el caos; lloro de rabia por ello.*

Pensaba que podía ser útil a la defensa nacional. Llamé a Filon y le dicté dos cartas, una dirigida al zar Alejandro II y la otra al emperador Francisco José, suplicándoles que hiciesen servir su influencia para firmar una paz honorable entre Francia y Alemania. Sus respuestas fueron corteses pero reservadas.

* Carta enviada desde París el 30 de septiembre. *(N. de la A.)*

Mientras tanto, un agente misterioso llamado Régnier merodeaba alrededor de nuestro hotel, insistiendo ante mi gente que quería mantener una entrevista conmigo. Por su mediación, decía, podría negociar una buena paz para Francia. Desconfiada, me negué a recibirle, pero entretuvo al señor Filon, se lo ganó con sus propuestas y le robó una carta postal de Hastings firmada por el príncipe a la atención del emperador, al cual se disponía a visitar.*

–Cometéis un gran error –le dije al preceptor–. Ese hombre es un espía de Bismarck o un agente del gobierno que quiere deshonrarnos a los ojos de la nación haciéndonos creer que confabulamos con Prusia.

A partir de ese día, la zozobra me consumía. ¿Qué iba a hacer el señor Régnier? Dejé el Marine Hotel para instalarme en mi nueva casa de Chislehurst, situada en el centro de un gran parque. Pertenecía a un señor llamado Strode que había conocido al emperador en el pasado. Me gustó nada más verla. Un sauce majestuoso traído de la isla de Santa Elena estaba plantado en medio del césped, bajo las ventanas del salón, y me pareció un símbolo de buen augurio. El interior estaba amueblado con gusto. Veinte habitaciones acogedoras para una vida tranquila en compañía de algunos miembros de nuestra Corte. Una vez más, el doctor Evans me había demostrado su adhesión.

Allí leí en el *Times* de Londres que el señor Mérimée había fallecido en su casa de Cannes. Querido don Próspero, que se había arrastrado hasta Las Tullerías hasta el último momento, a pesar del enfisema que le hacía sufrir de forma espantosa. En la iglesia católica del pue-

* Relato de Filon. *(N. de la A..)*

368

blo recé por el fiel amigo que se llevaba mi juventud, mis horas de gloria y de desamparo. Un primer vacío se abría en mí.

El torbellino de la política se volvió a apoderar de mí. Rouher, La Valette, Persigny, Chevreau se habían reunido a mi alrededor y me animaban a actuar. No me habían depuesto, y yo seguía siendo la autoridad legal. La guerra distaba de haberse terminado. Francia todavía tenía bazas: el ejército de Metz estaba entero, se estaba formando el ejército del Loira, y las tropas reunidas en la capital aún podían efectuar una «salida torrencial» sobre las líneas enemigas.

Fue entonces cuando hizo irrupción el general Bourbaki vestido de civil y nos dejó de piedra. Acudía de parte de Bazaine para saber qué le había contestado a Régnier. Cuando comprendió que yo no sabía nada de ese hombre, que no lo había recibido y que no deseaba poner trabas al gobierno francés, se desesperó y creyó que habían maquinado contra él. Intervine para que pudiese regresar a sus líneas sin problemas. Nos dejó llorando. Al día siguiente, Régnier volvió a aparecer.* Esta vez lo recibí en presencia de Rouher, Chevreau y Filon, y le escuché sin interrumpirle. Hizo un largo discurso sobre los acuerdos eventuales tomados con Bismarck.

–Sólo debéis firmar –me dijo–. Daos prisa, señora, cada día que pasa cuesta millones a Francia y le arranca un trozo de su carne. Metz caerá el 18... ¡Salvad el ejército y salvad Francia!

–Parece ser que no conocéis a vuestros compatriotas, señor. No perdonarán nunca el que ceda una par-

* Relato de Filon. (N. de la A.)

369

cela de Francia. Siempre dirán, y sus hijos después de ellos, que si se hubiese luchado hasta el final se habría vencido. Además, la paz que me proponéis no será reconocida. Tras la guerra con el extranjero, sufriremos una guerra civil.

Mi entorno estaba muy excitado ante la idea de regresar al mismo escenario. El emperador me aconsejaba prudencia y seguí su consejo, convencida de que Francia podía seguir resistiendo. Se presentó un tercer visitante: el general Boyer, enviado también por Bazaine, que no había tenido noticias de Bourbaki. Las condiciones que me expuso me ofuscaron. Reconocía claramente el pensamiento maquiavélico de Bismarck. ¿Qué esperaba de mí?*

Reivindicando mis poderes de regente, habría ordenado al mariscal Bazaine afirmar mediante un manifiesto que el ejército del Rin se comprometía a permanecer fiel a su juramento, convertirse en la estrella de la dinastía napoleónica, y aliarse alrededor de mí. Con la fuerza de ese *pronunciamiento*, habría prescrito al mariscal entregar Metz, paralizar la obra de la Defensa Nacional, oponer el ejército del Rin al ejército del Loira y desencadenar la guerra civil. ¿Y todo eso para qué? Para firmar la paz lo antes posible. ¿Pero qué paz?

Mi entorno consideraba que esa paz era honorable, en todo caso menos rigurosa que la que se impusiera por la fuerza a la República del 4 de septiembre, porque sólo el imperio le podía garantizar a Alemania lo que le importaba esencialmente: el mantenimiento del orden social y la estricta ejecución del tratado. Llegaron a decirme que

* El relato que sigue es el de la emperatriz a Maurice Paléologue. *(N. de la A.)*

para asegurar la ventaja de negociar con un gobierno sólido, Alemania no pediría ninguna cesión de territorios, que como mucho exigiría el desmantelamiento de Estrasburgo, que sería proclamada «ciudad libre», y una fuerte indemnización de guerra.

Ese argumento de las condiciones «menos rigurosas» me impresionaba mucho. Quise saber a qué atenerme. Me armé de valor y me dirigí directamente al rey Guillermo.

… Estoy dispuesta a hacer todos los sacrificios personales por el interés de Francia, pero se lo pido al propio rey: ¿acaso puedo firmar un tratado que impondría un dolor insuperable a mi país? Que Dios aleje para siempre del corazón de Vuestra Majestad las amarguras que llenan el mío.*

Al mismo tiempo, viajé a Londres, a casa de lord Cowley, que me había preparado una entrevista con el ministro de Prusia. Le pregunté cuáles eran sus condiciones y evocó una cesión mínima de territorios.

—Eso es imposible –exclamé–. Nunca lo consentiré. Como mucho, una transferencia de Cochinchina y una indemnización.

—Eso no será suficiente –dijo en un tono cortante.

La respuesta del rey Guillermo confirmó la posición de su embajador:

Amo a mi país como vos amáis al vuestro, señora. Ahora bien, tras haber hecho inmensos sacrificios

* Texto recogido por Filon en su obra. *(N. de la A.)*

por su defensa, Alemania quiere asegurarse de que la próxima guerra la encontrará mejor preparada para repeler la agresión sobre la cual podemos contar en cuanto Francia haya recobrado sus fuerzas o conseguido aliados. Es solamente esta triste consideración y no el deseo de ampliar mi patria lo que me obliga a insistir en cesiones de territorios cuyo único objetivo es alejar el punto de partida de los ejércitos franceses en el futuro.*

Ya no me hacía ilusiones. Alemania había descubierto su juego, su implacable decisión de arrancarnos Alsacia y Lorena. ¡Eso es lo que esperaba obtener Bismarck de mi debilidad o de mi vanidad haciendo brillar ante mí la perspectiva de nuestra restauración dinástica! Y en menuda deshonrosa trampa habría caído si no hubiese resistido a las instancias y las reprobaciones de aquellos que me rodeaban.

La caída de Metz puso fin a todas esas intrigas, y si hubo otras, las ignoraba. ¿Había actuado correctamente al no firmar? Ese asunto me atormentaba, pero era demasiado tarde. Ya no tenía poderes. La capitulación de Bazaine me arrebataba toda autoridad militar. La regencia se desmoronaba. A partir de ese momento, ningún obstáculo me impedía acudir al lado de Luis, al que sabía tan desdichado.

El 30 de octubre me marché de repente, en compañía del conde Clary, ayudante de campo de mi hijo, y de la señora Lebreton. El barco con destino a Kassel, y luego el tren por Alemania, y las estaciones repletas de

---

* Esta carta se encuentra hoy en día en los Archivos Nacionales de Francia. (*N. de la A.*)

soldados prusianos con sus sacos y sus fusiles. El olor de la guerra se me agarraba a la garganta y me turbaba, pero la idea de sorprender a Luis me confería el coraje para proseguir ese triste viaje.

Qué emoción cuando llegué al pie de la escalinata de Wilhelmshöle. Las piernas me fallaron cuando salí del coche, toda vestida de negro. Luis vino a mi encuentro, muy pálido, y me tendió las manos. Se inclinó de forma ceremoniosa y me presentó a los oficiales que le seguían. ¡Qué frialdad, cuando todo mi cuerpo ardía!

La etiqueta me ponía nerviosa. La mirada de Luis, tan empañada como la mía, me inundó de una bondad tal que no pude contener las lágrimas. Me llevó a un salón; por fin estábamos solos, abrazados, corazón con corazón. ¡Ay! Todo lo que me dijo en aquel momento…

¿Cómo había podido dudar siquiera un solo segundo de su fortaleza de ánimo y su apego tan profundo? En la felicidad, nuestros lazos se habían relajado, incluso pensaba que se habían roto, pero en un día de tormenta me demostraba su solidez. Lo contemplaba sin cansarme. Tras tantos sufrimientos había envejecido. El pelo se le había encanecido, sus ojos ya no brillaban, grandes ojeras le hundían las mejillas. Sin embargo, tras el insoportable martirio se encontraba mejor. Su voz era dulce y su ternura me reconfortaba. Ya no quedaba nada de los esplendores pasados, pero estábamos unidos, cien veces más unidos por las pruebas que había soportado. Y, además, nos quedaba una esperanza: nuestro hijo. ¿Qué íbamos a hacer con nuestro porvenir? Por supuesto, Luis había pensado en ello:

—Nuestro deber es permanecer en la sombra y dejar que los acontecimientos sigan su curso. Dado el papel que hemos desempeñado en Europa y la posición que hemos ocupado, todos nuestros actos deben llevar el sello de la dignidad y la grandeza.

Aprobó mi decisión de no haber firmado nada. Él también pensaba que el plan de Bazaine era una trampa. Estábamos en perfecta sintonía.

–El deber político quizá me mandaba otra conducta –le dije–, pero el honor no me permitía actuar de otra forma.

–La paz será obligatoriamente un desastre. Una parte de Francia está en manos de los prusianos, y la otra en las de enérgicos demagogos. Ellos cargarán con la responsabilidad.

–¿Tendrá nuestro hijo una oportunidad de reinar?

–¿Quién sabe?

–Dios, estoy segura, nos concederá mejores momentos. ¿Pero cuándo?

Me separé de Luis, llena de amor como el primer día, dispuesta a todos los sacrificios para que su vida fuese más dulce. Me había aconsejado que tuviese paciencia y guardase silencio, y me aparté de la política. No por ello sufría menos al ver Francia arruinada. Contra todo pronóstico, seguía soñando con verla a salvo. ¿Por quién?, ¿cómo? ¿El ejército de Les Vosges?, ¿un movimiento de Rusia?

El 18 de enero de 1871, en la galería de los Espejos de Versalles, el rey de Prusia era proclamado emperador de Alemania y los cañones prusianos machacaban París bajo la mirada indiferente de Europa.

–Nadie dirá una palabra –exclamé indignada.

–El mundo va a inclinar la cabeza ante Bismarck pachá y su sultán –replicó lady Salisbury con su flema habitual.

El 1 de marzo, la Asamblea de Burdeos votó la deposición del emperador Napoleón III. Algunos días después, se firmó el armisticio. Al igual que los demás prisioneros de guerra, Luis fue liberado.

El 20 de marzo desembarcó en Dover ante una multitud inmensa que le aclamaba. La policía le abrió paso hasta el sitio donde yo le esperaba apretando la mano de mi hijo. Qué abrazo, entonces, los tres enlazados. Para nosotros, la guerra había terminado, y el mundo a nuestro alrededor desaparecía.

CAPÍTULO XIX

A Luis le gustó Camden Place. El recibidor con su chimenea de porcelana, los artesonados del comedor, los salones amplios y la larga galería donde pronto desgastaría la alfombra con sus cortos recorridos fumando cigarrillos y reconstruyendo su última batalla o imaginando el regreso que lo atormentaba ya. El lema del cuadrante solar en la fachada le había hecho sonreír. *Malo mori quam foedari*, antes morir que desertar. Ninguno de los dos había desertado.

–La nación me ha impuesto la guerra de Prusia –decía con voz cansada–, pero la he hecho y mal hecha.

Mientras tanto, la República que me había obligado a partir no había sabido evitar la guerra civil. Franceses mataban a otros franceces en París, Las Tullerías ardían, también el Hôtel de Ville; pronto sería el turno de Saint-Cloud, y los jefes de los partidos decían invectivas en contra de sus oponentes. El patriotismo parecía ser ya sólo una palabra, un oropel del que se deshacían al llegar a casa, después de haber hecho alarde de él en público.

Olvidar iba a ser muy difícil, por eso puse todo en marcha para permitirnos cicatrizar las heridas. Había mejorado el decorado –en el que la elegancia no faltaba– con varios objetos personales, rescatados de los palacios imperiales, y que nuestros amigos nos habían traído o mandado. Un símil de Corte se instaló a nuestro alrededor. El emperador tenía sus ayudantes de campo, médicos, chambelanes y secretarios. Mi hijo tenía a su preceptor Filon y a su amigo, el joven Louis Conneau, criado con él desde la infancia. Mis sobrinas y su ama de llaves completaban el círculo familiar. La señora Lebreton no me había dejado y otras damas y chambelanes habían venido a compartir nuestro exilio.

Después de tantas pruebas y sufrimientos, necesitábamos reencontrarnos en la tranquilidad de una nueva vida organizada en el orden y la armonía. A pesar de haberse visto reducida, se respetaba la etiqueta. Lo natural y la sencillez no nos quitaban nada de nuestra dignidad. Por la mañana, cada cual se dedicaba a lo suyo. Yo me levantaba pronto y luego me retiraba a «mi rincón», una sala contigua a mi habitación, donde había reconstituido la atmósfera de mi gabinete de Las Tullerías, con el armario con puertas de cristal lleno de recuerdos, los retratos alineados sobre el escritorio y el biombo recubierto de hojas. Éste era un entramado dorado entrelazado de hiedra. Me lo habían regalado para mi santo. En ese decorado que me gustaba, cerca de una ventana con vistas al parque, llevaba las cuentas y ordenaba el correo. ¿Qué hubiese sido de nosotros sin esas innumerables cartas llenas de afecto que llegaban de varios rincones del mundo en señal de *Remember*? A veces había testimonios de amistad inesperados, como el de Abd-el-Kader, enviado desde Damasco:

Sólo el sol y la luna tienen eclipses.

–¡Un árabe, un antiguo adversario que me escriba esto! ¡Menuda lección para los franceses!

La lectura de los periódicos me arrancaba gritos de indignación, y me precipitaba sobre mis informes, ordenando los papeles para reencontrar los que nos permitirían justificarnos. Las calumnias se multiplicaban en la prensa republicana y me sacaban de quicio. A la hora del almuerzo que nos reunía en el comedor, fulminaba en violentas diatribas contra aquellos que nos traicionaban tras haber recibido tantas cosas de nosotros.

Ya no sabían qué inventarse para mancillarnos, desde los fondos públicos sustraídos, enviados al extranjero, hasta la cobardía del emperador en la batalla de Sedán. Herida, despedazada viva por esos ataques venenosos, daba vueltas como una leona y rugía de rabia sin controlarme. Luis me regañaba con su dulce voz:

–Ugénie, no tienes una idea, la idea se ha apoderado de ti.

Es verdad que estaba obsesionada por la traición y la ingratitud. No sólo Trochu, sino también Drouyn de Lhuys, Viollet-le-Duc, Mac-Mahon y muchos más. Luis sufría todo aquello con una admirable indulgencia, llevando el estoicismo y la mansedumbre hasta lo sublime.* Nunca pronunció una palabra de queja, reprobación o recriminación. ¡Cuántas veces le supliqué que se defendiese, rechazase los ataques desvergonzados y las maldiciones ignominiosas de las que era objeto y que detuviese de una vez ese raudal de insultos que caía sin cesar sobre nosotros! Con una expresión plácida, me contestaba:

* Relato de la emperatriz a Maurice Paléologue. *(N. de la A.)*

–No quiero justificarme. Algunas catástrofes son muy dolorosas para una nación, que tiene derecho a echar todas las culpas a su jefe, aunque sea injustamente. Un monarca, y un emperador sobre todo, se degradaría al intentar disculparse porque defendería su causa en contra del pueblo. No hay excusa ni circunstancia atenuante para un soberano. Su mayor prerrogativa es asumir en su persona todas las responsabilidades llevadas a cabo por los que le han servido... o traicionado.

A veces añadía que la historia rectificaría lo que había de injusto en esas acusaciones personales sin pruebas. Algún día, los testigos hablarían, y entonces se descubriría la verdad. Mi hijo escuchaba en silencio. Él también estaba alterado. Su experiencia de la guerra le había marcado profundamente. Y más aún la capitulación del emperador, no por falta de valor, sino por otras razones o causas. Al igual que su padre, no hablaría de ello.

Por la tarde, mientras los jóvenes desaparecían para realizar largas cabalgadas, Luis se entretenía con sus leales, analizaba los acontecimientos de Francia y hacía planes para el futuro. Yo aprovechaba aquellas ocasiones para escaparme. Un paseo por el campo, o en el tren hasta Londres para ir de compras y entrevistarme con los banqueros. Luis había dejado en mis manos la administración de nuestros ingresos. La venta del palacio de los Césares en Roma y la de mis joyas nos suministraron un patrimonio que nos permitía hacer frente a nuestras necesidades inmediatas. ¿Pero cuánto tiempo duraría el exilio? ¿Cuándo se levantaría el embargo sobre los bienes inmobiliarios que poseíamos en Francia? Por prudencia, limitaba nuestros gastos y practicaba la economía más estricta para conservar nuestro rango dignamente.

Regresaba para tomar el té de las cinco, servido en el saloncito. Las conversaciones se prolongaban hasta la hora de la cena y corríamos para cambiarnos antes del toque de campana que nos reunía otra vez en el comedor. Después los hombres se retiraban al fumador o a la sala de billar, antes de reunirse de nuevo con las damas en el salón hasta la hora de acostarse. Tocábamos el piano, hacíamos solitarios, evocábamos los momentos felices pasados en Biarritz, Compiègne, Fontainebleau o Saint-Cloud y, como antaño, antes de retirarme saludaba a nuestra pequeña corte con mi habitual reverencia que se convertiría, a lo largo de los años, en una especie de ritual del recuerdo.

Numerosos invitados vinieron a alegrar nuestra monotonía. Desde el regreso del emperador, fue un contiguo fluir de gente. La reina Victoria fue de los primeros. Vino en tren, acompañada por su hija pequeña, Béatrice, y el príncipe de Gales. De regreso de un largo viaje, quiso manifestar su simpatía a los soberanos exiliados que éramos a partir de ese momento. Regresaría muchas veces, y su afecto no disminuyó nunca. Una multitud de amigos ingleses que se plantaban ante nuestras verjas siguieron su ejemplo, sin contar los fieles de nuestra antigua Corte que vivían en Londres para estar más cerca de nosotros y llenaban nuestros salones cada domingo, así como los partidarios que desembarcaban desde Francia para animarnos a regresar en cuanto el momento fuese propicio. Varios correos lo precisaban, las provincias seguían siendo bonapartistas. Napoleón III poseía todas las bazas. Bastaría con preparar el terreno.

—Somos la solución necesaria —repetía el emperador.

Sus militantes lo alentaban y la propaganda del partido se intensificaba. Los periódicos, las campañas, todo eso costaba mucho dinero. Me preguntaba si el capital invertido sería suficiente. El emperador necesitaba una cura; no había recuperado todo su vigor y su salud seguía siendo delicada. También pensaba en los estudios de mi hijo. A partir del otoño ingresaría en el King's College de Londres y quería asegurarle una vida libre y honrada. Con quince años, se había convertido en un joven sano y vigoroso y, además, era un excelente jinete. En el rigor de nuestro exilio, cualquier revés financiero, penoso para cualquiera que llevara su nombre, debía ahorrársele.*

Un viaje a España me permitió vender algunas propiedades y asegurarnos más desahogo. Durante unos días olvidé las pruebas, las tensiones y los rencores. En los palacios de Madrid, así como en Carabanchel, ya no era la emperatriz en el exilio, sino *doña Eugenia*. Mis amigos celebraban fiestas en mi honor y recuperaba mi juventud galopando a orillas del Manzanares, donde la voz del viejo soldado me seguía hablando de Francia en un tono de nostalgia que despertaba en mí la esperanza. Sedán no era Waterloo. Tras Fontainebleau, se habían producido los gloriosos Cien Días.** Inglaterra era nuestra isla de Elba. Pronto saldríamos de allí.

En Camden Place, Luis me acogió con una sorpresa: mi biblioteca de Las Tullerías y todos sus libros marcados con la E coronada. Durante mi ausencia la había

* Eso es lo que afirma la emperatriz en una carta al almirante Jurien. *(N. de la A.)*
** Referencia al último período del reino de Napoleón I del 20 de marzo al 22 de junio de 1815, durante el cual intentó restaurar el Imperio. *(N. de la T)*

reconstituido de forma idéntica. No faltaba nada. Para darle las gracias por esa delicada atención, derroché mil ternuras. Nada ensombrecía nuestro amor. Una felicidad tranquila que no habíamos conocido hasta ahora. Para él hice esculpir un magnífico corcel en madera de cerezo, de curvas suaves para que pudiese hacer ejercicios sin cansarse mucho.

Sus proyectos de regreso eran cada vez más precisos. Desde Suiza, pasaría a Francia y llegaría a París a caballo, al frente de sus tropas. Rouher, La Valette y Chevreau estudiaban los detalles de la operación. Las elecciones de 1872 nos alentaron. El partido bonapartista obtuvo éxitos. Rouher fue elegido y nos aseguraron que los campesinos veneraban al emperador Napoleón III. La euforia se apoderó de nuestra pequeña Corte que odiaba a Inglaterra y se puso a soñar cuando se dijo que marzo de 1873 marcaría el principio de una nueva gloria. El viento de locura se me llevaba.

–Nos instalaremos en el palacio del Louvre, y como tendremos que ahorrar, ya no habrá «series» en Compiègne, y tampoco iremos a Fontainebleau. Nos conformaremos con el Trianon.

Hacíamos mil proyectos como si fuesen a realizarse al día siguiente, pero debíamos esperar meses todavía, y los días pasaban con una lentitud tal que nuestra paciencia se agotaba. El nerviosismo de cada uno llenaba el aire de electricidad. Camden era la «Balsa de la Medusa», y decidí bruscamente cambiar de aires. Una gira improvisada por las montañas de Escocia me sentó de maravilla. Me embriagaba con esas excursiones a paso de carga que nos llevaban de montes a pueblos, de prados a arrecifes y de castillos a figones. Esas caminatas rápidas daban energía. Como antaño en la Sierra, un pequeño don Quijote se despertaba en mi alma y me arrastraba en su aventura imaginaria. A los que me acompañaban les costaba seguir mi paso y rezongaban sin entender el placer que sentía en esos entretenimientos de una sencillez que calificaban de bárbara. Acababa de cumplir cuarenta y seis años y me encabritaba como un caballo salvaje que retoza en libertad.

Luis descansaba en Brighton en compañía de su hijo, al que poco a poco iniciaba en los entresijos de la política. Me reuní con ellos y se me heló la sangre al ver la cantidad de curiosos que los perseguían. Un yanqui llamado Barnum que ofrecía un puente de oro al emperador para presentarlo en las principales ciudades de Norteamérica: el hombre de Sedán, guinda del espectáculo. Detrás de él venía un pastor de una religión disidente que invitaba a Napoleón III a declarar, citando la Biblia, que era el Anticristo.* Horrorizada, atajé las intrigas de los viles mercaderes y escondí a mis hombres en una casa de la isla de Wight, donde nadie vino a molestarnos. Fue allí donde nuestro hijo nos confesó su gusto por la artillería y su deseo de ingresar en una Academia militar. Decidimos inscribirlo en Woolwich. Dimos los pasos necesarios e hicimos venir a un maestro de Harrow para que le ayudara a preparar el examen de ingreso. Con los ojos empañados, veía de nuevo a mi pequeño Loulou con uniforme de granadero al lado de su padre, pasando revista en la plaza du Carroussel. Mañana llevaría el uniforme de cadete de una Academia británica, pero sería, al igual que todos los Bonaparte, un buen artillero.

* Hechos recogidos por Filon. (*N. de la A.*)

A principios de noviembre, el príncipe imperial entró en Woolwich. Dos semanas después, el emperador mandaba enganchar los caballos para hacerle una visita. Al regresar, tuvo fuertes dolores, que no fue posible calmar a pesar de los baños calientes de agua de mar. Lo exhorté para que consultase a un especialista, pero seguía eludiendo la cuestión, afirmando que no era nada y que su salud nunca sería un obstáculo para la restauración del imperio:

—Haré lo que mi deber me impone.

La fiebre aumentaba y con ella mi preocupación. Finalmente aceptó hacerse examinar por dos eminencias inglesas recomendadas por la reina: su cirujano, sir William Gull y sir Henry Thompson, lumbreras en lo que a enfermedades de la vejiga se refiere. Se percataron de que el emperador tenía piedras y aconsejaron operar de inmediato. Me explicaron que sufriría atrozmente y luego entraría en un período de mejoría que llevaría a la curación total. Me lo creí, a pesar de todas mis dudas, y lo acepté con tanta sangre fría como Luis. La intervención se realizó con aparente éxito el 2 de enero de 1873, pero la piedra era tan grande que tuvieron que volver a operar el día 6. Luis ya no tenía fiebre y todo fue bien. Entonces, sir Thompson preconizó una tercera intervención.

—Qué heroísmo tan extraordinario —me decía—. Con una piedra así, permanecer cinco horas montando a caballo en Sedán, aquello tuvo que ser un verdadero martirio.

El día 9 por la mañana, cuando entré en su habitación, Luis estaba tranquilo y descansado, preparado para la última operación. El cloral le había ayudado a dormir sin padecer. Los médicos confiaban y pedí mi coche para ir a Woolwich a tranquilizar a nuestro hijo. Cerraba la portezuela cuando el doctor Conneau me volvió a llamar.

—El pulso se debilita, señora, lo estamos perdiendo.

El conde Clary se marchó inmediatamente a buscar al príncipe y corrí a la cabecera de Luis. Un sacerdote, llamado a toda prisa, le dio la extremaunción. Inclinada sobre él, le cogí la mano. Sus ojos se clavaron en los míos y movió los labios. Una leve sonrisa iluminó su rostro. Un suspiro, y todo terminó. Me desmoroné sobre él sollozando. ¿Durante cuánto tiempo? Alguien me levantó lentamente. Reconocí a mi hijo y me eché en sus brazos diciéndole:

—¡Ahora sólo te tengo a ti!

Juntos nos arrodillamos y, con su voz potente, recitó el *Pater Noster*. Después se acercó a su padre y lo abrazó desesperadamente.

Alelada, regresé a mis apartamentos, incapaz de asumir lo ocurrido. Erraba por los pasillos y entraba en la habitación de Luis para mirarle dormir, y me convencía de que iba a despertarse. Estaba tan guapo, libre de todo sufrimiento. En la cabecera había colocado un ramo de violetas y el talismán de Carlomagno, en recuerdo de nuestro noviazgo, veinte años antes. Después llegaron centenares de telegramas. De Inglaterra, de Francia, de todas las Cortes de Europa, de todos los rincones del mundo saludaban al emperador Napoleón III, su nobleza y su inteligencia. Todos lamentaban la inmensa pérdida. Necesitaría tiempo para aceptarla.

Cuatro días después, en medio del recibidor transformado en capilla ardiente, el emperador de los franceses, en uniforme de generalísimo realzado con sus condecoraciones, reposaba en un féretro forrado de seda, depositado sobre dos taburetes recubiertos de terciopelo negro. Centenares de personas provenientes del mundo entero vinieron a inclinarse ante él. La familia imperial, los mariscales, los dignatarios, los representantes de las Cortes extranjeras y mucha gente del pueblo desconsolada. A medianoche, cuando todo volvió a la tranquilidad, salí de mi habitación, seguida por mis damas. Vestida de negro bajo un largo velo de gasa, pasé la noche entera al lado de Luis encerrado en su féretro. Su última noche en la casa del exilio. Al día siguiente, 15 de enero, una multitud inmensa se agolpaba en Camden Place para asistir a la ceremonia de las exequias. Mi hijo presidía el cortejo fúnebre, y yo lo acompañaba con la plegaria, sola en mis apartamentos donde me confinaba la etiqueta.

Veinte años de mi vida desfilaron por mi memoria. Sólo conservaba los mejores momentos, nuestros juramentos en el bosque de Compiègne, nuestra boda y el nacimiento del príncipe, las horas de gloria y de felicidad, y esos dos años que nos habían unido en la desgracia, la esperanza y el dolor. Olvidaba todas las humillaciones de sus infidelidades. Sus «pequeñas distracciones» no le habían impedido amarme. El último movimiento de sus labios lo había afirmado para siempre. ¡Cómo iba a echarle de menos!

Al salir de la iglesia, tras la inhumación, mi hijo vino a abrazarme y me presentó su brazo para el último esfuerzo. Todas las personas que habían servido al imperio se habían colocado en fila en los salones, la galería y el comedor, y pasaba ante ellos para darles las gracias uno por uno. Se desmoronaban a mis pies llorando sobre mi mano que besaban y tuve la fuerza suficiente para no desmoronarme yo también, con el corazón destrozado. Una vez más, extraía del deber el valor de cumplirlo.

El dolor podría haberme abatido, pero el odio del príncipe Napoleón ya no tuvo límites y despertó mi fibra luchadora, adormecida por el dolor. Al día siguiente de los funerales, le ofrecí ponerse al corriente de los papeles que el emperador había dejado en su despacho. La vigilia de la operación, al percatarse de que le habían robado documentos, ordenó a su secretario Franceschini Piétri* que sellara los muebles y los cajones.

–Sellos mal hechos –refunfuñó el príncipe–. Sólo veo el sello de Piétri y no hay sello imperial.

Husmeó todos los informes y se extrañó de la poca importancia de los documentos que quedaban. Leyó el testamento y lo puso en entredicho, afirmando que el emperador debía haber escrito otro tras Sedán. Este databa de 1865 y me convertía en la legataria universal, regente y tutora del príncipe imperial hasta su mayoría de edad. Con su mirada llena de sospechas me traspasaba. Se giró bruscamente hacia el doctor Conneau y le preguntó dónde estaba el diagnóstico del doctor Germain Sée, redactado tras la consulta del 2 de julio de 1870.

–Lo he entregado a quien le corresponde por derecho –replicó el médico en un tono seco.

Esta vez, Plon-Plon me asesinó con su mirada acusadora y cogió su sombrero, declarando con una voz fuerte:

–Es inútil continuar, ya veo lo que hay. Aquí ya no tengo nada que hacer.

* Era el hermano del prefecto de policía Piétri, que había ayudado a la emperatriz a huir y que había permanecido en su puesto en París. (N. de la A.)

Los periódicos no tardaron en verter nuevas calumnias sobre mí. No sólo había hurtado el testamento del emperador para apoderarme de la fortuna destinada a mi hijo, sino que, además, me acusaban de haber guardado sólo para mí el informe del doctor Germain Sée que me habría revelado que el emperador tenía la enfermedad de la piedra; también me habría informado de que era incapaz de subir a caballo y soportar el menor cansancio físico.* Única depositaria de ese terrible secreto, habría fomentado la guerra, y ordenado al emperador a tomar el mando superior de los ejércitos. ¿Con qué objetivo? La regencia, es verdad, pero la perfidia de nuestro primo me inventó un propósito más amplio, maquiavélico y siniestro: conociendo el estado de debilidad de mi marido, lo habría mandado a sabiendas a la muerte, o si no a la abdicación, y en ambos casos me habría asegurado el reino hasta que mi hijo fuese mayor de edad. ¡Agripina y Lady Macbeth no lo hubiesen hecho mejor!

La cruel negrura de esas acusaciones reforzará mi leyenda de mujer fatal responsable de todas las desgracias de Francia. Fortalecida por el ejemplo que me había legado el emperador, permanecí en silencio. Se demostró que el testamento era el auténtico. Cuatro años más tarde, la muerte del doctor Conneau** me limpiaría del segundo crimen, puesto que se encontró entre sus papeles el famoso informe con el sobre sellado que nunca había sido abierto. Sólo entonces me enteraría de que el doctor Sée había diagnosticado la piedra, que los cinco médicos y cirujanos presentes no habían ratificado esa opinión

* Relato de la emperatriz a Maurice Paléologue. (N. de la A.)
** Muerto en Córcega en 1877, en la casa de su mujer. El descubrimiento del sobre fue relatado detalladamente por Filon. (N. de la A.)

y se pusieron de acuerdo en un punto: abstenerse de cualquier intervención.* ¿Por qué sólo me habían hablado de reúmas y cistitis? ¿Por qué sobre todo no le habían dicho nada al emperador?

—Si hubiese sabido que tenía piedras en la vejiga —me había confesado tras la consulta de sir Thompson— no habría hecho la guerra.

Bajo la mirada de Conneau, Corvisart y Nélaton, que lo había acompañado a Sedán, había sufrido un verdadero martirio. ¿Acaso no hubiesen podido haberle salvado entonces? ¡Qué lástima, Dios mío!

En ese mes de febrero de 1873, mi hijo había regresado a Woolwich y me lamentaba de esas disensiones en nuestra familia, muy nefastas para la dinastía y el partido bonapartista. Durante una cena en Londres, organizada a petición mía por el príncipe Murat, le tendí la mano al príncipe Napoleón diciéndole:**

—Sabéis que no soy una mujer rencorosa. Olvidemos todas nuestras diferencias, apretad mi mano con la vuestra y que entre nosotros ya no se hable del pasado.

—Señora, os haré saber dentro de poco mis resoluciones.

Algunos días después, su ayudante de campo vino a decirme que estaba de acuerdo en reconciliarse, pero con dos condiciones sobre las cuales no transigiría. La primera era que se le reconociera jefe del partido imperial con la dirección absoluta. Por muy peligroso que eso pudiese haber parecido para los intereses de mi hijo, lo habría aceptado. ¡Pero la segunda!… Se atrevía a exigir que la propia

---

* Precisiones dadas por la emperatriz a Maurice Paléologue. *(N. de la A.)*
** Relato de la emperatriz al magistrado Raoul Duval que lo comunicó a Filon. *(N. de la A.)*

persona del príncipe imperial le fuese entregada y puesta bajo su única tutela. ¡Qué ofensa! ¡Qué insulto! Con la voz entrecortada por los sollozos, exclamé:

–¡Así que el príncipe quiere que reconozca que soy incapaz e indigna de educar a mi hijo! ¿Pero qué he hecho para merecer esta ofensa?

Rechazaba la paz que le proponía, y regresó a París para propalar sus infamias. Su rencor y sus celos ya no tenían límites. Ya no encarnaba el principio napoleónico.

En la tristeza de Camden Palace no acababa de ordenar mis pensamientos y me negaba a lamentarme. ¿Con qué derecho? ¡Había tenido tantas cosas! Había dejado el rabo por desollar, mi buena suerte había terminado, ahora les tocaba a los demás. Había caído desde tan alto que todo se había roto en mí y ya no veía más que monotonía a mi alrededor. Los días se desgranaban como un rosario. Bordaba, escribía, maldecía y bendecía según el tiempo, e intentaba persuadirme de que era golosa para buscar un placer.* Sin embargo, me quedaba el consuelo de la mañana, cuando me dirigía a la iglesia, al otro lado del Common, para entretenerme con Luis. Mi hijo venía los fines de semana y estaba orgullosa de verlo estudiar con tanta seriedad.

A principios de verano lo llevé a Arenenberg, en ese decorado de la reina Hortensia que tanto nos gustaba a ambos, donde todavía faltaba el recuerdo de otro príncipe Bonaparte, joven y romántico, cuyas ambiciones tardarían en hacerse realidad. Tras Sedán, el emperador se había negado a instalarse allí para el exilio, temiendo parecerse a esos animales heridos que regresan a su madri-

* Carta a su madre. (N. de la A.)

guera para morir. Para mi hijo esa casa era un punto de partida, una cuna de sueños dispuestos a realizarse, un ejemplo de perseverancia y tenacidad, y tantas otras cosas que le desvelaba el retrato de su padre, el rostro abandonado en una mano y la mirada llena de certidumbres: «la fe y la conciencia de su deber», había escrito en su testamento. Mi hijo pensaba en ello sin cesar. Tenía confianza en él y se preparaba para tomar las riendas cuando llegase el momento.

Tenía oportunidades, estaba convencida de ello. Rouher me mostraba los testimonios recibidos de las campañas de Francia. El crédito de la República disminuía, y no creía en el regreso del conde de Chambord. El principio del derecho que representaba ya no existía. Una Cámara lo llamaría, otra lo destituiría. Renunció y no me sorprendió. Muchos franceses se quedaron decepcionados y pensé que mi hijo podría sacar beneficio de esa situación. La reina Victoria compartía la misma opinión:

—En definitiva, sería preferible que el príncipe imperial fuese el primero en el orden sucesorio —me dijo.

El 16 de marzo de 1874, para su mayoría de edad, se organizó una gran fiesta. Rouher decidió convertirla en un acontecimiento que impactara en la opinión pública. Me oponía a ello, pero tuve que reconocer que estaba equivocada cuando vi el éxito de la fiesta; fue un éxito rotundo. El mar se cubrió de flotillas y centenares de bonapartistas desembarcaron de este lado de la Mancha. Chislehurst se convirtió en una gigantesca feria francesa con sus puestos de comidas, sus banderas y vendedores de medallas y recuerdos. Más de siete mil personas se reunieron en el césped para aclamar a Napoleón IV. Muy digno, pronunció un discurso que tranquilizó sus esperanzas:

—Cuando llegue la hora… Si el nombre de los Napoleón sale por octava vez de las urnas populares, estoy dispuesto a aceptar las responsabilidades que me imponga el voto de la nación.

El delirio se apoderó de la asistencia que ya quería tomar las armas y arrastrar al príncipe hasta París.

—El regreso está cercano —decían a mi alrededor.

Yo respondía en un tono firme:

—No cometerá esa estupidez, perdería su aureola. El trono o el exilio, no hay otra opción.

A partir de ese momento mi hijo era el jefe de la dinastía de los Bonaparte. Ya no era regente, ni siquiera tutora. Ante él cedía mi lugar y me limitaba a darle algunos consejos cuando mantenía entrevistas con sus partidarios:

—Deja hablar, escucha. Es lo que hubiese hecho tu padre.

Los periódicos republicanos se preocuparon y lanzaron más veneno sobre el Napoleón III y medio que parloteaba en la bruma. Eso nos traía sin cuidado. Mi hijo continuó estudiando. A principios del año siguiente salió de Woolwich en séptimo lugar. En el mismo momento, el rey Alfonso XII era llamado al trono de España. El primer pájaro que pasaba a través de los barrotes de la jaula. ¿Ocurriría lo mismo con los demás? Tuve otras alegrías, esta vez en la familia. Mi sobrina María se había casado con el duque de Tamames y ahora Luisa me anunciaba su noviazgo con el de Medinaceli. El verano de Arenenberg fue una fiesta grandiosa en ese 1875. Excursiones, cruceros en el lago, bailes, cenas. Acudieron los amigos de las Cortes vecinas y de Francia; evocábamos el pasado, Biarritz, Compiègne… y soñábamos con un porvenir cercano.

El invierno de Camden nos volvió a meter en su melancolía. Mi hijo se había desplazado al campo de Aldershot y fue destinado a una batería; le gustaba la vida militar. Venía para el *week-end* con sus nuevos amigos que me rodeaban de juventud y alegría. La muerte de Luisa, a principios de febrero, me sumió otra vez en tristeza y desesperación. Era demasiado joven para casarse y un aborto se la llevó. La había educado como si hubiese sido mi propia hija y no podía resignarme. Entonces mi mente se dirigía hacia a mi hijo. Ahora más que nunca debía velar por él. Observaba con mucha angustia a una banda de intrigantes que jugaban con él a cara o cruz y permanecían en la sombra dejándole a él todos los riesgos. Loulou no era ambicioso, pero tenía el sentido del deber y de la audacia. Una mala influencia podía hacerle cometer una locura.

–La audacia es una fuerza –le decía–, pero no obtiene éxito sola; y si la fortuna sonríe a los audaces, es cuando han sopesado los objetivos y los medios.

Ahora bien, frente a la mayoría republicana instalada en la Cámara, el imperio no tenía más oportunidades que Mac-Mahon, cuyos medios de acción le serían retirados dentro de poco. La era de los hombres providenciales había pasado a la historia. En la sociedad escéptica de esta triste época, los redentores eran víctimas. Entonces la idea de ir adelante para coger la corona de Francia, que era una verdadera corona de espinas, me dejaba fría e insensible. Además, nuevas calumnias me agobiaban. En Londres, el duque de Gramont publicaba sus *Memorias* y se disculpaba acusándome de desencadenar la guerra. En París, se publicaba la entrevista del diplomático Lesourd afirmando que yo le había dicho: «Esa guerra me pertenece. ¡Es "mi" guerra!».

Algunos insultos se vuelven en contra de las personas que los pronuncian. Una vez más permanecí en silencio y conservaría en mi baúl el mentís formal que me enviaría el pobre hombre horrorizado. Tenía mi conciencia y me negaba a hacerle perder su puesto atacándole. Pero todo se había desgastado en mi interior, la fe y valor, y me sentía cansada, como los que han recorrido un largo camino.

Lejos de desalentar a mi hijo, lo entretenía en la doctrina bonapartista de libertad en el orden. Al cumplir veinte años, le entregué la parte de la herencia proveniente de su padre así como la libre disposición de lo que le había legado la princesa Bacciochi. Mi regalo consistió en un viaje a Italia en compañía de nuestros amigos más íntimos: el otoño en Florencia, donde había alquilado la villa Oppenheim. Desde allí fue a visitar Venecia, Solferino y Magenta. En primavera lo llevé a Roma, donde le recibió el Papa, su padrino. Visita de cortesía sin objetivo político a la cual no asistí. Después regresó a Inglaterra pasando por La Spezia y Alemania, mientras proseguía mi escapada hacia Nápoles, Sicilia, Malta y España.

Andalucía fue todo un baño de rejuvenecimiento. Sevilla, Córdoba y sobre todo Ronda, donde durante una semana sólo me bajaba del caballo para meterme en la cama. *Toros y bailes*, como en la época de mi adolescencia. Me embriagaba de sol, cantos y risas en los pueblos más sencillos y a veces salvajes. Las fiestas oficiales también ocuparon su lugar. Ovaciones, discursos y ramos en compañía de la reina, las infantas y la grandeza. Un poco de incienso no sienta mal. Era una mujer, todavía guapa para mis cincuenta y un años, y las ganas de vivir parecían resucitar con el calor del verano. Pasé algunos días en Madrid junto a mi madre, que se había quedado ciega, y regresé a Camden, donde mi hijo, impaciente, reclamaba mi presencia.

Al igual que yo, había leído los periódicos. Al igual que yo, había pensado en los acontecimientos del Dieciséis de Mayo, el fracaso de Mac-Mahon y la victoria de Gambetta. Se felicitaba por haber resistido á las sirenas azarosas que habían intentado arrastrarle, pero su porvenir se hacía más incierto.

–Diez años más de un régimen así, y Francia será gobernada, al igual que los Estados Unidos de América, por una sarta de políticos cuyo trabajo consiste en utilizar la popularidad.

Mi pobre Loulou estaba muy sombrío y se preguntaba qué podía hacer mientras esperaba su hora. Su vida de joven pretendiente no le bastaba. Teatro, bailes, cacerías y monterías, iba a todas las fiestas, y las mejores casas de Londres se lo disputaban. Tenía elegancia, donaire y ese encanto indefinible que aureolaba su nombre. Pero todo eso le aburría. A mediados del año 1878, organicé para él un viaje a las Cortes del norte y le abrí un crédito ilimitado. Dinamarca, Suecia y Noruega. En todas partes lo recibían como a príncipe reinante y se comportó con una nobleza y una generosidad dignas de tal. Yo le gastaba bromas sobre las chicas que había conocido, los corazones que había roto y sólo obtuve indiferencia como respuesta. Durante la estancia en Arenenberg se mostraba inquieto e iba rezongando que lo que buscaba era acción. Uno de nuestros invitados le metió en la cabeza que podría entrar en el ejército austriaco que se preparaba a invadir Bosnia Herzegovina. Yo no aprobaba aquello y le expliqué mis motivos:

—Si hay una guerra, será contra los turcos, aliados de Francia, o contra los rusos cuyo soberano te brindó enemistad en Woolwich.

Insistió tanto y tan bien que consentí escribirle al emperador Francisco José, que lo rechazó. Eso me tranquilizó. Pero eso no resolvía el problema. Mi hijo estuvo muy inquieto todo el invierno. Tenso, preocupado, iba a Londres y después regresaba, se encerraba en su gabinete y dibujaba escenas de batalla. Muy pronto me enteré de que sus amigos, Bigge, Slade y Woodhouse, se marchaban a El Cabo. Tuve el presentimiento de que intentaba seguirles y no me sorprendió cuando me anunció que estaba haciendo los trámites pertinentes. Él también quería luchar. Tenía veintitrés años, un nombre demasiado pesado de llevar para no hacer nada. No era un hombre de placeres y se burlaba de aparecer en sociedad. Por fin veía una ocasión para él de ejercer su oficio y no quería perdérsela.

—¿Queréis que siempre sea el «principito»? ¿Qué me marchite y me muera de aburrimiento como el duque de Reichstadt?

—Si te ocurre una desgracia, tus partidarios no te lamentarán, te lo echarán en cara.

—No puedo hacer nada por mi país.

Dos días después, entraba en mis apartamentos tan pálido como un muerto y me sobresalté:

—¿Qué ha ocurrido?

—Me han rechazado. No soy inglés.

Se deshizo en sollozos. Las lágrimas caían de sus ojos, él que nunca lloraba. Eso me conmocionó. Entendí que no se resignaría, así que superé mis reticencias y me dirigí al War Office. Mantuve una entrevista con el duque de Cambridge;* hice intervenir a la reina, a la cual le emocionó la determinación de su ahijado para probar su reconocimiento al país que le había acogido, y se acabó encontrando una solución: el príncipe viajaría a El Cabo como un turista ordinario y se presentaría ante la plana mayor a su llegada.

El 27 de febrero de 1879, mi hijo se marchó a la guerra a la otra punta del mundo, y mi vida se detuvo. Estaba pendiente del hilo del telégrafo.

* Ministro de la Guerra. *(N. de la A.)*

CAPÍTULO XX

El pájaro abandona el nido cuando tiene alas y puede volar. Con la frente pegada a la ventana de mi habitación miraba el cielo por encima de los árboles desnudos, buscando el navío que había desaparecido tras el horizonte llevándose a mi querido hijo. El día anterior regresé de Southampton cansada y triste, con la imagen de su partida clavada para siempre en mi memoria.

¡Todo transcurrió tan deprisa desde que se tomó la decisión! El domingo por la noche nos enteramos de que embarcaría el jueves por la mañana. Tan sólo teníamos tres días para prepararnos. Tal como lo había previsto, Rouher, Murat, Cambacérès y otros miembros del partido bonapartista se encolerizaron contra el proyecto «peligroso e inútil», pero ninguno de sus argumentos consiguió hacer cambiar de idea al príncipe. Más firme que una roca, les declaró con su voz sonora:

—El estado actual del país no reclama mi presencia. Si Dios me protege, regresaré a Europa dentro de pocos meses más preparado para cumplir mi tarea y encontraré a Francia más dispuesta.

Viajó a Windsor para despedirse de su augusta madrina. Había mantenido una entrevista con Piétri y le entregó su testamento. Oyó misa y se recogió ante la tumba de su padre. Luego fue el último desayuno, los rostros conmovidos de los huéspedes de Camden, la estación de Chislehurst, el tren especial enviado por la reina y la llegada al puerto bajo los clamores de la multitud inglesa. Con el corazón en un puño, le había agarrado la mano suplicándole en voz baja:

–Prométeme que no te expondrás.

El ulular lastimero de la sirena, el último abrazo, la bandera tricolor alzada en su honor y la bendición solemne del sacerdote. El *Danube* abandonó el muelle. Apoyado en el empalletado, mi adorado hijo sonreía. Desesperada, lo miraba alejarse, y luego subí al acantilado para seguir agitando mi bufanda blanca, hasta el último segundo en que el puntito negro desapareció entre el cielo y el mar, desvanecido entre las brumas del horizonte. ¡Quién podía impedirle ir a luchar si corría por su venas sangre de los Bonaparte y por parte de su madre una vertiente de don Quijote, dispuesto a sacrificarlo todo por su ideal! ¡Ojalá que no fuese demasiado valiente!

En la gran casa vacía iba yo de un lado a otro al ritmo desordenado de mis miedos y temores. Envié a Piétri a Córcega y les di vacaciones a mis damas, sólo permanecieron a mi lado la señora Lebreton, el duque de Bassano y el doctor Corvisart. Quería estar sola y me restringí el servicio al mínimo. Ya no dormía y apenas comía. Con el corazón en vilo, esperaba noticias; mi pensamiento se centraba en el único ser que me quedaba, que navegaba hacia su destino.

Había marchado como el caballero que quiere ganar sus espuelas, y a pesar de todo estaba orgullosa de él. Había tomado esa gran determinación solo, y sólo él podía hacerlo. Pero todas las personas que, cada día, le habían repetido que debía «hacer hablar de él» plantaron en su interior la semilla de esa acción que ahora se criticaba. Lamentaba la decisión que había tomado, pero prefería temblar por mi hijo que verle cabizbajo y malhumorado. El exilio representaba una carga muy pesada para él. No podía echarle en cara haber querido obedecer a la ley de la sangre y buscar lejos, entre los peligros, el eco que debía llevar su nombre a la patria.*

Día y noche vivía angustiada y en la más penosa ansiedad. La guerra causaba estragos en Zululandia y la lectura de los periódicos me llenaba de temor. Los ingleses padecían fracaso tras fracaso. Columnas diezmadas. Luchas cuerpo a cuerpo. Yo permanecía sin noticias de mi hijo. Eso me quitaba ánimos y empuje; tanto más cuanto que mi madre me acosaba con su propia preocupación. La espera me sacaba de quicio. Sin embargo, intentaba razonar y me armaba de paciencia. Al menos eran necesarias tres semanas para que el correo llegase a Madeira, donde el telégrafo lo transmitía directamente a Londres. Por fin leí en el *Times* que el príncipe imperial había llegado a El Cabo el 1 de abril y que estaba bien. Después recibí su primera carta. El viaje le había encantado y estaba impaciente por reunirse con las tropas. Otra misiva me anunció que estaba en Durban y que se dirigía al campo situado a unas cuantas *millas*. Con la diferencia de fechas calculé que ya debía haber llegado a Zululandia y que se reuniría con sus amigos Bigge, Slade y Woodhouse, oficiales mayores que él y con más experiencia.

De nuevo el silencio. El tiempo se me hacía largo. Pasaba del abatimiento más completo a la sobreexcitación.

* Cartas a la duquesa de Mouchy y al señor Lavisse citadas por Suzanne Desternes, *op. cit. (N. de la A.)*

Tras tantas pruebas, mis nervios ya no resistían esta tensión continua. Los periódicos anunciaron que mi hijo había caído enfermo. Me negaba a creerlo. Su ayuda de cámara habría telegrafiado. Y de repente un despacho: «Corre el rumor de la muerte del príncipe. ¿Es verdad?».

Me volvía loca y no me atrevía a abrir las gacetas que me helaban de temor. La soledad exaltaba mi imaginación y los remordimientos me atormentaban: debería haber ido a El Cabo. Allí me informarían mejor. Pero, ¿qué habría dicho el partido?

A finales de mayo, el *Daily News* desvelaba que el príncipe gozaba de buena salud. Una carta suya me devolvió la vida. Regresaba de unas operaciones y sus esbozos completaban el rápido relato. Era feliz.

> Se han realizado algunos disparos en cada bando, pero no ha ocurrido nada grave. Todo va viento en popa.

Los siguientes correos siguieron con las buenas noticias. El *Times* desvelaba que el príncipe había regresado sano y salvo de un reconocimiento difícil. Tres hombres habían muerto. Mi hijo se había salvado por los pelos. Por su parte el *Daily News* anunciaba que el príncipe imperial se había distinguido. La prensa francesa, por su parte, explicó que había asaltado un *kraal** y que en su reconocimiento sería el Kraal Napoleón. Escribí a mi madre para comunicarle la proeza de su nieto. Por mi parte, no me alegraba en exceso. La imaginación de las razas latinas a veces era excesiva, y prefería atenerme a los infor-

* Pequeño poblado de chozas. *(N. de la T.)*

mes ingleses, más concisos. De todo ello me quedaba con la idea de que mi hijo estaba en plena acción y cada día se batía en un combate.

Los despachos eran del 21 de mayo y ya estábamos a 14 de junio. ¿Qué había ocurrido desde entonces? Mi alma pendía de un hilo. Un cuerpo esbelto en un país desconocido quizás estuviera cercado. ¡Cuánto rogaba a Dios que lo protegiese! Otra vez me volvía a faltar el valor. La impaciencia y la fiebre de saber algo de él me tenían preocupada. Hacía dos semanas que se había desencadenado una tormenta. Cayó un rayo sobre el gran sauce traído de Santa Elena y lo abatió. El viento sacaba de cuajo los árboles y la lluvia azotaba con fuerza las ventanas. Los elementos desencadenados y el estruendo me tuvieron en ascuas. Pero de repente, un rayo de sol rasgó las nubes y despertó mi esperanza. Al día siguiente, recibí dos cartas de mi hijo y, por primera vez, respiré con alivio. Se encontraba bien, estaba contento y deseaba que le escribiese más a menudo; me sentía muy feliz.

El 20 de junio por la mañana, cuando llevaba poco tiempo despierta, la doncella me trajo el correo. Una carta de Bigge me decía que la salud del príncipe era excelente y que podía estar tranquila porque sus amigos velaban para que nada malo le ocurriese. Con el abrecartas, corté el siguiente sobre:

Hemos recibido la espantosa noticia...

Pegué un grito terrible y Corvisart acudió a mi habitación. Mis manos temblorosas giraban la carta en todos los sentidos. Entonces me percaté de que el destinatario era Piétri y que había abierto la misiva por equivocación.

–¿Sabéis qué significa esto?

–Que el príncipe está herido, señora.

Bajó la cabeza y añadió:

–Herido grave, señora. Lord Sydney se ha hecho anunciar para las nueve y treinta y cinco. Viene a comunicaros los detalles.

–Entonces debo vestirme.

Corvisart se retiró. Yo me agitaba febrilmente por la habitación. No sabía qué pensar y me prohibía perder los nervios. Si estaba herido, partiría inmediatamente para cuidarlo, rodearlo y protegerlo. Incluso mutilado, nada se había perdido, pues seguía vivo... Me anunciaron al lord teniente de Kent, enviado por Su Majestad la reina. Entró en compañía del duque de Bassano y de Corvisart. Ante la palidez de los tres hombres mi corazón se detuvo. ¿Quién de ellos me lo comunicó? Mi hijo había muerto el 1 de junio, atravesado por los zulúes. La sangre se me heló en las venas y permanecí inmóvil, petrificada. ¿Cuántas horas me quedé así, como una estatua?*

El dolor no mata. Me puse a llorar a lágrima viva. Abrumada, anonadada, me refugié en la soledad de mi habitación. Sola frente al vacío, sola con Dios. Sola en el silencio, intentaba asimilar y entender. La columna oculta por las altas hierbas, el ataque de los zulúes, el «Sálvese quien pueda» del capitán Carey, las correas de la silla que se soltaron, el caballo encabritado, mi hijo abandonado, enfrentado a treinta salvajes con una espada y un revólver... ¡Abatido por dieciocho golpes de azagaya en

---

* Habitualmente se cuenta que la emperatriz se desmayó. Lady Simmons –que ese día estaba en Camden– da esta versión citada por Kurtz en su obra sobre Eugenia. Augustin Filon, que sirve normalmente de referencia para este trágico episodio, no estaba en Camden. (N. de la A.)

pleno pecho!... Mi pobre hijo se había defendido con el corazón y el brazo firmes. Mi corazón contaba las heridas y se retorcía en la angustia de un final tan doloroso. ¿Durante cuánto tiempo estuvo sufriendo?

La casa se llenó de conocidos. De amigos. De fieles del imperio. Los que habían querido al príncipe. Los que venían a consolarme. No tuve el valor de verlos, conservando las pocas fuerzas que me quedaban para «su regreso». La reina Victoria fue la única en atravesar el umbral de mi soledad y me estrechó entre sus brazos llorando conmigo. Volvió varias veces y su presencia me fortaleció.

—Ha muerto cumpliendo su deber, a mi servicio –me decía–. Será un vínculo eterno entre nosotras.

El 11 de julio oí a lo lejos una música militar, a veces dulce a veces apagada. De pie tras la persiana entreabierta, acechaba el cortejo y me tembló el cuerpo cuando lo vi atravesar la verja al son de la marcha fúnebre que resonaba como una queja y me desgarraba toda entera. Una multitud se agolpaba alrededor de la casa, pero yo sólo veía el carro que traían los despojos de mi adorado hijo cubiertos por las banderas francesa e inglesa. Salí de mi habitación y me precipité hacia la escalera. En el recibidor, forrado de blanco con escudos negros, el féretro estaba prácticamente cubierto de violetas, sus flores preferidas. Sin poder controlarme, me eché sobre él y lo rodeé con los brazos. Toda la noche permanecí al lado de mi hijo, arrodillada en el suelo, la frente sobre el ataúd, sin lágrimas, sin movimiento, esperando morir yo también para acompañarle. Al alba, mis damas me levantaron y besé por última vez el paño fúnebre antes de retirarme a mis apartamentos.

Algunas horas más tarde comenzaba la ceremonia de las exequias. Funerales solemnes en presencia de la reina Victoria, sus cuatro hijos, la princesa de Gales y la princesa Béatrice. Doscientos cadetes de Woolwich formando el cuadrado, con los sables a la funerala. El príncipe Napoleón y sus hijos presidían el duelo, ante un gran número de dignatarios y personalidades extranjeras. Al igual que para el emperador, según las normas de la etiqueta, seguí el desarrollo de la ceremonia desde mi habitación. Postrada en la butaca cubierta de crespones negros, de espaldas a las persianas bajadas, oía la marcha lenta del cortejo, la música de la Artillería real, los tambores enlutados, y los cañonazos que retumbaban en mi corazón. En mis manos estrechaba los primeros objetos recuperados: la *Imitación* que le había dado para la guerra de Prusia y una oración que él mismo había compuesto:

Oh Dios mío, muéstrame siempre dónde está mi deber y dame la fuerza de cumplirlo... No elimines los obstáculos, permíteme superarlos. No desarmes a mis enemigos, ayúdame a vencer mi propio corazón...

Un alma buena se había ido de apenas veintitrés años. El dolor me abrumaba. Tras la ceremonia, la reina entró a tientas y tuve la fuerza de levantarme para refugiarme en sus brazos y apoyarme sobre su hombro.

–Nadie os entiende mejor que yo –me dijo.*

La princesa Mathilde tuvo la bondad de venir a abrazarme. Pero el príncipe Napoleón dejó Camden sin diri-

---

* Victoria había perdido a su hija Alice cinco meses antes. (*N. de la A.*)

girme la palabra, cuando yo estaba dispuesta a recibir-lo. Las últimas voluntades de mi hijo le habían aparta-do de la sucesión imperial a favor del príncipe Víctor, su hijo mayor.

Esa decisión no dependía para nada de mí y la lamen-taba. La furia de Plon-Plon dividiría a la familia y al par-tido. ¿Con cuántas calumnias iba a agobiarme ahora? Poco tiempo después empezaron a circular unos rumores igno-miniosos, acusándome de la muerte de mi hijo. Decían que mi autoridad, y sobre todo mi avaricia, eran las que lo agobiaban. Y añadían que me había dejado a mí huyen-do de las deudas, y que había luchado en un cuerpo extranjero para ganar allí el dinero que yo le negaba. ¡Qué alegaciones tan espantosas! El testamento demostraba que el príncipe imperial disponía de una fortuna importan-te que le habría permitido sacar un millón de francos para sus amigos y servidores.* El misterio de la silla permane-cía sin resolverse. Había pertenecido al emperador que fue quien se la regaló. Es cierto que estaba usada. Enton-ces, ¿por qué no la reemplazó? Su temperamento espar-tano lo había empujado a la economía y su naturaleza sen-sible había exaltado la memoria de un padre venerado.

De un manotazo, echaba por tierra esa política que me asqueaba. Ya no tenía nada por sacrificarle y sólo de-seaba la paz del alma al precio del corazón roto. Sólo tenía una idea en la cabeza, estar sola. Sola con mis pensa-mientos y mis recuerdos. Sola con mis dos tumbas: mi pobre y querido emperador y mi adorado hijo.

Los días pasaban tristemente. Hacía frío. Encen-día la chimenea, pero nada me hacía entrar en calor.

* Hechos recogidos por Filon, que le había transmitido Piétri. *(N. de la A.)*

Todo mi cuerpo estaba helado. Año maldito en que la propia naturaleza alteraba las estaciones y hacía caer antes de tiempo al que estaba en la flor de la vida. De repente me percaté de que fue el 1 de junio cuando un rayo partió el sauce de Santa Elena tras haber perdido la mitad de las ramas en la tempestad que se había levantado la mañana en que el emperador expiró. ¿Pura coincidencia o prodigio sobrenatural relacionado con la dinastía de los Bonaparte? Un trueno había retumbado sobre los Inválidos cuando la reina Victoria se había inclinado ante la tumba del gran Napoleón. Y el misterioso árbol Pageria no había vuelto a florecer desde mi boda con Napoleón III. También recordaba aquella alarma que me provocó el primer estremecimiento del bebé en mi vientre, y del miedo que sentí, ante el siniestro presagio, de ver esa vida sesgada de forma brusca. El destino se había cumplido. Y seguía apuñalándome cruelmente. Una carta de mi hijo, escrita a lápiz pocas horas antes de su muerte, cuyas palabras me lo confirmaban:

> Querida mamá, me marcho dentro de unos minutos... Un ataque es inminente, no sé cuándo podré volver a daros noticias mías... No he querido perder esta ocasión de mandaros un fuerte abrazo.

Y también la carta de la señora Carey con el mensaje que su marido le mandara el 1 de junio:

> La pérdida de un príncipe es una cosa terrible... ¡Pobre chico! Pero su suerte podría haber sido la mía. Dirán que debería haber permanecido a su

lado… Mientras galopaba rogaba para que no fuera yo el que cayera, mi plegaria ha sido escuchada…

Así pues, mi hijo había muerto como un valiente, cobardemente abandonado. Cada día llegaban cartas de oficiales para alabar sus cualidades. En los periódicos franceses clamaban contra la traición. La anglofobia surgía en París tan violenta como cuando se produjo el asunto Orsini, y se imaginaban complots descabellados. La muerte del príncipe habría sido planeada por Gambetta y el príncipe de Gales, los agentes de Bismarck, los francmasones o la internacional comunista, y Carey habría recibido la orden de cortar las correas de la silla. La prensa inglesa, por su parte, se enfurecía contra el capitán que se había escapado sin preocuparse del príncipe. Iban a juzgarle en consejo de guerra. El veredicto amenazaba con ser duro. A pesar del asco que me inspiraba Carey, solicité clemencia a la reina Victoria.

—Ese pobre hombre quizá tiene una madre.

—Todo el ejército inglés y yo —me dijo con tono lastimero— nos sentimos heridos, podría decir *humillados* por la conducta de un oficial a quien casi nadie, e incluso *nadie*, se parece. Sufro por vos, y también padezco yo misma espantosamente al pensar que es en mi ejército donde se ha producido esta horrible desgracia.

Algunos condecorados de alto rango, sin embargo, se inclinaban por el perdón haciendo recaer la falta en la temeridad del príncipe. La propia reina, muy confusa, me hablaba de la aflicción y el remordimiento del capitán. Yo, como no había leído nada de eso en las cartas a su mujer, respondí en un tono cortante:

–No quiero saber nada. Sé que lo han matado. Eso es todo.

La responsabilidad de Carey era evidente y debía ser reconocida. Los hechos eran irrecusables. Pero nada impedía que la sentencia fuese atenuada. Antes de que la dictasen, escribí al duque de Cambridge:

> La única fuente de consolación terrena, la saco de la idea de que mi adorado hijo cayó como soldado, cumpliendo *órdenes* en un servicio *mandado*. Basta ya de recriminaciones. Que el recuerdo de su muerte reúna en un pesar común a todos los que le amaban y que nadie sufra ni en su reputación ni en sus intereses. Yo que ya nada puedo desear en la tierra, lo pido como una última plegaria.*

Noche y día sólo pensaba en ese 1 de junio. Me enviaron los últimos objetos, únicos testimonios, por así decir, del terrible drama. Me explicaban cómo había ocurrido todo: el estado de las espuelas demostraba un forcejeo; y su espada... con qué dolorosa emoción acaricié la guarnición que su mano mantenía apretada después de muerto, cuando los zulúes se la arrancaron. También estaba su impermeable, su cuaderno de ruta donde confirmaba que partía a las órdenes de Carey, y su cartera, donde había enrollado como un cigarrillo el artículo sobre *la bala de Saarbrücken*, y un panfleto sobre la cobardía de los Bonaparte.

–Son los periódicos los que lo han matado –suspiré.

---

* El capitán Carey fue degradado. Enviado a las Indias, murió despreciado por sus hombres y por los demás oficiales. (*N. de la A.*)

El mayor venido de El Cabo para entregármelos conocía a mi hijo y me dio más detalles. Al verse perseguido, el príncipe se giró y luchó hasta el final mirando a la muerte cara a cara; la lucha fue larga, porque era bueno en el manejo de las armas y el terreno indicaba una resistencia desesperada. Nadie estuvo allí para testificar su resistencia y su honor. Por la mañana encontraron su cuerpo desnudo, pero intacto. Protegido por sus medallas, que los zulúes no se atrevieron a arrebatarle. Dios lo había salvaguardado de ser despedazado por las fieras. Ya no podía mirar la luna sin dar un salto hacia el pasado. ¡Esa noche fría y clara, y él, solo!

Cada día la pena me mataba porque mi pensamiento no salía de esa *donga** de Zululandia donde había transcurrido el drama. Las desgracias tienen su vergüenza, como las faltas, y ellas hacían que me escondiera tanto como podía. Mi dolor era salvaje, inquieto, irascible. No estaba para nada resignada y no quería oír hablar de consuelo, y mucho menos del que da Dios. Me sentía demasiado indignada para aceptar la fatalidad. Ya no sabía rezar. «*Pedid y recibiréis*», decían las Escrituras. ¿Qué madre perdería a su hijo si eso era cierto? Nada podía ocupar el lugar de la persona que era toda mi vida desde el desastre de 1870. Todo estaba perdido, aniquilado.

Esperaba que el dolor me destruyera y me dejara reunirme con él; pero ante los mil acontecimientos cotidianos y la rutina diaria que ejecutaba de forma mecánica, entendí que acabaría por olvidar el dolor y aprender de nuevo a vivir en ese desierto del corazón que nada ni nadie podría poblar.

* «Cauce de un río», en el idioma bantú. (*N. de la A.*)

410

La reina se preocupaba de verme tan abatida y me invitó a Balmoral, donde residía durante el verano. Rechacé la invitación aduciendo que mi vida estaba entre mis dos tumbas, a la espera de que Dios abriese la tercera. Le di las gracias por la preocupación que mostraba por mi salud. Desgraciadamente, el pesar no mataba, ya lo veía. Aún estaba bajo el golpe terrible, sin fuerzas, y concluí:

> Si realmente tengo coraje, lo intentaré más adelante. Qué dulce sería para mí la idea de estar en compañía de Vuestra Majestad... Herida como estoy, Dios parece haberme borrado de la lista de los vivos. Me emociona profundamente la amistad que Vuestra Majestad me demuestra y las lágrimas que le he visto derramar por mi adorado hijo.

Insistió y me ofreció que me hospedara en Abergeldie Castle, no muy lejos de Balmoral, prometiéndome que nadie vendría a perturbar mi soledad. Me gustaba Escocia y acepté. El pequeño castillo parecía un nido de águila sobre una meseta rocosa, rodeada de vertientes escarpadas hasta el mar del cual oía los bramidos en la lejanía. Un paisaje duro y salvaje donde lo extraño se teñía de misterio y poesía. Sólo me acompañaba una de mis damas y respetaba mi silencio.* Con sol o con lluvia, me lanzaba por las landas cubiertas de brezo y aulagas, quemadas por el salitre del mar. Salía al asalto de las montañas embriagándome de ese viento marino que me limpiaba de mis escorias y hacía despertar nuevas energías. La espada de Toledo, doblada al límite, se alzaba de nuevo.

* Marie de Larminat, condesa des Garets, que ha dejado recogido este testimonio en su obra. *(N. de la A.)*

411

Había tocado el fondo del abismo, y de un impulso volvía a subir. Toda muerte tiene su resurrección. Morir en uno mismo para renacer en Dios, dicen los místicos. Mi cuerpo se destrozaba en esas caminatas que yo misma me imponía: el dolor se depuraba, mi corazón se tranquilizaba y mi mente descubría nuevos motivos para vivir. Al lado del fuego, a la hora del té, se erigió un proyecto: viajar hasta donde mi hijo había muerto, ver el lugar, interrogar a los que le habían conocido, enterarme de nuevos detalles sobre lo que le había ocurrido. Algo parecido a una peregrinación para el aniversario de su último combate.

–El viaje y las emociones os matarán –me dijo la reina, que de vez en cuando me visitaba.

–El pensamiento de estar pronto al lado del príncipe me sostiene y me da valor. Sin esto, nunca tendría la fuerza suficiente para soportar la vida y no ahogarme en el desamparo.

«Seguir su idea», me decía mi padre. «Una idea se ha apoderado de ti», repetía el emperador para chincharme. Sin objetivo, me hundía en el abismo. Cuántas veces, en el pasado, vencí las pruebas con la actividad. Bastaba con definirla. Mi alma de don Quijote encontraba sus molinos de viento y se disponía para el próximo asalto.

Al regresar a Camden me ocupé de las tumbas con más serenidad. No paraban de llegar flores de los invernaderos de Windsor, de todos los rincones de Inglaterra e incluso de El Cabo. La iglesia de Chislehurst estaba más bonita gracias a esas flores. Me dirigía a ella cada mañana, hacía decir misas, y me perdía en el campo durante largas horas antes de regresar a mis ocupaciones. Clasificaba los artículos de periódico sobre la muerte de mi hijo,* sus despachos ilustrados con esbozos, las innumerables cartas que recibí desde la tragedia, a las que respondí una a una. Después me enfrascaba en la lectura de una pila de libros sobre Suráfrica. Podía volver a leer, y revivía como un convaleciente ante un trozo de carne.

Un telegrama solicitaba mi presencia en España. Mi madre, con ochenta y tres años, ciega, estaba agonizando. La trágica muerte de su nieto la había afectado mucho. Me dieron la autorización de atravesar Francia para ganar tiempo, y me marché inmediatamente sin pensar en las emociones que iban a asaltarme. En Calais se me despertaron sentimientos que creía totalmente dormidos. El vínculo que había unido mi vida a ese país durante largos años no se había roto. Estaba emocionada como todos los exiliados que regresan al suelo de la patria. A mi paso no se pronunció ninguna palabra hiriente, sino que encontré ojos llenos de lágrimas. Sobre todo de las mujeres que me habían conocido feliz antaño y me veían sola, sin marido, sin hijo, pasando como una extranjera por lugares tan queridos.

La fatalidad que pesaba sobre mí hizo que este viaje fuese inútil. Mi madre había dejado de existir antes de mi llegada. Miss Flowers, que no se había separado de ella desde la época en que nos enseñaba inglés, rezaba al lado del féretro. El duque de Alba me esperaba para enterrarla al lado de mi padre en el cementerio de San Lorenzo. Una inmensa multitud asistió a los funerales. La Corte,

* Particularmente, la serie de Paul Deléage, corresponsal del *Fígaro*, que había conocido al príncipe y lo apreciaba. Había publicado sus conversaciones y su viaje con el ejército en busca del cuerpo. Su testimonio es muy conmovedor. *(N. de la A.)*

la grandeza, el cuerpo diplomático, gentes de las artes, testimonios innumerables de las *tertulias*, cenas, bailes y fiestas de disfraces que la «divina encantadora» les había ofrecido durante años.

Con el corazón destrozado, erraba por el gran palacio, y luego en Carabanchel, sin recuperar la despreocupación y la alegría de mi infancia. Todos los que había amado ya no eran de este mundo. Mi padre, Paca y el querido don Próspero, cuyas cartas a su «querida condesa» estaban guardadas en un escritorio de ébano incrustado de marfil. Cuarenta años de confidencias, cuarenta años de una amistad sin roces. No era el único que le escribía a mi madre, pues ella escribía a todo el mundo, y descubrí al pie de las páginas nombres que habían jalonado un trozo de mi pasado: Castelbajac, Castellane, Vieil-Castel, Clarendon, Narváez, Delessert y otros muchos duques, ministros y princesas. Tantos fantasmas como habían promovido miles de intrigas alrededor de la que hacía política sobre nimiedades y a los que asombraba con su impresionante cultura. Los puse todo en unos baúles y me los llevé a Inglaterra para tejer de nuevo los vacíos del tiempo.

Por primera vez dejé Madrid sin pesadumbre. La ciudad engalanada se preparaba para la boda de Alfonso XII y María Cristina de Habsburgo. Querían distraerme y meterme en el torbellino de la frivolidad. No me apetecía para nada, mi corazón ya no estaba en armonía, y me alegró reencontrar las brumas de Camden donde no oía ninguna nota en falso. En el silencio apagado del campo cubierto por la nieve, iba a ver mis tumbas y me estremecía al comprobar que a partir de entonces estaba totalmente sola, y era una extranjera en este país donde vivía y seguramente moriría. La simpatía que hacen nacer los grandes desastres todavía se ejercía, pero pronto se borraría todo, como la estela de un barco en el mar. Un día el *Times* daría la noticia de mi muerte. Recordarían mi vida, mis grandes horas, mis pesares, y todo habría acabado. Por ahora debía seguir viviendo, lo suficiente para viajar a Itelezi.

El 28 de marzo de 1880 me embarcaba a bordo del *German* de camino a Suráfrica. Me acompañaba un pequeño séquito, compuesto por personas especialmente escogidas como sir Evelyn Wood, encargado por la reina de mi seguridad; el joven marqués de Bassano, el doctor Scott Slade, los dos amigos del campo de Aldershot, lady Wood, otra dama, viuda de un oficial, y una camarera fiel. Hasta el último momento, intentaron disuadirme de esa locura y algunos, como Rouher, Murat y Piétri me regañaron por realizar una expedición «imprudente y peligrosa». Tan decidida como mi hijo, un año antes, les contesté:

—Desde que el final de la guerra me ha permitido considerar esta eventualidad con posibilidades de éxito, se ha convertido en mi pensamiento dominante. Me sostiene y realza mi valor. No me hago ilusiones, sé los dolores que me esperan allí, la larga y dura travesía, el cansancio de un viaje tan rápido con dos meses de travesía por mar y cincuenta días bajo una tienda, pero todo desaparece ante Itelezi.

Me sentía atraída hacia ese lugar de peregrinación con la misma fuerza que debían sentir los cristianos por los Santos Lugares. La idea de ver y recorrer las últimas etapas de la vida de mi adorado hijo, de encontrarme en los paisajes donde había puesto su última mirada, en la misma estación, pasar la noche del 1 de junio velando y rezando sobre este recuerdo... era una necesidad de mi alma y el objetivo de mi vida.

El 18 de abril, tras una travesía agitada, llegamos a El Cabo, donde el gobernador me recibió en su palacio. Una fuerte emoción me oprimió el corazón. Desde esta ciudad mi hijo me había manifestado su alegría y su esperanza. Pensaba encontrar la ocasión de demostrar que era digno de su nombre. Y luego viajé a Durban, donde vi el *Danube* anclado. Mi hijo ya no sonreía detrás del empalletado. Una numerosa multitud invadía el muelle para saludarme con una presencia reposada y muda. La señora Baynton me recibió llorando y me enseñó la habitación donde el príncipe había tenido fiebre. Lo había cuidado y me explicó detalladamente lo que había dicho y hecho.

La acogida de Maritzbourg, el 3 de mayo, me conmovió. Ni una palabra, ni un grito, ni un sombrero sobre la cabeza. Un respetuoso silencio como en la habitación de un enfermo. Los negros parecían entender que ya no se podía desear nada a la mujer que Dios había dado tantas cosas y se las había arrebatado una a una, dejándole la amargura de los pesares como compañera de viaje. Me hablaban del príncipe en términos hirientes, y también adulaban mi orgullo de madre. ¿Por qué se había marchado tan rápido, por qué me había dejado atrás?

A partir de ese día, nos adentramos en la selva, inmenso territorio sin presencia humana, donde sin pensar en ello cumplí los cincuenta y cuatro años. Los caminos eran difíciles, llenos de piedras y baches. El coche, conducido por sir Evelyn Wood, avanzaba con una lentitud desesperante. Ochenta hombres y doscientos caballos nos escoltaban, más veinte caballeros de la policía montada, todos bien armados. Cada atardecer levantábamos las tiendas. Los días eran cálidos y las noches frescas. Ya no dormía ni comía, tan grande era mi impaciencia. Pero cuanto más nos acercábamos al objeto de nuestro viaje, más me sentía dividida entre la ansiedad y el temor.

Tuve fiebre durante varios días. Nos sorprendió el mal tiempo. Un verdadero diluvio, con un viento huracanado que casi arrancaba las tiendas durante la noche. Hacía el mismo frío que en invierno, y mi tristeza aumentaba día a día. Seguíamos las huellas de «sus pasos»; reconocía los paisajes que había dibujado y vi el fuerte bautizado con el nombre de Napoleón, del cual había concebido el plan. El 25 de mayo, por fin, llegamos ante el *kraal* donde había hecho el último alto, el 1 de junio, y trazado su último esbozo. Los mismos maizales, las mismas hierbas altas nos rodeaban. Allí asentamos nuestro campamento.

Esa noche,* aún me costó más pegar ojo. Salí de la tienda y caminé todo recto. Sin tropezar, seguí durante más de una hora un camino abarrancado en el que me hundía hasta los tobillos. Llegué a una encrucijada, y no supe por dónde tirar. El paisaje era desolador. Algunos juncos en un rincón. Agotada de cansancio, iba a desmoronarme cuando una bocanada de olores me invadió la nariz. El perfume de verbena de mi adorado hijo. No derramé una lágrima, pero todo mi cuerpo sollozaba, y balbuceé:

---

* Relato de la emperatriz en sus cartas a Piétri. Para todo el viaje a África, también están los relatos que la emperatriz hará a Filon y las cartas del marqués de Bassano que la seguía. Esa noche se ausentó durante tanto tiempo que el campamento se puso en alerta y se enviaron soldados en su búsqueda. Sin embargo, respetaron su soledad. (*N. de la A.*)

417

–Luis, hijo mío, vengo a estar a tu lado…

Entonces oí una voz lejana que murmuraba:

–Es aquí, mamá.

Me arrodillé y recé. Mil emociones me agitaban, mi corazón latía a toda prisa. Como aquella famosa noche en Las Tullerías, en que el mago llamó a los espíritus y el de mi padre vino para despedirse de mí antes de subir al cielo. Desde entonces estoy convencida de que los muertos permanecen durante un tiempo cerca de los seres que han amado. Así pues, mi viaje no había sido en vano. Mi hijo estaba aquí, a mi lado, y me explicaría lo ocurrido.

En compañía de sir Evelyn Wood volví a recorrer este camino, a la mañana siguiente conmovida de poder guiarle al lugar donde mi instinto me había llevado, y de ver a la luz del día las señales de lucha y sangre que autentificarían mis palabras. Lo que descubrí entonces me llenó de confusión y, debo decirlo, de cierto despecho. Una losa de cemento blanco marcaba el lugar donde mi hijo había caído. El efecto era tan espantoso que ordené que la destruyesen inmediatamente y sólo dejé la cruz que la coronaba, enviada por la reina Victoria. Se dispuso, en cambio, un pequeño cerro en su lugar, sobre el cual planté una rama del sauce de Camden y una hiedra.

Del *kraal* donde estaba su tienda, al borde del *donga* donde había expirado, recorrí durante horas su último camino lleno de hierbas altas como de medio metro. Oía el «Sálvese quien pueda» de Carey, e imaginaba a mi pobre hijo corriendo cerca de su caballo, aguantando la silla con una mano, y con la otra agarrando la crin, intentando subirse a su montura que no podía detener; había cruzado el brazo del río, subido el talud; en la depresión que precedía a la corriente de agua, se había girado para hacer frente a los que le seguían blandiendo su espada, mientras el resto de la tropa llegaba a la otra orilla del *donga*, otro talud a apenas ochenta metros. A esa distancia, Carey había oído los tres tiros de revólver; reconstruí los hechos. Los había ignorado, galopando y rezando por su propia salvación. Sin parar, a pie, a caballo, recorría la vía dolorosa, uniendo de punta a punta todos los detalles que permitirían reconstruir el espantoso drama.

El príncipe había luchado «como un león», decían los zulúes interrogados. Por esta razón no le habían quitado sus medallas. Además, confesaron que si la tropa tan sólo se hubiese dado la vuelta, habrían huido. Y si el príncipe hubiese gritado su nombre, el nombre del Gran Jefe blanco de tanto renombre, no lo habrían tocado. Había caído como un valiente, es verdad, cuando nadie estaba allí para verlo, sólo un puñado de salvajes. ¡Una vida tan querida inútilmente segada! Mi corazón rebosaba de amargura. Por mucho que hiciese acopio de mi orgullo de madre, la ternura pesaba más… Pero me prohibía derrumbarme. En su memoria debía superar mi dolor y rendir homenaje a su valor.

La noche del 1 de junio, me dirigí al túmulo y cubrí el emplazamiento de velas. Arrodillada en el suelo pasé toda la noche rezando, sola con mi hijo, bajo el cielo estrellado. Más de una vez vi aparecer en lo alto del talud cabezas negras que se deslizaban entre los intersticios de las altas hierbas. La luna iluminaba sus rostros. Las miradas eran curiosas, pero nada hostiles, expresando más bien simpatía y piedad.* ¿Acaso eran los que habían mata-

---

* Relato de la emperatriz a Augustin Filon, confirmado por el marqués de Bassano. (*N. de la A.*)

do a mi hijo en este mismo lugar? Estaba convencida de ello y seguía rezando para conservar la calma.

Por la mañana* ocurrió algo extraño. No había ni un soplo de viento y de repente vi las llamas de las velas bajarse como si alguien quisiese apagarlas. Entonces «le» dije:

—¿Eres tú, estás aquí? ¿Quieres que me vaya?

Regresé a mi tienda, ahogando una tristeza infinita. Las motivaciones que me habían sostenido hasta ahora desaparecieron. De repente sentía el peso del extremo cansancio. Una vez más, debía enfrentarme al caos de los caminos, al calor del día y al frío de la noche en nuestras tiendas de campaña. Me impacientaba por regresar a Camden y recuperar el reposo y la soledad. El viaje moral había finalizado,** sólo quedaba una distancia por recorrer cuyo único interés era una escala en Santa Elena que no me hubiese perdido por nada del mundo. Era el único miembro de los Bonaparte en haber visitado el lugar donde había muerto el fundador de la dinastía. No quedaba nada de él en la habitación donde murió, pero en su recuerdo seguí su paseo, a orillas del río, y corté algunas ramas del sauce para volverlos a plantar cerca de mis queridos desaparecidos.

Sin el mar, me hubiese vuelto loca. La travesía fue un bálsamo para mi corazón herido. Lejos de las preocupaciones, contemplaba los horizontes inmensos. Una nueva idea nació en mi mente: dar a mis tumbas un mausoleo digno de ellas, donde pudiera reunirme cuando llegase el momento.

* Relato recogido por la emperatriz en una carta a Piétri y, al regresar, a Augustin Filon, confirmado por el marqués de Bassano. *(N. de la A.)*
** Carta a Piétri que permaneció en Camden, dándole instrucciones y expresando su deseo de soledad. *(N. de la A.)*

CAPÍTULO XXI

En cuanto regresé de África concentré todos mis pensamientos en ese proyecto. La iglesia de Chislehurst era demasiado pequeña. Se le podría haber añadido una capilla lateral para el emperador, pero el exiguo terreno no permitía nuevas ampliaciones; la tumba de mi hijo era muy estrecha en el coro, y no quedaba sitio para mí. Dudaba en dejar Camden, donde había conocido momentos de felicidad inestimables entre mi marido y mi hijo. Ahora bien, esas imágenes de los tiempos felices hacían más cruel su ausencia y me sumía en una tristeza infinita que no era normal en mí. Todavía tenía energía y no podía vivir a fuego lento.

A principios de septiembre descubrí en Hampshire, entre Aldershot y Sandhurst, propiedad de Farnborough Hill que el editor Longman quería vender. Enseguida quedé fascinada con el parque inmenso y el pabellón de caza de estilo gótico en lo alto de un cerro. Enfrente, del otro lado de la carretera, un alcor boscoso rodeado de un robledal por donde discurría un río y un lago rodeados de olmos. Inmediatamente me imaginé la iglesia en la cima, frente a las ventanas de la casa, de la cual ya proyectaba las transformaciones para convertirla en una morada espaciosa y confortable.

El despacho Baring, que gestionaba mis asuntos, se hizo cargo de las transacciones. No tenía problemas financieros. La herencia Bacciochi de Romaña y el Piamonte y las tierras de los Montijo en España me aseguraban ingresos confortables. Francia había levantado el embargo de nuestros bienes, y pude poner orden en mis cuentas y pagar las deudas de la lista civil con la venta de la finca de Les Landes y del chalet de Vichy, lo que me permitiría recuperar los bienes muebles personales y las colecciones privadas que habíamos dejado en los diversos palacios. También vendí la villa de Biarritz y la de La Jonchère y sólo conservé los apartamentos de París cuyos ingresos no eran desdeñables.

Sin ser dispendiosa, pero sin por ello escatimar nada, me lancé a esta aventura de envergadura que era la creación de mi nueva casa, con su parque diseñado de nuevo según mi fantasía, el monumento que albergaría a mis queridos difuntos y los edificios para alojar a los religiosos que velarían por las tumbas. Los trabajos empezaron sin demora bajo la batuta del señor de Estailleur, que había diseñado la capilla lateral de Chislehurst. Acababa de terminar, en la región de Buckinghamshire, la casa de campo de Waddesdon para Ferdinand de Rothschild, y me prometió «hacer lo que podía» para transformar mi pabellón gótico en castillo con numerosas habitaciones para los que vinieran a verme.

A principios del otoño de 1881, decidí viajar a París para recuperar los objetos de dominio privado que no me habían sido restituidos. Armada de valor, dispuesta a todas las emociones, hice la peregrinación. ¿Pero dónde estaban los esplendores de antaño? Se habían transformado en ruinas abiertas y calcinadas que recorría llorando. Las Tullerías y Saint-Cloud parecían cementerios... En esos lugares donde había experimentado tanta felicidad, tantos honores y agasajos, donde había recibido el amor del emperador, donde había visto crecer a mi «pequeño príncipe», el pasado sólo existía en mi recuerdo, y las ramas de los arbustos se agarraban a mis faldones como si quisiesen retenerme. Con el corazón destrozado volví a ver Compiègne, y después Fontainebleau, donde reencontré el decorado intacto hasta en los apartamentos privados. Todo estaba en su sitio, pero los actores no regresarían nunca a ese escenario. Palacio sin alma donde sentía con más crueldad la ausencia de mis queridos difuntos. Una gran página de mi existencia se pasaba para siempre, y mi pensamiento volaba hacia Farnborough. Tenía prisa por descansar allí en la calma y la serenidad de una vida sin gloria ni política.

Pero la política tenía sus artimañas y tuve que arriesgarme para defender mi posición. A principios de enero de 1883, me enteré súbitamente de que el príncipe Napoleón había sido encarcelado en la Conserjería. La muerte súbita de Gambetta le había dado alas. Pensando que su momento había llegado, colgó en todos los muros de París un manifiesto que era un pequeño golpe de Estado. El partido mantenía una reserva prudente sobre su persona y sentí que era necesario apoyar a cualquier precio la unidad en la gran familia napoleónica, así que viajé inmediatamente a la capital. Ese viaje no estaba exento de peligros. No tenía autorización y las autoridades republicanas podían detenerme. ¿Qué diría entonces la reina, y qué haría su gobierno? Mi oportunidad dependía de mi rapidez.

Me alojé en el hotel del Rin, lugar frecuentado habitualmente por el emperador antes de ser elegido presidente, y sólo permanecí allí el tiempo que tardé en entrevistarme con Rouher, Murat, Fleury y otros responsables bonapartistas.

—Le he perdonado —les dije—, ¿por qué no podríais perdonarlo vosotros? Acabad con las rencillas que son tan nocivas para nuestra causa. Es la única manera de conservar la unidad del partido, e incluso su existencia. No lo excluyáis.

—Nuestros seguidores nunca consentirán aceptar la dirección de un hombre que se niega a reconocer en el imperio su principio monárquico relacionado con la democracia, y que lucha con todas sus fuerzas contra la religión de los franceses. Con un hombre así, nuestra disolución está asegurada.

Eso fue lo que contestaron aquellos señores. Mi tentativa había fracasado, pero le había demostrado al príncipe —que me odiaba— que era solidaria con la familia del emperador y de mi hijo. Demostrará su reconocimiento asistiendo a la misa de fin de año en memoria de su primo en Camden. Regresé a Inglaterra algunas horas más tarde, antes de ser obligada a ello. Ya no tenía ningún papel que desempeñar. A partir de ese momento, el retiro y el aislamiento eran mi parte en el mundo.

Un mensaje de la reina disipó la preocupación que me había atormentado durante el viaje. En los periódicos franceses corrían falsos rumores, y temía una reacción violenta por parte de los ingleses. Sus palabras afectuosas me conmovieron:

He admirado vuestro coraje y vuestra abnegación en esta ocasión… Sabéis cuán grande es el afecto que siento por vos y entenderéis que he estado bastante preocupada por vuestra persona.

La amistad de Victoria no cambiaba, y eso tranquilizaba mi corazón. No hubiera podido soportar un cambio en nuestras relaciones. Visitarla en Windsor, Balmoral u Osborne se había convertido en una necesidad. Su comprensión y su presencia tan cariñosa como discreta me ayudaban a superar mi dolor. Su familia era un poco la mía desde que colocó una estatua del príncipe imperial en la capilla donde reposaban los miembros de la familia real. Además, ¿acaso no habíamos soñado con casar a su hija Béatrice con mi adorado hijo? Sus gustos, caracteres y sentimientos se complementaban de maravilla. Todo les auguraba felicidad. Las azagayas de los zulúes lo echaron todo a perder.

La gran casa de Farnborough estaba acabada, y pude instalarme allí a primeros de febrero. En el recibidor de mármol, la galería y los salones, dispuse los tesoros rescatados que cobraron vida de repente. En los juegos de luces y sombras dosificados con sabiduría, las grandes figuras del imperio volvían a animarse. Mis damas sonreían en las telas de Winterhalter, alrededor del emperador a caballo pintado por De Dreux y Napoleón atravesando el San Bernardo por bajo el pincel de David. Unos Greuze, Ingres, Meissonier, Vernet y Rosa Bonheur se codeaban en armonía con las miniaturas de Josefina y las porcelanas de Sèvres de Napoleón I. Los siete gobelinos que explicaban la *Historia de don Quijote* engalanaban las paredes del comedor, como en Biarritz. El despacho del príncipe se construyó tal como era en Camden, con la gran mesa cubierta de libros de arte, la biblioteca rematada con la corona imperial, la coraza y el casco de un Cien-Guardias. Añadió la arquilla que contenía las medallas y los cuadros con crespones que representaban su combate contra los zulúes.

En el primer piso, cerca de mi habitación, estaba «mi rincón», como en Las Tullerías, con el retrato de mi padre encima del escritorio cerca de la Rosa de Oro del Papa. En la pared estaba mi querido emperador pintado por Cabanel y en un bosquecillo de plantas tropicales traído de África, se alzaba la estatua de mi adorado hijo esculpida por Carpeaux. Para mi gabinete de trabajo había guardado los retratos de Paca y mi pequeña Luisa. Es allí donde, en un gran armario de hierro, escondía mis «archivos»: las cartas del emperador, las de los reyes, ministros y diplomáticos, y tantos otros documentos sobre los acontecimientos importantes del imperio. Allí tenía todo lo necesario para devolver los golpes uno a uno. Pero la pasión y la venganza debían dejar paso a la razón. Los separaba regularmente y pasaba muchas horas clasificándolos, recuperando así la memoria de un pasado que ya no volvería y que yo hacía revivir contando los mejores momentos a la hora del té, o por la noche después de la cena.

Mi casa estaba abierta y los visitantes desfilaban sin cesar. Los fieles del imperio, los amigos de mi hijo, Bigge y Slade, los sobrinos de España con los cuales me había encariñado aún más desde la muerte del duque de Alba, que los había dejado huérfanos. James, mi primer amor, mi tierno hermano, nos había dejado. Un afecto de toda una vida que nada podía reemplazar. Y seguía viviendo

426

para mantener la tradición. Carlos, su hijo mayor, había heredado el título. Vino a verme cada año con su familia, al igual que María, su marido, el duque de Tamames, y sus hijos. Todo ese mundillo fomentaba a mi alrededor un clima de juventud y de alegría que me daba energías. Me gustaba sorprenderles y mimarles, y me mantenía al día en lo que a inventos del mundo moderno se refiere; por ellos aprendí a montar en bicicleta, a jugar al tenis, e hice construir una pista de tenis al final del parque. Más adelante, tendría un coche, uno de los primeros salidos de fábrica.

Había organizado una nueva vida. Me levantaba pronto, siguiendo mi vieja costumbre, y mi primer acto era para mirar el teso, del otro lado de la carretera, donde se levantaba la iglesia armonizando bien con el estilo de la abadía de Hautecombe. Tras la lectura de los periódicos y el correo, establecía los menús con el cocinero, y luego venía Piétri, que me ayudaba a administrar mis cuentas y clasificar todos los objetos napoleónicos que atesoraba en un gran desván. Un paseo por el parque me permitía verificar la armonía de los arriates, el corte de las lindes, el buen estado de los caminos. Tras el almuerzo, servido siempre a la misma hora, me retiraba para escribir cartas, ordenar mis papeles o enfrascarme en la lectura de un libro de historia que devoraba; y después me escapaba, sola o con un invitado del momento, para dar un largo paseo hacia el alcor y por el robledal al que llamaba «Compiègne». A las cinco rezábamos el rosario en la capilla acondicionada en el segundo piso, y bajábamos al saloncito para tomar el té. Los hombres exponían las noticias del día y las damas se ocupaban en hacer labores de bordado o de punto. Todo el mundo se vestía de gala para la cena. Con un vestido de seda negra y un camisolín bordado de tul blanco adornado con azabache, presidía la mesa iluminada con candelabros. La velada finalizaba en la biblioteca. Al igual que en Biarritz, algunos platicaban, otros jugaban a cartas o tocaban el piano. A las once, me levantaba y saludaba a la asamblea con una reverencia antes de apagar la pequeña llama que ardía desde la mañana ante el retrato de mi hijo. Ésa era la norma de Farnborough. Un rigor tranquilizante que no excluía las fantasías y protegía mi libertad.

A principios de 1888 se acabó de construir la iglesia y el priorato de ladrillos rojos levantado a media pendiente de la colina. Toda la construcción fue consagrada a san Miguel, patrón de los soldados. El 9 de enero, decimoquinto aniversario de la muerte del emperador, mis dos féretros fueron llevados de Camden e instalados en la cripta. Sarcófagos de granito rosa de Aberdeen, regalo de la reina Victoria, los esperaban en los cruceros de cada lado del altar tras el cual tenía un lugar para mi último sueño. Cuatro frailes premonstratenses habían aceptado velar por las tumbas de mis desaparecidos y decir misas por el eterno descanso de sus almas. Lo que quedaba de nuestra «pequeña Corte», los dignatarios habituales del imperio y numerosos amigos asistieron a esa ceremonia. Algunas testas coronadas desfilaron durante los meses siguientes. La reina y su hija Béatrice, recientemente casada con el príncipe Henri de Battenberg, el rey Óscar de Suecia y Noruega, el príncipe de Nápoles, que vino a rendirme homenaje en nombre de su padre el rey Humberto I, y después la emperatriz de Alemania. Desde ese momento Farnborough se constituyó en el centro del recuerdo, donde la memoria de Napoleón III y la del príncipe imperial serían honradas en el transcurso de los años. Había cumplido la misión que me había impuesto. Mis hombres estaban a mi lado, y cada mañana desde mi ventana miraba el camino que me conduciría un día a esa morada de eternidad.

—Mi último paseo en coche –murmuraba sonriendo. *This will be my last drive!*

Por ahora sólo tenía sesenta y dos años. El pelo se me había quedado blanco de golpe tras la muerte de mi hijo. Ahora bien, mi rostro conservaba su esplendor y el cuerpo seguía siendo esbelto gracias a las largas caminatas diarias que me daba. El ejercicio y el aire fresco fortalecían mi salud, pero odiaba el invierno inglés. Temía la niebla y la nieve. Volvía a tener ganas de viajar, como en mi juventud. Echaba de menos el sol y el mar. El año pasado, tras un crucero por Italia y Sicilia en el yate de un amigo, me detuve en Cannes. Me gustó el lugar, allí uno se encontraba con Europa entera. Durante un paseo, descubrí en Cap Martin un pinar con una vista espléndida de la roca de Mónaco hasta la punta extrema de Antibes. Lo adquirí sin más dilación e inmediatamente ordené la construcción de una villa toda blanca a la que daría el nombre griego de Córcega: Cyrnos. En efecto, en los días claros, la cuna de los Bonaparte se dibujaba en el horizonte.

De todos mis esplendores pasados sólo echaba de menos una cosa, el *Aigle* y los viajes que hacíamos a bordo. A la espera de que la casa estuviese terminada, compré el *Thistle*, un yate de 544 toneladas con veintidós miembros de tripulación, diez sirvientes, mayordomos y cocineros, y seis camarotes de capitán. Se balanceaba un poco y a veces cabeceaba. Eso no me preocupaba gran cosa, era muy marinera. Cuando en la proa de mi barco me hacía mar adentro para ver otros horizontes, era la mujer más feliz del mundo, y no temía subir al puente en pleno temporal. El mar era mi elemento, el bálsamo para todos mis males, físicos y morales. Durante veinte años iba a surcar el Mediterráneo en todos los sentidos. Iba a conocer todos los puertos, todas las ensenadas, desde Italia hasta las orillas de la Cirenaica, pasando por la isla de Elba, Argelia, Marruecos, hasta España. Regresaría a Sicilia, Grecia, Turquía, Creta e incluso Egipto, remontando el canal de Suez de camino a la India. Si sólo me hubiese escuchado a mí, me habría gustado vivir en alta mar y aventurarme hasta la otra punta del mundo, hacia China y las inmensas tierras de Asia con las que tanto había soñado escuchando los relatos fantásticos del conde de Palikao para conocer los palacios de Pekín. Pero a mi edad, me decían, partir tan lejos con el riesgo de no regresar, ¿acaso no estaba un poco loca? Yo contestaba encogiéndome de hombros:

—Cuando se trata de dejar nuestra pequeña bola terrestre para el viaje definitivo, ¿qué importa desde qué punto se tome la salida?

Seguiría navegando hacia Irlanda y Noruega, y después hacia Constantinopla y Crimea soñando con el Cáucaso, Venecia y Palermo, Corfú, Chipre, Tánger, Gibraltar, pero siempre regresaría a mi puerto de amarre, abandonando el puente del *Thistle* para reencontrar Farnborough, mis devociones para mis desaparecidos y los encantos del verano inglés esmaltado con estancias en casa de la reina Victoria y su familia en Osborne, Balmoral o Windsor. La emperatriz Frédérique, que había conocido de adolescente con el nombre de Vicky, hablaba del apego al poder de su hijo Guillermo que la ponía enferma. El príncipe y la princesa de Gales tenían problemas de pareja que comentaba en voz baja. También oía palabras inquietantes sobre la evolución del mundo, y veía crecer a mi ahijada, la pequeña Victoria Eugenia que Béatrice había tenido de su marido Enrique de Battenberg. Si el destino hubiese sido más clemente, esa niña podría haber sido mi nieta, y mi corazón rebosaba ternura cuando pensaba en ello. Desde el final del otoño, pasé una temporada en París durante la cual volví a ver a los fieles amigos a los que enviaba invitaciones. Algunas visitas de incógnito a mis obras de caridad que no había abandonado y a personas que ayudaba en secreto, una comida con la princesa Mathilde, el tren hacia Marsella, y la villa de Cap Martin, por fin, que me volvía a la vida antes del crucero de primavera.

Desde los salones veía el mar destellar entre los árboles. El jardín desprendía mil perfumes. Arbustos de flores salvajes rodeaban la casa con un mosaico de tonalidades amarillas, azules, rosas y malvas, con irisaciones de escarlata y blanco. Una terraza sombreada que dominaba la ribera era mi lugar predilecto donde me refugiaba para leer o meditar, tras haber recorrido, según mi humor arrítmico, los caminos escarpados de aduanero o las landas perfumadas.

Al igual que en Farnborough, imponía mi etiqueta y mantenía la casa abierta, reuniendo a los amigos de antaño que pasaban por la costa, y a personas interesantes que tenían cosas que decir, buenas maneras y educación. Los tés de Compiègne y las veladas del lunes en Las Tullerías me habían acostumbrado a las conversaciones brillantes en las que ministros, diplomáticos, exploradores, científicos e historiadores daban lo mejor de sí. Me gustaba aprender, y mi curiosidad era ilimitada, aún más porque el progreso se manifestaba día a día. El coche reemplazaba al caballo, pronto se viajaría por los aires, y seguía con pasión todas las investigaciones científicas o médicas, y aplicaba los experimentos del señor Edison o los del señor Marconi en mi *Thistle*. Esperaba recibir un aparato TSH y soñaba con ese gramófono anunciado que me permitiría oír mis óperas favoritas. *El Profeta* de Meyerbeer, Offenbach y el *Don Carlos* de Verdi que habíamos aplaudido durante la Exposición de 1867.

Aunque ya no estuviese en política, la seguía con ansiedad. El asunto Dreyfus dividía a la sociedad francesa, y como apoyaba al oficial, convencida de su inocencia, me enfrentaba con muchos de mis amigos que se agarraban a sus prejuicios, y les decía:

—Lo que hace un daño espantoso a nuestra reputación de pueblo humano, generoso y recto, son las mentiras que la gente se echa en cara, los falsos, la pasión de los testigos y, por encima de todo, la falta de pruebas.*

El anuncio de una alianza rusa provocaba de repente el delirio. La falta de medida de los franceses me ofendía:

—Que nos alegremos por haber salido del aislamiento, es natural; pero de eso a que nos volvamos locos de alegría al ver una gorra rusa, hay un trecho. Un poco de dignidad no iría nada mal.*

Estábamos a punto de llegar a una época terrible en ese final de siglo, un cambio completo de la sociedad.

* Cartas a la duquesa de Mouchy. *(N. de la A.)*

Todo estaba gastado. Eso no podía seguir así de ninguna manera en Europa. Era necesario un cambio absoluto.

–Mientras teníamos la religión –exclamaba–, estábamos resignados, y sufríamos esperando el cielo, pero vemos que el número de insatisfechos aumenta día a día; muy pronto tomarán el poder. Es necesaria una revolución total, y es ahora cuando necesitamos un genio para arreglar las cosas.*

Es verdad que el general Boulanger no pertenecía al grupo de los que nos salvarían y lamentaba esas explosiones guerreras que destruían el espíritu militar. Mi hijo habría tenido su oportunidad si… ¿Pero por qué?

No era la única madre que se hacía esas preguntas. La emperatriz Isabel se las hacía desde la tragedia del archiduque Rodolfo en Mayerling. Vagaba por el mundo para olvidar y se detuvo en Cap Martin durante el invierno de 1896. Francisco José la acompañó por unos días y la dejó a mi cargo. Tanto ella como yo habíamos padecido muchos lutos, desde nuestro encuentro en Salzburgo. La llevé a las montañas del interior para ayudarla a superar su tristeza. Entonces me paseaba con un fantasma. Raras veces miraba a su alrededor y contestaba con un curioso movimiento de cabeza cuando la saludaban, en vez de inclinarse según la costumbre. Su mente parecía vivir en otro mundo. Me preguntaba cómo habría reaccionado si mi hijo me hubiese escrito: Madre, ya no tengo derecho a vivir, he matado…

La pobre Isabel guardaba esa carta en el bolsillo y la leía una y otra vez revelándome los detalles de ese drama terrible que la Corte de Viena ocultaba como un secre-

---

* Cartas a la duquesa de Mouchy. *(N. de la A.)*

to. Rodolfo le había prometido a su padre poner fin a su relación, pero durante la cena de despedida se enteró de que la joven estaba embarazada. A continuación se produjo una escena de desesperación. Se repitieron que ya no podían vivir, que debían morir en brazos uno del otro, y que Dios tendría piedad de ellos. Un tiro en el pecho de la joven, la cama cubierta de flores, y Rodolfo desmoronado en el borde, con un tiro en la sien. La emperatriz, desconsolada, añadía con una voz rota:

—Yo también quiero morir a causa de una pequeña herida en el corazón por donde mi alma podría escaparse.*

Dos años más tarde murió asesinada en Ginebra a manos de un anarquista.** Una puñalada en pleno corazón. Estaba en Cap Martin cuando me enteré y la noticia me produjo una inmensa aflicción. Creyendo complacerme, Francisco José me mandó la sombrilla, el abanico y el libro de horas que la emperatriz llevaba ese día. Objetos funestos que mi superstición rechazó y que fueron rápidamente guardados en el fondo del desván.

Otras varias muertes me entristecían: el príncipe Napoleón había muerto en un hotel de Roma. Había podido odiarle, pero nunca lo menosprecié. Decía lo que pensaba. El almirante Jurien, que no había dejado de escribirme, no había resistido a «la bestia salvaje» de la cual me había anunciado las primeras visitas. Ferdinand de Lesseps también se había ido al otro mundo, envejecido, arruinado y calumniado. Había fracasado en Panamá, pero Suez permanecería para siempre para glorificarlo. Y después fue el turno del príncipe Metternich,

* Citada por Harold Kurtz en su obra sobre la emperatriz Eugenia. *(N. de la A.)*
** Lucce. *(N. de la A.)*

cuya última carta la firmaba con un «viejo Richard». Poco a poco los rostros familiares de las más viejas amistades partían, como si no quisiesen sobrevivir a este siglo cuyo fin parecía abrasarlo todo.

Una enfermedad de vejiga muy dolorosa me fulminó durante la primavera de 1898 y me hizo albergar la esperanza de que iba a seguirles. Pero el asunto de Cuba contra Estados Unidos, y las terribles angustias que sentía por ello, me mantuvieron en la brecha. No podía mentalizarme al hecho de que iba a desencadenarse una guerra. La partida no era igual. Mi pobre, querido, adorado país tenía el valor, la energía y el sentimiento llevados hasta la temeridad, pero Norteamérica poseía el nervio de la guerra, la posibilidad de reemplazar flota a flota... No ponía en duda que los españoles recobrarían la ocasión de hechos de armas espléndidos, pero ¿y después? ¿Acaso el desastre no destruiría también la monarquía?

Un discurso de lord Salisbury* me sacó de quicio. Trataba a España como un país moribundo frente a una América viva, cuyo poder crecía al ritmo de su potencial de destrucción. Cruel decepción que fomentó mis temores. Los ingleses admiraban el valor de los débiles, pero respaldarían la fuerza. Había intervenido ante la *queen* para defender la causa de la reina regente y del pequeño rey Alfonso XIII. Su silencio me desesperó. ¿Acaso la política eliminaba todo sentimiento? Más adelante me confiaría sus protestas en consejo privado que mantuvo a su gobierno neutral.

En ese momento mi amor propio estaba herido, y permanecí en París para restablecerme. Miraba con el

* Primer ministro. (*N. de la A.*)

435

rabillo del ojo, es cierto, y me mantenía bien informada. Había esperado que una buena negociación estipulando condiciones razonables habría permitido evitar el enfrentamiento sangriento y la ruina. España no poseía la sangre fría de los anglosajones. No estaba preparada para la amputación y respondió con una resistencia violenta a la ofensiva norteamericana. Pero, ¿qué podía hacer el valor contra los cañones de largo alcance? A mediados de julio, todo había terminado. Cuba, Puerto Rico y las Filipinas estaban perdidas. Pensaba que ya nada podía afectarme, y esa vez me hirieron en mi amor por la patria desgraciada. Destrozada por el dolor, me encerré en mí misma y regresé a Farnborough, donde la enfermedad de la vejiga dio la cara y me mantuvo unos días tumbada boca arriba, incluso para las comidas, que tomaba en una tumbona. Hacía frío, tanto fuera como en mi corazón, y rechacé la invitación de Victoria para ir a Balmoral. No tenía suficientes fuerzas. Sobre todo me sentía humillada al percatarme de que incluso en mi país se había perdido el heroísmo. Los nombres con mayor reputación habían preferido jugar a los guerreros de salón y criticar a los que habían luchado. ¡Ah, si hubiese sido Eugenia de Guzmán, y más joven!*

El vacío se ceñía a mi alrededor. El conde Clary, ayudante de campo de mi hijo, nos abandonó el último año del siglo, seguido de cerca por la señora Lebreton. Treinta años de fidelidad se convertían en polvo. Ya no tenía damas francesas a mi lado. Para hacerme compañía, mis

* Los estados de ánimo y las angustias de la emperatriz se encuentran en las numerosas cartas escritas a su sobrina Rosario, duquesa de Alba, durante los años 1897 y 1898. (N. de la A.)

sobrinas españolas se turnaban, y entablé amistad con jóvenes inglesas que vivían en el vecindario. Miss Vesey fue una enfermera fiel. Ethel Smith no tenía un carácter fácil, pero tenía talento para la música y una fuerte personalidad que despertaba mi entusiasmo. A menudo me provocaba, cosa necesaria para mí, y se lo agradecía después de haber prorrumpido en amenazas, porque me obligaba, no sin humor, a despojarme de mis viejas costumbres y me adentraba en el nuevo siglo hacia el cual el destino me empujaba.

De mis allegados del pasado sólo quedaba mi sirvienta Aline y Franceschini Piétri, que me hacía las veces de secretario regidor desde la muerte del emperador. Se encorvaba bajo el peso de los años, pero conservaba el vigor suficiente para ayudarme a transformar las caballerizas en un museo para gloria de los tres Napoleones. Desde que compré un automóvil no tenía caballos. A los renovados compartimientos de las cuadras fueron a parar todas las reliquias acumuladas en el transcurso de los años en los desvanes de Farnborough. La levita gris de Napoleón I, sus trajes pomposos, los vestidos de Josefina, la colección de armas de Napoleón III, su sombrero agujereado por los cascos de la bomba de Orsini, sus condecoraciones y medallas, la ropa de niño del príncipe imperial, sus uniformes, las espuelas, la silla, la espada, el revólver del combate fatídico… También había carrozas de gala, y otros coches, testimonio de los fastos del pasado: berlina, landó, calesa, cupé… En frente del mausoleo, otra memoria de los Bonaparte se perpetuaba a través de los recuerdos de ese imperio al que se seguía denigrando. Y las críticas más duras provenían muchas veces de las personas que se habían beneficiado grandemente de él. Es cierto que en los primeros tiempos había sentido odio. Más adelante, éste cedió lugar al desprecio; desde hacía algunos años, era indulgencia. Lo había conseguido.*

La Guadaña seguía segando, estrechando el círculo a mi alrededor. El nuevo siglo tuvo un principio cruel con el espantoso asesinato del rey Umberto I de Italia y la muerte del duque de Sajonia-Coburgo Gotha. El verano en Osborne fue muy triste en compañía de la reina, de luto, que lloraba a su hijo y de repente perdió un nieto. Mientras tanto Vicky cayó enferma y la guerra de los boxers diezmaba el ejército inglés en Pekín. La salud de Victoria empezó a debilitarse al principio del invierno. Un invierno muy frío. A finales de enero de 1901, con el corazón agobiado por tantas adversidades, ella también nos dejó. Estaba en Farnborough cuando me enteré de la noticia. Postrada en cama por culpa de una bronquitis, no pude ir a Osborne ni asistir a los funerales solemnes que se celebraron en Londres. Según mi costumbre, me encerré en mi habitación, sola con mi pesar, llorando por una amiga de corazón, siempre buena y afectuosa, un apoyo en mi vida errante. La que nos había apoyado en los principios difíciles del exilio y nos había tratado como soberanos al igual que en la época en que éramos los aliados de Inglaterra.

—Ya no tenéis la soberanía del poder —me decía—, pero sí una soberanía mayor aún, la de la desgracia.

Había amado a mi hijo y honrado su memoria de la forma más brillante al presidir sus exequias. Desde ese día, fuimos hermanas. Ya no era de este mundo, y temía

* Confidencia de la emperatriz a una de sus amigas. *(N. de la A.)*

438

que mi vida ya no fuese la misma en este país donde era extranjera. Una carta de Eduardo me tranquilizó. El nuevo rey me confirmó el afecto de la familia real hacia mi persona. La reina Alexandra vino a verme de improviso sin darme tiempo a tender la alfombra roja. Béatrice, viuda desde hacía poco, la acompañaba con su hija, mi pequeña Ena, con trece años ya. Y cuando, el mes de agosto siguiente, la emperatriz Frédérique se reunió con su madre en el otro mundo, me sentí profundamente afligida. Todos esos recuerdos flotaban alrededor de Vicky desde nuestra primera visita a Windsor en 1855. Ella también amaba la libertad. La intransigencia férrea de su hijo la había matado.

Dos meses más tarde el duque de Alba expiraba. El despacho llegó como un rayo en plena calma. Carlos, mi querido sobrino, el hijo de Paca, al que había criado como si fuera mi propio hijo. Toda mi gente me era arrebatada una tras otra. Estaba condenada a la soledad del corazón. Triste final de una vida ver marchar así a los que amaba. ¿Por qué Dios no me abandonaba condenándome al desierto? Una frase de la reina Victoria me volvía sin cesar a la cabeza: «Lo que no entendemos ahora, lo entenderemos más adelante… en esta vida o en la otra. Pero no nos quedaremos sin la explicación».

Entonces recuperé mis viejas costumbres de viajar. De camino a Cap Martin me detenía durante más tiempo en París, en ese hotel Continental donde recibía a mis amigos frente a Las Tullerías, sorprendiendo a mis visitantes, que se extrañaban de ello.

–Pensáis que soy insensible –les dije–. Pero veis, ya nada me afecta. ¿Qué es un espectáculo u otro si se compara con los recuerdos que llevo dentro? Los momentos difíciles se borran rápidamente frente a las horas espléndidas y dulces. Es verdad que no puedo olvidar a las hordas vociferantes que invadieron estos jardines en septiembre de 1870, pero también es aquí donde mi «querido Loulou» paseaba su ardiente infancia, en este parque lleno de rosas y violetas, sus flores preferidas.

Había sufrido tanto en mi vida que pensaba que ya nada podía arrancarme las lágrimas, y sin embargo lloré al enterarme del incendio de mi adorada villa de Biarritz. Tras Las Tullerías y Saint-Cloud, otra residencia donde había conocido el orgullo y las seducciones del poder, se consumía entre las llamas.* Las cosas, al igual que los seres, desaparecían. Una gran figura de mi pasado sucumbió poco después. El 2 de enero de 1904, la princesa Mathilde expiraba en su hotel de la rue de Berri y seguí su cortejo hasta Saint-Gratien, donde la enterraron. Ese nuevo luto reunía todos mis lutos anteriores, y sentí esa emoción desgarradora que hace tan patéticas el rezo de Vísperas de los Difuntos.

Ambas discrepábamos por carácter, gustos y opiniones, tanto políticas como religiosas. Pero no por eso dejaba de considerarla una amiga segura, un corazón noble y generoso. Si el emperador se hubiese casado con ella en 1835, como lo había pensado, el matrimonio no hubiese durado. Pero aceptaba de su parte cualquier observación, cualquier salida de tono e incluso cualquier regañina. Lo atacaba con una libertad de lenguaje, una rudeza tan graciosa que hacían pensar en las sirvientas de Molière. Desfilaron tantos hombres ilus-

* Reflexión de la emperatriz expresada en estos términos en presencia de Maurice Paléologue. *(N. de la A.)*

tres en su salón. Mérimée decía de ella: «La princesa Mathilde es Margarita de Navarra. La corte de Saint-Gratien, la corte de Nérac...».*

De ahora en adelante, ¿quién hablaría de los fastos del imperio? ¿Quién testificaría los orígenes del bonapartismo? ¿Y quién, sobre todo, seguiría defendiendo la memoria del emperador Napoleón III? El escenario se quedaba sin actores. Ya casi no veía figurantes a mi alrededor, pero sus nombres seguían sonando, heredados por sus hijos o por sus nietos: Walewski, Chevreau, Clary, Murat, Bassano, Pourtalès, Lesseps... Los herederos se multiplicaban y me rodeaban como lo hacían antaño sus padres. También estaban los primos y sobrinos españoles, y el príncipe Víctor Napoleón se comportaba con tacto. Entre él y yo se alzaba la querida imagen del que había sido mi alegría y orgullo, pero finalmente habíamos conseguido entendernos y lo arropaba con consideración, porque si el imperio volvía algún día, él llevaría la antorcha.

Por ahora, la República parecía arraigarse, y sólo le pedía a Dios una gracia: vivir lo suficiente para ver Francia más justa con nuestro reinado. Algunos artículos se habían publicado en este sentido desde que Bismarck, caído en desgracia, había proclamado bien alto que él había provocado la guerra entre Francia y Prusia. Sus declaraciones desbarataban ciertos argumentos de la propaganda republicana contra la familia imperial, pero el veneno seguía emponzoñando. Treinta y cinco años más tarde, el odio seguía siendo feroz, y periódicos favorables al gobierno seguían aplastándome. Mis amigos, escan-

* Declaraciones de la emperatriz a Maurice Paléologue. (N. de la A.)

dalizados, suplicaban que me justificara, y les contestaba irguiéndome:

–Es una pérdida de tiempo. Estoy inmunizada y ya no siento el golpe de las flechas envenenadas. Mi corazón ha sufrido demasiado para emocionarse. –Movía la cabeza y añadía–: Cada uno tiene una etiqueta y es imposible despegarla. Mi *frasco* no es divertido, la historia ha puesto en él de una vez por todas la palabra *veneno*, sin buscar el porqué, sin darse cuenta.*

Y cuando insistían, replicaba:

–Tendré un sitio entre los monstruos de la humanidad. Me quieren altiva, imperiosa, vengativa y fanática... Se podría añadir orgullosa hasta el punto de no poder decidirme a defenderme cuando sería tan fácil, porque prefiero la calumnia a rebajarme hasta mis calumniadores.**

Un viaje me hizo olvidar tanta mediocridad. En el mes de mayo de 1906, me hice a la mar a bordo del *Thistle*, de camino hacia Nápoles, Palermo, Corfú, Cattaro y Venecia. Celebraba mi octogésimo aniversario y el emperador de Austria me invitaba a Bad Ischl al finalizar mi crucero. ¡El viejo Francisco José y la vieja Eugenia! ¡Tendríamos tantas cosas que decirnos sobre los cincuenta años de historia de Europa de los cuales habíamos sido actores y testigos...! Pero sobre todo sentía curiosidad por oír su opinión sobre los diversos puntos calientes que amenazaban con abrasarnos.

Al llegar a las costas italianas, me enteré del atentado contra el rey Alfonso XIII y la joven reina, mi ahi-

* Citado por Lucien Daudet. (*N. de la A.*)
** Carta a la duquesa de Mouchy, citada por Suzanne Desternes y Henriette Chandet. (*N. de la A.*)

jada, Victoria Eugenia. Eso me trastornó y me sentí aún más humillada. ¡Una mujer joven y guapa atacada en pleno Madrid, el día de su boda! En su propio país, ya no respetaban al inmortal don Quijote. Las tradiciones se perdían; otras violencias vendrían a sacudir nuestro viejo mundo. De repente tuve ese presentimiento.

CAPÍTULO XXII

La estancia en Ischl fue de ensueño. Tres días deliciosos en compañía de un emperador que tuvo un sinfín de atenciones para mí. En el andén de la estación a donde había acudido a darme la bienvenida, ofreciéndome toda la parafernalia de una visita de Estado, sólo llevaba una condecoración: la placa de la Legión de honor con la efigie de Napoleón III.

–Me siento muy halagada –le dije–. Tengo la sensación de estar soñando, uno de los más maravillosos sueños.*

Desde siempre había sentido mucho cariño y amistad hacia él. Después de tantos años, lo consideraba el más venerable y majestuoso de todos los soberanos de nuestra época, y sin duda alguna el último representante de las viejas tradiciones monárquicas. ¡Con qué ardor había preconizado la alianza de nuestros imperios! Pero él prefirió abstenerse…

Al encontrarlo de nuevo, con las señales que marca el tiempo en los rostros, al igual que había ocurrido con el mío, me decía a mí misma que teníamos muchos motivos para entendernos y simpatizar. Él había perdido a su esposa y a su hijo trágicamente; de la misma manera, yo

* Palabras de la emperatriz recogidas por miss Vesey, su cuidadora. *(N. de la A.)*

444

había perdido a mi esposo y a mi hijo de forma trágica. Él seguía en el trono, en cambio yo ya sólo era una pobre emperatriz sin corona;* ahora bien, Francisco José también había padecido el dolor y la humillación de los grandes desastres. En la conferencia de Villafranca la acogida caballeresca y generosa de Luis lo había conmovido profundamente y su gratitud, siempre intensa, recayó ahora en mi persona. Por mi parte, no podía olvidar con qué nobleza, tacto y bondad nos había recibido en Salzburgo tras lo de Querétaro.*

Ambos éramos buenos andarines. Juntos recorrimos a paso ligero los senderos de los bosques, subimos a las cimas, desde donde la belleza del panorama nos hacía olvidar, después de un descanso, los temas serios de nuestras conversaciones. El mundo se agitaba peligrosamente en este principio de siglo. La guerra de Manchuria no había durado mucho, es cierto. Ante los tejemanejes preocupantes de Rusia contra Japón, Londres se había puesto en estado de alarma, Francia intervino y el tratado de Portsmouth había parado el conflicto. Pero el zar Nicolás II padecía la influencia de Guillermo II, que lo empujaba hacia las revoluciones violentas y éste hacía temblar a Europa con sus declaraciones atronadoras en la rada de Tánger.

–¿Acaso tiene el káiser intención de atacar Francia? –pregunté, inquieta.

Francisco José adoptó una expresión evasiva para contestarme:

–El gran estado mayor insiste en romper las hostilidades antes de que Rusia haya tenido tiempo de restaurar su potencia militar. ¿Qué harán sin un *casus belli*?

* Entrevistas con Maurice Paléologue. (*N. de la A.*)

Por ahora, el fuego está latente en los Balcanes y en los Estados del Danubio, pero aquí no veo aún ninguna razón para preocuparme por la guerra.

El viejo emperador parecía que quisiera ignorar el «principio de las nacionalidades» que traía en jaque a las provincias colindantes a sus fronteras. Ese famoso principio que habíamos enarbolado como bandera, y que nos había llevado a la ruina. ¡Ese fue nuestro único error! Todo el mal provenía de él.* De tanto defender la unidad italiana, habíamos jugado en contra de nuestros intereses, y nuestra caída favoreció la unidad alemana. ¿Durante cuánto tiempo podría seguir manteniéndose el imperio de los Habsburgo sin querer escuchar las reivindicaciones de los pueblos sometidos a su autoridad? Los tiempos cambiaban; Europa se transformaba bajo la influencia de nuevas maneras de pensar. ¿Acaso el monarca no debía adaptarse? No temía que estallara una guerra. Estaba seguro de sus alianzas con Italia y Alemania. Sólo temía a Rusia, cuya superioridad sería aplastante dentro de poco, decía, incluso sin Francia si por ventura decidía mantenerse neutral. ¿Y qué hacía con Inglaterra? ¿Tenía razón al confiar en el impetuoso Guillermo? Recordaba las palabras de Luis, cuando me explicaba las ventajas de la «política de báscula».

Todo eso me seguía perturbando incluso cuando entré en la crujía de los salones con un vestido de seda negra con cola y una diadema de azabache calada entre mi pelo blanco.** Mi estancia llegaba a su término y Francisco José ofreció una suntuosa cena en mi honor. Sobre los encajes de la mesa, la cristalería y la plata sobredora-

---

* Entrevistas con Maurice Paléologue. *(N. de la A.)*
** Detalles recogidos por miss Vesey en una carta a su madre. Destaca «los adorables hombros» de la emperatriz «aún tan guapa esa noche». *(N. de la A.)*

da destellaba con la luz de las arañas y los candelabros, los violines hacían sonar una dulce romanza y veía a mi alrededor a la sociedad más elegante y refinada de Europa, la que antaño afluía a nuestros palacios cuando ostentábamos el poder. Los magníficos recuerdos se despertaban de repente, y me incliné hacia mi augusto anfitrión evocando a media voz los que habíamos compartido: su visita a París en 1867 para el final de la Exposición y la deslumbrante inauguración del canal de Suez.

De camino a Farnborough, hice un alto en París para entrevistarme con el señor Paléologue. La princesa Mathilde me lo había presentado en 1901. Este diplomático me parecía digno de confianza y aceptó esclarecer los puntos más controvertidos del imperio: México, la guerra de Italia, Sadowa, Sedán… ¡Cuántas calumnias habían suscitado esas tragedias! Les debía mi testimonio, tras haberme jurado «decir la verdad, toda la verdad, sólo la verdad». Nuestras conversaciones serían publicadas tras mi muerte para permitir a las generaciones futuras entender mejor lo ocurrido. Tenía tanta fe en la justicia de Dios, ante la cual iba a comparecer dentro de poco, que no debía dar ninguna importancia a la de los hombres. ¡Pero no! Tenía la falta de lógica y la debilidad de pensar constantemente en el veredicto que daría el tribunal de la historia. ¿Acusarían eternamente al emperador y a mi hijo de ser cobardes? ¿A lo largo de los siglos sólo habría reprobaciones y condenas? Habían torturado a Luis hasta su muerte. Más de una vez lo había visto llorar en la oscuridad. La derrota que no había podido evitar, y ese dolor, sin igual para un soberano como es el dejar tras él un territorio inferior al que había recibido. Mi hijo llevó su parte de sufrimiento y humillación hasta el sacrificio de su propia vida. Ahora yo también estaba obsesionada, y me preguntaba sin cesar si Alsacia y Lorena estaban perdidas para siempre.

–No creo que sea así –me dijo Paléologue–. La crisis que se prepara en los Balcanes provocará un reordenamiento de los territorios, rectificación de fronteras e intercambios coloniales. Con esa perspectiva, toda esperanza está permitida.

–¡Qué viático me dais al decir esto! Por lo menos moriré con una llama de esperanza ante los ojos.

En el cielo azabache, veía otra vez un punto luminoso, ése que ayuda a vivir y sin el cual me habría sumido en un mar tempestuoso que tuve que afrontar en el transcurso de los años. Me entretuve en París y fui a la Malmaison para hacer donaciones importantes. Al regresar de Viena, quise volver a ver Arenenberg. El recuerdo de mi hijo había sido tan cruel que decidí de repente deshacerme del castillo y lo regalé al cantón de Thurgovie* como agradecimiento a su hospitalidad hacia nuestra familia. Todo lo que contenía la fortaleza –retratos, bustos, grabados, libros, muebles y reliquias napoleónicas de la reina Hortensia– lo empaqueté y lo mandé llevar a mi costa a la casa de Josefina para enriquecer el museo que conservaría la memoria de los Bonaparte en territorio francés.

Si la República se enraizaba, la memoria del imperio no caería en el olvido. Seguía estando allí, prosiguiendo mi obra. Pertenecía a la historia y debía testificar mientras viviese. Hasta los cien años, me había dicho

---

* Por petición de la emperatriz, el castillo fue transformado en Escuela de Artes y Oficios. Actualmente es un museo. (N. de la A.)

la gitana, y sólo tenía ochenta. ¿Qué hacer con todo ese tiempo? Ser útil y mantenerme al acecho de la menor señal.

Al año siguiente, de manera inesperada, coincidí con el emperador Guillermo en las costas de Noruega. A bordo del *Thistle* tuve que adentrarme en el fiordo de Bergen. Estaba lleno de cruceros alemanes que esperaban al káiser.

–Debemos marcharnos antes de que llegue –dijo Piétri nervioso.

Ya en dos ocasiones anteriores lo habíamos evitado en otros fiordos, y no quería dar la sensación de huir, actitud que no formaba parte de mis costumbres.*

–No –contesté–, pensará que intento evitarle.

Un incidente diplomático habría sido muy inoportuno y mi yate necesitaba aprovisionarse; así que permanecí en la ensenada. Cerca de medianoche, un violento cañonazo me despertó. El *Hohenzollern* entraba en el fiordo, violando la regla que prohíbe cualquier salva de artillería tras la puesta del sol. Pero Guillermo II sin duda alguna quería impactar mi imaginación con esos estruendos. ¡Vaya si le impactó a mi imaginación! No pude dormir en el resto de la noche, pues en cuanto hubo echado anclas, el *Hohenzollern* me expidió una lancha con un ayudante de campo que le anunció al patrón del *Thistle* que el emperador deseaba dirigirme sus saludos respetuosos al día siguiente a las once y preguntaba qué debía llevar, uniforme o indumentaria de civil. El káiser se preocupaba por la etiqueta y no era descortés con la amiga de su madre. Tras la muerte de Vicky, me envió un peque-

* Relato de la emperatriz a Maurice Paléologue. *(N. de la A.)*

ño retrato de ella acompañado de una carta muy amable. Con una sonrisa de diversión, le hice contestar:

—A bordo sólo tenemos indumentaria de civil.

Al día siguiente, a la hora anunciada, Guillermo subía la escala real. El agua caía con fuerza y había mandado colocar toldos de lona embreada para poder recibirle en el puente, en compañía de mis invitados, que apenas podían contener su enfado. El soberano alemán mostraba una expresión decidida y al mismo tiempo se le veía amable. A la primera ojeada, me percaté de los numerosos anillos, la pulsera y los zapatos de un amarillo chillón que llevaba.* Ya no me impresionaba y tuve que reprimir las locas ganas de reír al guiarle hacia el salón donde la entrevista duró más de una hora. De entrada, me habló de Francia.**

—Os aseguro —me dijo— que albergo las mejores intenciones hacia vuestro país. Querría aliarme con Francia, hacer política importante con ella. Pero es imposible. Los franceses no lo entienden. Me han tomado tirria. Mirad, por ejemplo, varias veces les he comunicado mi deseo de ir a París. ¡Pues no! No quieren saber nada de mí.

—Tánger sin duda alguna no se encuentra en el camino que conducirá a vuestra majestad a París —repliqué en un tono un poco rudo.

Intentaba hacerle entender que, para ganarse la simpatía de los franceses, debería actuar de un modo totalmente diferente. No me escuchaba y prosiguió su discurso recreándose en sus propias palabras. Pero su amargura hacia Francia no era nada comparado con lo

* Cartas manuscritas de miss Vesey a su madre, citadas en la obra de Harold Kurtz. (*N. de la A.*)
** El relato que sigue es el de la emperatriz a Maurice Paléologue. (*N. de la A.*)

que soltó sobre Inglaterra. Durante más de veinte minutos despotricaría contra ese país, y más concretamente contra el rey Eduardo, al que acusaba de todos los crímenes. Al marcharse, se fijó en un retrato de la reina Victoria encima de una de mis mesas y se detuvo. Con el puño en la cintura, el pecho arqueado, y una expresión de furia, exclamó:

–Cuando murió, «ellos» no me dieron nada suyo, ni siquiera el menor recuerdo. ¡Me han excluido de la familia, como si fuese un réprobo o tuviese la peste!

Palabras de una persona resentida y herida en su propio orgullo. Toda la vida se la pasó echando en cara a su madre ese brazo torturado por los fórceps, que tenía atrofiado por falta de cuidados inmediatos, ya que los médicos consideraron que el estado de la augusta princesa era más preocupante que el suyo. Vicky murió a causa del suplicio moral que su hijo le había infligido a lo largo de los años. Actualmente desfogaba su exceso de odio sobre Inglaterra, y yo ya no dudaba del peligro de una guerra.

La furia desapareció de repente, igual que había surgido, y tuve ante mí al hombre más encantador del mundo, que me saludó con todo el respeto de nuestras antiguas fórmulas. Muy pronto, a la mañana siguiente, el *Hohenzollern* salió de la ensenada. Dormía y no pude ver la bandera francesa alzada en mi honor en todos los buques de la flota alemana, y los marineros en posición de firmes en fila para pasar ante mi pequeño yate. Mi comandante me informó de ello con una expresión de fastidio a la que respondí con una sonrisa de satisfacción. El káiser me había tratado como emperatriz. Cinco años después, me demostraría una vez más «su elevada estima» al ordenar la liberación del hijo de mi procurador judicial, acusado de espionaje y puesto en prisión sin pruebas en su fortaleza de Glatz.*

Eso no era óbice para que desde la entrevista de Bergen me encontrara en estado de alerta y cada día devorara la prensa, subrayando con un lápiz azul, como hacía en el pasado, las informaciones importantes sobre política exterior. Los peones se movían en el tablero de los Balcanes, como por ejemplo el príncipe Fernando Coburgo, del cual el rey Eduardo VII no paraba de repetir:

–Pienso que es capaz de cometer todos los crímenes. Para satisfacer sus ambiciones u odios, incendiaría los cuatro rincones de Europa, si eso sólo dependiese de él.**

Mientras el mundo seguía en paz, decidí hacer un largo viaje por los países con los que siempre había soñado. Aquel invierno, no me quedé mucho tiempo en Cap Martin. El *Thistle* nos llevó a Egipto. Tres años antes me había entretenido alrededor de las Pirámides, montada en asno o en dromedario. ¿Por qué me atraía tanto esa tierra de África? Me había arrebatado lo que más quería en este mundo. Esta vez subí el Nilo en *dahabieh*. Volví a ver Karnak, Assuán, Abú Simbel y quise llegar hasta Jartum pasando por la confluencia del Nilo Azul y el Nilo Blanco. La tripulación y mis allegados se opusieron con firmeza y me hicieron renunciar a él diciéndome que no resistiría el sol ardiente de Sudán. Entonces, volví a seguir el canal de Suez y recuperé los recuerdos del suntuoso

---

* Bertrand Stewart, de la West Kent Yeomanry, detenido a principios de 1912 y liberado un año más tarde. Guillermo II escribió a la emperatriz para tranquilizarla. (*N. de la A.*)
** Entrevistas con Maurice Paléologue. (*N. de la A.*)

cortejo de yates reales e imperiales. Las multitudes ya no estaban aquí para aclamarnos y en el oasis de Ismailia, cerca del lago Timsah, el palacio encantado del jedive había desaparecido. En la desembocadura del mar Rojo, no di media vuelta. Me embarqué en el buque transatlántico con destino a las Indias, y nadie vino a detenerme en la pasarela, como ocurrió antaño en el puerto de Bristol.

En el mes de febrero de 1908, desembarqué en Ceilán, donde la pequeña «Pelo de Zanahoria» podría haber sido una *maharaní*; ahora bien, la vieja emperatriz de cabellos blancos conservaba su alma de niña y pensó que estaba en el paraíso terrenal, en la jungla de Kipling, con los templos y los elefantes salvajes que venían a bañarse en un lago al anochecer. La *ilusión* volvía a brotar en mi corazón y me sentía transportada de felicidad. Un calor demasiado intenso me incomodó, cometí una imprudencia y me encontré en cama con una congestión pulmonar que me impidió completar el resto de la expedición. Había previsto aventurarme hasta el Indostán y Birmania. Mi camino terminó en casa del gobernador de Candía, que me ofreció la magia de su palacio mientras durase mi convalecencia.

Había estado a punto de morir en las humedades opresivas de otro continente, y los verdes prados de Inglaterra acabaron de curarme. Farnborough me devolvió la energía, y la vida prosiguió su curso con sus ritos y sus imprevistos. Una familia numerosa me rodeaba. Sobrinos, sobrinos segundos y primos se multiplicaban. Se añadió un ala a la casa para acogerles a todos ya que, además, el raudal de invitados reales y principescos no disminuía. El rey de Portugal Carlos I había sido asesinado y la reina Amelia insistió en verme con su hijo Manuel, que había sucedido a su difunto padre. Las Cortes de Europa se rejuvenecían y sus integrantes venían a inclinarse ante la decana. Ahora era la más vieja. Como una abuela para todos aquellos nuevos soberanos, reinas y princesas cuyos padres habían sido mis amigos y que en muchos casos eran mis ahijados. A veces pedían consejo, pero sobre todo era yo quien les escuchaba. Me informaban de lo que ocurría en casa de los «primos» coronados. Y cuando iba a Balmoral o a Windsor, el rey Eduardo no disimulaba su preocupación en cuanto a la situación política. Los peligros de guerra se confirmaban. ¿Cuándo, por qué, cómo? No podría haberlo dicho. Pero la amenaza flotaba en el aire y sentía confusamente que Dios me conservaba la vida por una buena razón. Algo iba a ocurrir que debía ver antes de morir.

Los años pasaban uno a uno, y no varié en nada mis costumbres. El verano en Inglaterra, el invierno en Cap Martin, cruceros más pausados por el Mediterráneo, y las escalas en París, donde nunca dejaba de recorrer las calles y los bulevares en coche, e incluso a veces en ómnibus. Me extasiaba con las curiosidades y las novedades, soñaba con viajar en aeroplano. Se efectuaban vuelos entre Francia e Inglaterra, pero no me atrevía a aventurarme, temiendo que me trataran de «vieja loca». Y, sin embargo, si sólo hubiese escuchado mi corazón habría ido a África, para rezar durante una hora en el sitio donde había muerto mi hijo. En los salones del hotel Continental, los amigos afluían, siempre fieles. Los antiguos se contaban con los dedos de las manos y las caras nuevas tomaban el relevo, la villa Cyrnos se llenaba en cuanto llegaba. Allí también había hecho construir un anexo en el parque para los hijos de mis sobrinos y sobrinas. Una tercera generación me invadía y me rodeaba de alegría.

El círculo de familiares se había agrandado al abur de las presentaciones. Eso ocurrió con el joven Lucien Daudet* que entró en mi despacho, ya no sé en qué circunstancia, y se quedó mudo.** Sin duda alguna por la emoción. Le hablé de su madre, que iba a Saint-Cloud en otros tiempos para declamar los poemas de su padre. De repente recobró la palabra, apoyó una rodilla en el suelo y declaró su admiración por la familia imperial; también me anunció que tenía una bicicleta con la que a veces llegaba a recorrer cien kilómetros. Lo invité a tomar el té. Me habló de sus dudas entre las acuarelas y los manuscritos, y me hizo reír al describir su taller de la plaza Dauphine. ¡Un entresuelo! Era el único que podía inventar una situación así. Desde ese día, por así decir, lo adopté, y lo ayudé a realizarse repitiéndole:

—Hay que trabajar, trabajar y trabajar.

Y cuando se hacía demasiadas preguntas sobre sí mismo o su destino o se preocupaba por el demonio que atormentaba su ser, lo tranquilizaba diciéndole:

—No dramatices la vida. Ya es lo suficientemente difícil, triste e incluso dura para que encima nos atormentemos con angustias inventadas por nosotros mismos.

Me había pedido que le fijara en pocas líneas una regla de conducta que seguir, y le contesté:

—Si buscáis, entre los grandes acontecimientos de la vida, la verdad y la justicia, ante todo extraed vuestra pro-

* Hijo del escritor Alphonse Daudet y hermano menor de Léon, periodista y escritor. (*N. de la A.*)
** Lucien Daudet explica los detalles de este encuentro en su obra *L'inconnue*, publicada en 1912. (*N. de la A.*)

pia personalidad, y sólo podéis hacerlo después de haber pasado por rebeldías, desilusiones y sufrimientos. Entonces alcanzaréis la gran tranquilidad, la paz del alma.

Tenía buenos modales, encanto y elegancia. Sabía animar las veladas y pude señalar en varias ocasiones que era un hombre en quien podía confiar. Él me presentó a Jean Cocteau, un personaje todavía más sorprendente con ojos de fiera y el pelo desgreñado y tieso como crines.*

–No puedo condecorar a los poetas –le dije–, pero puedo daros esto.

Nos encontrábamos en el jardín y con un gesto rápido arranqué algunas dafneas blancas que le ofrecí. Se las colocó en la solapa y anduvo a mi lado por los pasillos explicándome cosas de los ballets rusos, Diaghilev, Nijinski e Isadora Duncan. Nunca se le acababan los temas y tenía una inspiración deslumbrante que me fascinaba. Él también me hacía reír. Cuando vuelva a verle en París, no se extrañará de verme vivir frente a Las Tullerías. Con una sola mirada había sabido leer en mi interior que había muerto varias veces y que el pasado ya no podía afectarme.

A principios de siglo, otro personaje entró en mi vida, un personaje un tanto peculiar. Conocía su existencia desde hacía años y temía que me hablaran de él. Fruto de una «pequeña distracción» del emperador, había nacido en Las Tullerías poco después de mi hijo. Piétri, siendo un secretario fiel, se encargó de velar por su educación. El chico era inteligente. Había estudiado, en la mayor discreción, con el doctor Evans, y éste le dejó su

---

* Jean Cocteau, en su obra *Reines de France,* también dejó un testimonio sobre la emperatriz. *(N. de la A.)*

consulta antes de morir en 1897. El doctor Hugensch-midt, sucesor de mi salvador del 4 de septiembre, no era otro que el hijo ilegítimo del emperador, y hermano por parte de padre de mi adorado hijo. Se había convertido en un médico reputado en París. El mundo del arte y de la política desfilaba por su consulta. Piétri estaba orgulloso de ese resultado que consideraba obra suya. Había sabido encontrar las palabras para despertar mi curiosidad y tener ganas de conocerle, a pesar de las reticencias de mi amor propio y los prejuicios. Tras una noche de reflexión, me dije que mi edad es la de la indulgencia. Luis me había amado profundamente, y me lo había demostrado. Mi hijo ya no era de este mundo. ¿Por qué no iba a aceptar a su hermanastro? ¿Acaso no corría la misma sangre por sus venas?

Nuestro primer encuentro tuvo lugar en Farnbo-rough. Ante la estupefacción que me produjo le observé un buen rato antes de exclamar:

–¡Cómo os parecéis a él!

El vivo retrato del emperador. Si bien la silueta era más alta, reconocía las facciones, el encanto, la simplicidad y la afabilidad. Tenía soltura, una conversación brillante sobre temas a cuál más diversos, e igual que a mí le apasionaban la investigación médica, las vacunas de Pasteur o los experimentos del matrimonio Curie sobre el radio. Cuando pasaron los primeros momentos de emoción, sentí que nos íbamos a hacer amigos. Era republicano y le expliqué –mausoleo, documentos y museo– la grandeza del emperador, su padre. Desde ese día, volvía cada año a Farnborough o a Cap Martin y aprovechaba para ocuparse de mi salud. ¿Cómo hubiese podido imaginar entonces que me ayudaría a vengar la vergüenza de

Sedán y a realzar el honor de mis dos Napoleones? Las vías del Señor son inescrutables, dicen las Escrituras.

A finales de 1909, el rey de Dinamarca había muerto de repente en Hamburgo tras una visita a la villa Cyrnos. Seguía allí a principios de mayo de 1910, cuando me enteré de la muerte súbita del rey Eduardo a consecuencia de una bronquitis. Esa noticia me entristeció profundamente, porque él también había sido, al igual que su madre, un amigo en los buenos y en los malos momentos. Nos dejaba en un momento de gran turbación y su desaparición extendió un velo de preocupación sobre el mundo en el momento en que las amenazas cristalizaban en los Balcanes. La revolución turca había despertado a los fanáticos alrededor del Bósforo, y Ferdinand de Coburgo se había hecho proclamar zar de los búlgaros. ¿Soñaba con hacerse coronar en Santa Sofía? ¿Iba a abalanzarse sobre Bizancio? El aire estaba enrarecido y mi ansiedad aumentaba.

Los acontecimientos se precipitaron. La guerra ítalo-turca, el bombardeo de los Dardanelos que estuvo a punto de volver a remover toda la cuestión de Oriente y la tensión en la península balcánica. ¿Qué se traía entre manos el zar Ferdinand? Maniobraba en secreto con Grecia, Serbia y Montenegro, formaba una coalición y declaraba la guerra a Turquía. Mientras tanto, la tensión aumentaba entre Alemania e Inglaterra, y ese antagonismo creciente podía llegar a descomponer Europa. El odio de Guillermo seguía retumbando en mis oídos. Y ahora volvía a repetir la acción de Tánger en la ensenada de Agadir. Se estaba preparando una tormenta. Reconocía las señales precursoras. La tempestad ya estaba en el fondo de los mares, puesto que

458

los mayores buques transatlánticos se hundían. Tras el *Delhi* y el *Oceanic*, el *Titanic* naufragó.

–Qué nombre tan desgraciado para un barco –suspiré–. ¡Al final los titanes se han emocionado!*

En mi alma turbada, todo se convertía en política y ya sólo hablaba de política exterior. Cada acontecimiento hacía resurgir otros hechos del pasado. Veía las analogías y enumeraba todas las consecuencias posibles: provocaciones, juegos de alianzas, *casus belli*... Pero me preocupaba una cuestión aún más importante: ¿Francia tenía un ejército? Eso era lo que le había faltado al emperador. Por culpa de sus generales y sus ministros que le engañaban, y de esa oposición republicana que le había negado la gran reforma militar indispensable para resistir a las fuerzas de Bismarck.

Explicaba, me entusiasmaba, y mi auditorio escuchaba sin atreverse a interrumpirme. Ninguno de ellos había conocido esos años del imperio. Sólo quedaba Piétri para devolverme la pelota. En sus ojos brillaba un fulgor de connivencia, mientras asentía con la cabeza. Lucien Daudet me dijo un día:

–Vuestra Majestad nos hace pensar en esa magnífica ciudad en ruinas de *El libro de la jungla* en que se oye una voz que repite sin parar: «Soy el guardián del tesoro de la ciudad de los reyes».

–¡Bah! –suspiré–. Soy un pájaro viejo cuyos gritos no tienen sentido alguno, y al que nadie escucha.

–Sí, señora –replicó uno de mis invitados–, se escucha al pájaro profeta.*

* Recogido por Lucien Daudet. *(N. de la A..)*

Historiadores, diplomáticos y periodistas solicitaban audiencias. El recuerdo de la guerra de Prusia flotaba en el aire. Se preparaban libros, se le consagraban muchos artículos de prensa, y buscaban mi testimonio, un relato, una declaración, Memorias… Inflexible, contestaba:

—¡Yo he muerto en 1870!

Venían a verme como un quinto acto. La leyenda aún viva de un pasado caduco. Mujer fútil para unos, que sólo se ocupaba de sus trapos; mujer fatal para otros, responsable de todas los errores y todas las desgracias. ¿Qué dirá la historia? Para el emperador y para mí, el tiempo hará justicia. El destino no va a tardar mucho en guiarme hasta lo que me queda por hacer antes de dejar este mundo.

CAPÍTULO XXIII

A principios del verano de 1914, el *Thistle* navegaba por la costa dálmata. Entre Ravena y Venecia, la TSH de a bordo nos dio la noticia: el archiduque Francisco José, asesinado en Sarajevo. Horas después, el ultimátum de Austria a Serbia. Me sobresalté exclamando: «Ahora sí que es la guerra. ¡Volvamos!».

El grupo de familiares que me acompañaba recogió sus pertenencias y el comandante puso rumbo a Venecia, donde desembarcamos para llegar a Inglaterra sin demora. A mi llegada a Farnborough reuní a mi pequeño mundo y tomé medidas. El pasado resurgía. Agosto de 1870, la dramática regencia, el Consejo de ministros a altas horas de la noche en Las Tullerías, y las decisiones tomadas para defender París, los hospitales de sangre, los aprovisionamientos... En mi modesta posesión, recuperaba los mismos reflejos y repetía los mismos gestos, las mismas consignas.

Debíamos organizarnos para aguantar el asedio y quise que contribuyeran todos mis allegados que no tenían edad para incorporarse a filas. Éstos irían a cumplir su deber. El ala de la casa recientemente construida fue transformada en hospital con una directora, un cirujano, enfermeras y ayudantes. Estábamos cerca de Londres y preveía que la ciudad pronto sería incapaz de dar cabi-

461

da a los heridos. El exceso podía ser desviado a mi instalación. Se encargaron los equipos necesarios: camas, instrumental médico y quirúrgico, medicinas, bastones y sillas de ruedas. Lo mejor del mercado para curar a los que iban a caer por defender mi patria.

Francia estaba en mi corazón, que se desgarraba por estar tan lejos en un momento tan trágico. En París, el presidente del Consejo, Viviani, declaró:

–No tenemos reproches y no tendremos miedo.

Estábamos lejos del «corazón ligero» de Émile Ollivier que tanto había indignado a la Cámara en 1870. No por eso mi aprensión era menor, y hacía todo lo que podía para engañarla. La guerra duraría, lo presentía. Se amontonaron provisiones y gasté cantidades sin cuento y hacía grandes esfuerzos para ser útil.

De repente me puse a temblar. Los alemanes se apoderaron de los Países Bajos de Luxemburgo e invadieron Bélgica. El problema era distinto, la historia cambiaba de rostro. Antes de la caída de Bruselas, el príncipe Víctor* y su esposa, la princesa Clémentine, huyeron y se reunieron en mi casa con su hija y el pequeño Luis-Napoleón,** que acababa de cumplir un año. Él era el heredero, lo protegeríamos bien. Francia, a su vez, fue invadida. Una angustia terrible se apoderó de mí. ¿Íbamos a vivir otra vez los horrores del pasado?

Encerrada en mi gabinete de trabajo, escribí numerosas cartas. A la emperatriz viuda Maria Féodorovna, suplicándole que intercediese ante el zar para que el ejér-

---

* El príncipe Víctor Napoléon estaba casado con la princesa Clémentine, hija del rey de los belgas Leopoldo II, y vivía en Bruselas. (*N. de la A.*)
** El príncipe Napoleón, muerto recientemente. (*N. de la A.*)

cito ruso penetrase rápidamente en la Prusia Oriental para un ataque de diversión; al rey de Rumania, a Francisco José y al rey de Italia, que podrían interponerse como mediadores. En la biblioteca, extendí mapas en los que marcaba nuestras posiciones y los movimientos de nuestras unidades. La derrota de Charleroi fue para mí como una puñalada:

–¡Igual que en 1870! ¡Dios no lo permita!

Los alemanes se dirigían hacia París; me lamentaba por no poder ir a compartir el peligro. Pendiente del teléfono, esperaba las noticias que el rey Jorge V me comunicaba, y se me gastaba la vista leyendo las páginas de los periódicos. Y luego fue el grito de alegría cuando me enteré de la victoria del Marne. La reacción de Francia estaba por encima de cualquier elogio. Recuperé la confianza. «La guerra puede durar mucho tiempo –exclamé–, pero no nos vencerán».

Una victoria sería mi revancha. La esperaba. ¡Pero cuántas adversidades en el sendero de la gloria! La carrera hacia el mar, la batalla del Somme y las trincheras que perpetraban la carnicería. Mataban y mataban. Los nuevos artefactos eran abominables y hacían que la guerra fuese aún más espantosa. Los heridos afluían a mi hospital, y yo pasaba de cama en cama cada día, distribuyendo las palabras de consuelo o sosiego que esperaban. Reuní miles de libros para distraerles e instruirles. Cada uno de ellos era un poco mi hijo. Me alarmaba ante la menor subida de fiebre, toda operación me sumía en una congoja impresionante, y en cuanto podían levantarse, los llevaba al museo para que en un viaje en el tiempo recorrieran el camino de los tres Napoleones. Mi sobrina Antonia, la princesa Clémentine, miss Vesey y Ethel

Smith se dedicaban en cuerpo y alma a su tarea de enfermeras y les dedicaban los mejores cuidados. La princesa Béatrice vino a echarnos una mano, anunciando las visitas de inspección amistosa del rey Jorge y la reina María. En el priorato que los benedictinos expulsados de Solesnes habían transformado en abadía, se rezaba y se decían misas votivas *tempore belli*. Y cuando los zepelines me sacaban de la cama en plena noche, corría hasta la terraza para verlos, sin preocuparme por el frío o el peligro. A mi edad, ya no era el momento de tener miedo, y no buscaba tampoco morir bajo las bombas. No, quería ver el fin. Se cocían grandes acontecimientos. Dios me concedería una tregua.

Verdún me desesperaba. No me atrevía a leer los periódicos y si los leía, me atormentaba. Miles de jóvenes desaparecían. ¿Cómo no iba a estar trastornada? Expiraban antes de alcanzar la gloria, dejando tantos corazones heridos. Y para que su muerte no fuese inútil, teníamos que ganar a toda costa. Conservaba la esperanza, pero a cada nuevo golpe, una parte de mí misma cedía y ya no la recuperaba.

Tras la muerte de Filon en su *cottage* donde, casi ciego, dictaba sus libros, la de Piétri fue una prueba más cruel. Se había vuelto loco y me acusaba de querer envenenarle. Sin embargo, un anochecer me besó la mano y me suplicó que no me separase de él. Le dije que durmiera. Una hora después, perdía al último ser con quien podía hablar del pasado sin tener que explicar nada. Lo hice enterrar, siguiendo su voluntad, en el mismo camino que lleva al mausoleo, y «pasaba por encima de su cuerpo», como me lo había pedido, cuando iba a la misa de réquiem que se decía cada mes por los muertos en el frente.

Era todo vacío lo que me rodeaba, el dolor habitaba en mí. Desde aquel momento me encontré sola. Sola para llevar las cuentas y velar por el buen funcionamiento de la casa. Tenía noventa años. Me encorvaba sobre mi bastón y ya no veía con el ojo derecho, debido a una catarata. La tristeza me consumía el alma, pero me mantenía firme, muy decidida a resistir para ver el glorioso fin de los enfrentamientos. «Hay tantas auroras que no han resplandecido», había dicho un sabio indio. ¡Yo tenía fe en esas auroras!

Mi optimismo se confirmó cuando Norteamérica envió refuerzos. La situación de repente se volvió a nuestro favor. Foch lanzó una ofensiva hacia el este y exclamé:

—¡Ah, si pudiese cogerlos en Sedán!

Y después vino el armisticio. El 11 de noviembre, desde la mañana, el teléfono sonaba para anunciármelo, pero no me atrevía a alegrarme. Poco antes del almuerzo, el rey Jorge me lo confirmaba. Estaba en el salón con mi sobrina Antonia. De pie, leí el despacho en voz alta. Mi corazón latía a toda prisa y se me quebró la voz. Muda de emoción, miré a mi sobrina, y mis mejillas se llenaron de lágrimas. ¡Gracias a Dios, la carnicería había terminado! Y Francia era la vencedora.

Cogida del brazo de Antonia, me precipité al hospital. Con un nudo en la garganta, pasé entre las camas cogiendo las manos de mis heridos que no habían sufrido en vano. Pálidos, permanecían callados y se erguían para hacer un saludo militar que quedaría grabado en mi memoria. En el mismo momento, los ciento un cañonazos desde el campamento de Aldershot hicieron retumbar las nubes. Era verdad, la guerra había terminado, y todo mi ser se desmoronaba.

El comunicado francés me esperaba en el recibidor cuando regresé para el almuerzo, y suspiré temblando:

—Si mi pobre hijo estuviese aquí, ¡qué feliz sería!

Los telegramas afluían de todas partes. Dom Cabrol, rodeado por sus religiosos, salió de la abadía para felicitarme, y me levanté del sillón para decirle:

—¡Doy gracias a Dios, le doy las gracias de rodillas por haber permitido que vea este día! Lo redime todo, lo lava todo, me paga por tanto dolor, me permite morir con la cabeza alta, en paz con Francia que ya no tendrá nada que echarnos en cara. Quizás he sido la mujer más desgraciada del mundo; pero un regreso como éste lo hace olvidar todo.

Tras un silencio, pregunté:

—Las banderas perdidas volverán a ser nuestras, ¿verdad?

Metz y Estrasburgo devueltas a Francia, era mi mayor deseo. Esa noche celebramos una gran fiesta. Abandonando el rigor de los días de guerra, me vestí para la cena. Por la ventana de mi habitación, miraba el mausoleo donde Luis y mi adorado hijo me esperaban. Las notas de *La Marsellesa* resonaron en la brisa del anochecer. Un fonógrafo de una casa cercana. Se me detuvo el corazón. El día antes de partir al frente, Loulou la cantaba con sus amigos en el parque de Saint-Cloud. En aquel momento me daba miedo, pero ahora... La frente apoyada en la ventana, no pude retener las lágrimas. Y al día siguiente se cantó un *Te Deum* solemne en mi iglesia, en lo alto del alcor, en honor de esta victoria que era una revancha para la memoria del emperador y la del príncipe imperial.

Sólo faltaba una cosa, la más importante según mi punto de vista, la recuperación de Alsacia y Lorena. La esperaba con ansiedad. Algunos días después, el doctor Hugenschmidt irrumpió en mi casa. Cada año venía a darme noticias y magníficos consejos para mi hospital. Parecía preocupado y deseaba mantener una entrevista en privado. Me confió que las negociaciones de paz se encallaban en la cuestión de Alsacia y Lorena. Los alemanes querían conservar esas provincias, apoyándose en el hecho de que las habían obtenido en 1871 sobre la base del «principio de las nacionalidades». Al oír esas palabras, me sobresalté:

—¡La carta del rey Guillermo no dice eso!

El año anterior, me había explicado los debates en la Cámara sobre la resolución que solicitaba que esa devolución estuviese incluida en las condiciones de paz, con un plebiscito acabada la guerra. Entonces le hablé del preciado documento que conservaba en mis archivos desde hacía cuarenta y siete años, en el que el rey de Prusia había escrito:

Tras haber hecho inmensos sacrificios para su defensa, Alemania quiere asegurarse de que la próxima guerra la encontrará mejor preparada para repeler la agresión sobre la cual podemos contar en cuanto Francia haya recobrado sus fuerzas o conseguido aliados. *Es solamente esta triste consideración y no el deseo de ampliar mi patria* lo que me obliga a insistir en cesiones de territorios cuyo único objetivo es alejar el punto de partida de los ejércitos franceses en el futuro.*

* Esta carta, citada anteriormente, fue escrita el 26 de octubre de 1870. El subrayado es mío. (*N. de la A.*)

Hugenschmidt me confesó que el presidente Wilson apoyaba la tesis alemana y que los franceses carecían de argumentos. Clemenceau se tiraba de los pelos.

—Es uno de mis clientes, como vuestra majestad sabe, y me he permitido revelarle la existencia de la carta. Un documento «capital», exclamó. Me ha encargado que os pida: «En nombre de Francia, señora, si aceptaríais que fuese publicada».

—La tendréis —exclamé sin dudar un momento.

Abrí el baúl empotrado en la pared, saqué unas carpetas y extraje las cartas que había escrito tras la capitulación de Sedán, así como sus respuestas: la del zar Alejandro, la de Francisco José y, finalmente, la del rey Guillermo. Les echó un vistazo con avidez y exclamó:

—Esto es de sobras suficiente para justificar la conducta de vuestra majestad.

—No necesito justificaciones, ni las quiero —repliqué en tono cortante.

De un tirón pronto le arranqué de las manos los preciosos documentos, que guardé inmediatamente. Estaba dispuesta a confiárselo todo, pero sólo le entregué la carta del rey de Prusia y lo autoricé a usarla de la forma más conveniente.*

De repente entendí por qué Dios me había hecho vivir durante tanto tiempo. Me concedía la gracia de una explicación de la cual me podía alegrar en este mundo, y además me ofrecía ese supremo consuelo de ver a Francia restablecida en su integridad nacional. El honor de mis desaparecidos había sido lavado. Una inmensa feli-

* Ethel Smyth narra la intervención de Hugenschmidt en su obra *Streaks of Life*. (*N. de la A.*)

cidad llenaba todo mi ser. Y de repente mi corazón era ligero como una pluma. Se acercaba el momento de volverlos a ver y todo era sólo alegría a mi alrededor.

Clemenceau, el republicano, me envió una carta de agradecimiento.* Él que tanto me había odiado, que tan a menudo me llamaba «la española», ahora me daba las gracias. Bah, ya no se lo echaba en cara. Había sido un hombre eficaz y lo habría abrazado por todo el bien que acababa de hacer a Francia. Entusiasmada le escribí:

Hay horas inolvidables en que toda una nación vibra de alegría y reconocimiento por los que, después de Dios, tienen una parte tan grande en la reconstrucción de nuestra unidad nacional.

Incluso los que han perdido seres queridos saben que su doloroso sacrificio ha sido útil para la grandeza de Francia.

Creed, señor Presidente, que desde la lejanía comparto los sentimientos de los franceses.**

Me impacientaba por regresar a París y reencontrarme con el sol de Cap Martin y todos los amigos de los que había tenido pocas noticias durante estos largos años de sufrimiento, pero me negaba a ver marchar a mis heridos a otros hospitales. Quería verlos totalmente curados. Entonces tuve otra sorpresa. En el mes de marzo de 1919, el príncipe de Gales*** y su hermano se hicieron anun-

---

* La carta fue enviada al embajador de Francia en Londres, que la hizo llegar a Dom Cabrol, abad mitrado de la abadía de San Miguel. (N. de la A.)
** Archivos Nacionales 400 AP 52. (N. de la A.)
*** El futuro Eduardo VIII, duque de Windsor, y su hermano el futuro Jorge VI. (N. de la A.)

ciar, dijeron palabras amables a los últimos soldados convalecientes y me entregaron, en nombre del rey Jorge, la Gran Cruz del Imperio Británico. La recibí como una señal de bondad, un regalo de amistad que me conmovió profundamente. Tras ese gesto, sentía el afecto de Victoria y Eduardo. Me habían querido en la felicidad y aún más en la desgracia.

Antes de dejar Farnborough ordené mis archivos y quemé lo que, tras mi muerte, podría ser nocivo para la causa bonapartista o molestar a los pocos escrupulosos; había redactado mi testamento y dispuesto la legación del objeto que atesoraba como la niña de mis ojos: el talismán de Carlomagno que el emperador me había regalado el día de nuestra boda y que tuve al lado de la cama mientras daba a luz. Puesto que ya no tenía heredero directo, no sabía a quién dárselo. El bombardeo que sufrió Reims me iluminó.

–Lo legaré a la catedral –exclamé–, ¡y será el castigo de los bárbaros!*

El Cabildo de Aquisgrán me lo había reclamado en numerosas ocasiones, para restituirlo al tesoro carolingio. Dom Cabrol supo encontrar las fórmulas legales para que, hecha la donación, ni el propio gobierno francés, ni el arzobispo de Reims, ni la Santa Sede pudiesen quitar el talismán del relicario de nuestros reyes. Yo quería que estuviese entre la santa vasija y el cáliz del obispo san Remigio. Aún me quedaba la Rosa de Oro. Se la entregué a la abadía que velaba mis tumbas.

Llegó el día de partir. A principios de diciembre, abracé a los amigos que habían venido a saludarme, pre-

---

* Entrevista con Maurice Paléologue, el 5 de diciembre de 1919. (N. de la A.)

ocupados por el largo viaje: Francia, luego España, ¿acaso no era desaconsejable a mi edad? Sonreí y pasé por la iglesia para «decirles»:

–¡Hasta pronto!

Una vez más, mi mirada se empañó al contemplar los árboles del parque desnudos en invierno. En el gran vacío ocupado por pequeños arriates, se alzan unas sombras, y vuelvo a ver el palacio de donde me marché para siempre un 4 de septiembre, ya hace cuarenta y nueve años. Cuánto he odiado el día aquél y la revolución vergonzosa que él vio nacer. Vergonzosa, no porque se hiciera en contra de nosotros, sino porque se hizo a favor del enemigo. Una revolución criminal que arruinó en pocas horas la autoridad moral de nuestra diplomacia. A pesar de nuestros desastres, deberían habernos mantenido en el poder, deberían habernos dejado terminar la guerra. Después, nos habrían podido exigir que rindiéramos todas las cuentas que hubieran querido... Sin la aberración del 4 de septiembre, Alemania habría visto rápidamente a Europa alzarse en su contra.*

Hoy lo he perdonado todo. Tengo la tranquilidad de poder decirme que nuestros muertos de 1870, los héroes de Wissembourg y Forbach, de Froeschwiller y Reichshoffen, de Rezonville y Gravelotte son recompensados por su sacrificio.

Pero hay otras preguntas que se agolpan en mi pobre cabeza. ¿Por qué no se realizó la misma «unión sagrada» de los franceses alrededor del emperador y de mí misma cuando recibimos los golpes de nuestros primeros desas-

* Estas palabras y las que siguen en gran parte se han extraído de la entrevista del 5 de diciembre de 1919. (N. de la A.)

471

tres? ¿Por qué se desencadenaron las pasiones públicas en contra de nosotros después de Froeschwiller y Forbach, puesto que se contuvieron tan bien después de Charleroi? Y, finalmente, ¿por qué no se me escuchó el 4 de septiembre, cuando suplicaba que dejaran de lado las peleas internas para pensar sólo en Francia?

Debo hacer justicia a la República. Estaba mejor preparada para los acontecimientos que lo estábamos nosotros para hacer frente a los de 1870. Tenía un buen aparato militar y fuertes alianzas. Aún oigo la voz de mi pobre emperador cuando en los días horribles que siguieron a la firma de la paz, me repetía llorando: «¡Ojalá que esta cruel lección no sea una causa pérdida! ¡Ojalá que los franceses extraigan de esta catástrofe una moraleja para el futuro!».

¡Pues bien! La lección no ha caído en saco roto, ha dado sus frutos. Esta guerra mundial me justifica por haber pensado que después de Sedán Francia podía seguir resistiendo. Y sobre todo me justifica no haber cedido nunca a los tejemanejes de Bismarck. Las órdenes del deber no siempre son inconciliables con nuestro egoísmo o cobardía, pero no hay transacción posible con el honor. Conciencia y honor, es lo único que me importaba. En las horas trágicas de Verdún, estaba dispuesta a sacrificarlos si eso podía salvar al país.

¿Qué yo no soy francesa? ¡Siempre he puesto a Francia por encima de todo, por encima del emperador, por encima de mi hijo…! Por ella hubiera dado mi vida, y hubiera abandonado de buena gana lo que me queda de ella. Acaso no saben, los que me llaman «la española», que una extranjera que pone en su frente la corona de Francia tiene un alma muy cobarde si sólo se convierte a medias en francesa. ¡Amo a España y siempre la querré, pero sólo tengo una patria, Francia, y moriré con su nombre escrito en mi corazón!*

Entonces temblé por ella, al leer las estipulaciones del tratado de Versalles. En cada artículo vi las semillas, los embriones de futuras guerras.** Condiciones «imposibles», falta de clarividencia de los aliados. ¿Han tenido en cuenta los miles de oficiales alemanes sin empleo y los millones de rusos que les otorgarán una fuerza terrible capaz de aplastar Europa? Y esa Sociedad de Naciones, ¡qué locura! ¡Menuda idea la de meter a los americanos en Constantinopla! ¿Qué van a pensar de ello los príncipes hindúes? Es una buena cosa haber reconocido al rey de Heyaz, pero Francia e Inglaterra van a asentar las bases de una Guerra Santa. ¡Cuántas cosas van a cambiar! El káiser abdicará, las otras cabezas coronadas también se desaparecerán... con el tiempo sólo quedará el rey de Inglaterra, pero estará muy aislado, como un faro en medio de la tempestad.** Es terrible, pero quizás es un nuevo comienzo. Todo está por reconstruir sobre nuevas bases. ¿Se darán cuenta de ello los hombres?***

En la noche que cae, las sombras se agitan más allá de los árboles y ya no veo el magnífico palacio donde me casé con el emperador de los franceses, donde representé a Francia e incluso la goberné, y donde traje al mundo a un Napoleón. ¡Pero todo esto ocurrió hace tanto tiempo!

* Recogido por Joseph Primoli, citado por Aubry. *(N. de la A.)*
** Entrevistas con el coronel Willoughby Verner, citadas por Harold Kurtz. *(N. de la A.)*
*** A Lucien Daudet, durante su encuentro en diciembre de 1919. *(N. de la A.)*

Voy a morirme dentro de poco, porque ya no tengo nada que hacer en este mundo. En la liturgia de los agonizantes, hay una plegaria que he meditado a menudo, la que se dice en el último momento:

Profiscere de hoc mundo, anima christiana... ¡Deja este mundo, alma cristiana, sal de tu cuerpo!

Cuando el sacerdote pronuncie por mí estas palabras sublimes, mi alma obedecerá llena de gratitud, con total serenidad.

¡Y cómo me recibirán «ellos» allá arriba, portadora de la buena noticia! Me habían dejado en la tierra para esperar la victoria, y el día del armisticio fue mi primer día del Paraíso.*

* Maurice Paléologue, entrevista del 5 de diciembre de 1919.

EPÍLOGO

Estaba echando de menos la villa Cyrnos. En la terraza de cara al mar, donde se mezclaba el olor de las salpicaduras de las olas con el perfume de las flores salvajes del jardín, la emperatriz calentó sus viejos huesos buscando en el horizonte los contornos de Córcega. A los numerosos visitantes, les hizo los honores de la casa, y se paseó por los senderos del parque. Tenía la vista demasiado débil para perderse por el monte o seguir los atajos según su humor arrítmico.

Quería volver a ver España por última vez y oler el azahar de los naranjos de Sevilla. A finales de marzo de 1920, acompañada por Aline, su fiel camarista desde hacía cuarenta y nueve años, su sobrina y dama de compañía Antonia de Attainville y del joven conde Bacciochi, su nuevo secretario, se subió a bordo del buque transantlántico en Marsella. El 22 de abril estaba en Gibraltar, y después desembarcó en Algeciras, donde la acogieron sus sobrinas, María, duquesa de Tamames, hija mayor de Paca; doña Sol Eugenia, duquesa de Santoña, su ahijada, hija de Carlos, y sus sobrinos segundos, el duque de Alba y el duque de Peñaranda.

En faetón tomó la ruta de Sevilla, pasando por Tarifa, donde su antepasado había arrojado el puñal al jefe musulmán que tenía prisionero a su hijo; en La Janda contó las victorias de los godos sobre los moros. Esa misma noche llegó al palacio de Las Dueñas, propiedad de los duques de Alba, en pleno centro de la ciudad, donde había vivido en su adolescencia.

—Ya estoy en mi patria —exclamó—, huelo los naranjos y el perfume de las mil flores de Andalucía.

Dejando todos los asuntos a un lado, quiso ver lo que había cambiado y dio una vuelta para verlo antes de ir a cambiarse para la cena, y luego se mantuvo despierta hasta la medianoche. El rey de España vino a verla cuando se despertó, y luego la emperatriz se acercó al Alcázar, donde la recibió la reina Ena, su ahijada. En su honor se celebraron fiestas y bailes con guitarras, *palillos* y *cante flamenco*. Reía, seguía el ritmo y tarareaba con los cantaores. Toda su juventud resucitaba. Se animó como antaño en las tiendas con derribo donde se probaba la bravura de los becerros, y se le iluminaron los ojos cuando le presentaron al famoso torero Joselito, que le ofreció una corrida *fenomenal*, en una plaza de toros privada.

—Estoy en mi casa —decía radiante.

El 2 de mayo viajó a Madrid y se instaló en el Palacio de Liria, en los apartamentos de su hermana Paca, cuyo retrato estaba a los pies de la cama de baldaquinos. Reconoció el mármol violeta de una consola que amueblaba el salón de la calle del Sordo, y el silloncito donde se sentaba cerca de la ventana. La querida Paquita las había conservado religiosamente como reliquias. Sus años más tiernos se le venían a la memoria, con el jardín de Granada donde había pensado celebrar sus noventa y cuatro años, pero el calor apretaba demasiado y no le habría sentado bien. Todo Madrid quiso verla y acudió al Palacio de Liria para rendir homenaje a la Grande de España que había sido emperatriz de los franceses. Bajo un magnífico retrato suyo pintado por Winterhalter sesenta y cinco años antes, recibió a la Corte y a la Villa. Los amigos de siempre, es verdad, pero también ministros, diplomáticos, dignatarios y plenipotenciarios de la Iglesia, artistas y escritores. Era un desfile inacabable. Les sorprendía a todos su vivacidad, su inteligencia y el profundo conocimiento de los problemas políticos de la época, tanto de España como de Europa y del resto del mundo. Comidas, cenas, carreras de coche por los campos alejados para ir a casa de los viejos primos, no rechazaba nada. Pero un día dijo:

–Quiero ver dónde voy a morir.

No había olvidado su primera idea, uno de los motivos principales de este viaje. Consultar al gran oftalmólogo, el profesor Barraquer. Haciendo caso omiso a las objeciones de su familia, lo llamó. El oftalmólogo la examinó y consideró que la operación no suponía ningún peligro, siendo así que los médicos ingleses y franceses habían desaconsejado intervenir.

–Qué ojos tan bonitos tenéis –exclamó el profesor.

–¿Todavía? –replicó con ironía.

Se sometió a la intervención sin miedo. La operación duró poco más de un minuto, por succión con ayuda de una sanguijuela. El resultado fue un éxito. Una semana después, liberada de la venda, veía. Los rostros que la rodeaban ya no se parecían a los retratos de El Greco, sino a los de Velázquez. Loca de alegría, cogió una pluma para escribir: *¡Viva España!* Después abrió a su autor preferido: Cervantes, y leyó algunas líneas de su querido *Don Quijote*. Le entró una risa de felicidad, no moriría ciega como le había anunciado la gitana. Aquella mujer casi centenaria era valiente.

Se sintió joven y se puso otra vez a elaborar mil proyectos. Viajes por toda España. De Barcelona a Burgos, pasando por Asturias y su castillo de Arteaga. Y después Inglaterra para acudir a la boda de Jimmy, su sobrino segundo y decimoctavo duque de Alba. Rápido, rápido, daba las órdenes y Bacciochi organizaba: coches, vagón salón, suites en los hoteles…

El 10 de julio, después del almuerzo, le dieron unos escalofríos y se metió en la cama, anulando el paseo previsto. Por la noche ya se encontraba mejor.

–Me recuperaré rápidamente –dijo.

Algunas horas después, le cogieron espasmos y convulsiones. La fiebre subía. Tenía una crisis de uremia. A su edad ya no se podía hacer nada. Llamaron a un sacerdote a altas horas de la noche. La oyó en confesión y le administró los últimos sacramentos. La mañana del 11 de julio, murmuró:

–Estoy cansada. Ha llegado el momento de marcharme.

Perdió el conocimiento y murió. Eugenia acababa de expirar en la cama de Paca, su adorada hermana. En esta cama que podría haber sido la suya si se hubiese casado con James, su primer amor. En el país donde había nacido, sus ojos veían la luz postrera.

Su alma se fue bajo el cielo de España. Pero tras los funerales solemnes ordenados por el rey Alfonso XIII, con todos los honores debidos a los soberanos reinantes, los despojos mortales de la emperatriz fueron llevados de vuelta a Inglaterra, cumpliendo su última voluntad. Los reyes españoles y toda la familia Alba la acompañaron en un tren especial que atravesó Francia con toda la pompa de los fastos reales.

El 20 de julio, en la iglesia de Farnborough, se celebraron las honras fúnebres presididas por el rey Jorge V y la reina María; el rey Alfonso y la reina Victoria Eugenia; los reyes de Portugal; el príncipe Víctor y la princesa Clémentine; un gran número de personalidades reales o principescas; las familias españolas de los Alba, Tamames, de Mora y Peñaranda; los grandes nombres del imperio, Fleury, Murat, Bacciochi; los amigos ingleses; el doctor Hugenschmidt y muchos más. La República protestó contra esos honores dados a la ex emperatriz de los franceses, y el War Office anuló las salvas «debidas a un soberano» como se había previsto. Una multitud ingente se agolpaba en la estación y en el recorrido hasta la iglesia. Una hilera de caballeros e infantes del campo de Aldershot desenvainaron y presentaron armas; el féretro, rodeado por una guardia irlandesa, fue colocado sobre una cureña de cañón, y recubierto con la Union Jack. Cuando lo bajaron, la banda militar tocó *La Marsellesa* y suboficiales del regimiento del príncipe imperial lo llevaron a la iglesia.

Dom Cabrol pronunció la oración fúnebre:

—Las lecciones más elocuentes son las que nos da desde el fondo de su tumba Eugenia de Guzmán de Montijo, Grande de España, luego emperatriz de los franceses, y después viuda de un emperador destronado; madre de un hijo, su esperanza y su gloria, que le arranca una muerte gloriosa; la que no quiere ser consolada en su dolor; la que lleva en ella hasta la vejez más extrema toda la historia de un siglo, y que es el recuerdo vivo entre nosotros de las mayores desgracias que puedan ocurrirle a una mujer, y que vivió lo suficiente para ver a su país de adopción levantar en la victoria una cabeza agachada desde hacía cuarenta años bajo el peso de las derrotas.

»[...] Descansad en paz, majestad, descansad sin remordimiento en esta cripta que habéis construido, descansad en paz al lado de las cenizas de Napoleón III y del príncipe imperial.

»[...] Este santuario levantado en tierra inglesa no sólo repetirá... el nombre de la emperatriz Eugenia, será un testimonio elocuente de su fe y su piedad. Esta cruz, que se eleva bajo el firmamento y domina toda la región, es el símbolo de esta palabra que consuela todos los dolores, ilumina todas las tinieblas y cura todas las miserias, esta palabra que fue su fuerza y su esperanza durante sus largos años de exilio y sufrimiento:

> Yo soy la resurrección y la vida. El que vive y cree en mí, no morirá para siempre. Que así sea.*

En el último minuto, los monjes tuvieron la desagradable sorpresa de no encontrar el sarcófago de granito que desde hacía tiempo estaba preparado por la emperatriz. Su féretro permaneció en el suelo ante el altar y fue sepultado bajo un montón de flores traídas por los numerosos visitantes. Muy pronto se labró otro sarcófago y fue introducido en el nicho, detrás del altar, con una única inscripción:

Eugenia

* Documento conservado en el castillo de Compiègne. (N. de la A.)

Este curioso contratiempo del destino permitió a Dom Cabrol abrir el ataúd y tener otro tema de sorpresa: bajo el cristal colocado en el interior, la emperatriz estaba vestida con un vestido de monja todo blanco, el hábito de una orden terciaria de Santiago.* ¿Qué secreto se llevaba al más allá? Acaso Lucien Daudet lo había adivinado cuando escribió en un ensayo del que ella había dado el visto bueno:

> Día tras día se ha convertido en la superiora de una orden desconocida, de la que ella misma fija las reglas y de la cual sigue los duros oficios. De renuncia en renuncia, ha descubierto la resignación perfecta, la que no es una voluntad, que ni siquiera necesita ya un esfuerzo, sino que se convierte en un estado permanente; allí es donde se ha establecido.**

* El hecho está relatado por el R.P. Conway, que fue testigo de este hecho, así como de la ceremonia de las exequias en Farnborough; citado por Harold Kurtz. *(N. de la A.)*
** Lucien Daudet, *L'inconnue*. *(N. de la A.)*

BIBLIOGRAFÍA

ALBA, duque de, *L'impératrice Eugénie*. [*La emperatriz Eugenia*].

ALLEM, Maurice, *La vie quotidienne sous le Second Empire*. [*La vida cotidiana en el Segundo Imperio*]. Hachette, 1961.

ANDRÉ-MAUROIS, Simone, *Miss Howard. La femme qui fit l'empereur*. [*Miss Howard. La mujer que hizo al emperador*]. Gallimard, 1956.

ARMAILLÉ, Condesa de, *Quand on vivait heureux. 1830-1870*. [*Cuando vivíamos felices. 1830-1870*].

ARNAUD, René, *Le coup d'État du 2 décembre*. [*El golpe de Estado del 2 de diciembre*]. Hachette, 1926.

AUBRY, Octave, *L'Impératrice Eugénie*. [*La emperatriz Eugenia*]. Fayard, 1931.
–*Le Second Empire*. [*El Segundo Imperio*]. Fayard, 1938.

AUTIN, Jean, *L'Impératrice Eugénie ou l'emprise d'une femme*. [*La emperatriz Eugenia o la influencia de una mujer*]. Fayard, 1990.

BAC, Ferdinand, *Le mariage de l'Impératrice Eugénie*. [*La boda de la emperatriz Eugenia*].
–*La Cour des Tuileries sous le Second Empire*. [*La Corte de Las Tullerías durante el Segundo Imperio*]. Hachette, 1930.
—*La princesse Mathilde et ses amis*. [*La princesa Mathilde y sus amigos*]

BARTHEZ, doctor, *La famille impériale à Saint-Cloud et à Biarritz.* [*La familia imperial en Saint-Cloud y Biarritz*]. Calmann-Lévy, 1913.

BERTAUT, Jules, *L'Impératrice Eugénie et son temps.* [*La emperatriz Eugenia y su época*].

  −*Napoléon III secret.* [*Napoléon III secreto*].

BOULENGER *Le duc de Morny.* [*El duque de Morny*]. Hachette, 1926.

CARETTE, Mme., *Souvenirs intimes de la Cour des Tuileries.* [*Recuerdos íntimos de la Corte de Las Tullerías*]. Ollendorff, 1888-1891.

CAREY, Agnes, *With the Empress Eugénie.* [*Con la emperatriz Eugenia*].

CASTELLANE, Mariscal de, *Journal.* [*Diario*].

CASTELOT, André, *Napoléon III.* [*Napoléon III*]. Perrin, 1973.

CASTILLON DU PERRON, *La princesse Mathilde. Un règne féminin sous le Second Empire.* [*La princesa Mathilde. Un reino femenino durante el Segundo Imperio*]. Perrin, 1963.

COCTEAU, Jean, *Reines de France.* [*Reinas de Francia*]. Grasset, 1952.

COWLEY, Lord, *The Paris Embassy.* [*La Embajada de París*].

DAUDET, Lucien, *L'inconnue.* [*La desconocida*].

  −*Dans l'ombre de l'Impératrice Eugénie.* [*A la sombra de la emperatriz Eugenia*].

DECAUX, A., *La Castiglione, dame de coeur de l'Europe.* [*La Castiglione, dama de corazones de Europa*]. Perrin, 1964.

DES GARETS, Condesa, *Auprès de l'Impératrice Eugénie.* [*Al lado de la emperatriz Eugenia*].

  −*L'Impératrice en exil.* [*La emperatriz en el exilio*]. Calmann-Lévy, 1928-1929.

DESTERNES y CHANDET, *L'Impératrice Eugénie intime.* [*La emperatriz Eugénia en su intimidad*]. Hachette, 1955.

EUGENIA, emperatriz, *Lettres familières*. [*Cartas familiares*]. Le Divan, 1935.

EVANS, Thomas, *Mémoires*. [*Memorias*]. Plon, 1935.

FEUILLET, Mme. Octave, *Souvenirs et Correspondance*. [*Recuerdos y Correspondencia*].

FILON, Augustin, *Souvenirs sur l'Impératrice Eugénie*. [*Recuerdos sobre la emperatriz Eugenia*]. Calmann-Lévy, 1920.

–*Le Prince impérial.* [*El príncipe Imperial*]. Hachette, 1935.

–*Mérimée et ses amis*. [*Mérimée y sus amigos*].

FLEURY, Conde, *Souvenirs*. [Recuerdos]. 2 volúmenes. Plon, 1898.

GORCE, Pierre de la, *Histoire du Second Empire*. [*Historia del Segundo Imperio*]. 7 volúmenes. Plon, 1904.

HERMANT, Abel, *Eugénie Impératrice*. [*Eugenia emperatriz*]. Hachette, 1942.

HUBNER, Conde de, *Neuf années de souvenirs*. [*Nueve años de recuerdos*]. Plon, 1904.

KURTZ, Harold, *L'Impératrice Eugénie*. [*La emperatriz Eugenia*]. Perrin, 1967.

LACHNITT, Jean-Claude, *Méconnue et calomniée: l'impératrice Eugénie*. [*Desconocida y calumniada: la emperatriz Eugenia*]. París, Los Amigos de Napoleón III.

LANO, Pierre de, *L'impératrice Eugénie, le secret d'un empire*. [*La emperatriz Eugenia, el secreto de un imperio*]. Havard, 1891.

LOLIÉE, Frédéric, *Les femmes du Second Empire*. [*Las mujeres del Segundo Imperio*]. Juven, 1906.

–*La vie d'une impératrice*. [*La vida de una emperatriz*]. Tallandier, 1928.

.MATHILDE, Princesa, *Mémoires*. [*Memorias*]. *Revue des Deux Mondes*, 1928-1929.

MÉRIMÉE, Prosper, *Lettres à la comtesse de Montijo*. [*Cartas a la condesa de Montijo*]. Mercure de France, 1995.

Lettres à Panizzi. [*Cartas a Panizzi*]. Calmann-Lévy, 1881.

METTERNICH, Princesa Paulina de, *Souvenirs*. [*Recuerdos*]. Plon, 1922.

METTERNICH, Richard de, *Mémoires et Papiers*. [*Memorias y Documentos*].

MEVIL, André, *Vie espagnole de l'impératrice Eugénie*. [*Vida española de la emperatriz Eugenia*]. Ed. Ventadour, 1957.

PALÉOLOGUE, Maurice, *Les entretiens de l'Impératrice Eugénie*. [*Las entrevistas de la emperatriz Eugenia*]. Plon, 1928.

–*Papiers et Correspondances de la famille impériale*. [*Documentos y Correspondencia de la familia imperial*].

QUENTIN-BAUCHART. *Les chroniques de Compiègne*. [*Las crónicas de Compiègne*].

ROUYER. *Les appartements privés de S.M. l'Impératrice Eugénie aux Tuileries*. [*Los apartamentos privados de S.M. la emperatriz Eugenia en Las Tullerías*]. Calmann-Lévy, 1868.

SAINT-AMAND, Imbert de, *Louis Napoléon et Mlle. de Montijo*. [*Luis Napoleón y la señorita de Montijo*]. Dentu, 1878.

SENCOURT, Robert, *La vie de l'Impératrice Eugénie*. [*La vida de la emperatriz Eugenia*]. Gallimard, 1983.

SERNONETTA, Duquesa de, *Things past*. [*Cosas del pasado*].

SMITH, William, *Eugénie, impératrice et femme*. [*Eugenia, emperatriz y mujer*]. Orban, 1989.

TASCHER DE LA PAGÉRIE (Ctesse). *Mon séjour aux Tuileries*. [*Mi estancia en Las Tullerías*]. Ollendorf, 1883-1894.

VICTORIA, Reina, *Correspondance*. [*Correspondencia*].

Journal. [*Diario*].

VILLA URRUTIA, *Eugenia de Guzmán*.

WICKHAM STEED, H., *Memoirs* [*Memorias*].

NARRATIVAS HISTÓRICAS EDHASA
TÍTULOS PUBLICADOS

Clynes, Michael **Los crímenes de la rosa blanca**

Clynes, Michael **El cáliz envenenado**

Clynes, Michael **Los asesinos del grial**

Clynes, Michael **La lengua de las serpientes**

Conde, Alfredo **El Griffon**

Corral Lafuente, José Luis **El salón dorado** (TAMBIÉN
EDITADO EN POCKET)

Corral Lafuente, José Luis **El amuleto de bronce**

Corral Lafuente, José Luis **El invierno de la Corona**

Corral Lafuente, José Luis **El Cid**

Craig, H. A. L. **Bilal**

Dalmau, Antoni **Tierra de olvido**

Davis, Lindsey **La carrera del honor**

Davis, Lindsey **La plata de Britania** (TAMBIÉN EDITADO
EN POCKET)

Davis, Lindsey **La estatua de bronce** (TAMBIÉN EDITADO
EN POCKET)

Davis, Lindsey **La Venus de cobre** (TAMBIÉN EDITADO
EN POCKET)

Davis, Lindsey **La mano de hierro de Marte**
(TAMBIÉN EDITADO EN POCKET)

Davis, Lindsey **El oro de Poseidón** (TAMBIÉN EDITADO
EN POCKET)

Davis, Lindsey **Último acto en Palmira** (TAMBIÉN
EDITADO EN POCKET)

Davis, Lindsey **Tiempo para escapar**

Davis, Lindsey **Una conjura en Hispania**

Davis, Lindsey **Tres manos en la fuente**

Davis, Lindsey **¡A los leones!**

Davis, Lindsey **Una virgen de más**

Duggan, Alfred **El conde Bohemundo**

Dumas, Alejandro **El caballero de Harmental**

Obermeier, Siegfried **Torquemada**

Oldenbourg, Zoé **Las ciudades carnales**

Oldenbourg, Zoé **Los quemados**

Pamuk, Orham **El astrólogo y el sultán** (TAMBIÉN
EDITADO EN POCKET)

Penman, Sharon Kay **El hombre de la reina**

Pesci, David **Amistad**

Petry, Renata **La falsa reliquia**

Peyramaure, Michel **Cleopatra**

Prus, Boleslav **Faraón**

Pujade-Renaud, Claude **La noche de las reinas**

Rachewiltz, Boris de y Valentí Gómez i Oliver **El ojo
del faraón**

Renault, Mary **Alejandro Magno**

Renault, Mary **Alexias de Atenas**

Renault, Mary **El rey debe morir**

Renault, Mary **Juegos funerarios**

Renault, Mary **La máscara de Apolo**

Renault, Mary **Teseo. Rey de Atenas**

Riding, Laura **Final troyano**

Roes, Michael **Donde empieza el desierto**

Roth, Joseph **La marcha Radetzky** (TAMBIÉN EDITADO
EN POCKET)

Rouland, Norbert **Laureles de ceniza**

Sahebjam, Freidoune **Hasan Sabbah y la secta
de los asesinos**

Sargent, Pamela **Gengis Khan**

Schneider, Reinhold **Bartolomé de las Casas y Carlos V**

Shmueli, Alfred **El harén de la Sublime Puerta**

Silver, Warren A. **La rosa verde**

Sportès, Morgan **A mayor gloria de Dios**

Sprott, Duncan **La amante de Luis XV**

ESTA EDICIÓN DE *Eugenia de Montijo*,
DE GENEVIÈVE CHAUVEL,
SE TERMINÓ DE IMPRIMIR EN HUROPE, S.L.
PARA NARRATIVAS HISTÓRICAS EDHASA
EL 16 DE OCTUBRE DEL 2000